U0731569

中国学位与研究生教育发展
年度报告[2012]

Annual Report on Graduate Education
in China 2012

中国学位与研究生教育发展年度报告课题组
全国学位与研究生教育数据中心

中国人民大学出版社
· 北京 ·

目 录 CONTENTS

CONTENTS

总论 第一章

2011 年，我国研究生教育坚持"完善制度、提高质量、科教结合、支撑创新、适应需求、引领未来"的发展思路，在完善研究生教育制度与增强培养单位办学活力、优化研究生教育结构与适应国家和社会需求、改革研究生培养机制与提升研究生教育质量等方面取得了一系列成绩。研究生教育投入不断增加，研究生教育规模稳定发展，办学条件持续改善，质量保障体系逐步完善。人才培养学科目录、学位授权审核及专业学位设置等研究生教育管理制度的改革与创新顺利进行，发挥了积极的调节与导向作用，调动了地方政府、研究生培养单位的主动性和积极性，增强了学位与研究生教育的活力，优化了研究生教育结构，促进了学位与研究生教育事业的健康发展。

研究生教育为国家经济社会发展、科教兴国战略、人才强国战略和创新型国家建设提供强有力的人才保障与智力支撑，在高层次人才培养与高水平人才队伍建设、科学技术创新与哲学社会科学繁荣发展、科技成果转化应用与决策咨询服务等方面作出了不可替代的贡献。

一、形势与任务

2011 年是"十二五"开局之年，也是坚持改革创新、全面贯彻落实《国家中长期教育改革和发展规划纲要（2010—2020 年）》（以下简称《教育规划纲要》）和《国家中长期人才发展规划纲要（2010—2020 年）》的一年，也是《中华人民共和国学位条例》（以下简称《学位条例》）正式实施 30 周年。这一年，国际经济与政治局势持续复杂多变，西方发达国家面临不同程度的经济衰退与社会危机，我国在全球事务中的地位与作用不断提升。这一年，我国的经济社会转型、教育改革不断深化，经济、政治、社会、文化等全面而快速地变革。

在国际经济、人才与科技竞争日趋激烈，国内各项改革深入推进的大背景下，我国研究生教育事业发展取得了巨大成绩。与此同时，我国研究生教育的外部环境越来越复杂，国内经济转型、科技发展以及国际政治、经济格局变化等内外部压力越来越大。

（一）国际局势变化迅速，人才战略地位凸显

2011年，国际环境总体和平，但中东、北非战事仍频。我国周边环境复杂多变，不确定与不稳定因素日益突出。随着世界多极化、经济全球化的深入发展和科技进步日新月异，教育优先发展的战略地位空前凸显，研究生教育国际合作更加紧密。同时，国际高端人才竞争也日趋激烈，国际留学生教育市场竞争加剧，跨国跨境高等教育服务贸易竞争升级，世界各国尤其是发达国家越来越重视研究生教育。

1. 政治经济格局发生变化

世界经济格局随着新兴经济体国家的地位持续上升而发生深刻变化，全球经济进入"后金融危机时代"，全球经济复苏步伐明显放缓。发达国家经济增长持续低迷，发展中国家进入高增长期，增长态势总体良好，但经济增速有所减缓。国际范围内政治经济发展的不稳定和不确定性更加突出，经济问题与社会问题的联动关系进一步加强，失业率长期居高不下和收入差距扩大等问题成为影响社会稳定的重要因素。同时，全球治理结构发生了新的变化，新的国际与区域性组织在各项全球性事务中发挥着越来越重要的作用。在这些因素的推动下，经济全球化持续深入，商品、贸易及服务的流通范围越来越广，流通周期越来越短，随之而来的人员、思想、文化交流等持续深入，为研究生教育国际化奠定了坚实基础。

2. 教育与人才战略地位凸显

世界经济的激烈竞争使各国不约而同地向高等教育尤其是研究生教育寻求经济增长的新动力，进而在国家经济振兴计划中把教育特别是高等教育放在优先发展的战略地位。美国奥巴马政府先后签署实施了《美国复苏与再投资法案》（American Recovery and Reinvestment Act）和《教育工作基金法案》（Education Jobs Fund），致力于创建"从摇篮到就业"的教育体系。欧盟围绕"欧洲2020战略"确定的经济增长和就业目

标，推出了欧洲高等教育改革新战略——"欧洲高等教育体系现代化议程"，以提高欧洲高等教育毕业生的质量和数量，最大限度地发挥高等教育对经济增长和就业的关键作用，帮助欧洲走出当前危机，应对未来挑战。日本政府在经济危机对策补充预算方案中投资 3 000 亿日元实施"世界尖端研究强化项目"。德国联邦政府出台了二战后最大的刺激经济方案，其中涉及教育和科研的经费约 172 亿欧元，约占该经济方案投资总额的 35%。

此外，各国也纷纷加紧制定教育发展与人才引进战略规划，推进教育改革，谋划人才发展战略。俄罗斯发布《2020 年前的俄罗斯教育——服务于知识经济的教育模式》报告，提出不同类型教育之间的学分转化，推动职业教育和普通高等教育路径互通。梅德韦杰夫政府计划用 5~7 年的时间新建科技城，吸引海外科技人才。印度政府在第十一个五年教育发展规划（2007—2012 年）中，对普及八年义务教育，调整中等职业教育布局、高等教育规模，加大教育投入等做出了具体部署；同时，成立了全国科学与工程研究理事会，聘请一些海外印裔人士担任理事。班加罗尔、加尔各答等地已成为世界著名的信息产业中心，仅班加罗尔一地就吸纳了至少 35 000 名海外印裔信息技术人才。日本实施"30 万留学生计划"，力争到 2020 年将外国留学生人数增加至 30 万人，希望从国际市场"进口"高端人才以缓解日本社会的"人才荒"，并在一定程度上促进日本经济发展。欧盟各国通过"蓝卡"计划吸引外国高技术人才。

3. 研究生教育受到高度重视

除在海外市场争夺高端人才之外，世界各国还进一步增强了本土培养高层次人才的力度。一是持续扩大研究生教育规模；二是努力提升研究生教育质量，把研究生教育作为培养高端人才、实现国家发展目标、保持国际竞争优势的战略选择，以及抢占科技、教育、人才制高点的有力抓手；三是将国际教育合作主要集中在研究生教育阶段，为吸收国际经验、提升本国研究生教育国际竞争力打下坚实的基础。如日本在《全球化社会的研究生教育》的基础上颁布了《第二次振兴研究生教育实施纲要》，强化高层次创新人才培养。俄罗斯计划在 2020 年以前选拔 40~

50 所联邦级研究型大学，使其肩负起提高俄罗斯科学和教育世界竞争力的使命，其核心任务之一就是强化研究生教育。

（二）国内经济、社会转型，科技创新与人才培养使命重大

2011 年，我国国民经济依然保持平稳快速发展，经济建设、政治建设、文化建设、社会建设以及生态文明建设全面推进，工业化、信息化、城镇化、市场化、国际化深入发展。与此同时，人口、资源、环境压力和社会矛盾也日益加大，适应产业转型升级、社会发展需要的高层次人才培养的重要性和紧迫性更加凸显。

1. 经济持续快速增长，发展方式转型压力加大

近年我国经济社会发展的关键词可概括为"转方式、调结构、促民生"。2011 年，我国在世界经济波动中继续保持经济快速发展、影响力显著提升的良好势头，国内生产总值比上年增长 9.2%，人均 GDP 超过 5 400 美元。但经济发展方式转型的压力不断加大，粗放的增长模式已经远不能满足我国经济持续增长、永续发展的需要。从资源密集型、劳动力密集型经济增长方式逐步转变为技术密集型、知识密集型增长方式，提高单位 GDP 价值，降低单位 GDP 能耗，并进一步缩小城乡差距、促进产业绿色转型，已成为我国经济发展的首选路径。

经济转型和社会转型的双重压力对高层次创新人才、科学技术创新的依赖性进一步加强，研究生教育中的人才培养、科学研究和社会服务也相应有了更大的发展空间，任务也更加艰巨。

2. 社会快速转型，社会管理体系亟须完善

随着我国人均收入的不断增加，我国居民的消费结构也发生了深刻变革。城乡居民消费结构向发展性、享受型方向转变，这既带来居住、出行、旅游、文化等私人消费的巨大需求，又形成对教育、健康、卫生、公共安全等公共服务的巨大需求。[①] 同时，人口快速城镇化。2011 年年

---

① 参见国家发展和改革委员会编：《"十二五"规划战略研究》，北京，人民出版社，2010。

末，我国城镇人口占总人口比重达到 51.3％，人口流动性加强，流动人口达到 2.3 亿[①]，社会矛盾凸显，社会公平公正的呼声越来越强烈。我国社会也全面进入了转型期，在这场全面的转型中，政治体制改革和行政管理职能转变尤为引人注目：经济发展方式转型意味着能耗增长让位于内生增长；国家实力的有效保障意味着"强国"需求让位于"富民"宗旨；社会和谐的执政要义意味着财富积累让位于公平正义；利益多元的社会基础意味着行政强制让位于科学治理。

社会的转型和社会管理的需求对我国高层次专门人才培养提出了新的要求：社会的和谐发展需要更多受过高水平教育和具备现代公民素养的国民，迫切需要培养一批胜任社会管理新要求的高层次人才。研究生教育要高瞻远瞩地为未来我国社会的全面转型储备大量有思想、有行动力的高素质人才。

3. 教育改革不断深入，质量提升成为核心任务

2011 年，《教育规划纲要》实施一年多，我国教育发生着深刻变化，进入了一个新的历史时期。一年来，科教兴国、教育优先的理念深入人心，"教育优先发展"的战略地位得到进一步落实。全社会对教育的支持力度不断加大，国务院制定了加大财政教育投入的意见和政策，对落实国家财政性教育经费支出占国内生产总值比例达到 4％ 做出全面部署。教育改革创新的力度不断加强，体制机制改革稳步推进。以人才培养体制、考试招生制度、建设现代学校制度、办学体制、管理体制、扩大教育开放等六大领域为重点，系统推进专项改革试点、重点领域综合改革试点、省级政府教育统筹综合改革试点的教育体制改革取得了显著成效。严抓质量，"把提高质量作为教育的核心任务"（《教育规划纲要》）成为各级教育发展的重中之重。高等教育在继续实施"高等学校本科教学质量与教学改革工程"、"研究生教育创新计划"、"高等学校哲学社会科学繁荣计划"、"高等学校高层次创新人才计划"的基础上，围绕探索多元

---

① 参见国家统计局：《中华人民共和国 2011 年国民经济和社会发展统计公报》，见 http://www.stats.gov.cn/tjgb/ndtjgb/qgndtjgb/t20120222_402786440.htm。

化创新人才培养模式，启动实施了"基础学科拔尖学生培养试验计划"、"卓越工程师教育培养计划"、"农科教合作培养人才计划"、"卓越医生教育培养计划"和"卓越法律人才教育培养计划"等项目，开启了从数量规模外延式发展向公平质量内涵式发展的新征程。①

2011 年，《学位条例》正式实施 30 周年。30 年来，中国特色的学位制度基本建成。截至 2011 年，我国累计授予硕士、博士学位达 410 万，为各领域输送了大量高层次人才，基本实现了立足国内自主培养高层次人才的战略目标，为改革开放和现代化建设提供了坚实的智力保障。

随着国际竞争的日趋激烈，作为科技第一生产力和人才第一资源重要结合点的研究生教育在国家发展中的战略地位日益凸显。随着我国研究生教育规模的不断扩张，研究生教育质量提升成为我国研究生教育发展中的核心任务。胡锦涛同志在庆祝清华大学建校 100 周年大会上的讲话中指出：不断提高质量，是高等教育的生命线，必须始终贯穿高等学校人才培养、科学研究、社会服务、文化传承创新各项工作之中。

4. 科学研究繁荣发展，创新能力亟待提升

在《国家中长期科学和技术发展规划纲要（2006—2020 年）》及《国家"十二五"科学和技术发展规划》的指导下，我国政府高度重视科学研究，科技经费投入保持增长态势。2011 年，全国共投入 R&D 经费 8 687 亿元，同比增长 23%，占 GDP 的比例已达 1.84%。② 中央政府对哲学社会科学也给予了高度的重视，2011 年 10 月出台的《中共中央关于深化文化体制改革 推动社会主义文化大发展大繁荣若干重大问题的决定》，把繁荣发展哲学社会科学作为推动社会主义文化大发展大繁荣、建设社会主义文化强国的一项重要内容。

在 R&D 投入的支持下，我国自主创新结出丰硕成果。2010 年，我

---

① 参见刘延东：《坚定信心 乘势而上 奋力开创教育改革发展新局面——在 2012 年全国教育工作会议上的讲话》，2012-01-06；袁贵仁：《全面落实教育规划纲要 深入推进教育事业科学发展——在 2011 年全国教育工作会议上的讲话》，2011-01-24。

② 参见国家统计局、科学技术部、财政部：《2011 年全国科技经费投入统计公报》，见 http://www.stats.gov.cn/tjgb/rdpcgd/qgrdpcgd/t20121025_402845404.htm。

国科技论文被国外主要检索工具科学引文索引（SCI）、科学技术会议录索引（CPCI、原 ISTP）、工程索引（EI）收录的总数分别为 14.4 万、3.8 万和 11.9 万篇，世界排名已连续三年稳居前两位。全年授予专利权 96.1 万件，其中境内授权占 89.9％。[①] 高校在基础研究、技术研发、成果转化等方面越来越成为我国科研创新的主力军。2011 年，高等学校 R&D 经费投入为 688.9 亿元，同比增长 15.3％，占全国 R&D 经费投入总额的比重为 7.9％。[②] 2011 年，高校承担了一大批国家重大科技专项、863 计划、973 计划、科技支撑计划等国家科技计划项目，获国家自然科学奖、技术发明奖和科技进步奖的数量占总数的 68.9％。[③]

2011 年，教育部、财政部联合印发了《高等学校哲学社会科学繁荣计划（2011—2020 年）》。高校作为我国哲学社会科学事业的主力军，在我国哲学社会科学繁荣发展的实践中探索出了一条具有中国特色的创新发展之路，推出了一批高水平论著，整理了一批传统文化典籍，翻译了一批国外学术精品；积极开展重大理论和现实问题研究，仅"十一五"期间就提供咨询报告、政策建议 6 万多份，为党和政府科学决策、民主决策提供了重要参考。据统计，全国哲学社会科学领域 80％以上的研究成果集中在高校。[④]

但总体来讲，我国科学研究的创新能力尤其是原创能力还亟待提升。科学研究的繁荣发展离不开研究生教育。研究生本身已经成为我国科学研究中的一支活跃力量，同时，科学研究的发展、繁荣也为研究生教育的发展创造了新的空间。如何在科学研究中培养研究生的创新能力，鼓励研究生在科学研究中作出具有原创性的贡献，并为建设具有中国特色、中国风格、中国气派的哲学社会科学再立新功，是我国科学发展对研究

---

① 参见国家统计局：《中华人民共和国 2011 年国民经济和社会发展统计公报》，见 http://www.stats.gov.cn/tjgb/ndtjgb/qgndtjgb/t20120222_402786440.htm。

② 参见贾楠：《自主创新谱新篇——2011 年全国科技经费投入统计公报解读》，见 http://www.stats.gov.cn/tjfx/grgd/t20121025_402845413.htm。

③ 参见刘延东：《坚定信心 乘势而上 奋力开创教育改革发展新局面——在 2012 年全国教育工作会议上的讲话》，2012-01-06。

④ 参见刘延东：《学习贯彻党的十七届六中全会精神 开创高校哲学社会科学繁荣发展新局面》，载《中国高等教育》，2012（Z1）。

生教育提出的重大使命。

二、成绩与问题

2011 年，我国新增博士学位授权一级学科点 1 004 个、硕士学位授权一级学科点 3 806 个，新增博士专业学位授权点 25 个、硕士专业学位授权点 119 个。全年共招收研究生约 67.11 万人，比上年增长 3.81％，其中，招收博士生约 6.55 万人，招收硕士生约 60.56 万人；在学研究生约 164.50 万人，比上年增长 6.98％，其中，在学博士生约 27.11 万人，在学硕士生约 137.39 万人；授予博士学位约 5.08 万人、硕士学位约 50.06 万人，分别比上年增长 1.06％、10.68％。研究生教育规模平稳发展，有效服务了国家经济社会发展大局，有力支撑了科教兴国战略、人才强国战略实施和创新型国家建设，为现代化建设作出了不可替代的贡献。在人才培养制度与质量保障体系完善、培养模式转型与培养质量提升、结构优化与适应社会需求等方面取得了一系列成绩，同时也存在诸多问题和不足。

（一）完善人才培养制度，健全研究生教育质量保障体系

1. 颁布《学位授予和人才培养学科目录（2011 年）》，增强人才培养制度的灵活性

学科目录是我国进行学位授权审核与学科管理、学位授予单位开展学位授予与人才培养工作的基本依据。2011 年，国务院学位委员会审议通过了《学位授予和人才培养学科目录（2011 年）》（以下简称"新目录"）。与以往相比，此次学科目录的修订有较大突破。第一，以往学科目录修订重点是二级学科，而此次修订的重点是学科门类和一级学科。经过修订，新目录增设了"艺术学"门类，学科门类达到 13 个，一级学科从 89 个增加到 110 个。第二，以往一般采取自上而下的修订方式，国家

制定规则，各学位授予单位遵照执行。而此次修订采用自下而上的方式，国务院学位委员会、教育部向全国 1 000 多个高校、企业、科研院所以及行业部门征求建议，再请专家论证研究，最后出台修订方案。第三，以往学科目录设置的刚性较强，新目录则具有原则性和灵活性相结合、国家计划与学校自主相结合的特点，扩大了研究生培养单位的办学自主权。

2. 健全质量保障体系，促进研究生教育内涵式发展

2011 年，我国学位与研究生教育以提高质量为重心，在人才培养、学科建设、科研平台、认证评估、办学投入等环节加强质量保障体系建设，具体工作有：建立起全面的研究生教育质量标准和监测机制，制定博士、硕士学位基本要求；加强社会中介力量对高校研究生教育的评估与监督；注重学科导向，引入竞争机制，在继续实施"985 工程"、"211工程"三期建设的同时，实施"优势学科创新平台建设"、"特色重点学科项目"等。

研究生培养单位也在《教育规划纲要》的指导下加强内部质量保障体系建设，继续提升研究生导师队伍质量，完善教学培养环节，加强质量监控和研究生能力素质评价，部分高校还积极通过国际评估、专业认证、参与 ISO 9000 体系等主动监测并提升自身教育质量。

但随着我国研究生教育规模的日益扩大、培养单位的不断增加、培养类型的逐步增多，如何完善适应不同培养单位、学科、区域、定位的研究生教育质量保障体系，走内涵式发展道路，已成为我国研究生教育科学发展的内在需求与重要内容。

3. 开展科学道德宣讲教育，营造良好学术氛围

学术诚信和科学道德是近年来我国研究生教育中备受关注的话题。为了促进学术诚信体系建设，树立良好的科学道德，2011 年 9 月 23 日，中国科协和教育部联合下发《关于开展科学道德和学风建设宣讲教育的通知》，决定从 2011 年起，按照全覆盖、制度化、重实效的要求，聘请品德高尚、造诣深厚的专家，对研究生进行科学精神、科学道德、科学伦理和科学规范的宣讲教育。

2011 年 10 月 13 日，中国科协、教育部在北京举行首都高校"科学道德和学风建设宣讲教育"报告会，全国人大常委会副委员长、中国科协主席、中国科学院院士韩启德出席并致辞，师昌绪、袁隆平、杨乐三位著名科学家应邀为首都高校 6 000 名研究生新生进行了科学道德和学风建设宣讲教育。由此，掀开了全国各省、自治区和直辖市高校科学道德与学风建设的高潮。三个月内，接受宣讲教育的研究生达 85.8 万人次。各高等学校也以宣讲教育为契机，全面贯彻落实《教育部关于切实加强和改进高等学校学风建设的实施意见》，努力营造积极、健康、向上的学术氛围，健全学术道德标准和学术规范，改革学术评价制度，加强科学研究过程管理，对学术不端行为加大惩治力度，为倡导良好学风、培养学生诚信品格、营造风清气正的学术环境做出了很大努力。

但不可否认的是，我国研究生培养中，质量文化建设还远远不够，科学道德和诚信体系的建设还面临着诸多的问题，抄袭剽窃、数据造假、代考代写等问题还时有所闻，学术道德和诚信教育有待继续加强。

（二）改革学位授权审核制度，调动地方政府、研究生培养单位积极性

1. 下放博士、硕士学位授权点审核权限，加强省级政府统筹管理

根据国务院学位委员会第二十五次会议审议通过的《博士、硕士学位授权点审核办法改革方案》，国务院学位委员会办公室于 2010 年组织开展了新增博士学位授权一级学科点和硕士学位授权一级学科点审核工作。2011 年 3 月，国务院学位委员会审议并通过了《2010 年审核增列的博士和硕士学位授权一级学科点名单》。此次学位授权审核工作通过落实省级政府对新增学位授予单位和授权点的规划权与审核权，明确了省级政府的投入、建设责任和规划、管理职能，从而为研究生教育的规模、结构与区域经济社会更加协调发展创造了有利条件。同时，通过新增博士点、硕士点审核权下放和管理重心下移，进一步扩大了学位授予单位的办学自主权。全国共有 58 个学位授予单位获准自行审核博士点、硕士点，其培养的博士生数占全国总数的 70% 左右；此外还有近 100 所中央

部委高校获准自行审核新增专业学位硕士点，研究生教育管理制度得以不断创新。

但由于历史文化、经济发展、教育发展水平、地理区位等因素的影响，部分省区研究生教育的学科结构、类型结构、形式结构、层次结构等与当地的产业、社会发展需求还不够协调甚至联系不够紧密，省级政府如何在现有的条件下充分利用相关权力，统筹和调控好学位授权点与当地产业经济、社会的协同发展，还有相当的路程要走。

2. 组织开展二级学科自主设置与调整，扩大研究生培养单位办学自主权

2011 年 2 月，国务院学位委员会办公室下发了《关于做好授予博士、硕士学位和培养研究生的二级学科自主设置工作的通知》，统一开设二级学科自主设置信息平台，以规范学位授予单位在一级学科授权权限内自主设置与调整二级学科。根据 2011 年 3 月正式实施的《授予博士、硕士学位和培养研究生的二级学科自主设置实施细则》，国家负责设置与审批学科门类和一级学科，学位授予单位可在本单位具有学位授权的一级学科下自主设置与调整二级学科。该《细则》还规定了设置目录外二级学科或交叉学科的具体办法。该政策的实施改变了过去对学科专业目录实行指令性管理的做法，扩大了研究生培养的自主权，增强了研究生培养单位适应发展、优化结构、突出特色的主动性与灵活性。

现实的问题是培养单位在设置和调整二级学科、科学合理开展人才培养时，往往缺乏行业发展趋势、劳动力市场等相关的信息支撑，这就要求：一方面，我国的政府部门、行业协会充分发挥自身的优势，及时提供相应的信息服务；另一方面，研究生培养单位更要常规性地开展毕业生跟踪和劳动力市场调查，以保证学科设置和人才培养与社会需求衔接。此外，如何保障培养单位在一级学科范围内自主设置、调整二级学科权利的同时，其发展又不至于失序和泛滥，是值得进一步观察和研究的问题。

3. 批准民办高校招收培养研究生，拓展民办高等教育办学空间

2011 年，教育部批准了北京城市学院、西京学院、吉林华桥外国语学院、河北传媒学院、黑龙江东方学院 5 所民办高校参与"服务国家特殊需求人才培养项目"——学士学位授予单位开展培养硕士专业学位研究生试点工作，由此开启了我国民办高等学校独立招收、培养研究生的新征程。这是新中国成立以来，我国民办高校首次获得研究生教育资格，标志着民办高校学历培养层次进一步提升，民办高等教育的办学空间进一步拓宽。

由于办学条件、历史经验等的限制，长期以来我国民办高校的人才培养都被限制在高职高专和本科层次，尽管这一现象已经获得重大改观，但如何保障民办高校的研究生人才培养质量和可持续发展，真正服务好国家的特殊需求，既需要我们在制度上继续创新，为民办高校培养高层次人才创造条件，又需要培养单位严格把关，加强自律，形成完善的研究生培养制度和质量保障制度。

（三）优化研究生教育结构，主动适应国家、社会发展需求

1. 增设专业学位类别与培养单位，优化培养类型结构

2011 年，为更好地适应国家经济社会发展战略需求，完善研究生培养类型结构，创新人才培养模式，国务院学位委员会批准新增了工程博士、审计硕士两种专业学位类别。北京大学等 25 个单位获批开展工程博士专业学位授予工作，北京大学等 34 个单位获批为审计硕士专业学位授予单位，清华大学等 11 个单位获批为城市规划硕士专业学位授予单位，北京、上海、厦门 3 所国家会计学院获准新增为硕士专业学位授予单位。至此，我国已有博士专业学位 5 种、硕士专业学位 39 种，共有博士专业学位授权点 108 个、硕士专业学位授权点 2 842 个，初步形成了基本覆盖国民经济和社会发展主干领域的专业学位研究生教育体系。

专业学位种类的增加，对于调整人才培养类型结构具有重要意义，但由于部分专业学位开设时间较晚，因此如何满足未来劳动力市场对专业学位高层次人才的需求，仍需要深入研究和系统分析。

2. 推进专业学位研究生教育改革，创新高层次应用型人才培养模式

2011 年，为创新高层次应用型人才培养模式，清华大学等 64 所研

究生培养单位积极开展专业学位研究生教育综合改革试点工作。主要进行了以下探索：一是改革课程体系，包括学校专业基础课、校企及行业实践训练课的系统设计和开设；二是改革课题和训练项目；三是改革实验室，按不同专业学位研究生需要建设实践培养基地；四是导师队伍建设，建立教授和企业、行业骨干相结合的双导师制；五是改革考核方式；六是加强专业学位教育指导委员会建设；七是争取让学生在毕业时获得毕业证、学位证和职业资格证。

此外，为加强专业学位研究生教育与行业部门之间的联系，2011年还成立了由人力资源和社会保障部、财政部、司法部、卫生部等部委，行业协会及研究生培养单位推荐的专家和负责人组成的全国各专业学位研究生教育指导委员会（简称"教指委"）。作为国务院学位委员会、教育部、人力资源和社会保障部领导下的专业性组织，教指委主要从事专业学位研究生教育的指导、督查、评估认证、研究和咨询等工作。

但由于我国开展专业学位人才培养的历史较短，办学经验还不够丰富，继续探索与培养目标相适应的专业学位人才培养模式依旧是摆在培养单位面前的重要任务。探索并推进专业学位工作研究、推动专业学位教育教学改革、促进国内外交流合作则是教指委的主要职责和使命。

3. 开展"服务国家特殊需求人才培养项目"试点，适应国家战略需求

2011年8月，为了适应经济社会发展及行业领域对高层次专门人才的特殊需求，国务院学位委员会下发通知，决定开展"服务国家特殊需求人才培养项目"（简称"特需项目"），进行学士学位授予单位培养硕士专业学位研究生的试点工作，实施多部门联合设立特殊、重要、急需人才培养计划。北京电子科技学院等51所学校获得授权开展培养硕士专业学位研究生试点工作，中央司法警官学院等12所高校成为试点工作建设单位。

当然，如何高质量地开展服务国家特殊需求的人才培养，还需要相关高校苦练内功，打好人才培养的基础。有关政府部门也要完善质量监控体系，从外部保障"特需项目"的培养质量。

三、挑战与建议

与发达国家相比，与经济社会发展阶段性需求相比，与人民群众接受高水平高层次教育的期盼相比，我国学位与研究生教育还存在较大的差距和不足。审视我国研究生教育存在的问题与不足，回应社会舆论关注的焦点与热点，未来一个时期我国学位与研究生教育事业应进一步改革培养机制、完善质量评估与保障体系、促进协同创新与科教融合、推进国际交流与合作、提升教育质量。

（一）面临的挑战

研究生教育作为国民教育的顶端，是高层次创新型人才的主要来源和科学研究潜力的主要标志，是提高综合国力和国际竞争力的有力支撑。因此，必须深刻认识新形势下我国学位与研究生教育面临的严峻挑战。

1. 适应创新型国家战略需求，研究生的创新能力亟待提升

随着知识经济的发展，科技创新能力越来越成为国家核心竞争力，科学研究和人才培养结合最紧密的研究生教育已成为国家提升核心竞争力的重要基础。但自主创新能力不强、对外技术依存度高、哲学社会科学的话语权不够是我国建设创新型国家过程中面临的最大瓶颈之一，其根本原因在于高层次创新型人才不足。这就迫切需要培养和造就一大批具有原始创新能力、集成创新能力和引进消化吸收再创新能力的高层次创新型人才。主动迎接这一挑战是我国研究生教育的重大历史使命。

2. 应对国际竞争，研究生教育国际合作需要跨上新台阶

在经济全球化的时代，美国、日本、欧洲各国、韩国、澳大利亚等都制定了明确的研究生教育国际合作的战略和措施，以提高本国研究生教育的国际竞争力。我国《教育规划纲要》则提出了培养大批具有国际

视野、通晓国际规则、能够参与国际事务和国际竞争的国际化人才的战略目标，这一战略目标对研究生教育事业发展提出了新的挑战。一方面，高层次人才培养本身需要直接面对国际舞台，要培养具有较强的跨文化理解力、国际交流能力和国际战略视野的研究生。另一方面，我国的研究生教育制度和法律必须适应国际合作新形势的需要，作出相应的改革和调整。目前，美国、欧洲国家等均把中国作为开展联合学位项目的主要合作对象，在相关学科领域授予国际合作学位（如联合学位、双联学位等）时面临的学位制度衔接、项目开发、学生管理、资金投入、质量保障等就成为我国学位与研究生教育国际合作道路上需要积极解决的问题。只有突破相关的制度障碍，才能促进我国研究生教育国际合作迈向新的台阶。

3. 主动服务经济社会发展，研究生教育结构亟待优化，人才培养模式改革需要继续探讨

随着我国产业结构和社会发展的转型，我国高层次的人才需求正在发生深刻的变化，人才类型和专业类别的多元化需求成为基本趋势。同时，知识生产模式的转型也使人才培养方式开始出现重大的变化，社会机构和业界参与人才培养的重要性越来越被人们所认知。

但我国的研究生教育结构还存在着与社会需求诸多不适应的地方。从类型结构来看，我国的研究生教育主体依旧还是学术学位人才的培养；从形式结构来看，全日制研究生培养还占有绝对优势地位，适应终身学习需要的研究生培养体系还未能形成；从科类结构来看，如何促进科类结构与产业结构的协调发展还需作出巨大的努力；从区域布局结构来看，学位授权单位和学位授权点的分布还没有很好地反映区域经济和社会发展的需求；从培养模式来看，尽管我们做了很多的探讨，积累了宝贵的经验，但依旧主要是沿袭传统的学术学位人才培养的模式，专业学位独特的培养模式还没有完全形成。

因此，迫切需要根据我国经济社会发展趋势，优化研究生教育培养定位和系统结构。应全面适应我国社会经济发展对高层次人才的多元化需求，创新人才培养模式，促进高层次人才培养与产业、行业、企业、社会紧密结合。尤为重要的是建立与人才需求相适应的动态调控机制，及时调整学科结构、层次结构、类型结构，优先支持与国家重大战略、产业发展、社会工作和改善民生相关的学科。与此同时，优化区域布局，特别要通过国家扶持、对口支援等方式，提升欠发达地区和西部地区的研究生教育水平，促进区域研究生教育协调发展，服务于全国经济社会协调发展大局。

（二）发展与改革建议

经过一段时间的补偿性增长，我国研究生教育的重点已经转移到以质量提升为核心的内涵式发展道路上。未来一个时期，我国研究生教育发展的主要任务应是主动适应国家经济社会发展需求，深入开展研究生培养机制改革，创新人才培养模式，优化研究生教育结构，全面提升研究生教育质量和国际竞争力。

1. 持续深入开展研究生培养机制改革，促进人才培养质量的全面提升

为使研究生教育与国家社会经济发展相适应，提高研究生教育质量，培养拔尖创新人才，教育部、国家发展和改革委员会、财政部早在2005年就联合提请国务院批准了《关于进行研究生培养机制改革试点的通知》，从此研究生培养机制改革成为我国研究生教育改革的中心命题。实践证明，研究生培养机制改革已经取得了较好的成效，初步调动了学校、院系、导师、研究生等各个群体的积极性，基本建立科学研究主导下的导师负责制和资助制，完善了研究生资助体制，强化了导师的主导作用，增强了导师的质量意识，缓解了研究生的经济压力，激发了研究生的创新热情，研究生培养质量得到了改善。

但这一改革不是一蹴而就的，需要持之以恒地深化。如在经费支持方面，人文、社科、理科等还需要加大扶持力度，照顾到不同学科的差异性；科研经费管理方面还需要进一步完善，大力提高科研经费中的人力支出部分，以调动研究生的积极性；有效的研究生培养激励机制与淘汰机制亟待完善。从导师层面看，导师遴选制度、薪酬制度、考核制度

17

等也还存在着一些与培养机制改革不协调的地方。总之，从全国范围而言，研究生培养机制改革还存在着不足和矛盾，需要不断地深化和完善，以全面提高研究生培养质量。

2. 建立开放型研究生教育管理体系，促进研究生教育结构主动适应社会需求

针对我国研究生教育结构形式的制度性特征，建议重新调整研究生培养中不同利益主体间的权利关系：（1）中央政府主要制定全国研究生教育发展的总体规划，组织制定相应的学位标准，完善学位授权审核和质量评估制度，加大质量保障力度。（2）全面落实地方政府在本地区研究生教育发展中的统筹权，根据本地区实际，进行学科建设和规划、学位授权点和学位授予单位的审批、省级学科建设及招生计划编制，促进地方研究生教育结构和体系优化，并履行质量保障的监督和保障服务功能。（3）扩大培养单位特色发展的制度空间。在学科设置、招生改革、培养模式、学位授予、资源分配、国际合作等领域扩大研究生培养单位的办学自主权。（4）有效发挥市场在研究生教育资源配置上的基础作用，促使研究生区域结构、科类结构、类型结构与劳动力市场需求结构相适应。

继续促进学位体系向学术学位与专业学位并重转型，积极稳妥扩大专业学位的规模、增加专业学位的种类。全面推进协同创新与科教融合，加大行业协会等社会力量参与研究生培养过程的力度，促进人才培养模式转型。建立研究生就业信息反馈机制，及时准确地分析研究生社会需求和供给。

3. 系统构建研究生教育质量保障体系，增强培养单位的质量文化意识

经过三十余年的发展，我国研究生教育各项规章制度不断完善，质量保障体系基本形成。但政府监督、社会评价、培养单位自我诊断性评估相结合的研究生教育质量保障体系还缺乏系统的设计和构建，以学位授予单位为主体、政府为主导、社会多元参与、专门机构实施的多元质量保障体系还有待进一步完善，尤其是培养单位的自律机制应该成为研究生教育质量保障体系的核心。

为此，必须立足学科授权点，建立学位授权点分类引导和监控机制，引导培养单位建立积极、有效、自律的质量监督机制。重点增强培养单位的质量文化意识和研究生的社会责任意识，树立"声誉最优"的卓越意识。各培养单位要进一步加强研究生人才培养体系改革，增强课程学习、论文撰写、毕业答辩等环节的规范性与科学性，有效排除各种非学术因素对学位与研究生教育的干扰，确保学位与研究生教育的权威性、严肃性与学术水平，努力提高学位与研究生教育的质量。

4. 充分利用国内国际两种教育资源，促进研究生教育国际合作水平的提升

近年来，在各方的共同努力之下，我国学位与研究生教育的国际化程度不断增强，国际交流取得了丰硕成果。但是，我国研究生教育体系的吸引力与国际影响力仍有待提升，2011 年，我国招收来华留学研究生 30 376 人，仅占我国研究生招生总数的 4.53％。[①] 相比之下，美国自 2000 年以来授予留学生的博士学位、硕士学位数占美国授予博士、硕士学位总数的比例一直保持在 25％、12％左右。[②] 因此，提高我国研究生教育的国际国内吸引力是我们面临的双重任务。

面对未来世界的激烈竞争与研究生教育国际化的发展趋势，我国必须充分利用国内国际两种教育资源，从公共外交、人文外交的战略高度重视和提升研究生教育国际合作水平。大力推进《学位条例》的修订工作，完善相关制度，为研究生教育国际合作寻求更加权威的法律保障。积极推动国际间学位、文凭的相互认可，鼓励和支持我国高校与境外高水平教育、科研机构联合建立研发基地，丰富国际合作形式。继续深化研究生培养过程改革，积极引进国外优质教育资源，增强研究生培养过程的国际化程度。增加国家公派研究生和导师到国外优秀教育与科研机构开展学术交流和合作科研的政策灵活性。引导、支持、鼓励我国高水

---

① 参见教育部国际合作与交流司：《来华留学生简明统计 2011》（内部资料）。

② 参见美国国家教育统计中心（NCES），见 http://nces.ed.gov/programs/digest/d11/tables/dt11_303.asp。

平大学到国外发展研究生教育，全方位拓展研究生教育办学空间。

　　通过扩大和深化研究生教育国际合作，着重提高我国研究生的综合能力和素质，培养我国研究生把握国际前沿的能力和进行国际交流的能力，更加快速与有效地提高我国研究生教育的国际地位、影响力和竞争力，促进我国与世界多元文化的对话与交流，为增强国家文化软实力，推动人类不同文明平等交流、共同进步作出贡献。

第二章

规模与结构

2011 年，全国①共有博士学位授予单位 348 所、硕士学位授予单位 697 所、专业学位授予单位 509 所。全年共招收研究生约 67.11 万人，同比增长 3.81%，其中，招收博士生约 6.55 万人，招收硕士生约 60.56 万人；在学研究生约 164.50 万人，同比增长 6.98%，其中，在学博士生约 27.11 万人，在学硕士生约 137.39 万人；授予博士学位约 5.08 万人、硕士学位约 50.06 万人，同比分别增长 1.06%、10.68%。② 研究生教育规模平稳发展，有效服务了国家经济社会发展大局，有力支撑了科教兴国战略、人才强国战略和创新型国家建设，为现代化建设作出了不可替代的贡献。

2011 年，新增专业学位类别 2 种，增设博士专业学位授权点 25 个、硕士专业学位授权点 119 个，研究生培养类型结构进一步优化，专业学位培养规模快速扩张，专业学位硕士研究生招生数达 26.87 万人，同比增加 18.47%，学术学位硕士招生规模相应下降，同比减幅为 5.51%。专业学位研究生招生数占全国研究生招生总数的比重已超过 40%，更好地适应了国家经济建设和社会发展对高层次应用型人才的迫切需要。

一、学位授权

（一）学术学位授权

学术学位是依据授予学位的学术要求的性质和特点划分出的一种学位类型，按照学科门类授予学位。1983 年，国务院学位委员会颁布了《高等学校和科研机构授予博士和硕士学位的学科专业目录（试行草案）》，这是我国首次制定和试行的博士、硕士学位的学科专业目录，它

---

① 除特别说明外，本报告中相关数据的统计范围为中国大陆，不包括台湾省、香港特别行政区和澳门特别行政区。后同。

② 除特别说明外，本报告中招生、在校生和学位授予数据均不包括军事学；硕士研究生招生人数含在职联考招生数据。

将学科专业分为哲学、经济学、法学等9个学科门类，共包括64个一级学科。此后，学科专业目录经1990年、1997年和2011年三次调整与修订，研究生学科门类已基本齐全。根据国务院学位委员会和教育部于2011年颁布的新的《学位授予和人才培养学科目录》，学术学位的学科门类包括13个，即哲学、经济学、法学、教育学、文学、历史学、理学、工学、农学、医学、军事学、管理学和艺术学，每个学科门类下设若干个一级学科，共有一级学科110个。

2011年，我国博士、硕士学位授予单位分别达到348所、697所，共有博士学位授权一级学科点2 765个、硕士学位授权一级学科点5 706个。一级学科博士点最多的五个省市分别为：北京、江苏、上海、湖北和陕西；一级学科硕士点最多的五个省市分别为：北京、江苏、山东、辽宁和湖北（详见附录3—1）。

（二）专业学位授权

2011年2月，刘延东同志在纪念《中华人民共和国学位条例》实施三十周年纪念大会上的讲话中指出："积极发展专业学位教育……加大专业学位设置力度，创新培养模式，加强专业实践环节，促进高层次人才培养与产业、行业、企业、社会紧密结合。"这无疑为进一步发展专业学位明确了方向。国务院学位委员会第28次会议审议通过《工程博士专业学位设置方案》和《审计硕士专业学位设置方案》，我国专业学位制度进一步完善。

1. 类别与规模

2011年，我国新增工程博士、审计硕士两种专业学位类别，至此，我国已有博士专业学位5种（见表2—1）、硕士专业学位39种（见表2—2）、学士专业学位1种，基本覆盖了国民经济和社会发展的主干领域；2011年国务院学位委员会审核批准北京大学、清华大学等25个学位授予单位开展工程博士专业学位授予工作，批准北京大学等34个单位为审计硕士专业学位授予单位，批准清华大学等11个单位为城市规划硕士专业学位授予单位，批准北京、上海、厦门国家会计学院新增为会计硕士专业学位授予单位。

表 2—1　　　　　　　　　我国博士专业学位基本情况

专业代码	类别	英文缩写	设置年份	授予单位数（个）
0451	教育	Ed. D	2008	15
0851	工程	D. Eng	2011	25
0952	兽医	VMD	1999	7
1051	临床医学	MD	1998	48
1052	口腔医学	SMD	2000	13

资料来源：中国学位与研究生教育信息网，见 http://www.cdgdc.edu.cn/xwyyjsjyxx/gjjl/。

表 2—2　　　　　　　　　我国硕士专业学位基本情况

专业代码	类别	英文缩写	设置年份	授予单位数（个）
0251	金融	MF	2010	86
0252	应用统计	MAS	2010	78
0253	税务	MT	2010	36
0254	国际商务	MIB	2010	78
0255	保险	MI	2010	50
0256	资产评估	MV	2010	65
0257	审计	MAud	2011	34
0351	法律	JM	1995	117
0352	社会工作	MSW	2008	60
0353	警务	MP	2010	4
0451	教育	Ed. M	1996	88
0452	体育	MSPE	2005	68
0453	汉语国际教育	MTCSOL	2007	83
0454	应用心理	MAP	2010	30
0551	翻译	MTI	2007	159
0552	新闻与传播	MJC	2010	49
0553	出版	MP	2010	14
0651	文物与博物馆	MCHM	2010	28
0851	建筑学	M. Arch	1992	25
0852	工程	ME	1997	338
0853	城市规划	MUP	2010	11
0951	农业推广	MAE	1999	98
0952	兽医	VMM	1999	36
0953	风景园林	MLA	2005	32
0954	林业	MF	2010	16
1051	临床医学	MM	1998	101
1052	口腔医学	SMM	2000	47
1054	公共卫生	MPH	2001	44
1054	护理	MNS	2010	29
1055	药学	M. Pharm	2010	41
1056	中药学	MCMM	2010	43
1151	军事		2002	14
1251	工商管理	MBA	1990	234

续前表

专业代码	类别	英文缩写	设置年份	授予单位数（个）
1252	公共管理	MPA	1999	146
1253	会计	MPAcc	2004	107
1254	旅游管理	MTA	2010	56
1255	图书情报	MLIS	2010	18
1256	工程管理	MEM	2010	77
1351	艺术	MFA	2005	139

资料来源：中国学位与研究生教育信息网，见 http://www.cdgdc.edu.cn/xwyyjsjyxx/gjjl/szfa/267348.shtml。

概言之，2011 年，我国新增博士专业学位授权点 25 个、硕士专业学位授权点 119 个。全国共有专业学位授予单位 509 所，博士专业学位授权点 108 个，硕士专业学位授权点 2 779 个，基本形成了以硕士专业学位为主，博士、硕士、学士三个学位层次并行的专业学位教育体系。

2. 服务国家特殊需求人才培养项目

"服务国家特殊需求人才培养项目"——学士学位授予单位开展培养硕士专业学位研究生试点工作，是针对国家有关行业领域特殊需求的高层次专门人才，择需、择优、择急、择重安排少数办学水平较高、特色鲜明的高等学校，在一定时期内招收培养硕士专业学位研究生的人才培养项目。试点工作以"服务需求、突出特色、创新模式、严格标准"为指导思想，旨在引导高等学校紧密结合经济社会发展需要，合理定位、办出特色、办出水平，推动科研和教学与高层次应用型人才培养紧密结合，不断创新人才培养模式，提高人才培养质量。

2011 年 10 月，国务院学位委员会下发了"服务国家特殊需求人才培养项目"学士学位授予单位开展培养硕士专业学位研究生试点工作单位及试点工作建设单位的名单。北京电子科技学院等 51 所学校获得授权开展培养硕士专业学位研究生试点工作。试点工作从 2012 年 7 月至 2017 年 7 月，实行为期 5 年的动态管理，国务院学位委员会办公室将组织专家对试点单位进行前期检查、中期考核和后期验收，根据人才需求变化和试点工作实施质量决定是否继续授权。中央司法警官学院等 12 所高校成为试点工作建设单位，在 2012 年 8 月前，接受国务院学位委员会办公室组织的专家组实地检查和评估。通过评估的高等学校将被列入学士学位授予单位开展培养硕士专业学位研究生试点工作的单位名单，并从 2013 年起开始有关专业学位研究生的招生、培养和学位授予工作。

二、研究生招生

我国研究生招生分为博士研究生招生、硕士研究生招生两类，其中博士研究生招生主要有普通招考、硕博连读、直接攻博等途径，硕士研究生招生主要通过全国硕士研究生入学统一考试、优秀应届本科毕业生免试攻读硕士研究生、在职人员攻读硕士学位全国联考（以下简称"在职联考"）等途径进行。

（一）规模和结构

1. 全国研究生招生的规模和结构

2011 年我国共招收研究生 671 066 人，其中博士研究生 65 488 人，占招生总数的 9.76％；硕士研究生 605 578 人，占招生总数的 90.24％。

在录取的博士研究生中，学术学位博士研究生 64 044 人，占博士研究生招生总数的 97.80％；专业学位博士研究生 1 444 人，占博士研究生招生总数的 2.20％。录取的硕士研究生中，学术学位硕士研究生 336 868 人，占硕士研究生招生总数的 55.63％；专业学位硕士研究生 268 710 人，占硕士研究生招生总数的 44.37％（见表 2—3）。

表 2—3　　　　　　　　2011 年全国研究生招生的规模和结构

类型	博士研究生		硕士研究生		合计	
	人数（人）	比重（％）	人数（人）	比重（％）	人数（人）	比重（％）
学术学位	64 044	97.80	336 868	55.63	400 912	59.74
专业学位	1 444	2.20	268 710	44.37	270 154	40.26
合计	65 488	100.00	605 578	100.00	671 066	100.00

资料来源：根据教育部高校学生司和国务院学位委员会办公室提供的数据整理。

2. 学术学位研究生招生的规模和结构

2011 年我国共招收学术学位研究生 400 912 人，其中学术学位博士研究生 64 044 人，占 15.97%；学术学位硕士研究生 336 868 人，占 84.03%。

（1）学术学位研究生分学科门类的招生情况。

2011 年招收的学术学位研究生中，工学招生所占比重最大（36.58%），其次是理学（15.69%），这两个学科学术学位研究生招生之和占比为 52.27%（见表 2—4）。此外，人文社会科学类招生所占比重为 34.79%。

表 2—4　　　2011 年学术学位研究生分学科门类的招生情况

学科门类	博士研究生		硕士研究生		合计	
	人数（人）	比重（%）	人数（人）	比重（%）	人数（人）	比重（%）
哲学	805	1.26	3 933	1.17	4 738	1.18
经济学	2 726	4.26	16 826	4.99	19 552	4.88
法学	3 445	5.38	24 736	7.34	28 181	7.03
教育学	1 173	1.83	12 809	3.80	13 982	3.49
文学	2 820	4.40	34 361	10.20	37 181	9.27
历史学	935	1.46	4 469	1.33	5 404	1.35
理学	12 912	20.16	50 003	14.84	62 915	15.69
工学	24 918	38.91	121 743	36.14	146 661	36.58
农学	2 950	4.61	13 118	3.89	16 068	4.01
医学	6 774	10.58	29 045	8.62	35 819	8.93
管理学	4 586	7.16	25 825	7.67	30 411	7.59
合计	64 044	100.00	336 868	100.00	400 912	100.00

说明：除特别说明外，2011 年新设立的艺术学学科门类数据并入文学门类中统计。后同。
资料来源：根据教育部高校学生司提供的数据整理。

（2）学术学位研究生分地区的招生情况。

2011 年，北京招收的学术学位博士研究生为 18 962 人，占全国学术学位博士研究生招生总数的 29.61%，其余省份的学术学位博士研究生招生数所占比重均未超过 10%，其中，河北、山西、内蒙古、江西、河南、广西、海南、贵州、云南、西藏、青海、宁夏、新疆地区的学术学位博士研究生招生数在全国所占比重不足 1%（见图 2—1）。

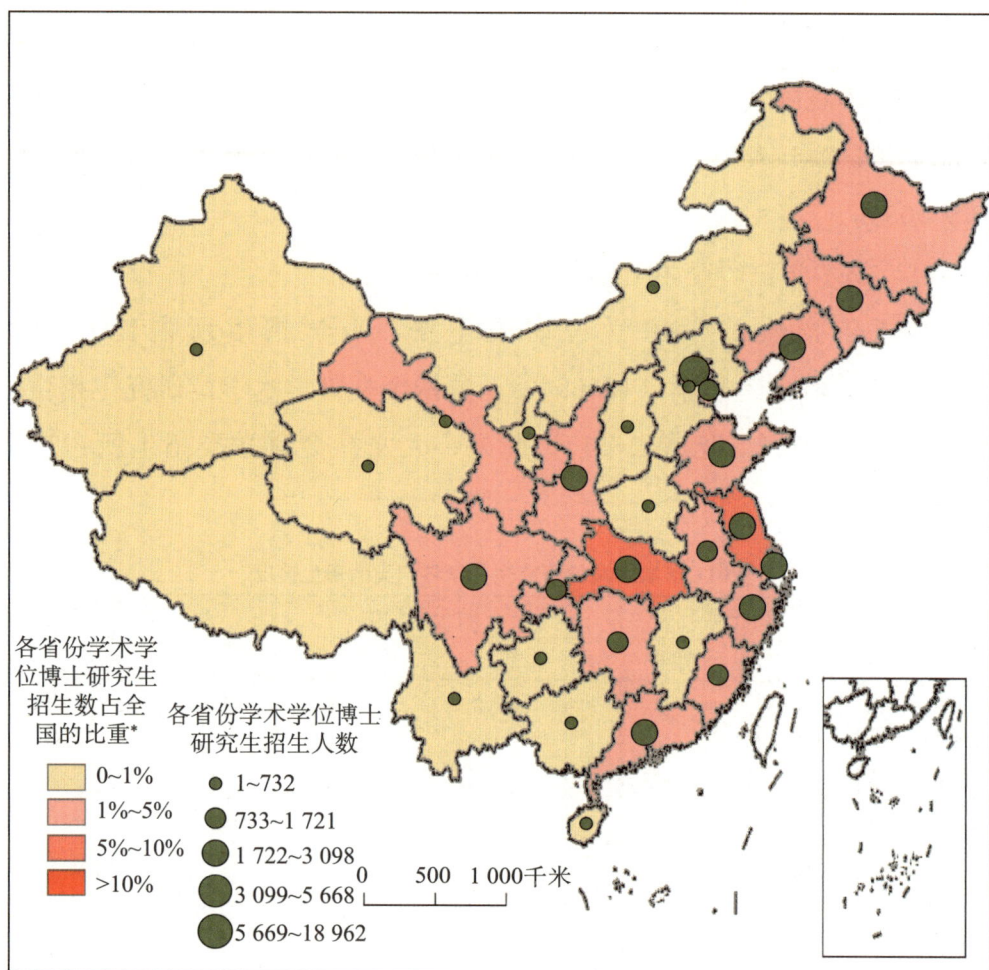

图 2—1　2011 年学术学位博士研究生招生的地区分布情况

　　* 根据作图软件，区间为前开后闭，如（0，1］，即分段的末端点都包含在该段内，但不包含前端点。因此，图例各比重分段区间均按前开后闭原则将末端点包含在区间之内，如 1% 属于 "0～1%" 区间范围。后文各图同此理。

　　资料来源：根据教育部高校学生司提供的数据整理。

　　2011 年，北京招收的学术学位硕士研究生为 45 080 人，占全国学术学位硕士研究生招生总数的 13.38%，其余省份的学术学位硕士研究生招生数所占比重均未超过 10%，其中，内蒙古、海南、贵州、西藏、青海、宁夏、新疆地区的学术学位硕士研究生招生数在全国所占比重不足 1%（见图 2—2）。

　　2011 年，学术学位研究生招生人数最多的五个省市依次为：北京、江苏、上海、湖北和陕西，其中北京 2011 年学术学位研究生招生达到 64 042 人，占 15.97%。学术学位研究生招生人数最少的五个省份依次为西藏、青海、海南、宁夏和贵州（见图 2—3）。

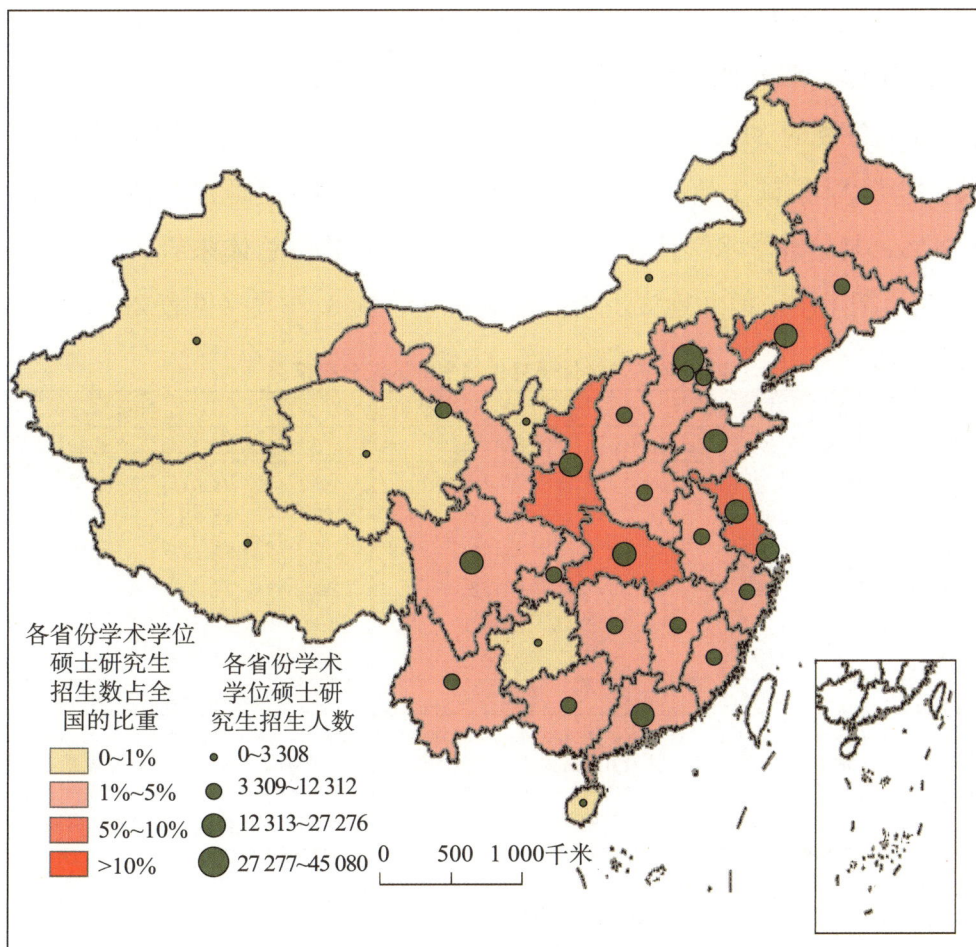

图 2—2　2011 年学术学位硕士研究生招生的地区分布情况

资料来源：根据教育部高校学生司提供的数据整理。

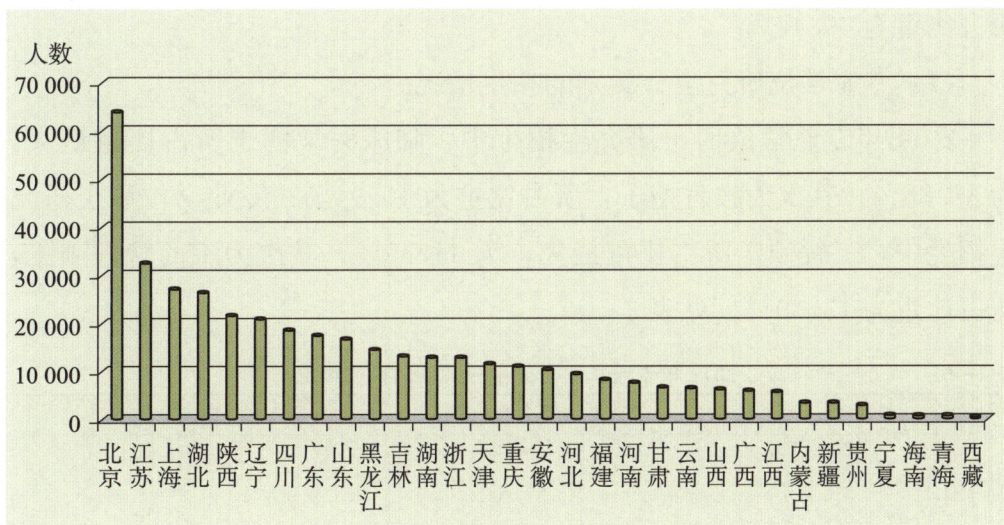

图 2—3　2011 年学术学位研究生招生的地区分布

资料来源：根据教育部高校学生司提供的数据整理。

（3）学术学位研究生分区域的招生情况。

2011 年，华北地区学术学位博士研究生招生占全国学术学位博士研究生招生总数的 34.52%，是培养学术学位博士研究生的主要区域；华东地区学术学位硕士研究生招生占全国学术学位硕士研究生招生总数的 28.61%，是培养学术学位硕士研究生的主要区域；总体来看，在学术学位研究生招生中，西北地区占全国比重最小，为 8.26%（见表 2—5）。

表 2—5　　　　　　　　　2011 年学术学位研究生招生的区域分布情况

区域	博士研究生		硕士研究生		合计	
	人数（人）	比重（%）	人数（人）	比重（%）	人数（人）	比重（%）
华北	22 110	34.52	72 762	21.60	94 872	23.66
东北	6 898	10.77	41 826	12.42	48 724	12.15
华东	17 182	26.83	96 390	28.61	113 572	28.33
中南	9 664	15.09	61 621	18.29	71 285	17.78
西南	4 143	6.47	35 220	10.46	39 363	9.82
西北	4 047	6.32	29 049	8.62	33 096	8.26
合计	64 044	100.00	336 868	100.00	400 912	100.00

说明：东北地区包括辽宁省、吉林省、黑龙江省；华北地区包括北京市、天津市、河北省、山西省、内蒙古自治区；西北地区包括陕西省、甘肃省、青海省、宁夏回族自治区、新疆维吾尔自治区；华东地区包括上海市、江苏省、浙江省、安徽省、福建省、江西省、山东省；西南地区包括重庆市、四川省、贵州省、云南省、西藏自治区；中南地区包括河南省、湖北省、湖南省、广东省、广西壮族自治区、海南省。后同。

资料来源：根据教育部高校学生司和国务院学位委员会办公室提供的数据整理。

3. 专业学位研究生招生的规模和结构

2011 年我国共招收专业学位研究生 270 154 人，其中专业学位博士研究生 1 444 人，所占比重为 0.53%；专业学位硕士研究生 268 710 人，所占比重为 99.47%。

（1）专业学位研究生分类别的招生情况。

2011 年专业学位博士研究生招生中，临床医学博士所占比重最大，为 83.38%，其次为教育博士，所占比重为 10.94%；专业学位硕士研究生招生中，工程硕士所占比重最大，为 41.89%，其次为工商管理硕士，所占比重为 13.30%（见表 2—6）。

表 2—6　　　　　　　　　2011 年专业学位研究生分类别的招生情况

专业学位类别		人数（人）	比重（%）
博士		1 444	100.00
其中：临床医学		1 204	83.38
	兽医	2	0.14
	口腔医学	80	5.54
	教育	158	10.94

续前表

专业学位类别		人数（人）	比重（%）
硕士		268 710	100.00
其中：金融		2 532	0.94
	应用统计	840	0.31
	税务	392	0.15
	国际商务	1 079	0.40
	保险	430	0.16
	资产评估	536	0.20
	法律	16 802	6.25
	社会工作	1 577	0.59
	警务	149	0.06
	教育	16 613	6.18
	体育	3 659	1.36
	汉语国际教育	2 924	1.09
	应用心理	451	0.17
	艺术	6 581	2.45
	翻译	4 759	1.77
	新闻与传播	1 223	0.46
	出版	164	0.06
	文物与博物馆	277	0.10
	建筑学	982	0.37
	工程	112 551	41.89
	农业推广	13 402	4.99
	兽医	1 228	0.46
	风景园林	1 906	0.71
	林业	220	0.08
	临床医学	18 682	6.95
	口腔医学	978	0.36
	公共卫生	1 884	0.70
	护理	218	0.08
	药学	671	0.25
	中药学	343	0.13
	工商管理	35 731	13.30
	公共管理	13 369	4.98
	会计	4 612	1.72
	旅游管理	351	0.13
	图书情报	162	0.06
	工程管理	432	0.16

资料来源：根据教育部高校学生司和国务院学位委员会办公室提供的数据整理。

（2）专业学位研究生分地区的招生情况。

2011 年，北京招收的专业学位博士研究生为 357 人，占全国专业学

31

位博士研究生招生总数的 24.72%，此后依次为湖南（15.93%）、广东（14.47%）、四川（10.11%）。其余省份的专业学位博士研究生招生数所占比重均未超过 10%，其中，河北、山西、内蒙古、吉林、黑龙江、江苏、安徽、福建、江西、山东、河南、广西、海南、贵州、云南、西藏、青海、宁夏、新疆地区的专业学位博士研究生招生数在全国所占比重不足 1%（见图 2—4）。

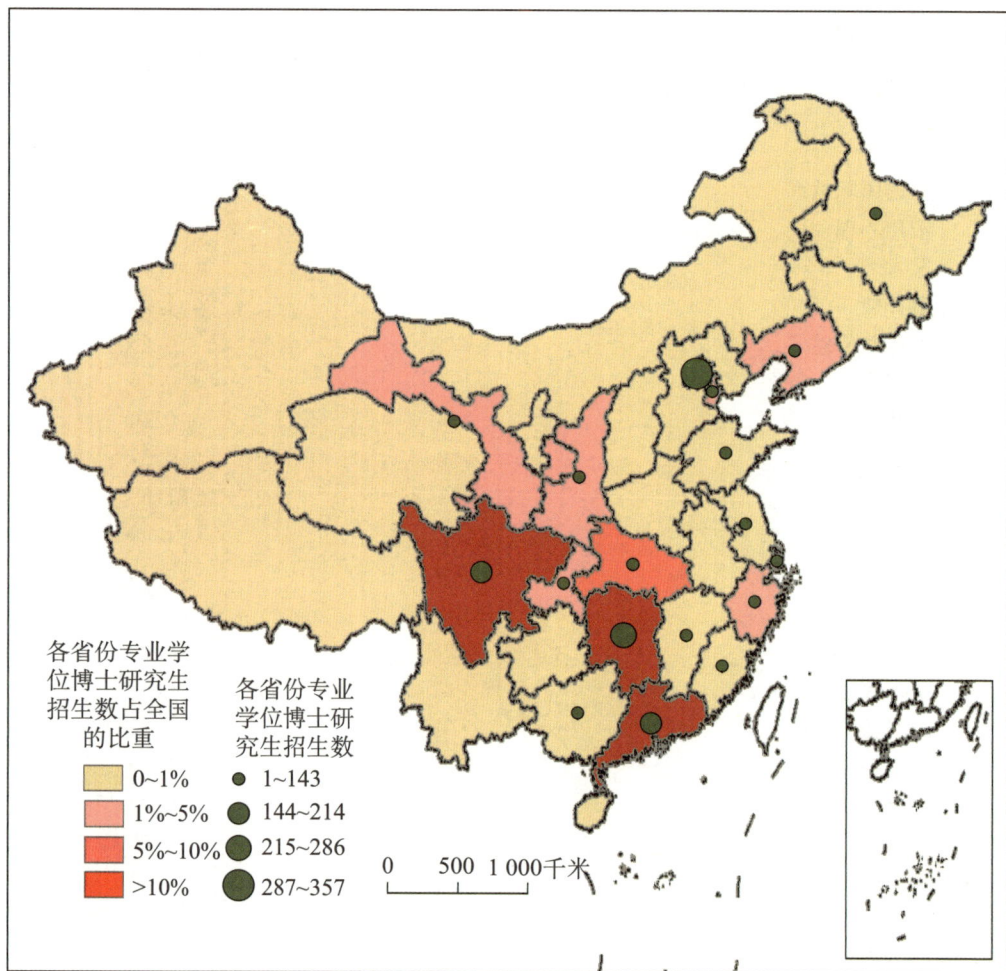

图 2—4　2011 年专业学位博士研究生招生的地区分布

资料来源：根据教育部高校学生司和国务院学位委员会办公室提供的数据整理。

北京招收的专业学位硕士研究生为 36 334 人，占全国专业学位硕士研究生招生总数的 13.52%，其余省份的专业学位硕士研究生招生数所占比重均未超过 10%，其中，海南、贵州、西藏、青海、宁夏、新疆地区的专业学位硕士研究生招生数在全国所占比重不足 1%（见图 2—5）。

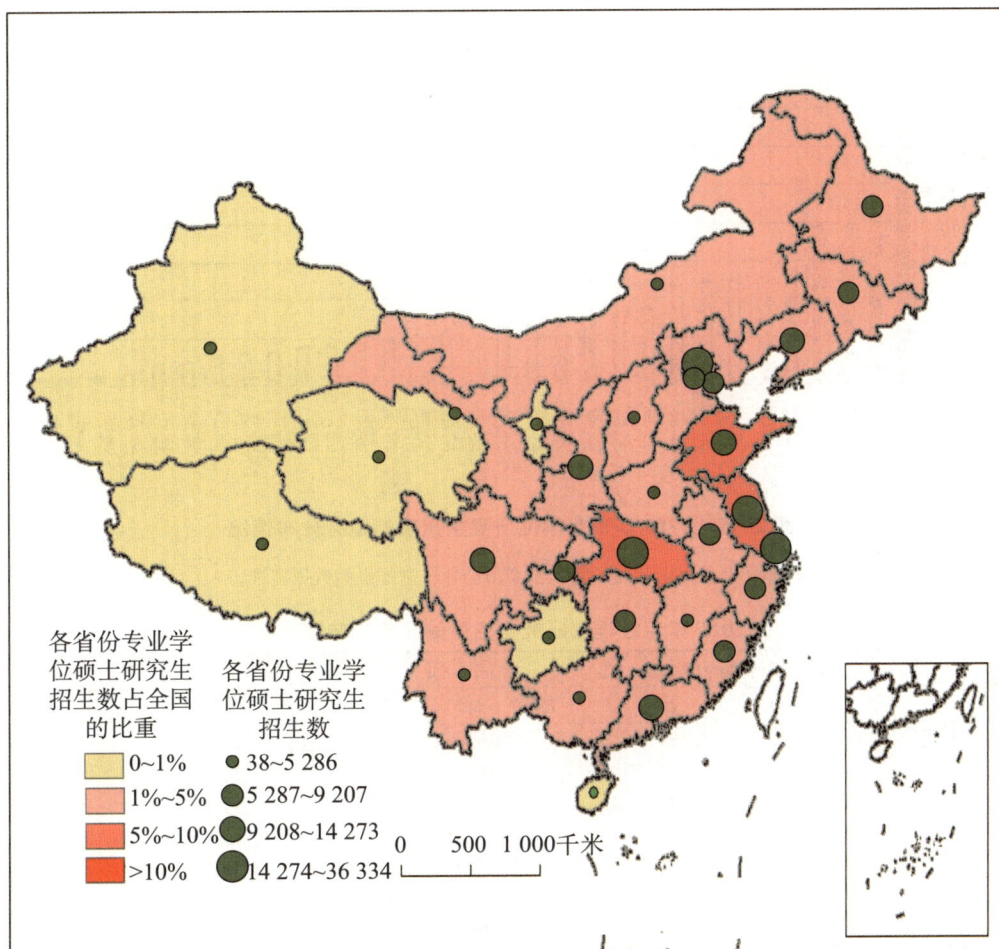

图 2—5 2011 年专业学位硕士研究生招生的地区分布

资料来源：根据教育部高校学生司和国务院学位委员会办公室提供的数据整理。

2011 年，专业学位研究生招生人数最多的五个省市依次为：北京、江苏、湖北、上海和山东，其中北京专业学位研究生招生达到 36 691 人，占 13.58%。招生人数最少的五个省份依次为西藏、青海、宁夏、海南、贵州（见图 2—6）。

（3）专业学位研究生分区域的招生情况。

2011 年，在我国专业学位研究生招生中，华东地区共录取 81 361 人，所占比重最大（30.12%）；西北地区为 21 169 人，所占比重最小（7.84%）。在专业学位博士研究生招生中，中南地区所占比重最大（39.89%）（见表 2—7）。

2011 年，在全国硕士研究生招生中，通过全国在职联考录取的专业学位研究生有 108 873 人，占专业学位研究生招生总规模的 40.3%。在

人数

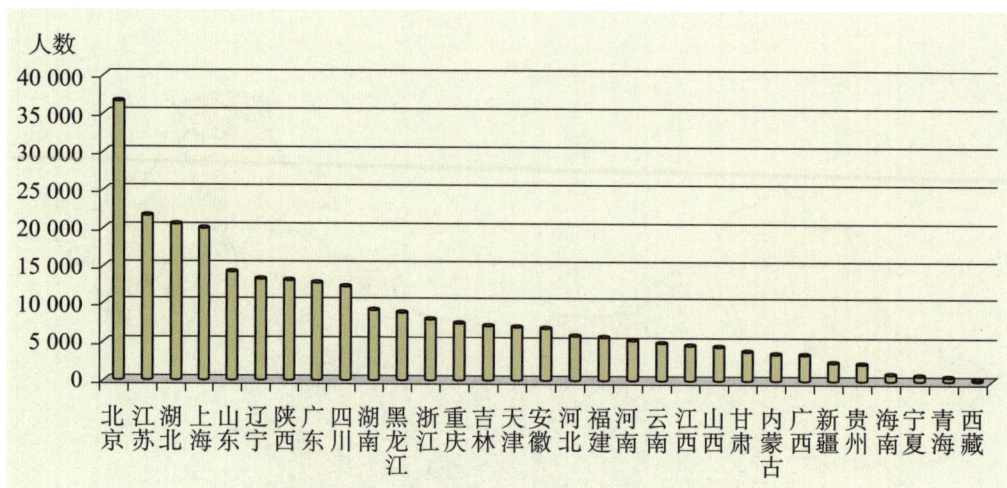

图2—6　2011年专业学位研究生招生的地区分布情况

资料来源：根据教育部高校学生司和国务院学位委员会办公室提供的数据整理。

表2—7　　　　　　　　　　2011年专业学位研究生招生的区域分布情况

区域	博士研究生		硕士研究生		合计	
	人数（人）	比重（%）	人数（人）	比重（%）	人数（人）	比重（%）
华北	391	27.08	57 655	21.46	58 046	21.49
东北	68	4.71	29 619	11.02	29 687	10.99
华东	145	10.04	81 216	30.22	81 361	30.12
中南	576	39.89	52 065	19.38	52 641	19.49
西南	175	12.12	27 075	10.08	27 250	10.09
西北	89	6.16	21 080	7.84	21 169	7.84
合计	1 444	100.00	268 710	100.00	270 154	100.00

资料来源：根据教育部高校学生司和国务院学位委员会办公室提供的数据整理。

职联考招生人数前三位的项目分别为工程硕士、农业推广硕士、教育硕士，各占在职联考招生总数的60.30%、9.29%、8.85%（见表2—8）。

表2—8　　　　　　　　　　2011年在职联考招生的专业结构和规模

类别	人数（人）	比重（%）
法律	6 127	5.63
教育	9 630	8.85
工程	65 655	60.30
工商管理	2 788	2.56
农业推广	10 114	9.29
兽医	681	0.63
公共管理	6 480	5.95
公共卫生	1 418	1.30
会计	1 829	1.68
体育	1 618	1.49
艺术	1 489	1.37
风景园林	1 044	0.96
合计	108 873	100.00

资料来源：根据国务院学位委员会办公室提供的数据整理。

从在职联考硕士研究生的生源地（生源户籍地或工作单位所在地）分布情况来看，招生人数前三位的考生生源地是江苏、山东、北京，分别占全国在职联考招生总数的9.18%、7.81%、7.65%。从招收在职联考硕士研究生的学校所在地区分布情况来看，北京高校招收在职攻读硕士研究生的人数最多，为14 336人，占全国在职联考招生总数的13.17%；其次是江苏和湖北，分别为9 866人和9 864人，各占全国在职联考招生总数的9.06%和9.06%（见图2—7）。

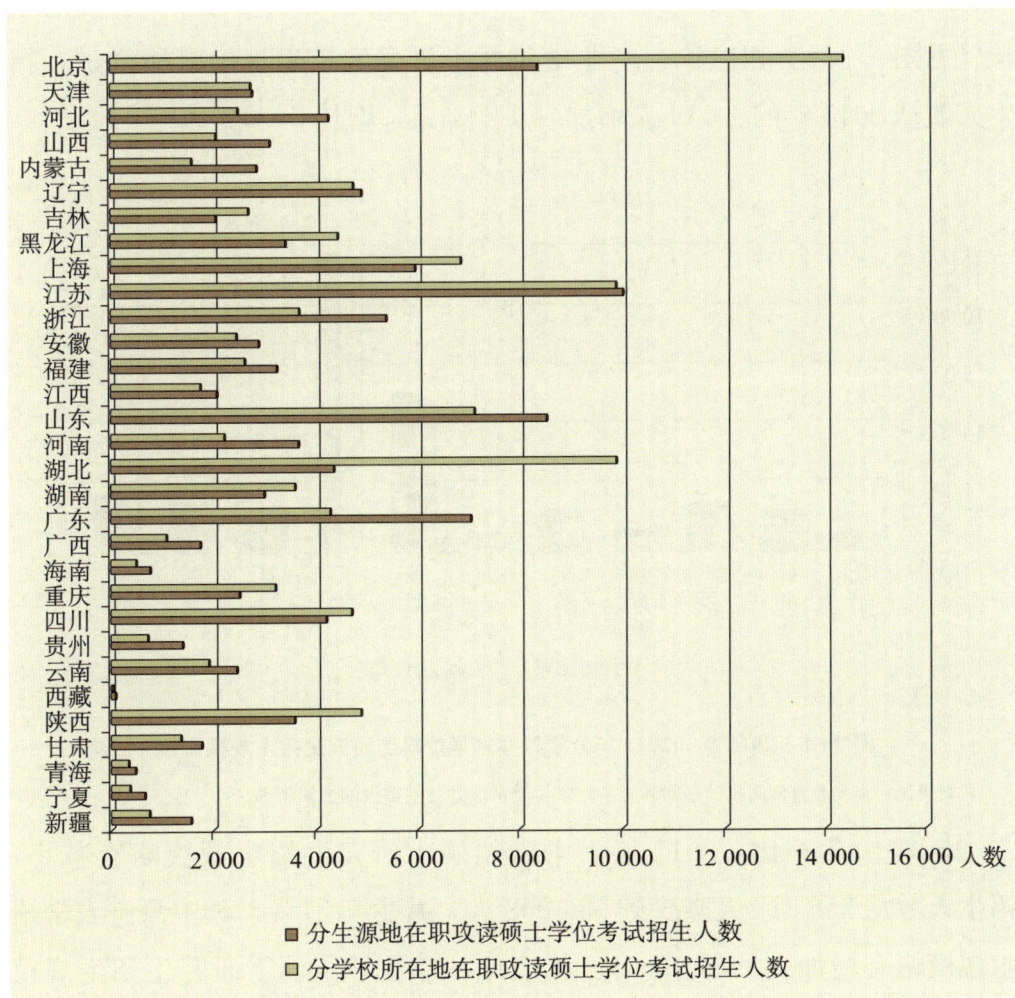

■ 分生源地在职攻读硕士学位考试招生人数
■ 分学校所在地在职攻读硕士学位考试招生人数

图2—7　2011年在职联考招生的生源地分布与学校所在地分布

资料来源：根据国务院学位委员会办公室提供的数据整理。

（二）发展变化

1. 与 2010 年相比的变化情况

研究生招生规模从 2010 年①的 646 432 人增加到 2011 年的 671 066 人，增长 3.81%。其中博士研究生招生人数从 63 105 人增加到 65 488 人，增长 3.78%，硕士研究生招生人数从 583 327 人增加到 605 578 人，增长 3.81%。

与 2010 年相比，2011 年学术学位博士研究生招生人数从 61 986 人增加到 64 044 人，增长 3.32%，各个学科的招生规模均有不同程度的增长（见图 2—8）。相应地，专业学位博士研究生招生规模有所增加，招生人数从 2010 年的 1 119 人增加到 1 444 人，增长 29.04%。

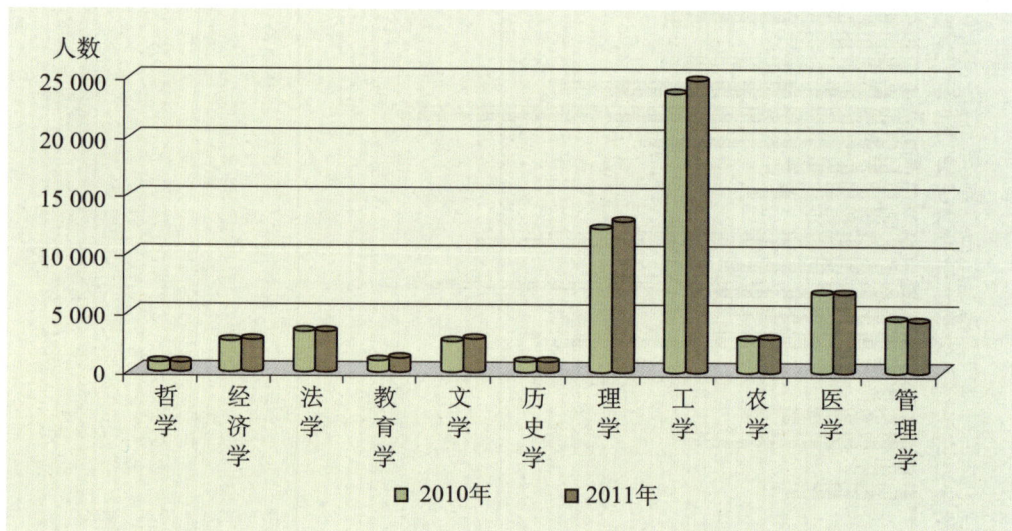

图 2—8　2010 年、2011 年分学科学术学位博士研究生招生规模比较

资料来源：根据教育部高校学生司和国务院学位委员会办公室提供的数据整理。

与 2010 年相比，2011 年学术学位硕士研究生招生规模略有减小，招生人数从 356 517 人减少到 336 868 人，减少 5.51%，其中只有农学招生规模略有增加（见图 2—9）。相应地，专业学位硕士研究生招生规模有所增加，招生人数从 2010 年的 226 809 人增加到 268 710 人，增长 18.47%。

---

①　本报告中 2002—2011 年的招生数包括由国务院学位委员会办公室提供的在职联考招生数，但不包括军事学招生数，因此与往年报告中的招生数据略有出入。

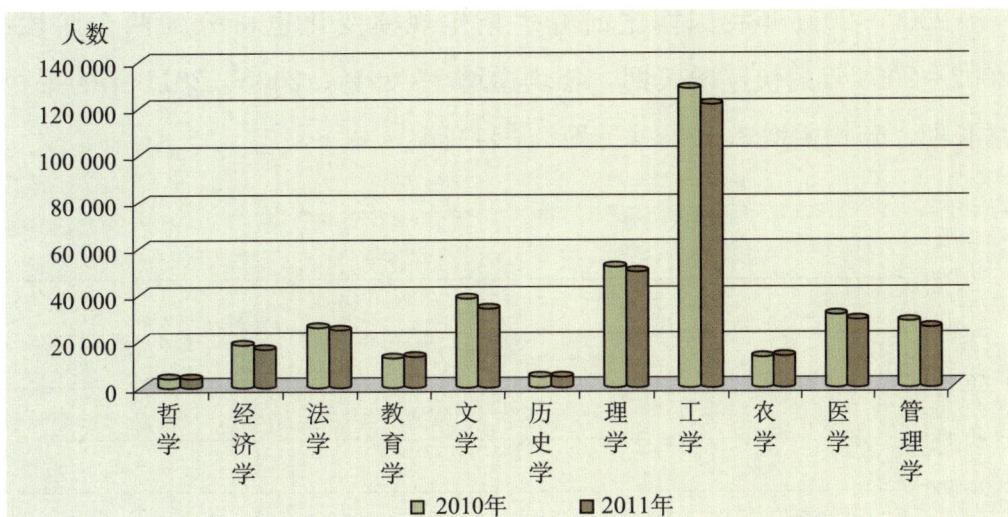

图 2—9　2010 年、2011 年分学科学术学位硕士研究生招生规模比较

资料来源：根据教育部高校学生司和国务院学位委员会办公室提供的数据整理。

2. 十年来的变化情况

2002—2011 年我国研究生整体招生规模的变化可分为两个阶段：第一个阶段为 2002—2008 年的快速增长期，年均增长率为 13.46％；第二个阶段为 2009—2011 年的平稳增长期，年均增长率为 2.16％。我国硕士研究生招生规模变化也可分为两个阶段：2002—2008 年的快速增长期，年均递增 14.32％；2009—2011 年的平稳增长期，年均递增 2.09％（见图 2—10）。

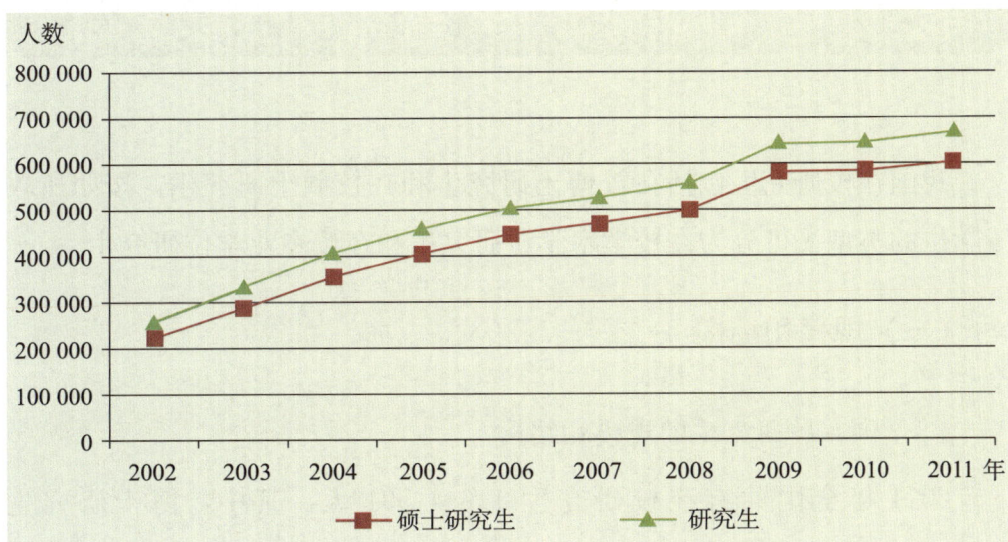

图 2—10　2002—2011 年我国硕士研究生和研究生招生规模变化

资料来源：2002—2008 年数据根据《中国教育统计年鉴》和国务院学位委员会办公室提供的数据整理，2009—2011 年数据根据教育部高校学生司和国务院学位委员会办公室的数据整理，含在职联考招生数。

2002—2011 年我国博士研究生招生规模变化也可分为两个阶段：2002—2004 年的快速增长期，年均递增 17.89％；2005—2011 年的平稳增长期，年均递增 3.50％（见图 2—11）。

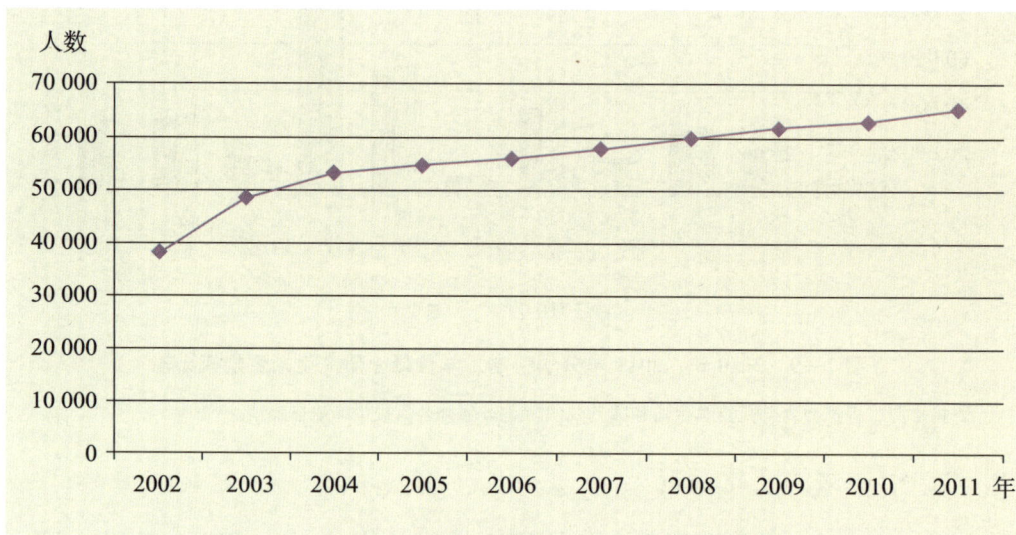

图 2—11　2002—2011 年我国博士研究生招生规模变化

资料来源：2002—2008 年数据根据《中国教育统计年鉴》和国务院学位委员会办公室提供的数据整理，2009—2011 年数据根据教育部高校学生司和国务院学位委员会办公室提供的数据整理。

三、在校研究生

我国在校研究生包括在校博士研究生和在校硕士研究生，按照所攻读学位的类型又可分为在校学术学位研究生和在校专业学位研究生。

（一）规模和结构

1. 全国在校研究生的规模和结构

2011 年全国共有在校研究生 1 644 991 人，其中，博士研究生 271 055 人，占 16.48％；硕士研究生 1 373 936 人，占 83.52％。

在校博士研究生中，学术学位博士研究生 266 081 人，占 98.16％，专业学位博士研究生 4 974 人，占 1.84％；在校硕士研究生中，学术学位硕士研究生 1 040 899 人，占 75.76％，专业学位硕士研究生 333 037 人，占 24.24％（见表 2—9）。

表 2—9　　　　　　　　　　2011 年在校研究生规模和结构

类型	博士研究生		硕士研究生		合计	
	人数（人）	比重（％）	人数（人）	比重（％）	人数（人）	比重（％）
学术学位	266 081	98.16	1 040 899	75.76	1 306 980	79.45
专业学位	4 974	1.84	333 037	24.24	338 011	20.55
合计	271 055	100.00	1 373 936	100.00	1 644 991	100.00

资料来源：根据教育部发展规划司提供的数据整理。

2. 在校学术学位研究生的规模和结构

2011 年全国共有在校学术学位研究生 1 306 980 人，其中博士研究生 266 081 人，占 20.36％；硕士研究生 1 040 899 人，占 79.64％。

（1）在校学术学位研究生分学科情况。

2011 年在校学术学位研究生中，工学所占比重最大，为 37.57％；其次是理学，为 13.85％，二者占总数的 51.42％。除工学和理学外，其余学科门类所占比重均小于 10％。

在校学术学位博士研究生中，工学所占比重最大，为 41.82％；其次是理学，为 17.52％，二者占总数的 59.34％。除工学和理学外，其余学科门类所占比重都小于 10％。在校学术学位硕士研究生中，也是工学所占比重最大，为 36.48％；其次是理学，为 12.92％；再次为文学，为 10.45％。除工学、理学和文学外，其余学科门类所占比重都小于 10％（见表 2—10）。

表 2—10　　　　　　　　　　2011 年在校学术学位研究生分学科情况

学科门类	博士研究生		硕士研究生		合计	
	人数（人）	比重（％）	人数（人）	比重（％）	人数（人）	比重（％）
哲学	3 535	1.33	11 947	1.15	15 482	1.18
经济学	11 940	4.49	49 736	4.78	61 676	4.72
法学	14 065	5.29	75 071	7.21	89 136	6.82
教育学	4 449	1.67	42 356	4.07	46 805	3.58
文学	11 407	4.29	108 734	10.45	120 141	9.19
历史学	3 993	1.50	13 976	1.34	17 969	1.37
理学	46 609	17.52	134 463	12.92	181 072	13.85
工学	111 267	41.82	379 757	36.48	491 024	37.57
农学	11 698	4.40	36 122	3.47	47 820	3.66

学科门类	博士研究生		硕士研究生		合计	
	人数（人）	比重（%）	人数（人）	比重（%）	人数（人）	比重（%）
医学	23 973	9.01	101 729	9.77	125 702	9.62
管理学	23 145	8.70	87 008	8.36	110 153	8.43
合计	266 081	100.00	1 040 899	100.00	1 306 980	100.00

资料来源：根据教育部发展规划司提供的数据整理。

（2）在校学术学位研究生分地区情况。

2011 年，北京在校学术学位博士研究生为 63 695 人，占全国在校学术学位博士研究生总数的 23.94%，其余省份的在校学术学位博士研究生人数所占比重均未超过 10%，其中，云南、河北、山西、河南、内蒙古、江西、新疆、广西、贵州、海南、青海、宁夏、西藏地区的在校学术学位博士研究生所占比重不足 1%（见图 2—12）。

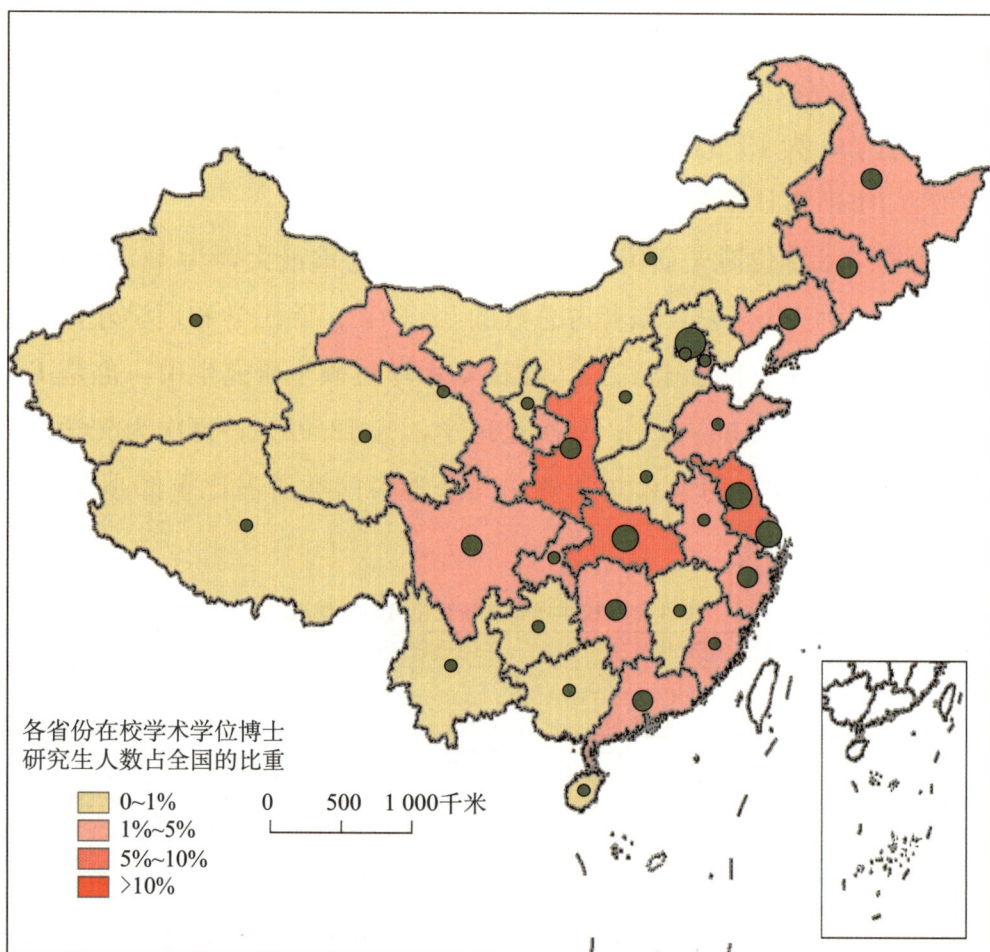

图 2—12　2011 年在校学术学位博士研究生的地区分布情况

说明：图中各省份标注的 ● （无论大小）代表在校学术学位博士研究生人数。
资料来源：根据教育部发展规划司提供的数据整理。

2011 年，北京在校学术学位硕士研究生为 131 788 人，占全国在校学术学位硕士研究生总数的 12.66%，其余省份的在校学术学位硕士研究生人数所占比重均未超过 10%，其中，新疆、贵州、宁夏、海南、青海、西藏地区的在校学术学位硕士研究生所占比重不足 1%（见图 2—13）。

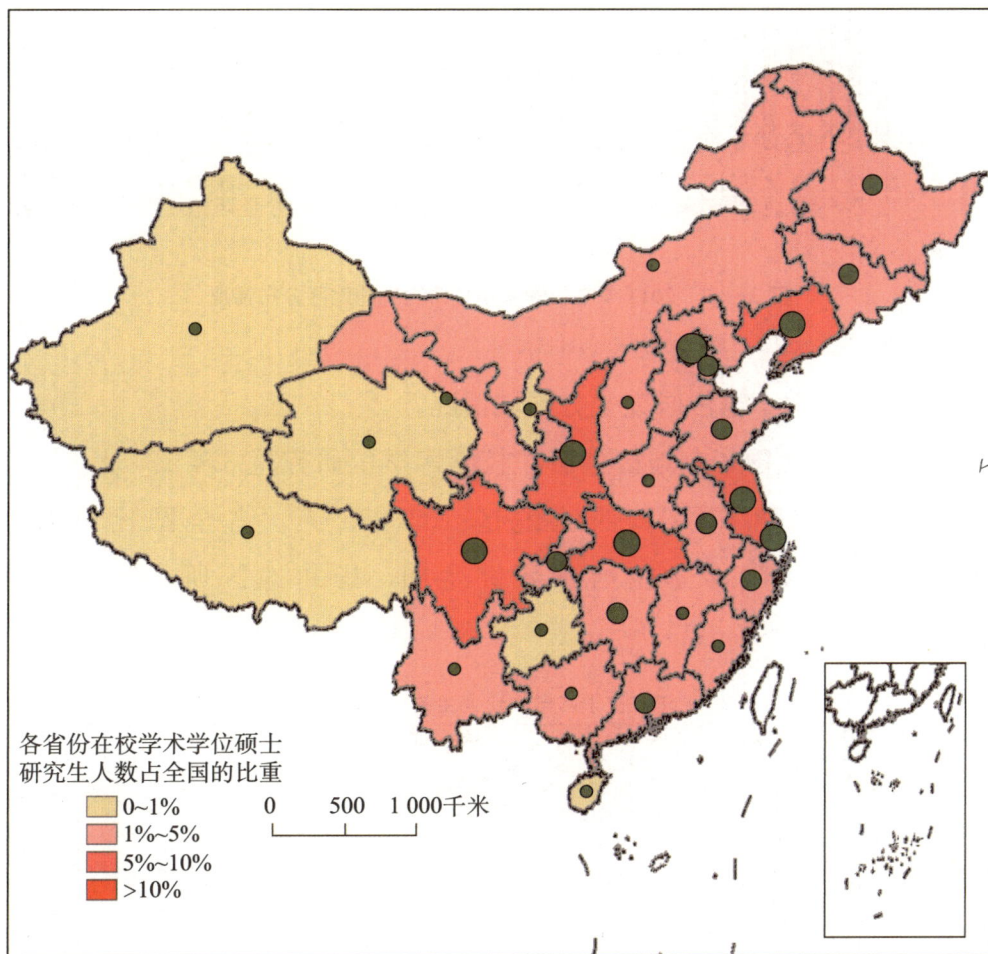

图 2—13 2011 年在校学术学位硕士研究生的地区分布情况

说明：图中各省份标注的 ● （无论大小）代表在校学术学位硕士研究生人数。
资料来源：根据教育部发展规划司提供的数据整理。

2011 年，在校学术学位研究生人数最多的五个省市依次为：北京、江苏、上海、湖北和陕西，其中北京 2011 年在校学术学位研究生达到 195 483 人，占全国在校学术学位研究生总人数的 14.96%。在校学术学位研究生人数最少的五个省份依次为西藏、青海、海南、宁夏和贵州（见图 2—14）。

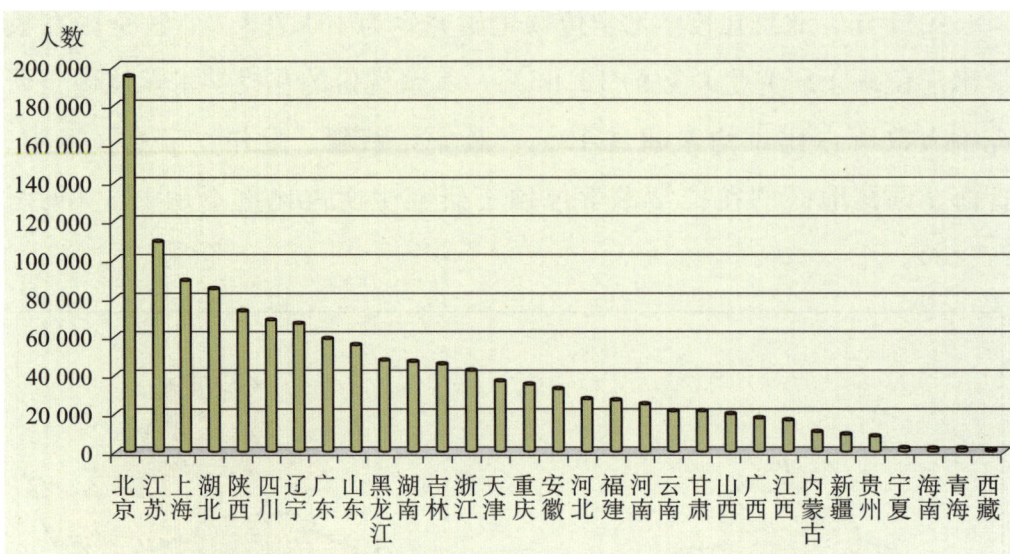

图 2—14　2011 年在校学术学位研究生的地区分布情况

资料来源：根据教育部发展规划司提供的数据整理。

（3）在校学术学位研究生分区域情况。

2011 年，我国华东地区共有在校学术学位研究生 374 127 人，占全国比重最大（28.63%）；西北地区 109 835 人，占全国比重最小（8.40%）。在校学术学位博士研究生中，华北地区所占比重最大（28.62%）（见表 2—11）。

表 2—11　　　　　　　　　2011 年在校学术学位研究生的区域分布情况

区域	博士研究生		硕士研究生		合计	
	人数（人）	比重（%）	人数（人）	比重（%）	人数（人）	比重（%）
华北	76 151	28.62	215 606	20.71	291 757	22.32
东北	31 515	11.84	129 866	12.48	161 381	12.35
华东	75 319	28.31	298 808	28.71	374 127	28.63
中南	43 649	16.40	191 817	18.43	235 466	18.02
西南	19 953	7.50	114 461	11.00	134 414	10.28
西北	19 494	7.33	90 341	8.68	109 835	8.40
合计	266 081	100.00	1 040 899	100.00	1 306 980	100.00

资料来源：根据教育部发展规划司提供的数据整理。

3. 在校专业学位研究生的规模和结构

2011 年全国共有在校专业学位研究生 338 011 人，其中博士研究生 4 974 人，占 1.47%；硕士研究生 333 037 人，占 98.53%。

（1）在校专业学位研究生分类别情况。

2011 年在校专业学位博士研究生中，临床医学博士所占比重最大，为 88.02%；在校专业学位硕士研究生中，工程硕士所占比重最大，为 27.87%，其次是工商管理硕士，为 24.74%（见表 2—12）。

表 2—12　　　　　　　2011 年在校专业学位研究生分类别分布情况

专业学位类别	人数（人）	比重（%）
博士	4 974	100.00
其中：临床医学	4 378	88.02
兽医	25	0.50
口腔医学	281	5.65
教育	290	5.83
硕士	333 037	100.00
其中：金融	2 593	0.78
应用统计	768	0.23
税务	387	0.12
国际商务	1 127	0.34
保险	417	0.13
资产评估	535	0.16
法律	29 732	8.93
社会工作	2 746	0.82
警务	146	0.04
教育	14 078	4.23
体育	3 577	1.07
汉语国际教育	6 034	1.81
应用心理	639	0.19
艺术	7 872	2.36
翻译	6 488	1.95
新闻与传播	1 301	0.39
出版	299	0.09
文物与博物馆	260	0.08
建筑学	3 737	1.12
工程	92 826	27.87
农业推广	5 300	1.59
兽医	869	0.26
风景园林	1 802	0.54
林业	303	0.09
临床医学	45 980	13.81
口腔医学	2 196	0.66
公共卫生	815	0.24
护理	210	0.06
药学	605	0.18
中药学	962	0.29
工商管理	82 393	24.74
公共管理	9 825	2.95
会计	4 549	1.37
旅游管理	331	0.10
图书情报	159	0.05
工程管理	1 176	0.35

资料来源：根据教育部发展规划司提供的数据整理。

（2）在校专业学位研究生分地区情况。

2011年，北京在校专业学位博士研究生为1 456人，占全国在校专业学位博士研究生总数的29.27%，其次为湖南（14.66%），再次为广东（14.15%）。其余省份的在校专业学位博士研究生人数所占比重均未超过10%，其中，甘肃、广西、江苏、福建、吉林、黑龙江、江西、山东等地区的在校专业学位博士研究生所占比重不足1%（见图2—15）。

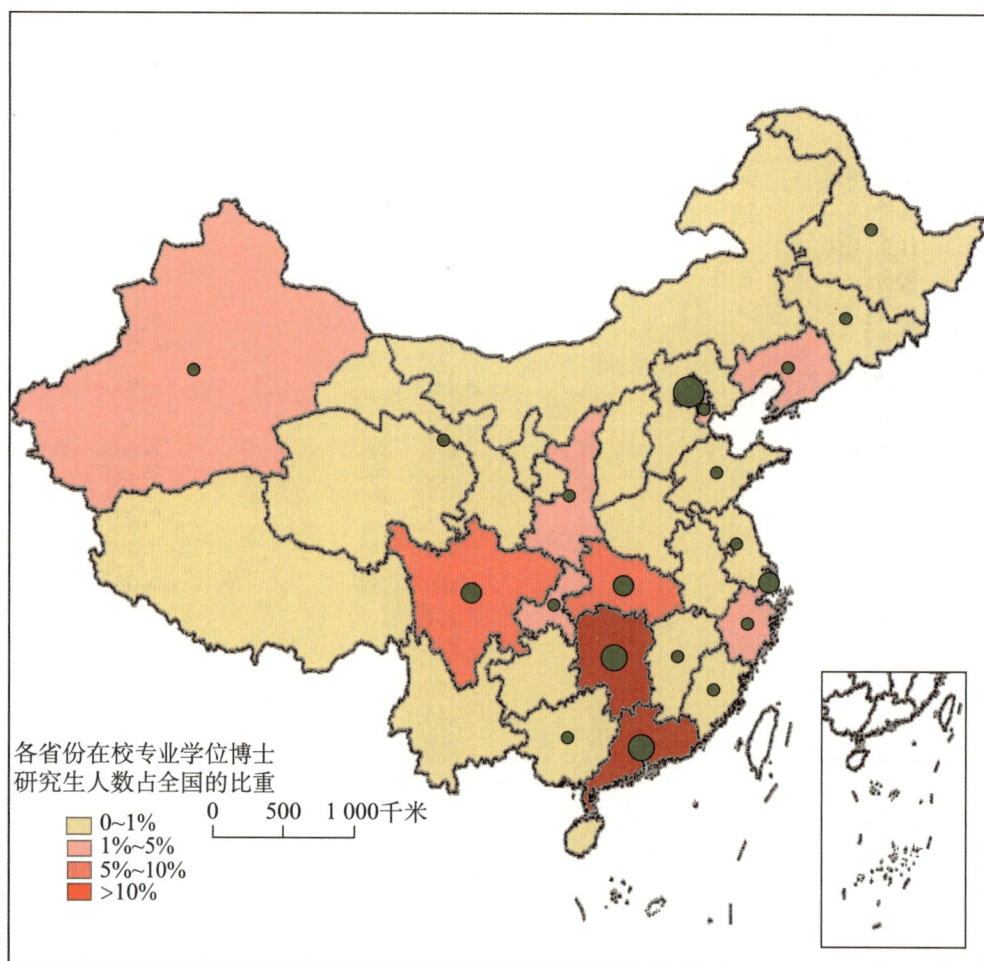

图2—15　2011年在校专业学位博士研究生的地区分布情况

说明：图中各省份标注的 ● （无论大小）代表在校学术学位博士研究生人数。
资料来源：根据教育部发展规划司提供的数据整理。

2011年，北京地区在校专业学位硕士研究生为45 951人，占全国在校专业学位硕士研究生总数的13.80%，其余省份的在校专业学位硕士研究生人数所占比重均未超过10％，其中，海南、青海、宁夏、西藏地区的在校专业学位硕士研究生所占比重不足1％（见图2—16）。

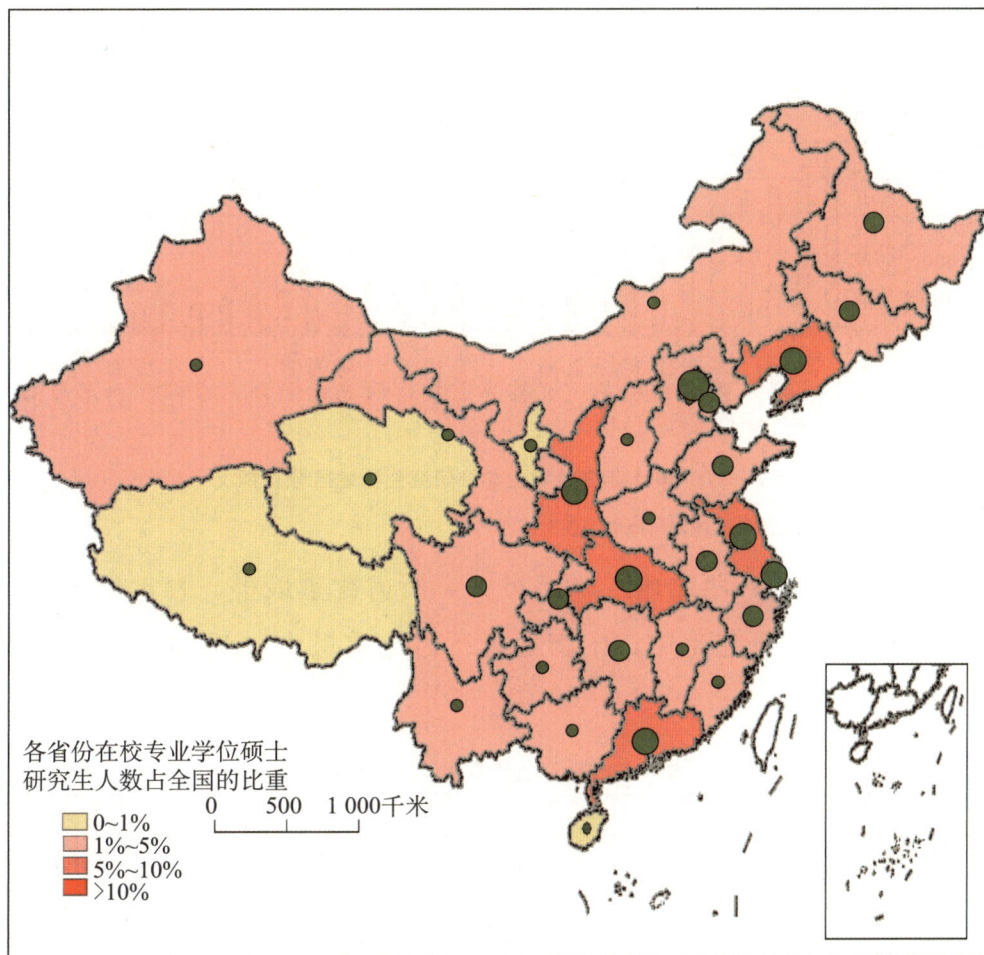

图2—16 2011年在校专业学位硕士研究生的地区分布情况

说明：图中各省份标注的 ● （无论大小）代表在校学术学位硕士研究生人数。

资料来源：根据教育部发展规划司提供的数据整理。

在校专业学位研究生人数最多的五个省市依次为：北京、上海、江苏、湖北和辽宁，其中，北京2011年在校专业学位研究生达到47 407人，占全国在校专业学位研究生总人数的14.03％。在校专业学位研究生人数最少的五个省份依次为西藏、宁夏、青海、海南、贵州（见图2—17）。

（3）在校专业学位研究生分区域情况。

2011年我国华东地区共有在校专业学位研究生99 633人，所占比重

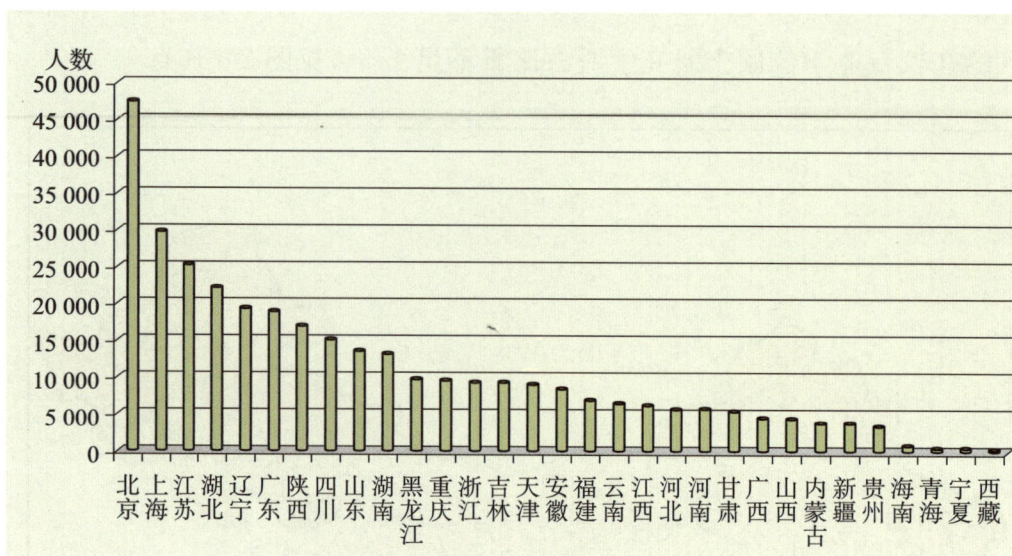

图 2—17   2011 年在校专业学位研究生的地区分布情况

资料来源：根据教育部发展规划司提供的数据整理。

最大，为 29.48%；西北地区 27 596 人，所占比重最小，为 8.16%。在校专业学位博士研究生中，中南地区所占比重最大（37.76%）（见表 2—13）。

表 2—13   2011 年在校专业学位研究生的区域分布情况

区域	博士研究生		硕士研究生		合计	
	人数（人）	比重（%）	人数（人）	比重（%）	人数（人）	比重（%）
华北	1 559	31.34	69 561	20.89	71 120	21.04
东北	158	3.18	38 370	11.52	38 528	11.40
华东	622	12.51	99 011	29.73	99 633	29.48
中南	1 878	37.76	64 331	19.32	66 209	19.59
西南	408	8.20	34 517	10.36	34 925	10.33
西北	349	7.02	27 247	8.18	27 596	8.16
合计	4 974	100.00	333 037	100.00	338 011	100.00

资料来源：根据教育部发展规划司提供的数据整理。

（二）发展变化

1. 与 2010 年相比的变化情况

2011 年，我国在校研究生规模从 2010 年的 1 537 652 人增加到 1 644 991 人，增长 6.98%。其中在校博士研究生数从 258 802 人增加到

271 055 人，增长 4.73％，在校硕士研究生数从 1 278 850 人增加到 1 373 936 人，增长 7.44％。

与 2010 年相比，2011 年在校学术学位博士研究生规模有所提高，从 254 586 人增加到 266 081 人，增长 4.52％，并且各个学科在校生规模均提高，在校生增长比例较大的学科依次是农学、法学、文学，分别增加 8.93％、6.94％、6.03％（见图 2—18）。相应地，在校专业学位博士研究生规模增加，在校生人数从 2010 年的 4 216 人增加到 4 974 人，增加 17.98％。

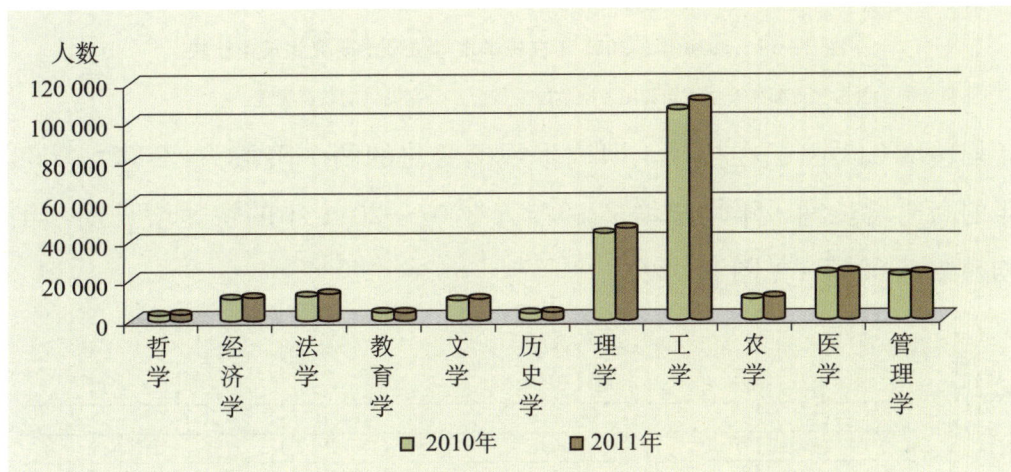

图 2—18　2010 年、2011 年在校学术学位博士研究生规模比较

资料来源：根据教育部高校学生司和国务院学位委员会办公室提供的数据整理。

与 2010 年相比，2011 年在校学术学位硕士研究生规模有所下降，从 1 061 404 人减至 1 040 899 人，减少 1.93％，在校生减少比例较大的学科依次是管理学、教育学、哲学，分别减少 8.60％、4.20％、4.19％；仅理学、农学在校生规模稍有提高（见图 2—19）。相应地，在校硕士专业学位研究生规模迅速增加，在校生人数从 2010 年的 217 446 人增加到 333 037 人，增长 53.16％。

2. 十年来的变化情况

2002—2011 年，我国在校研究生整体规模的变化和硕士研究生规模的变化均可分为两个阶段。在校研究生规模变化的两个阶段为：2002—2006 年的高速增长期，年均递增 21.86％；2007—2011 年的快速增长期，

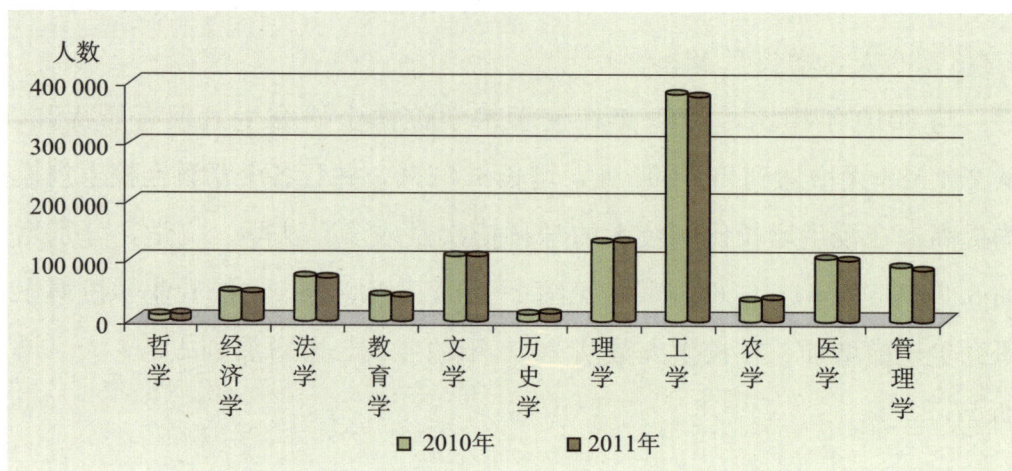

图 2—19　2010 年、2011 年在校学术学位硕士研究生规模比较

资料来源：根据教育部高校学生司和国务院学位委员会办公室提供的数据整理。

年均递增 8.32％。在校硕士研究生规模变化的两个阶段为：2002—2006
年的高速增长期，年均递增 22.97％；2007—2011 年的快速增长期，年
均递增 9.02％（见图 2—20）。

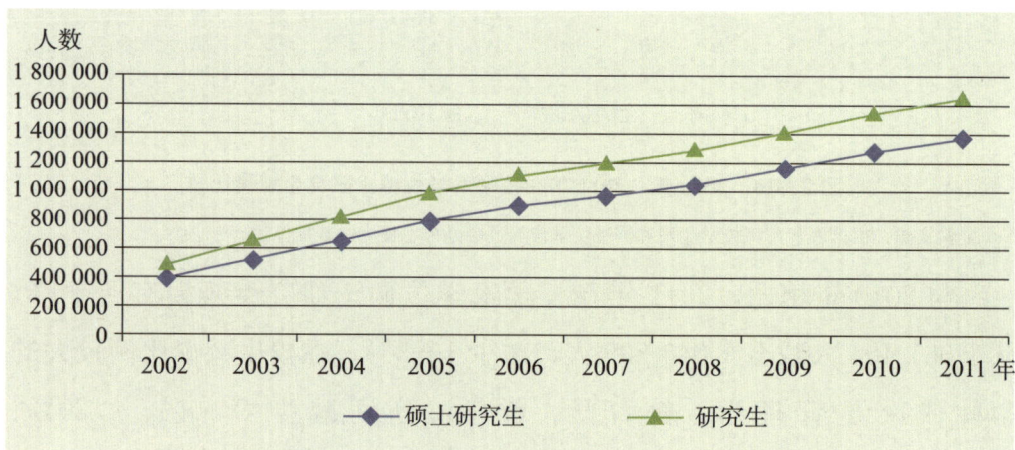

图 2—20　2002—2011 年我国在校研究生、硕士研究生规模变化

资料来源：2002—2008 年数据引自《中国教育统计年鉴》，2009—2011 年数据根据教育部发展规划司提
供的数据整理。

　　十年间，在校博士研究生规模变化也可分为两个阶段，这两个阶段
为：2002—2005 年的高速增长期，年均递增 20.72％；2006—2011 年的
平稳增长期，年均递增 5.43％（见图 2—21）。

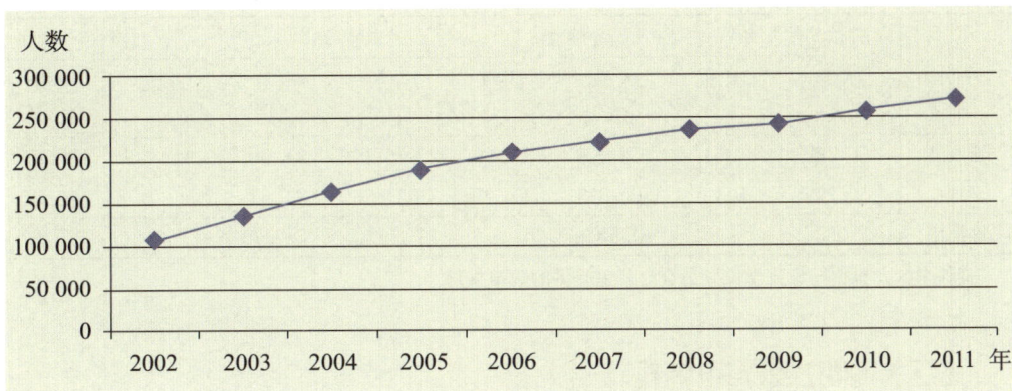

图 2—21 2002—2011 年我国在校博士研究生规模变化

资料来源：2002—2008 年数据引自《中国教育统计年鉴》，2009—2011 年数据根据教育部发展规划司提供的数据整理。

四、学位授予

（一）学位授予的规模

2011 年，全国共授予博士学位 50 777 人，硕士学位 500 621 人，学士学位 3 031 560 人（见表 2—14）。

表 2—14 2011 年博士、硕士和学士学位授予规模 单位：人

学位层级	学术学位	专业学位	合计
博士	48 679	2 098	50 777
硕士	345 625	154 996	500 621
学士	3 027 956	3 604	3 031 560

资料来源：根据国务院学位委员会办公室提供的数据整理。

表 2—15 表明了 2011 年全国学位授予规模和结构与上年相比的变化情况。2011 年全国学位授予规模比 2010 年增加 7.66%，其中，博士学位授予人数增加 1.06%，硕士学位授予人数增加 10.68%，学士学位授予人数增加 7.29%。

从各层次学位授予人数的比重看，2011 年博士、硕士和学士学位授予数占全国学位授予数的比重与 2010 年基本持平。

49

表 2—15   2010—2011 年全国学位授予规模和结构的变化情况

年份	博士		硕士		学士		合计	
	人数 （人）	比重 （%）	人数 （人）	比重 （%）	人数 （人）	比重 （%）	人数 （人）	比重 （%）
2010	50 242	1.51	452 309	13.69	2 825 456	84.90	3 328 007	100.00
2011	50 777	1.42	500 621	13.97	3 031 560	84.61	3 582 958	100.00
增长率	1.06%	—	10.68%	—	7.29%	—	7.66%	—

资料来源：根据国务院学位委员会办公室提供的数据整理。

（二）学位授予的结构

下面将从学位授予的层次结构、类型结构、学科结构和区域结构四个方面，来具体介绍和说明学位授予的结构。

1. 学位授予的层次结构

2011 年全国授予学位的硕博比为 9.86∶1，其中学术学位的硕博比为 7.10∶1。分学科来看，硕博比由高到低依次为（不含专业学位）：教育学（17.14∶1）、文学（16.73∶1）、法学（11.41∶1）、经济学（8.38∶1）、管理学（8.29∶1）、工学（6.73∶1）、医学（6.36∶1）、哲学（5.77∶1）、历史学（5.66∶1）、农学（5.00∶1）、理学（4.02∶1）。

2011 年授予学位的本硕比为 6.06∶1，其中学术学位的本硕比为 8.76∶1。分学科来看，本硕比由高到低依次为（不含专业学位）：管理学（17.01∶1）、文学（14.81∶1）、经济学（9.94∶1）、工学（7.92∶1）、理学（7.23∶1）、教育学（5.82∶1）、医学（5.18∶1）、法学（5.03∶1）、农学（4.98∶1）、历史学（3.19∶1）、哲学（0.52∶1）（见表 2—16）。

表 2—16   2011 年各学科门类的博士、硕士和学士学位层次比例

学科门类	硕博比	本硕比
哲学	5.77	0.52
经济学	8.38	9.94
法学	11.41	5.03
教育学	17.14	5.82
文学	16.73	14.81
历史学	5.66	3.19
理学	4.02	7.23

续前表

学科门类	硕博比	本硕比
工学	6.73	7.92
农学	5.00	4.98
医学	6.36	5.18
管理学	8.29	17.01
学术学位合计	7.10	8.76

说明：硕博比＝授予硕士学位数/授予博士学位数；本硕比＝授予学士学位数/授予硕士学位数。下同。
资料来源：根据国务院学位委员会办公室提供的数据整理。

2011年，授予学位总量中，学士、硕士、博士的比重分别为
84.61％、13.97％、1.42％，学术学位的学士、硕士、博士比重分别为
88.48％、10.10％、1.42％（见表2—17）。

表2—17　　　　　　　2011年各学科门类的博士、硕士和学士学位层次百分比（％）

学科门类	博士	硕士	学士	合计
哲学	10.21	58.91	30.88	100.00
经济学	1.08	9.04	89.88	100.00
法学	1.43	16.34	82.23	100.00
教育学	0.85	14.53	84.62	100.00
文学	0.38	6.30	93.32	100.00
历史学	4.05	22.88	73.07	100.00
理学	2.93	11.79	85.28	100.00
工学	1.64	11.02	87.34	100.00
农学	3.24	16.18	80.58	100.00
医学	2.48	15.77	81.75	100.00
管理学	0.67	5.51	93.82	100.00
学术学位合计	1.42	10.10	88.48	100.00

资料来源：根据国务院学位委员会办公室提供的数据整理。

2. 学位授予的类型结构

2011年，全国授予的博士学位中超过95％是学术博士，授予的硕士
学位中硕士学术学位占69.04％。硕士专业学位占硕士学位授予人数的
比重为30.96％。与2010年相比，2011年硕士专业学位授予人数占全国
硕士学位授予人数的比重增加4.05％（见表2—18）。

表 2—18   2010—2011 年全国硕士学位授予规模和结构的变化情况

年份	学术学位		专业学位		合计	
	人数（人）	比重（%）	人数（人）	比重（%）	人数（人）	比重（%）
2010	330 595	73.09	121 714	26.91	452 309	100.00
2011	345 625	69.04	154 996	30.96	500 621	100.00
增长率	4.55%	—	27.34%	—	10.68%	—

资料来源：根据国务院学位委员会办公室提供的数据整理。

从数据来看，2011 年全国授予专业学位人数最多的是工程硕士，占 37.0%，其他依次为工商管理硕士（17.2%）、法律硕士（10.6%）、临床医学专业学位（10.1%）、教育硕士（9.2%）、公共管理硕士（5.5%）、农业推广硕士（3.5%）。这七个专业学位占硕士专业学位总授予数量的 93.1%（见图 2—22）。此外，在授予的博士专业学位中，临床医学专业学位占主导地位（91.9%）。

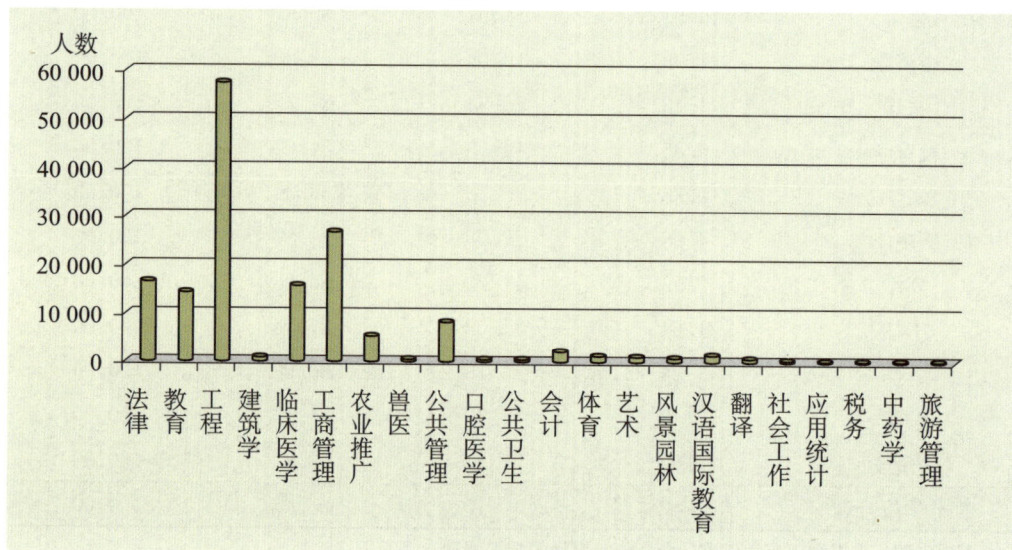

图 2—22   2011 年各硕士专业学位授予人数

资料来源：根据国务院学位委员会办公室提供的数据整理。

3. 学位授予的学科结构

学位授予的学科结构，包括学位授予中按不同学科门类所授予的学位数量及其比例关系、按一级学科所授予的学位数量及其比例关系。

（1）按学科门类的学位授予结构。

2011 年，全国各类学士学位授予机构共授予 3 031 560 人学士学位，其中学术学位 3 027 956 人，专业学位 3 604 人。从学科门类来看，在学术学位中，工学所占比重最大，达到 30.21％，其他学科门类依次为：文学（19.31％）、管理学（17.94％）、理学（10.46％）、经济学（6.78％）、医学（5.39％）、法学（4.75％）、教育学（2.88％）、农学（1.72％）、历史学（0.48％）、哲学（0.07％）。工学、文学、管理学、理学这四个学科门类的学士学位比重之和达到了 77.92％。

2011 年，全国各类硕士学位授予机构共授予 500 621 人硕士学位，其中学术学位 345 625 人，专业学位 154 996 人。从学科门类来看，在学术学位中，工学所占比重最大，达到 33.40％，其他学科门类依次为：理学（12.66％）、文学（11.42％）、管理学（9.24％）、医学（9.11％）、法学（8.27％）、经济学（5.98％）、教育学（4.34％）、农学（3.02％）、历史学（1.32％）、哲学（1.23％）。

2011 年，全国各类博士学位授予机构共授予 50 777 人博士学位，其中学术学位 48 679 人，专业学位 2 098 人。从学科门类来看，在学术学位中，工学所占比重最大，达到 35.23％，其他学科门类依次为：理学（22.36％）、医学（10.17％）、管理学（7.91％）、法学（5.15％）、经济学（5.07％）、文学（4.85％）、农学（4.29％）、教育学（1.80％）、历史学（1.66％）、哲学（1.52％）。工学、理学、医学这三个学科类别授予博士学位所占比重之和达到了 67.76％（见表 2—19）。

表 2—19　　　　2011 年全国授予博士、硕士和学士学术学位人数及比重

学科门类	学士		硕士		博士	
	人数（人）	比重（％）	人数（人）	比重（％）	人数（人）	比重（％）
哲学	2 233	0.07	4 260	1.23	738	1.52
经济学	205 443	6.78	20 672	5.98	2 466	5.07
法学	143 961	4.75	28 599	8.27	2 506	5.15
教育学	87 310	2.88	14 996	4.34	875	1.80
文学	584 555	19.31	39 469	11.42	2 359	4.85
历史学	14 612	0.48	4 575	1.32	809	1.66
理学	316 600	10.46	43 768	12.66	10 887	22.36
工学	914 872	30.21	115 442	33.40	17 152	35.23
农学	51 959	1.72	10 433	3.02	2 087	4.29
医学	163 231	5.39	31 485	9.11	4 949	10.17
管理学	543 180	17.94	31 926	9.24	3 851	7.91
合计	3 027 956	100.00	345 625	100.00	48 679	100.00

资料来源：根据国务院学位委员会办公室提供的数据整理。

从 2011 年的数据来看，在学术学位中，哲学、历史学、农学、医学的学士、硕士、博士所占比重是逐级递增的，这 4 个学科门类的学士学位数量占全国学士学位授予数的 7.66%，硕士学位数量占全国硕士学位授予数的 14.68%，博士学位数量占全国博士学位授予数的 17.64%。文学、管理学的学士学位数量所占比重很高，分别为 19.31% 和 17.94%，但其硕士学位、博士学位数量所占的比重都较低。理学、工学是我国的两大学科门类，工学的学士、硕士、博士所占比重都最大，而理学的博士学位占比也很高，达到了 22.36%。经济学、法学、教育学的学士、硕士、博士数量基本平衡，学士、硕士、博士所占比重相差不大。

（2）按一级学科的学位授予结构。

根据 2011 年颁布的《学位授予和人才培养学科目录》，各学科门类的一级学科设置情况分别为：哲学 1 个，经济学 2 个，法学 6 个，教育学 3 个，文学 3 个，历史学 3 个，理学 14 个，工学 38 个，农学 9 个，医学 11 个，军事学 10 个，管理学 5 个，艺术学 5 个。除哲学只有 1 个一级学科以外，其余 12 个学科门类都包含两个或两个以上一级学科。需要说明的是，由于新的学科专业目录于 2011 年 3 月份颁发，因此 2011 年学位授予统计中，一级学科仍按 1997 年版学科专业目录授予和统计。

1）经济学门类的一级学科学位授予（不含专业学位数，下同）。经济学所包含的一级学科有两个：理论经济学和应用经济学。2011 年，全国共授予经济学硕士学位 20 672 人，经济学博士学位 2 466 人。如表 2—20 所示，应用经济学授予硕士学位的数量占据绝大多数，比重高达 83.45%。

表 2—20　　　2011 年全国授予经济学门类一级学科博士、硕士学位人数及比重

一级学科名称	博士		硕士		硕博比
	人数（人）	比重（%）	人数（人）	比重（%）	
理论经济学	932	37.79	3 421	16.55	3.67
应用经济学	1 534	62.21	17 251	83.45	11.25
合计	2 466	100.00	20 672	100.00	8.38

资料来源：根据国务院学位委员会办公室提供的数据整理。

2）法学门类的一级学科学位授予。法学所包含的一级学科有 5 个。2011 年，全国共授予法学硕士学位 28 599 人，法学博士学位 2 506 人。如表 2—21 所示，该门类的构成主体为法学，该一级学科授予的硕士学位所占比重超过半数，为 51.22%，授予的博士学位也超过四成，占 41.58%。民族学授予的硕士和博士学位所占比重都最低，分别为 3.20% 和 8.66%；马克思主义理论授予的硕士和博士学位所占比重，分别达到 26.10% 和 19.23%。

表 2—21　　2011 年全国授予法学门类一级学科博士、硕士学位人数及比重

一级学科名称	博士		硕士		硕博比
	人数（人）	比重（%）	人数（人）	比重（%）	
法学	1 042	41.58	14 648	51.22	14.06
政治学	470	18.75	3 529	12.34	7.51
社会学	295	11.77	2 045	7.15	6.93
民族学	217	8.66	914	3.20	4.21
马克思主义理论	482	19.23	7 463	26.10	15.48
合计	2 506	100.00	28 599	100.00	11.41

资料来源：根据国务院学位委员会办公室提供的数据整理。

3）教育学门类的一级学科学位授予。教育学所包含的一级学科有 3 个。2011 年，全国共授予教育学硕士学位 16 565 人，教育学博士学位 954 人。如表 2—22 所示，该门类中教育学一级学科占据主导地位，授予的硕士学位所占比重达到 49.46%，博士学位所占比重达 52.20%。心理学一级学科授予的硕士学位和博士学位所占比重都最低，分别为 20.30% 和 23.27%。

表 2—22　　2011 年全国授予教育学门类一级学科博士、硕士学位人数及比重

一级学科名称	博士		硕士		硕博比
	人数（人）	比重（%）	人数（人）	比重（%）	
教育学	498	52.20	8 193	49.46	16.45
心理学	222	23.27	3 362	20.30	15.14
体育学	234	24.53	5 010	30.24	21.41
合计	954	100.00	16 565	100.00	17.36

说明：由于部分一级学科可授予不同学科门类的学位，如心理学可授予教育学、理学学位，所以分一级学科统计的学位授予数与分学科门类统计的学位授予数（见表 2—19）略有出入，下同。

资料来源：根据国务院学位委员会办公室提供的数据整理。

4）文学门类的一级学科学位授予。文学所包含的一级学科有 4 个。

55

2011 年，全国共授予文学硕士学位 39 469 人，文学博士学位 2 359 人。如表 2—23 所示，该门类中外国语言文学一级学科授予的硕士学位所占比重最大，达 31.35％，而在博士学位授予中，中国语言文学一级学科占据主导地位，比重高达 56.59％。新闻传播学一级学科授予的硕士和博士学位所占比重最低，分别为 10.87％和 9.54％。

表 2—23　　　2011 年全国授予文学门类一级学科博士、硕士学位人数及比重

一级学科名称	博士		硕士		硕博比
	人数（人）	比重（％）	人数（人）	比重（％）	
中国语言文学	1 335	56.59	11 416	28.92	8.55
外国语言文学	422	17.89	12 375	31.35	29.32
新闻传播学	225	9.54	4 290	10.87	19.07
艺术学	377	15.98	11 388	28.85	30.21
合计	2 359	100.00	39 469	100.00	16.73

说明：1997 年版的学科专业目录中，艺术学是文学学科门类下的一级学科。
资料来源：根据国务院学位委员会办公室提供的数据整理。

5）理学门类的一级学科学位授予。理学所包含的一级学科有 12 个。2011 年，全国共授予理学硕士学位 37 287 人，理学博士学位 9 794 人。如表 2—24 所示，该门类中授予硕士学位比重最大的 3 个一级学科依次为：生物学（30.44％）、化学（21.04％）和数学（20.26％）；而在博士学位授予中，所占比重最大的 3 个一级学科依次为：生物学（34.08％）、化学（22.33％）和物理学（14.79％）。授予硕士学位比重最低的 3 个一级学科依次为：天文学（0.33％）、科学技术史（0.44％）和地球物理学（0.59％）；授予博士学位比重最低的 3 个一级学科依次为：科学技术史（0.44％）、系统科学（0.51％）和天文学（0.99％）。

表 2—24　　　2011 年全国授予理学门类一级学科博士、硕士学位人数及比重

一级学科名称	博士		硕士		硕博比
	人数（人）	比重（％）	人数（人）	比重（％）	
数学	1 008	10.29	7 554	20.26	7.49
物理学	1 449	14.79	3 791	10.17	2.62
化学	2 187	22.33	7 847	21.04	3.59
天文学	97	0.99	122	0.33	1.26
地理学	613	6.26	3 378	9.06	5.51
大气科学	198	2.02	601	1.61	3.04
海洋科学	239	2.44	632	1.69	2.64

续前表

一级学科名称	博士		硕士		硕博比
	人数（人）	比重（%）	人数（人）	比重（%）	
地球物理学	119	1.22	220	0.59	1.85
地质学	453	4.63	1 282	3.44	2.83
生物学	3 338	34.08	11 349	30.44	3.40
系统科学	50	0.51	346	0.93	6.92
科学技术史	43	0.44	165	0.44	3.84
合计	9 794	100.00	37 287	100.00	3.81

资料来源：根据国务院学位委员会办公室提供的数据整理。

6）工学门类的一级学科学位授予。工学所包含的一级学科有32个。2011年，全国共授予工学硕士学位118 015人，工学博士学位17 627人。如表2—25所示，该门类中授予硕士学位比重最大的3个一级学科依次为：计算机科学与技术（13.82%）、机械工程（9.14%）和信息与通信工程（8.40%）；而在博士学位授予中，所占比重最大的3个一级学科依次为：材料科学与工程（10.84%）、计算机科学与技术（8.35%）和机械工程（7.81%）。授予硕士学位比重最低的3个一级学科依次为：兵器科学与技术（0.19%）、林业工程（0.29%）和核科学与技术（0.31%）；授予博士学位比重最低的3个一级学科依次为：船舶与海洋工程（0.50%）、林业工程（0.51%）和纺织科学与工程（0.53%）。

表2—25　　2011年全国授予工学门类一级学科博士、硕士学位人数及比重

一级学科名称	博士		硕士		硕博比
	人数（人）	比重（%）	人数（人）	比重（%）	
力学	596	3.38	1 651	1.40	2.77
机械工程	1 377	7.81	10 784	9.14	7.83
光学工程	366	2.08	1 224	1.04	3.34
仪器科学与技术	276	1.57	2 168	1.84	7.86
材料科学与工程	1 910	10.84	9 067	7.68	4.75
冶金工程	171	0.97	719	0.61	4.20
动力工程及工程热物理	602	3.42	3 171	2.69	5.27
电气工程	550	3.12	4 959	4.20	9.02
电子科学与技术	1 012	5.74	5 650	4.79	5.58
信息与通信工程	1 079	6.12	9 915	8.40	9.19
控制科学与工程	1 159	6.58	8 650	7.33	7.46

续前表

一级学科名称	博士		硕士		硕博比
	人数（人）	比重（%）	人数（人）	比重（%）	
计算机科学与技术	1 471	8.35	16 311	13.82	11.09
建筑学	232	1.32	2 063	1.75	8.89
土木工程	926	5.25	7 852	6.65	8.48
水利工程	266	1.51	1 761	1.49	6.62
测绘科学与技术	170	0.96	935	0.79	5.50
化学工程与技术	1 020	5.79	6 652	5.64	6.52
地质资源与地质工程	692	3.93	2 514	2.13	3.63
矿业工程	293	1.66	2 101	1.78	7.17
石油与天然气工程	265	1.50	1 397	1.18	5.27
纺织科学与工程	94	0.53	947	0.80	10.07
轻工技术与工程	153	0.87	930	0.79	6.08
交通运输工程	499	2.83	3 415	2.89	6.84
船舶与海洋工程	88	0.50	768	0.65	8.73
航空宇航科学与技术	309	1.75	1 135	0.96	3.67
兵器科学与技术	97	0.55	230	0.19	2.37
核科学与技术	187	1.06	363	0.31	1.94
农业工程	203	1.15	1 007	0.85	4.96
林业工程	90	0.51	338	0.29	3.76
环境科学与工程	901	5.11	5 303	4.49	5.89
生物医学工程	320	1.82	1 079	0.91	3.37
食品科学与工程	253	1.44	2 956	2.50	11.68
合计	17 627	100.00	118 015	100.00	6.70

资料来源：根据国务院学位委员会办公室提供的数据整理。

7）农学门类的一级学科学位授予。农学所包含的一级学科有 8 个。2011 年，全国共授予农学硕士学位 9 913 人，农学博士学位 2 130 人。如表 2—26 所示，该门类中授予硕士学位比重最大的 3 个一级学科依次为：林学（19.75%）、兽医学（15.42%）和畜牧学（14.29%）；而在博士学位授予中，所占比重最大的 3 个一级学科依次为：作物学（20.05%）、畜牧学（16.34%）和植物保护（14.79%）。授予硕士学位比重最低的 3 个一级学科依次为：水产（5.05%）、农业资源利用（7.73%）和园艺学（9.86%）；授予博士学位比重最低的 3 个一级学科依次为：水产（2.72%）、园艺学（9.44%）和农业资源利用（9.95%）。

表 2—26　　　　2011 年全国授予农学门类一级学科博士、硕士学位人数及比重

一级学科名称	博士		硕士		硕博比
	人数（人）	比重（%）	人数（人）	比重（%）	
作物学	427	20.05	1 412	14.24	3.31
园艺学	201	9.44	977	9.86	4.86
农业资源利用	212	9.95	766	7.73	3.61
植物保护	315	14.79	1 353	13.65	4.30
畜牧学	348	16.34	1 417	14.29	4.07
兽医学	280	13.15	1 529	15.42	5.46
林学	289	13.57	1 958	19.75	6.78
水产	58	2.72	501	5.05	8.64
合计	2 130	100.00	9 913	100.00	4.65

资料来源：根据国务院学位委员会办公室提供的数据整理。

8）医学门类的一级学科学位授予。医学所包含的一级学科有 8 个。2011 年，全国共授予医学硕士学位 32 976 人，医学博士学位 5 343 人。如表 2—27 所示，该门类中授予硕士学位比重最大的 3 个一级学科依次为：临床医学（49.36%）、药学（16.50%）和基础医学（9.67%）；而在博士学位授予中，所占比重最大的 3 个一级学科依次为：临床医学（43.20%）、药学（15.22%）和中医学（13.49%）。授予硕士学位比重最低的 3 个一级学科依次为：口腔医学（2.98%）、中西医结合（3.89%）和中药学（4.06%）；授予博士学位比重最低的 3 个一级学科依次为：口腔医学（2.06%）、中药学（3.22%）和公共卫生与预防医学（5.37%）。

表 2—27　　　　2011 年全国授予医学门类一级学科博士、硕士学位人数及比重

一级学科名称	博士		硕士		硕博比
	人数（人）	比重（%）	人数（人）	比重（%）	
基础医学	627	11.73	3 189	9.67	5.09
临床医学	2 308	43.20	16 276	49.36	7.05
口腔医学	110	2.06	983	2.98	8.94
公共卫生与预防医学	287	5.37	1 825	5.53	6.36
中医学	721	13.49	2 639	8.00	3.66
中西医结合	305	5.71	1 284	3.89	4.21
药学	813	15.22	5 442	16.50	6.69
中药学	172	3.22	1 338	4.06	7.78
合计	5 343	100.00	32 976	100.00	6.17

资料来源：根据国务院学位委员会办公室提供的数据整理。

9）管理学门类的一级学科学位授予。管理学所包含的一级学科有 5个。2011 年，全国共授予管理学硕士学位 33 294 人，管理学博士学位 3 953 人。如表 2—28 所示，该门类中工商管理一级学科授予的硕士学位占据主导地位，高达 48.99％；而在博士学位授予中，管理科学与工程一级学科所占比重最大，达 39.21％。农林经济管理一级学科授予的硕士学位所占比重最低，为 2.49％；而图书馆、情报与档案管理一级学科授予的博士学位所占比重最低，为 2.96％。

表 2—28　　　　2011 年全国授予管理学门类一级学科博士、硕士学位人数及比重

一级学科名称	博士		硕士		硕博比
	人数（人）	比重（％）	人数（人）	比重（％）	
管理科学与工程	1 550	39.21	5 121	15.38	3.30
工商管理	1 268	32.08	16 312	48.99	12.86
农林经济管理	475	12.02	830	2.49	1.75
公共管理	543	13.74	9 590	28.80	17.66
图书馆、情报与档案管理	117	2.96	1 441	4.33	12.32
合计	3 953	100.00	33 294	100.00	8.42

资料来源：根据国务院学位委员会办公室提供的数据整理。

从硕博比看（见表 2—20 至表 2—28），人文社会科学的硕博比普遍高于理工农医。教育学门类为 17.36，文学门类为 16.73，法学门类为 11.41，管理学门类为 8.42，经济学门类为 8.38，而理学门类仅为 3.81，农学门类为 4.65，医学门类为 6.17，工学门类为 6.70。从一级学科看，理工农的一级学科硕博比大部分在 5 以下，只有工学门类的个别一级学科硕博比较高，即纺织科学与工程为 10.07，计算机科学与技术为 11.09，食品科学与工程为 11.68。人文社会科学的一级学科硕博比大部分在 10 以上，如法学为 14.06，应用经济学为 11.25，马克思主义理论为 15.48，教育学为 16.45，心理学为 15.14，体育学为 21.41，外国语言文学为 29.32，新闻传播学为 19.07，公共管理为 17.66，工商管理为 12.86，图书馆、情报与档案管理为 12.32，只有理论经济学、民族学、农林经济管理、管理科学与工程的硕博比低于 5。

4. 学位授予的区域结构

2011 年全国博士学位授予数量最多的五个省市分别为：北京、上海、

湖北、江苏和广东，它们占全国授予总数的比重分别为：31.99％、8.09％、8.01％、7.15％和4.70％（含专业学位数，下同，见图2—23）。

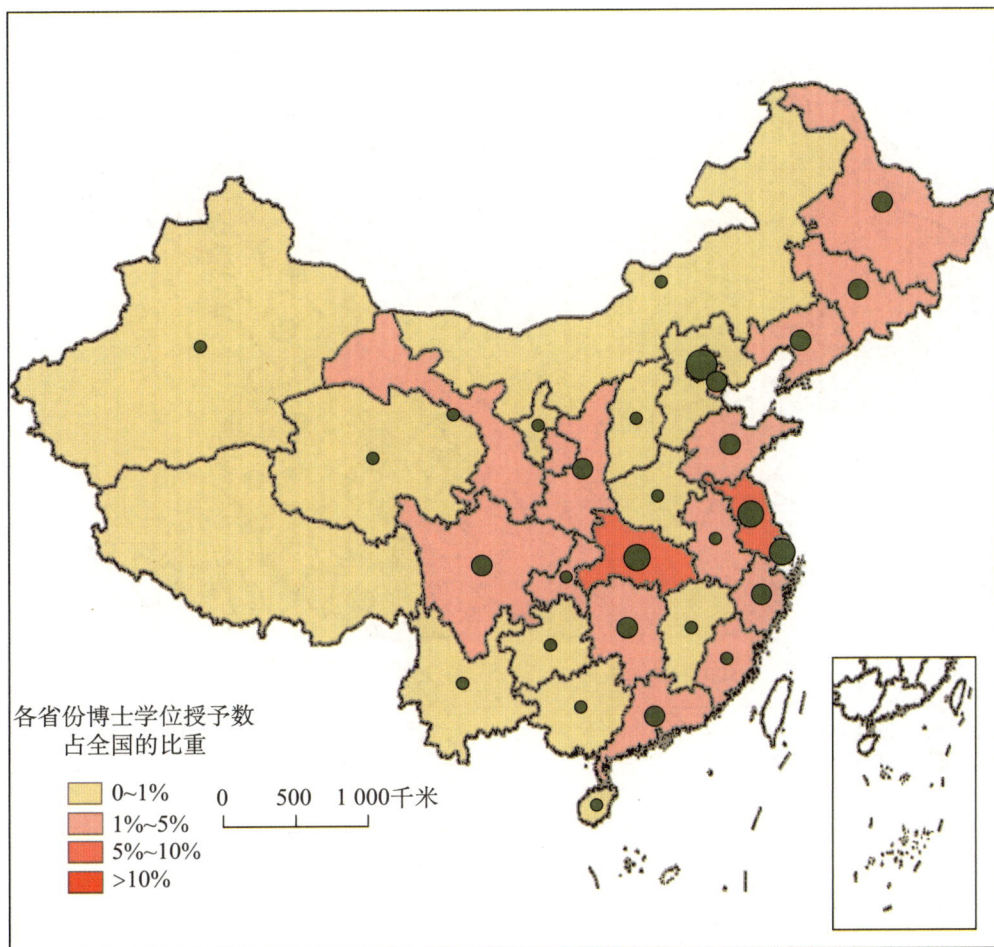

图2—23 2011年博士学位授予的地区分布情况

说明：图中各省份标注的 ● （无论大小）代表博士学位授予数。
资料来源：根据国务院学位委员会办公室提供的数据整理。

从硕士学位授予人数来看，授予人数最多的五个省市分别为：北京、江苏、上海、湖北和辽宁，它们占全国授予总数的比重分别为：14.11％、7.67％、7.21％、7.11％和5.68％（见图2—24）。

北京市博士学位授予人数和硕士学位授予人数分别占全国博士学位授予总数和硕士学位授予总数的31.99％和14.11％，是我国研究生教育尤其是博士研究生教育的中心。北京、江苏、湖北是全国的教育大省（市），其学士、硕士、博士授予数量均列于全国前五位，山东的学士学

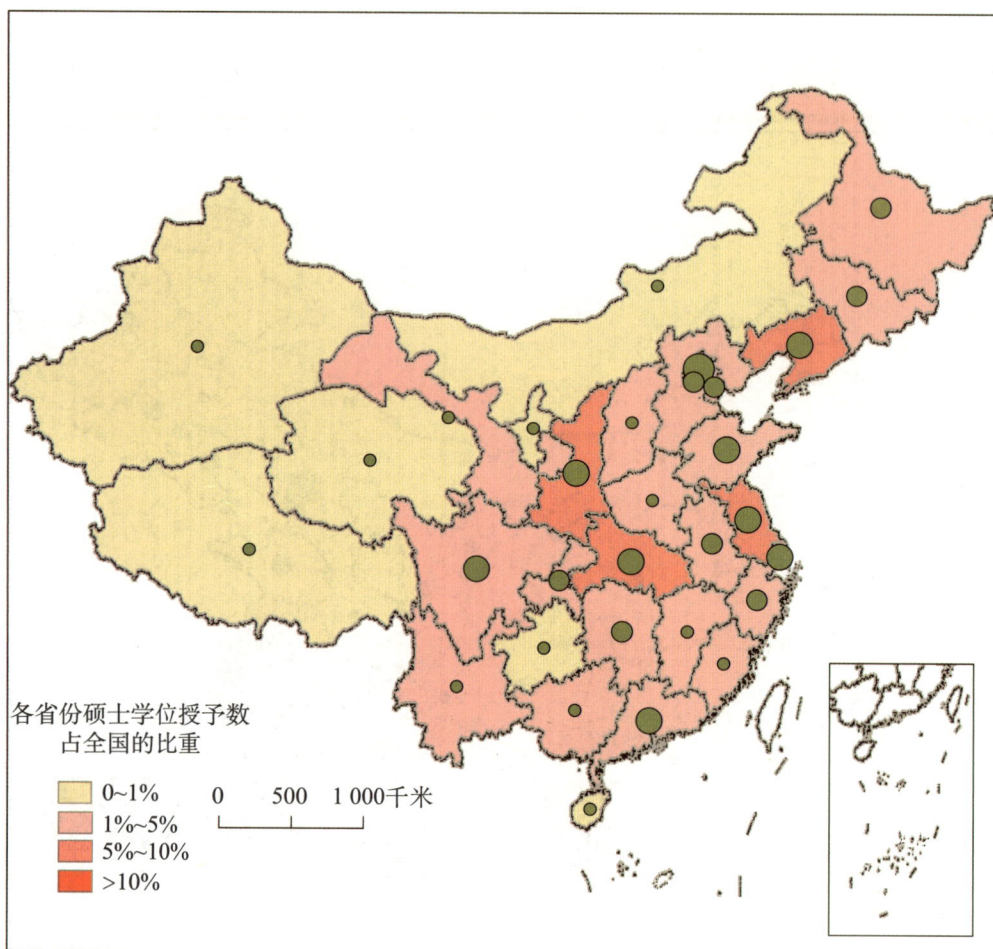

图2—24 2011年硕士学位授予的地区分布情况

说明：图中各省份标注的 ⬤（无论大小）代表硕士学位授予数。
资料来源：根据国务院学位委员会办公室提供的数据整理。

位授予数量排全国第二位，广东的学士学位授予数量和博士学位授予数量均排在全国第五位，而辽宁的硕士学位授予数量排全国第五位。

从区域布局看，华北地区授予的博士学位比重最大，占全国总数的37.21%，其次为华东、中南地区。华东地区授予的博士、硕士、学士学位所占比重分别为24.47%、28.68%、31.03%，硕士和学士所占比重均位居第一。中南地区授予的博士、硕士学位所占比重均处于第三位，授予的学士学位处于第二位。东北地区授予的博士、硕士、学士学位所占比重在12%左右，西北地区授予的博士、硕士、学士学位所占比重在7%左右，西南地区授予的硕士、学士学位所占比重在10%左右（见表

2—29)。

表2—29   **2011年学位授予的区域分布**

区域名称	博士		硕士		学士	
	博士（人）	比重（%）	硕士（人）	比重（%）	学士（人）	比重（%）
华北地区	18 893	37.21	110 683	22.11	465 670	15.36
东北地区	5 177	10.20	61 278	12.24	383 484	12.65
华东地区	12 427	24.47	143 596	28.68	940 598	31.03
中南地区	8 132	16.02	95 510	19.08	716 537	23.64
西南地区	3 240	6.38	51 504	10.29	307 598	10.15
西北地区	2 908	5.73	38 050	7.60	217 673	7.18
合计	50 777	100.00	500 621	100.00	3 031 560	100.00

资料来源：根据国务院学位委员会办公室提供的数据整理。

从博士学术学位授予的区域结构来看，华北、华东、中南三个地区各学科门类博士学位授予所占比重最高，西北地区所占比重最低；与硕士学位情况不一样的是，华北地区几乎所有学科门类博士学位授予数所占的比重都高于华东地区（医学、教育学、文学除外），华北地区的各学科门类除医学所占比重仅为19.5%之外，其余学科门类所占比重都在30%以上，理学所占比重接近于五成，为49.2%，法学所占比重也高达42.1%。多数学科门类中，东北地区所占比重要高于西南地区（见表2—30）。

表2—30   **各学科博士学术学位授予的区域结构（%）**

地区名称	哲学	经济学	法学	教育学	文学	历史学	理学	工学	农学	医学	管理学
华北地区	37.3	35.0	42.1	31.7	36.2	33.3	49.2	35.7	33.1	19.5	32.3
东北地区	10.6	12.0	8.1	7.1	4.5	9.8	7.6	12.6	10.8	14.1	10.2
华东地区	27.2	21.5	20.6	34.1	37.4	27.8	23.6	23.2	24.4	30.7	23.9
中南地区	18.3	18.6	16.8	16.7	13.8	15.2	10.4	13.2	15.4	27.2	21.4
西南地区	4.9	8.6	9.4	8.0	5.0	8.0	3.9	6.7	8.2	6.0	7.5
西北地区	1.8	4.3	3.0	2.5	3.1	5.9	5.2	8.6	8.1	2.5	4.7
合计	100.0	100.0	100.0	100.0	100.0	100.0	100.0	100.0	100.0	100.0	100.0

资料来源：根据国务院学位委员会办公室提供的数据整理。

从硕士学术学位授予的区域结构来看，华北、华东、中南三个地区各学科门类硕士学位授予所占比重最高；华北地区经济学、法学所占比重高于华东地区，其余学科所占比重低于华东地区；西北地区各学科门类所占比重均最低，多数学科门类所占比重低于 10%；另外，华北地区的经济学、华东地区的医学所占比重超过 30%，华东地区的理学所占比重接近 30%（见表 2—31）。

表 2—31　　　　　　各学科硕士学术学位授予的区域结构（%）

地区名称	哲学	经济学	法学	教育学	文学	历史学	理学	工学	农学	医学	管理学
华北地区	18.0	31.7	25.0	19.1	22.6	18.6	20.0	21.8	20.3	19.2	25.4
东北地区	11.9	9.5	11.5	12.8	12.5	12.3	12.9	13.7	14.3	11.5	11.8
华东地区	23.4	28.2	23.2	27.8	27.3	28.8	29.3	27.6	26.3	33.3	26.2
中南地区	23.4	15.9	19.7	21.0	20.1	19.1	19.2	16.5	20.1	21.7	20.9
西南地区	14.8	9.8	12.4	12.2	10.3	10.6	9.9	9.9	9.9	8.9	10.2
西北地区	8.6	4.9	8.2	7.1	7.3	10.6	8.8	10.6	9.0	5.5	5.6
合计	100.0	100.0	100.0	100.0	100.0	100.0	100.0	100.0	100.0	100.0	100.0

资料来源：根据国务院学位委员会办公室提供的数据整理。

从专业学位授予的区域结构来看，华北地区博士专业学位授予所占比重最大，为 43.99%，中南、华东、西南、西北、东北地区所占比重依次降低，东北和西北两个地区所占比重都低于 3%。硕士专业学位授予中，华东地区所占比重最大，为 30.79%，华北、中南、东北、西南、西北地区所占的比重依次降低（见表 2—32）。

表 2—32　　　　　　专业学位授予的区域结构（%）

	华北地区	东北地区	华东地区	中南地区	西南地区	西北地区	合计
硕士	21.52	11.54	30.79	19.77	10.41	5.98	100.00
博士	43.99	2.38	13.11	29.55	8.10	2.86	100.00

资料来源：根据国务院学位委员会办公室提供的数据整理。

第三章

条件与支撑

研究生教育事业的健康发展和研究生教育质量的不断提高，离不开一定的办学条件和投入支撑。2011 年，我国研究生指导教师中青年教师和女性教师所占比重均有明显提高，进一步增强了研究生教育的活力；普通高等学校生均经费、研究与试验发展经费、国家自然科学基金资助经费、国家社会科学基金资助经费等均有大幅增长，为促进研究生教育和科学研究的融合奠定了基础；"985 工程"、国家重点学科、国家重点实验室、国家工程技术研究中心、重点研究基地等教学科研平台建设，在基础条件、人才队伍、学术交流等方面发挥了良好的示范和带动作用；国家教育行政部门和研究生培养单位适应国家经济社会对外开放的要求，统筹国内国际两个大局，开展了多层次、宽领域的教育交流与合作，推动了研究生教育的国际化水平不断提高。

一、研究生导师

研究生导师分为博士生导师、硕士生导师和博士生硕士生导师三种类型，博士生导师仅指导博士研究生，硕士生导师仅指导硕士研究生，博士生硕士生导师既指导博士研究生也指导硕士研究生。

（一）规模和结构

2011 年，全国共有研究生导师 272 487 人，较 2010 年增加 12 022 人，增长 4.62%。其中，年龄在 46～50 岁的研究生导师人数最多，为72 931 人，其次为 41～45 岁的研究生导师（59 776 人），两者合计占研究生导师总数的 48.70%（见表 3—1）。

表 3—1　　　　　　　　　2011 年研究生导师的总体规模

年　龄	2010 年		2011 年	
	人数（人）	比重（%）	人数（人）	比重（%）
≤30 岁	2 336	0.90	2 825	1.04
31～35 岁	20 607	7.91	22 539	8.27

续前表

年 龄	2010 年		2011 年	
	人数（人）	比重（%）	人数（人）	比重（%）
36～40 岁	45 537	17.48	48 651	17.85
41～45 岁	62 670	24.06	59 776	21.94
46～50 岁	63 774	24.48	72 931	26.76
51～55 岁	34 984	13.43	34 584	12.69
56～60 岁	17 535	6.73	19 553	7.18
61～65 岁	7 212	2.77	6 240	2.29
≥66 岁	5 810	2.23	5 388	1.98
合计	260 465	100.00	272 487	100.00

资料来源：根据教育部发展规划司提供的数据整理。

1. 2011 年研究生导师的性别结构

从研究生导师的性别结构来看，如表 3—2 所示，2011 年女性研究生导师为 75 005 人，占研究生导师总数的 27.53%，较 2010 年提高了 1.17 个百分点。其中，36～40 岁年龄段研究生导师中女性所占比重最高，达到了 33.69%。

表 3—2　　　　　　　　　2011 年研究生导师的性别结构

年龄	2010 年			2011 年		
	总计	其中：女		总计	其中：女	
		人数（人）	比重（%）		人数（人）	比重（%）
≤30 岁	2 336	715	30.61	2 825	802	28.39
31～35 岁	20 607	6 227	30.22	22 539	6 978	30.96
36～40 岁	45 537	14 733	32.35	48 651	16 389	33.69
41～45 岁	62 670	17 923	28.60	59 776	18 318	30.64
46～50 岁	63 774	15 792	24.76	72 931	19 022	26.08
51～55 岁	34 984	8 099	23.15	34 584	8 108	23.44
56～60 岁	17 535	3 543	20.21	19 553	4 016	20.54
61～65 岁	7 212	1 014	14.06	6 240	838	13.43
≥66 岁	5 810	619	10.65	5 388	534	9.91
合计	260 465	68 665	26.36	272 487	75 005	27.53

资料来源：根据教育部发展规划司提供的数据整理。

2. 2011 年研究生导师的职称结构

2011 年，研究生导师的职称结构如表 3—3 所示，其中具有正高级职称的 135 374 人，占研究生导师总数的 49.68%；具有副高级职称的 127 736 人，占研究生导师总数的 46.88%；具有中级职称的 9 377 人，占研究生导师总数的 3.44%。在具有正高级职称的研究生导师中，年龄在 46～50 岁的最多，占正高级职称研究生导师总数的 34.81%；在具有副高级职称的研究生导师中，年龄在 36～40 岁的最多，占副高级职称研究生导师总数的 28.98%；在具有中级职称的研究生导师中，年龄在 31～35 岁的最多，占中级职称研究生导师总数的 45.89%。

表 3—3　　　　　　　　　　　　2011 年研究生导师的职称结构

年龄	正高级		副高级		中级	
	人数（人）	比重（%）	人数（人）	比重（%）	人数（人）	比重（%）
≤30 岁	191	0.14	1 227	0.96	1 407	15.00
31～35 岁	1 773	1.31	16 463	12.89	4 303	45.89
36～40 岁	9 179	6.78	37 019	28.98	2 453	26.16
41～45 岁	25 722	19.00	33 314	26.08	740	7.89
46～50 岁	47 124	34.81	25 506	19.97	301	3.21
51～55 岁	25 729	19.01	8 754	6.85	101	1.08
56～60 岁	15 358	11.34	4 142	3.24	53	0.57
61～65 岁	5 407	3.99	818	0.64	15	0.16
≥66 岁	4 891	3.61	493	0.39	4	0.04
合计	135 374	100.00	127 736	100.00	9 377	100.00

资料来源：根据教育部发展规划司提供的数据整理。

3. 2011 年研究生导师的类型结构

2011 年研究生导师的类型结构如表 3—4 所示，其中博士生导师 17 548 人，占研究生导师总数的 6.44%；硕士生导师 210 197 人，占研究生导师总数的 77.14%；博士生硕士生导师 44 742 人，占研究生导师总数的 16.42%。在所有类型的研究生导师中，年龄在 46～50 岁的均最多。

表 3—4　　　　　　　　　　　　2011 年研究生导师的类型结构

年龄	博士生导师		硕士生导师		博士生硕士生导师	
	人数（人）	比重（%）	人数（人）	比重（%）	人数（人）	比重（%）
≤30 岁	11	0.06	2 746	1.31	68	0.15
31～35 岁	249	1.42	21 259	10.11	1 031	2.30
36～40 岁	1 077	6.14	43 548	20.72	4 026	9.00
41～45 岁	2 604	14.84	48 558	23.10	8 614	19.25
46～50 岁	5 274	30.05	52 971	25.20	14 686	32.82
51～55 岁	3 078	17.54	23 960	11.40	7 546	16.87

续前表

年龄	博士生导师		硕士生导师		博士生硕士生导师	
	人数（人）	比重（%）	人数（人）	比重（%）	人数（人）	比重（%）
56～60 岁	1 979	11.28	13 013	6.19	4 561	10.19
61～65 岁	1 329	7.57	2 786	1.33	2 125	4.75
≥66 岁	1 947	11.10	1 356	0.65	2 085	4.66
合计	17 548	100.00	210 197	100.00	44 742	100.00

资料来源：根据教育部发展规划司提供的数据整理。

（二）地理分布

1. 2011 年分地区研究生导师分布

2011 年研究生导师最多的五个地区依次为北京、江苏、上海、湖北和山东，合计占全国研究生导师总数的 41.19%；研究生导师最少的五个地区依次为西藏、青海、宁夏、海南和贵州，合计仅占全国研究生导师总数的 2.02%。

（1）分地区研究生导师的类型结构。如表 3—5 所示，在所有博士生导师、硕士生导师和博士生硕士生导师三种类型的研究生导师中，北京占全国的比重均最大，其中博士生导师占全国的 31.72%，硕士生导师占 13.18%，博士生硕士生导师占 20.36%。

表 3—5　　　　　　　　2011 年不同类型研究生导师的地区分布

地区	博士生导师		硕士生导师		博士生硕士生导师		总计	
	人数（人）	比重（%）	人数（人）	比重（%）	人数（人）	比重（%）	人数（人）	比重（%）
北京	5 567	31.72	27 704	13.18	9 108	20.36	42 379	15.55
天津	1 118	6.37	4 933	2.35	456	1.02	6 507	2.39
河北	197	1.12	5 696	2.71	516	1.15	6 409	2.35
山西	54	0.31	3 436	1.63	487	1.09	3 977	1.46
内蒙古	30	0.17	2 772	1.32	257	0.57	3 059	1.12
辽宁	287	1.64	11 031	5.25	1 962	4.39	13 280	4.87
吉林	1 808	10.30	6 837	3.25	362	0.81	9 007	3.31
黑龙江	457	2.60	6 219	2.96	1 991	4.45	8 667	3.18
上海	1 789	10.19	11 679	5.56	4 430	9.90	17 898	6.57
江苏	1 430	8.15	15 443	7.35	3 849	8.60	20 722	7.60
浙江	43	0.25	6 903	3.28	1 482	3.31	8 428	3.09
安徽	291	1.66	5 231	2.49	896	2.00	6 418	2.36
福建	219	1.25	4 785	2.28	1 157	2.59	6 161	2.26

续前表

地区	博士生导师		硕士生导师		博士生硕士生导师		总计	
	人数（人）	比重（%）	人数（人）	比重（%）	人数（人）	比重（%）	人数（人）	比重（%）
江西	54	0.31	4 257	2.03	314	0.70	4 625	1.70
山东	243	1.38	12 813	6.10	1 984	4.43	15 040	5.52
河南	55	0.31	6 783	3.23	529	1.18	7 367	2.70
湖北	811	4.62	11 917	5.67	3 494	7.81	16 222	5.95
湖南	224	1.28	7 349	3.50	1 657	3.70	9 230	3.39
广东	892	5.08	11 289	5.37	2 577	5.76	14 758	5.42
广西	6	0.03	4 600	2.19	261	0.58	4 867	1.79
海南	—	—	752	0.36	118	0.26	870	0.32
重庆	119	0.68	5 179	2.46	829	1.85	6 127	2.25
四川	799	4.55	8 361	3.98	1 719	3.84	10 879	3.99
贵州	—	—	2 792	1.33	179	0.40	2 971	1.09
云南	69	0.39	4 144	1.97	556	1.24	4 769	1.75
西藏	4	0.02	201	0.10	—	—	205	0.08
陕西	804	4.58	9 346	4.45	2 394	5.35	12 544	4.60
甘肃	66	0.38	3 465	1.65	890	1.99	4 421	1.62
青海	25	0.14	653	0.31	30	0.07	708	0.26
宁夏	17	0.10	683	0.32	33	0.07	733	0.27
新疆	70	0.40	2 944	1.40	225	0.50	3 239	1.19
合计	17 548	100.00	210 197	100.00	44 742	100.00	272 487	100.00

资料来源：根据教育部发展规划司提供的数据整理。

（2）分地区研究生导师的职称结构。如表3—6所示，在所有正高级、副高级和中级三类职称的研究生导师中，北京占全国的比重均最大，其中正高级职称研究生导师占全国的16.37%，副高级职称研究生导师占全国的14.11%，中级职称研究生导师占全国的23.50%。西藏在正高级和副高级研究生导师中所占比重均最低，仅分别为0.06%和0.08%。海南没有中级职称的研究生导师。

表3—6　　　　　　　　　2011年分地区研究生导师的职称结构

地区	正高级		副高级		中级		总计	
	人数（人）	比重（%）	人数（人）	比重（%）	人数（人）	比重（%）	人数（人）	比重（%）
北京	22 154	16.37	18 021	14.11	2 204	23.50	42 379	15.55
天津	3 566	2.63	2 928	2.29	13	0.14	6 507	2.39
河北	3 517	2.60	2 675	2.09	217	2.31	6 409	2.35
山西	1 979	1.46	1 757	1.38	241	2.57	3 977	1.46
内蒙古	1 821	1.35	1 203	0.94	35	0.37	3 059	1.12
辽宁	6 652	4.91	5 885	4.61	743	7.92	13 280	4.87

续前表

地区	正高级		副高级		中级		总计	
	人数（人）	比重（%）	人数（人）	比重（%）	人数（人）	比重（%）	人数（人）	比重（%）
吉林	4 669	3.45	4 129	3.23	209	2.23	9 007	3.31
黑龙江	4 434	3.28	3 916	3.07	317	3.38	8 667	3.18
上海	8 836	6.53	8 554	6.70	508	5.42	17 898	6.57
江苏	9 215	6.81	10 719	8.39	788	8.40	20 722	7.60
浙江	4 720	3.49	3 566	2.79	142	1.51	8 428	3.09
安徽	3 303	2.44	3 038	2.38	77	0.82	6 418	2.36
福建	3 191	2.36	2 437	1.91	533	5.68	6 161	2.26
江西	2 273	1.68	2 245	1.76	107	1.14	4 625	1.70
山东	7 280	5.38	7 438	5.82	322	3.43	15 040	5.52
河南	2 779	2.05	4 440	3.48	148	1.58	7 367	2.70
湖北	7 280	5.38	7 866	6.16	1 076	11.47	16 222	5.95
湖南	4 638	3.43	4 313	3.38	279	2.98	9 230	3.39
广东	7 980	5.89	6 450	5.05	328	3.50	14 758	5.42
广西	2 557	1.89	2 115	1.66	195	2.08	4 867	1.79
海南	390	0.29	480	0.38	—	—	870	0.32
重庆	2 714	2.00	3 215	2.52	198	2.11	6 127	2.25
四川	5 033	3.72	5 744	4.50	102	1.09	10 879	3.99
贵州	1 639	1.21	1 326	1.04	6	0.06	2 971	1.09
云南	2 322	1.72	2 289	1.79	158	1.68	4 769	1.75
西藏	80	0.06	102	0.08	23	0.25	205	0.08
陕西	5 858	4.33	6 396	5.01	290	3.09	12 544	4.60
甘肃	2 173	1.61	2 156	1.69	92	0.98	4 421	1.62
青海	500	0.37	200	0.16	8	0.09	708	0.26
宁夏	436	0.32	285	0.22	12	0.13	733	0.27
新疆	1 385	1.02	1 848	1.45	6	0.06	3 239	1.19
合计	135 374	100.00	127 736	14.11	9 377	100.00	272 487	100.00

资料来源：根据教育部发展规划司提供的数据整理。

2. 2011年分区域研究生导师分布

2011年，我国华东地区研究生导师最多，为79 292人，占全国研究生导师总数的29.10%；西北地区研究生导师最少，为21 645人，仅占全国研究生导师总数的7.94%。

（1）分区域研究生导师的类型结构。如表3—7所示，在博士生导师中，华北地区所占比重最大，占全国博士生导师总数的39.70%；西北地区最少，仅占全国博士生导师总数的5.60%。在硕士生导师中，华东地区所占比重最大，为 29.07％；西北地区最少，仅占全国硕士生导师总数的 8.13％。在博士生硕士生导师中，华东地区所占比重最大，为 31.54％；西南地区最少，仅占全国博士生硕士生导师总数的 7.34％。

表 3—7   2011 年分区域研究生导师的类型结构

地区	博士生导师		硕士生导师		博士生硕士生导师		总计	
	人数（人）	比重（%）	人数（人）	比重（%）	人数（人）	比重（%）	人数（人）	比重（%）
华北	6 966	39.70	44 541	21.19	10 824	24.19	62 331	22.87
东北	2 552	14.54	24 087	11.46	4 315	9.64	30 954	11.36
华东	4 069	23.19	61 111	29.07	14 112	31.54	79 292	29.10
中南	1 988	11.33	42 690	20.31	8 636	19.30	53 314	19.57
西南	991	5.65	20 677	9.84	3 283	7.34	24 951	9.16
西北	982	5.60	17 091	8.13	3 572	7.98	21 645	7.94
合计	17 548	100.00	210 197	100.00	44 742	100.00	272 487	100.00

资料来源：根据教育部发展规划司提供的数据整理。

（2）分区域研究生导师的职称结构。如表 3—8 所示，在正高级职称和副高级职称的研究生导师中，华东地区所占比重最大，分别为 28.67％和 29.75％；在中级职称的研究生导师中，华北地区所占比重最大，为 28.90％。在正高级、副高级和中级职称的研究生导师中，西北地区所占比重均最小，分别为 7.65％、8.52％和 4.35％。

表 3—8   2011 年分区域研究生导师的职称结构

地区	正高级		副高级		中级		总计	
	人数（人）	比重（%）	人数（人）	比重（%）	人数（人）	比重（%）	人数（人）	比重（%）
华北	33 037	24.40	26 584	20.81	2 710	28.90	62 331	22.87
东北	15 755	11.64	13 930	10.91	1 269	13.53	30 954	11.36
华东	38 818	28.67	37 997	29.75	2 477	26.42	79 292	29.10
中南	25 624	18.93	25 664	20.09	2 026	21.61	53 314	19.57
西南	11 788	8.71	12 676	9.92	487	5.19	24 951	9.16
西北	10 352	7.65	10 885	8.52	408	4.35	21 645	7.94
合计	135 374	100.00	127 736	100.00	9 377	100.00	272 487	100.00

资料来源：根据教育部发展规划司提供的数据整理。

（三）生师比

研究生生师比是指平均每名研究生导师指导的研究生人数，即研究生数与研究生导师数的比值。2011 年我国研究生生师比情况如表 3—9 所示，博士生师比为 4.35，硕士生师比为 5.39，合计生师比为 6.04。和 2010 年相比，博士生师比略有下降，而硕士生师比和合计生师比略有提高。

表 3—9　　　　　　　　　　　**2011 年研究生生师比情况**

		2011 年	2010 年
在校研究生（人）	博士研究生	271 055	258 948
	硕士研究生	1 373 936	1279 466
	合计	1 644 991	1538 414
研究生导师（人）	博士生导师	17 548	16 204
	硕士生导师	210 197	201 174
	博士生硕士生导师	44 742	43 087
	合计	272 487	260 465
生师比	博士生师比	4.35	4.37
	硕士生师比	5.39	5.24
	合计	6.04	5.91

说明：（1）在校研究生数中包含专业学位研究生；
　　　（2）研究生生师比的计算公式为：
　　　　　博士生师比＝在校博士研究生数/（博士生导师数＋博士生硕士生导师数）
　　　　　硕士生师比＝在校硕士研究生数/（硕士生导师数＋博士生硕士生导师数）
　　　　　合计生师比＝在校研究生总数/研究生导师总数
资料来源：根据教育部发展规划司提供的数据整理。

1. 2011 年分地区研究生生师比

研究生生师比在全国各地的情况有所不同，见表 3—10。

博士生师比在 5 以上的有浙江、辽宁、重庆和湖南，生师比分别为 5.79、5.74、5.53 和 5.20；博士生师比在 2 以下的有青海、贵州、宁夏和海南，生师比分别为 1.80、1.51、1.36 和 1.23。

硕士生师比在 6 以上的有天津、四川、重庆、陕西、吉林和安徽，生师比分别为 7.14、6.97、6.65、6.39、6.38 和 6.06；硕士生师比在 4 以下的有海南和青海，生师比分别为 3.69 和 3.42。

合计生师比在 7 以上的有四川、重庆、陕西和天津，生师比分别为 7.61、7.38、7.21 和 7.07；合计生师比在 4 以下的有海南和青海，生师比分别为 3.86 和 3.44。

表 3—10		2011 年分地区研究生生师比	
地区	博士生师比	硕士生师比	合计生师比
北京	4.44	4.83	5.73
天津	4.79	7.14	7.07
河北	2.89	5.12	5.28
山西	3.66	5.81	6.23
内蒙古	3.37	4.74	5.01
辽宁	5.74	5.71	6.56
吉林	4.19	6.38	6.11
黑龙江	3.95	5.87	6.67
上海	4.15	5.79	6.65
江苏	4.40	5.76	6.49
浙江	5.79	5.13	6.15
安徽	3.93	6.06	6.51
福建	3.44	4.91	5.50
江西	2.10	5.04	5.15
山东	3.53	4.13	4.59
河南	2.13	4.06	4.20
湖北	4.79	5.62	6.61
湖南	5.20	5.59	6.51
广东	3.74	4.66	5.26
广西	2.73	4.49	4.64
海南	1.23	3.69	3.86
重庆	5.53	6.65	7.38
四川	4.99	6.97	7.61
贵州	1.51	4.09	4.19
云南	3.63	5.48	5.88
西藏	3.00	4.04	4.02
陕西	4.80	6.39	7.21
甘肃	3.64	5.39	6.10
青海	1.80	3.42	3.44
宁夏	1.36	4.81	4.79
新疆	2.85	4.18	4.35
合计	4.35	5.39	6.04

资料来源：根据教育部发展规划司提供的数据整理。

2. 2011 年分区域研究生生师比

从区域分布来看，如表 3—11 所示，2011 年我国西南地区的研究生生师比最高，其中博士生师比、硕士生师比和合计生师比分别为 4.76、6.22 和 6.79；华东地区博士生师比最低，为 4.18；中南地区硕士生师比和合计生师比最低，分别为 4.99 和 5.66。

表 3—11	2011 年分区域研究生生师比		
地区	博士生师比	硕士生师比	合计生师比
华北	4.37	5.15	5.82
东北	4.61	5.92	6.46
华东	4.18	5.29	5.97
中南	4.29	4.99	5.66
西南	4.76	6.22	6.79
西北	4.36	5.69	6.35
合计	4.35	5.39	6.04

资料来源：根据教育部发展规划司提供的数据整理。

二、经费投入

教育投入是支撑国家长远发展的基础性、战略性投资，是教育事业的物质基础，是公共财政的重要职能。2011 年，普通高等学校生均经费、研究与试验发展经费、国家自然科学基金资助经费、国家社科基金资助经费等均有大幅度的增长，为研究生教育事业的改革发展提供了强有力的支撑。

（一）教育经费

1993 年，中共中央、国务院发布《中国教育改革和发展纲要》提出，国家财政性教育经费支出占 GDP 比例要达到 4％。但由于我国财政收入占 GDP 比例较低等多种原因，这一目标未能如期实现。

2011 年，全国教育经费总投入为 23 869.29 亿元，比上年的 19 561.85 亿元增长 22.02％。据统计，2011 年全国国内生产总值为 472 882 亿元，国家财政性教育经费占国内生产总值比例为 3.93％，比上年的 3.65％增加了 0.28 个百分点；按公共财政预算教育经费包含教育费附加的口径计算，2011 年全国公共财政预算教育经费为 17 821.74 亿元，占公共财政支出 109 247.79 亿元的比例为 16.31％，比上年的 15.76％增加了 0.55 个百分点。其中，全国普通高等学校生均公共财政预算教育事业费支出 13 877.53 元，比上年的 9 589.73 元增长 44.71％，增长最快的是宁夏回族自治区（164.81％）；全国普通高等学校生均公共财政预算公用经费支出 7 459.51 元，比上年的 4 362.73 元增长 70.98％，增长最快的是宁夏回族自治区（392.86％）（见表 3—12）。

表 3—12　　2011 年普通高等学校生均公共财政预算教育事业费和公用经费增长情况

地区	生均公共财政预算教育事业费			生均公共财政预算公用经费		
	2010 年（元）	2011 年（元）	增长率（％）	2010 年（元）	2011 年（元）	增长率（％）
总计	9 589.73	13 877.53	44.71	4 362.73	7 459.51	70.98
北京	34 546.43	44 073.80	27.58	19 896.42	26 465.43	33.02
天津	12 395.91	19 142.80	54.43	5 237.56	10 850.65	107.17
河北	5 238.50	8 676.09	65.62	1 616.21	4 253.09	163.15
山西	6 681.89	9 372.53	40.27	1 850.42	3 557.44	92.25
内蒙古	10 147.22	13 783.79	35.84	5 042.42	7 911.96	56.91
辽宁	5 896.08	10 248.38	73.82	2 287.49	4 906.86	114.51
吉林	9 845.50	15 202.95	54.42	4 909.68	8 622.94	75.63
黑龙江	6 742.70	10 912.73	61.85	2 029.52	5 682.06	179.97
上海	21 258.08	29 560.09	39.05	15 438.48	23 492.42	52.17
江苏	10 089.18	12 042.91	19.36	5 213.14	7 196.70	38.05
浙江	10 508.34	12 014.80	14.34	3 819.66	4 771.38	24.92
安徽	4 854.69	8 886.74	83.05	1 672.96	5 153.64	208.06
福建	6 666.99	7 555.33	13.32	2 983.48	4 006.27	34.28
江西	6 156.30	8 724.98	41.72	1 975.10	4 086.06	106.88
山东	6 913.92	10 705.95	54.85	2 225.89	5 675.75	154.99
河南	4 276.64	8 699.04	103.41	1 441.28	4 768.50	230.85
湖北	5 947.88	8 973.36	50.87	2 199.08	4 888.00	122.27
湖南	5 074.68	10 168.37	100.37	1 495.88	5 699.85	281.04
广东	11 200.22	11 837.00	5.69	5 864.76	5 418.52	−7.61
广西	6 902.44	10 208.52	47.90	2 702.68	5 745.81	112.60
海南	8 877.30	9 128.91	2.83	3 732.34	3 842.52	2.95
重庆	7 135.63	12 660.96	77.43	4 625.17	9 073.88	96.18
四川	6 481.06	9 001.27	38.89	4 084.40	4 110.93	0.65
贵州	8 823.65	10 140.61	14.93	4 161.00	4 330.00	4.06
云南	8 515.23	10 592.02	24.39	4 606.43	5 877.00	27.58
西藏	17 155.04	24 618.68	43.51	6 679.70	12 869.62	92.67
陕西	7 106.90	12 205.33	71.74	3 779.75	8 505.62	125.03
甘肃	6 868.73	9 347.65	36.09	2 764.49	5 125.06	85.39
青海	10 944.41	19 995.63	82.70	3 661.77	10 851.65	196.35
宁夏	10 741.24	28 444.17	164.81	4 336.72	21 374.01	392.86
新疆	13 194.92	15 696.38	18.96	7 092.75	8 008.89	12.92

资料来源：《教育部　国家统计局　财政部关于 2011 年全国教育经费执行情况统计公告》（教财〔2012〕11 号）。

（二）研究与试验发展经费

2011 年，我国共投入研究与试验发展（R&D）经费 8 687.1 亿元，比上年增加 1 624.4 亿元，增长 23％；研究与试验发展经费投入强度（与国内生产总值之比）为 1.84％，比上年的 1.76％ 有所提高。按研究与试验发展人员（全时工作量）计算的人均经费支出为 30.1 万元，比上年增加 2.5 万元。

分活动类型看，全国用于基础研究的经费支出为 411.8 亿元，比上年增长 26.9％；应用研究经费支出 1 028.4 亿元，比上年增长 15.1％；试验发展经费支出 7 246.8 亿元，比上年增长 24％。基础研究、应用研究和试验发展占研究与试验发展经费总支出的比重分别为 4.7％、11.8％和 83.5％。

分执行部门看，各类企业研究与试验发展经费支出 6 579.3 亿元，比上年增长 26.9％；政府属研究机构研究与试验发展经费支出 1 306.7 亿元，增长 10.1％；高等学校研究与试验发展经费支出 688.9 亿元，增长 15.3％。企业、政府属研究机构、高等学校研究与试验发展经费支出所占比重分别为 75.7％、15％和 7.9％。

分产业部门看，研究与试验发展经费投入超过 200 亿元的行业有 8 个，这 8 个行业的研发费用占全部规模以上工业企业的比重达 72％；研究与试验发展经费投入强度（与主营业务收入之比）超过规模以上工业平均水平（0.71％）的有 11 个行业。

分地区来看，如表 3—13 所示，研究与试验发展经费支出超过 300 亿元的有江苏、广东、北京、山东、浙江、上海、辽宁和湖北 8 个省市，共支出 5 774.6 亿元，占全国研发经费总支出的 66.47％。研究与试验发展经费投入强度（与地区生产总值之比）达到或超过全国水平的有北京、上海、天津、江苏、陕西、广东、山东和浙江 8 个省市。

总之，研发投入，尤其是高校研发投入的提升为研究生培养创造了有利条件。

表 3—13　　　　　　　　2011 年各地区研究与试验发展经费支出情况

地区	R&D经费支出（亿元）	R&D经费投入强度（%）
合计	8 687.1	1.84
北京	936.6	5.76
天津	297.8	2.63
河北	201.3	0.82
山西	113.4	1.01
内蒙古	85.2	0.59
辽宁	363.8	1.64
吉林	89.1	0.84
黑龙江	128.8	1.02
上海	597.7	3.11
江苏	1 065.5	2.17
浙江	598.1	1.85
安徽	214.6	1.40
福建	221.5	1.26
江西	96.8	0.83
山东	844.4	1.86
河南	264.5	0.98
湖北	323.0	1.65
湖南	233.2	1.19
广东	1 045.5	1.96
广西	81.0	0.69
海南	10.4	0.41
重庆	128.4	1.28
四川	294.1	1.40
贵州	36.3	0.64
云南	56.1	0.63
西藏	1.2	0.19
陕西	249.4	1.99
甘肃	48.5	0.97
青海	12.6	0.75
宁夏	15.3	0.73
新疆	33.0	0.50

资料来源：国家统计局、科学技术部、财政部：《2011 年全国科技经费投入统计公报》，见 http://www.stats.gov.cn/tjgb/rdpcgb/qgrdpcgb/t20121025_402845404.htm。

（三）国家科技计划

　　"十一五"期间，国家科技计划共安排项目（课题）51 904 项，其中国家科技重大专项项目（课题）3 000 项，国家重点基础研究发展计划

（简称"973 计划"）、国家科技支撑计划、国家高技术研究发展计划（简称"863 计划"）项目 1 612 项，国家科技基础条件建设项目 898 项，政策引导类计划及专项 46 394 项。

"十一五"期间，国家科技重大专项中央财政拨款近 500 亿元。

国家科技计划中央财政拨款 932.28 亿元，比"十五"期间增长 1.31 倍。其中，"973 计划"、国家科技支撑计划、"863 计划"中央财政拨款 589.38 亿元，国家科技基础条件建设中央财政拨款 122.58 亿元，政策引导类计划及专项中央财政拨款 220.32 亿元。

据不完全统计，"十一五"期间参与"973 计划"、国家科技支撑计划、"863 计划"实施的科研人员约 124.18 万人，其中具有高级技术职称的人员 45.96 万人，约占 37%。

"十一五"期间，"973 计划"、国家科技支撑计划、"863 计划"总计培养研究生 23.52 万人，其中博士研究生 8.49 万人，硕士研究生 15.03 万人，见表 3—14。

表 3—14 "十一五"期间"973 计划"、国家科技支撑计划、"863 计划"培养研究生情况（万人）

	合计	博士研究生	硕士研究生
"973 计划"	6.90	3.05	3.85
国家科技支撑计划	6.70	1.80	4.90
"863 计划"	9.92	3.64	6.28
合计	23.52	8.49	15.03

资料来源：科学技术部发展计划司：《国家科技计划 2011 年度报告》，见 http://www.most.gov.cn/ndbg/。

（四）国家自然科学基金

为推动我国科技体制改革、变革科研经费拨款方式，国务院于 1986 年 2 月 14 日批准成立面向全国的自然科学基金，资助我国科学研究和交流。自然科学基金坚持支持基础研究，逐渐形成和发展出由研究项目、人才项目和环境条件项目三大系列组成的资助格局；建立了面上、重点、重大项目、重大研究计划、联合资助基金、实质性国际合作研究等多层次相互配合衔接的资助项目系列；形成了由国家基础科学人才培养基金、青年科学基金、地区科学基金、国家杰出青年科学基金、创新研究群体科学基金等组成的较为完整的人才培养资助体系；完善了由科学仪器基础研究、国际合作交流项目、科普项目等专项构成的环境条件项目体系。

2011 年，国家自然科学基金突出更加侧重基础、更加侧重前沿、更加侧重人才的战略导向，加强科学精细管理，大力营造创新环境，按照研究项目、人才项目和环境条件项目三个系列的资助格局统筹部署，对全国 1 985 个依托单位提出的 15.38 万余份各类申请进行科学遴选，择优资助了全国 1 350 个依托单位的各类项目 34 836 项，批准资助计划金额 182.745 亿元（见表 3—15）。

表 3—15　　　　　国家自然科学基金资助项目批准经费统计表（万元）

项目类别	项目名称		批准经费	
			2011 年度	2010 年度
研究项目系列	面上项目		898 941	452 450
	重点项目		142 500	96 450
	重大项目		22 500	16 000
	重大研究计划		62 213	48 605
	国际（地区）合作研究项目		39 613	21 498
人才项目系列	国家基础科学人才培养基金		28 800	4 770
	青年科学基金		311 710	164 600
	国家杰出青年科学基金		38 760	38 820
	创新研究群体	新批项目	17 640	34 660
		延续资助项目	20 820	
	地区科学基金		99 920	33 560
	海外和港澳学者合作研究基金	2 年期项目	1 600	1 660
		4 年期延续资助项目	2 400	
	外国青年学者研究基金		2 100	1 510
环境条件项目系列	国家重大科研仪器设备研制专项		57 030	
	科学仪器基础研究专款		15 000	10 000
	联合基金项目（2010 年作为研究项目系列）		36 900	16 790
	优秀重点实验室研究专项		4 500	2 600
	科普		500	200
	青少年科技活动		1 400	450
	主任基金等其他项目		16 502	13 930
	国际（地区）合作交流项目		6 101	5 926
	重点学术期刊			836
总计			1 827 450	965 315

资料来源：国家自然科学基金委员会 2010 年、2011 年度报告，见 http://www.nsfc.gov.cn/nsfc/cen/ndbg/index.html。

（五）国家社会科学基金

1991 年 6 月，中央决定在全国哲学社会科学规划领导小组下设全国哲学社会科学规划办公室。办公室负责制定全国哲学社会科学发展规划和年度计划方案，具体管理和筹措国家社会科学基金，检查中长期规划和年度计划实施情况，组织对重大课题研究成果的鉴定。

国家社科基金设有马克思主义·科学社会主义、党史·党建、哲学、理论经济、应用经济、政治学、社会学、法学、国际问题研究、中国历史、世界历史、考古学、民族问题研究、宗教学、中国文学、外国文学、语言学、新闻学与传播学、图书馆·情报与文献学、人口学、统计学、体育学、管理学等 23 个学科规划评审小组以及教育学、艺术学、军事学 3 个单列学科，已形成包括重大项目、年度项目、特别委托项目、后期资助项目、西部项目、中华学术外译项目等 6 个类别的立项资助体系。

国家社会科学基金设立以来，基金总量不断增加，覆盖面和影响力不断扩大，导向性、权威性和示范性作用越来越明显。据统计，基金总量从设立之初的每年 500 万元增加到 2010 年的 6 亿元，年度项目申报数量从每年不到 3 000 项增加到 2010 年的 27 171 项，资助课题从每年不到 500 项增加到 2010 年的 2 285 项，学科组评审专家从 1992 年的 200 人增加到 2010 年的 800 多人，同行评议专家达到 15 000 多人。[1]"十一五"期间，国家社会科学基金研究成果数量和质量显著提升，推出 4 800 多项最终成果和 37 600 多篇阶段性成果，其中许多成果被党和政府有关部门纳入决策参考，1 000 多项成果获得省部级以上奖励。

2011 年，23 个学科共申报国家社科基金项目 21 182 项，由于实行了适当限额申报措施，申报总数比 2010 年减少 5 989 项，但选题和论证质量有明显提高。经资格审查、匿名通讯评审、会议集中评审和领导小组审批等规定程序，2011 年立项资助课题共 2 883 项，其中重点项目 153

---

[1] 全国哲学社会科学规划办公室：《提高规划管理水平 繁荣哲学社会科学》，载《光明日报》国家社科基金专刊，2010 - 10 - 27，第 11 版。

项、一般项目 1 608 项、青年项目 1 122 项，平均立项率为 13.6%，比上年的 8.4% 提高了 5.2 个百分点。重点项目每项资助 25 万元，一般项目和青年项目的资助强度均为 15 万元，体现了扶持青年人才的倾斜政策。

从地区分布看，全国 31 个省和新疆生产建设兵团都有立项，立项数量较上年有明显增长，项目覆盖面和惠及面进一步扩大。立项数较多的省市有上海、江苏、湖北、湖南、山东、广东、浙江等，比较客观地反映了各地科研力量分布状况。五大社科研究系统中，高校系统共 2 506 项，占总立项数的 87%；社科院系统 151 项，占 5.2%；党校系统 120 项，占 4.2%；军队系统 34 项，占 1.2%；各级党政机关及其他 72 项，占 2.5%。[①]

科学研究与人才培养关系的理想状态是：以高水平的科学研究支撑高质量的高等教育，以高质量的高等教育支撑高水平的科学研究，二者相互支撑、相互促进。美国等教育发达国家的经验表明，科学合理地组织研究生主持、参与科学研究活动，不仅是推动国家科学进步和技术创新的需要、学科发展的动力，也是提高研究生培养质量的重要手段。上述分析表明，2011 年我国在研究与实验发展经费总投入、自然科学基金和社会科学基金资助力度等方面均有大幅度的提升，而且国家自然科学基金、社会科学基金资助的课题项目大多瞄准基础性、前沿性和战略性领域，已成为研究生学位论文选题的主要来源，为研究生培养质量的提高提供了重要的支撑和保障。从 2011 年博士学术学位获得者的情况来看，论文选题来源于国家级项目的有 22 544 人，占 46.31%；从 2011 年硕士学术学位获得者的情况来看，论文选题来源于国家级项目的有 67 613 人，占 19.56%。

此外，研究生教育特别是博士研究生教育的吸引力除了学术探究本身的魅力外，也取决于攻读学位的成本与收益。国内许多学者指出，过低的研究生待遇已经成为优秀生源流失和影响研究生培养质量的重要因

---

① 参见《2011 年度国家社科基金立项资助课题名单公布》，见全国哲学社会科学规划办公室网站，http://www.npopss-cn.gov.cn/GB/219468/14932542.html。

素。美国国家科学基金会（NSF）等单位对博士学位获得者的调查（SED）结果显示，近 10 年来，助研金是博士学位获得者最主要的经济来源，其次才是奖助学金和贷款等个人或家庭支出。因此，除了改革现行科研经费管理办法，建立科研项目人力资本投入补偿机制，提高科研经费用于研究生劳务支出的比例以外，研究经费特别是基础研究经费投入的大幅提高无疑也为解决研究生资助问题奠定了基础。

三、平台建设

"985 工程"、国家重点学科、国家重点实验室、国家工程技术研究中心、高校人文社会科学重点研究基地等教学科研平台，在基础条件、人才队伍、学术交流等方面发挥了良好的示范和带动作用，有效地促进和支撑了研究生创新能力的培养与研究生培养质量的提高。

（一）"985 工程"创新平台

1998 年 5 月 4 日，在庆祝北京大学建校 100 周年大会上，江泽民向全社会宣告："为了实现现代化，我国要有若干所具有世界先进水平的一流大学。"1998 年 12 月，教育部发布《面向 21 世纪教育振兴行动计划》，决定重点支持部分高等学校创建具有世界先进水平的一流大学和一流学科。1999 年 1 月，"985 工程"正式实施。该工程是我国为建设若干所世界一流大学和高水平大学而实施的重点建设工程，建设任务主要包括机制创新、队伍建设、平台和基地建设、条件支撑和国际交流与合作。目前，"985 工程"建设高校共有 39 所，分布在全国 18 个省份。2011 年，除国防科学技术大学外的 38 所"985 工程"高校在校学术学位博士研究生总计 140 697 人，占当年全国在校学术学位博士研究生总数的52.84％。2011 年，除国防科学技术大学外的 38 所"985 工程"高校博士学术学位授予总计 24 805 人，占当年博士学术学位授予总数的

50.96%；硕士学术学位授予总计 91 502 人，占当年硕士学术学位授予
总数的 26.47%。

"985 工程"高校紧密结合国家创新体系建设，共建设涵盖多个领域
的各类科技创新平台和哲学社会科学创新基地 372 个（见表 3—16）。其
中，面向世界科技发展前沿和我国经济建设、社会发展与国家安全重
大需求的Ⅰ类科技创新平台 86 个；面向科技发展方向、国家经济与社
会发展以及国家安全需求的Ⅱ类科技创新平台 172 个；面向世界科学
前沿问题和国家现代化建设中的重大理论与实践问题的Ⅰ类哲学社会
科学创新基地 76 个；以服务国家经济社会发展和中国特色社会主义物
质文明、政治文明与精神文明建设为导向的Ⅱ类哲学社会科学创新基
地 38 个。

表 3—16　　　　"985 工程"科技创新平台与哲学社会科学创新基地统计表　　　　单位：个

类别	领域	小计	Ⅰ类	Ⅱ类
"985 工程"科技创新平台	基础前沿科学	39	16	23
	生命科学	55	16	39
	信息	35	13	22
	材料与制造	40	18	22
	能源、环境与公共安全	54	12	42
	国家安全	35	11	24
	小计	258	86	172
"985 工程"哲学社会科学创新基地	哲学、马克思主义	18	13	5
	政治学、法学、行政学	11	8	3
	文学、语言学、历史学	22	16	6
	经济学、社会学、企业管理	30	21	9
	国际问题、港澳台	10	8	2
	管理学	11	3	8
	教育学、心理学、信息传播	12	7	5
	小计	114	76	38
合计		372	162	210

资料来源："985 工程"建设报告编研组：《"985 工程"建设报告》，17 页，北京，高等教育出版
社，2011。

（二）国家重点学科

学科建设是研究生教育发展的基础。国家重点学科是国家根据发
展战略与重大需求，择优确定并重点建设的培养创新人才、开展科学

研究的重要基地，在高等教育学科体系中居于骨干和引领地位。重点学科建设对于带动我国高等教育整体水平全面提高，提升人才培养质量、科技创新水平和社会服务能力，满足经济建设和社会发展对高层次创新人才的需求，对提高国家创新能力，建设创新型国家，具有重要的意义。

2011年1月7日，教育部下发《教育部关于加强建设的国家重点学科保留资格的通知》，决定保留29个加强建设的国家重点学科的国家重点学科资格。这29个重点学科由于此前进入增补阶段且评估结果不太理想而被给予了为期2年的加强建设期。在建设期结束后由专家进行评估，评估结果显示这29个学科通过2年加强建设期的建设，取得了一定的成效，基本符合国家重点学科的条件，因而其国家重点学科资格予以保留。

2011年1月26日，为进一步加大对"211工程"三期新增的海南大学、西藏大学、青海大学、宁夏大学、石河子大学等5所高校重点学科建设的支持力度，教育部根据有关主管部门的推荐，分别批准了5所高校中水平较高、具有鲜明区域特色和优势、为区域经济建设和社会发展贡献突出的学科为二级学科国家重点学科和国家重点（培育）学科。根据外交部的推荐，批准外交学院国际关系学科为二级学科国家重点学科。

2011年12月12日，教育部发文批准中央美术学院美术学学科为国家重点学科。

（三）国家重点实验室

"十一五"期间，科技部组织开展了依托企业和转制院所建设国家重点实验室的工作，新建了44个院校国家重点实验室。国家重点实验室在组织高水平基础研究和应用基础研究、聚集和培养优秀科技人才、开展高水平学术交流等方面发挥了良好的示范和带动作用。

截至2010年，正在运行的院校国家重点实验室共212个，试点国家实验室6个。院校国家重点实验室分布在全国22个省份，分为8个学科领域，其中生物科学领域32个、医学科学领域26个、工程科学领域35个、地球科学领域37个、信息科学领域27个、化学科学领域24个、材料科学领域 19 个、数理科学领域 12 个。依托高校和科研院所建设的国家重点实验室共有科研仪器设备 23 万台（套），总价值 136 亿元，总建筑面积 173.6 万平方米。[①]

2010 年，国家重点实验室毕业研究生总计达 18 855 人（见表 3—17）。

（四）国家工程技术研究中心

2011 年，科技部批准组建了国家煤加工与洁净化工程技术研究中心等 30 个工程中心，其中，依托大学和研究院所组建的中心 14 个，依托企业组建的中心为 16 个。2011 年，工程中心批准计划投资 120.97 亿元，实际完成投资 143.75 亿元，同比增长 16.44％和 37.11％。

截至 2011 年底，我国共有国家工程中心 294 个，包含分中心在内为 307 个。这些中心分布在全国 29 个省区市。其中：北京 62 个，山东 30 个，江苏 25 个，广东 17 个，上海和湖北各 16 个，四川 14 个，浙江 12 个，湖南和辽宁各 11 个，重庆 10 个，天津和河南各 9 个，安徽 8 个，陕西 7 个，黑龙江和江西各 6 个，福建和新疆各 5 个，河北、吉林和甘肃各 4 个，贵州、广西和宁夏各 3 个，云南、海南和内蒙古各 2 个，青海 1 个。

294 个工程中心分布在 9 个技术领域。其中：农业 65 个，新材料 58 个，制造业 47 个，轻纺、医药卫生 32 个，能源与交通 30 个，电子与信息通讯 27 个，建设与环境保护 20 个，资源开发 14 个，文物保护 1 个。

截至 2011 年底，工程中心共拥有职工 73 537 人，同比增长 19.49％（见表 3—18）。其中固定人员 59 197 人，客座人员 14 340 人，分别占职工总数的 80.50％和 19.50％。2011 年，工程中心共培养研究生 8 234 人，其中硕士 4 775 人，博士 3 459 人。[②]

---

① 参见科学技术部发展计划司：《国家科技计划 2011 年度报告》，见 http：//www. most. gov. cn/ndbg/。

② 参见《2011 年国家工程技术研究中心年报》，见国家工程技术研究中心信息网，http：//www. cncrc. gov. cn/bulletin _ 01. aspx。

表 3—17

国家重点实验室运行情况（2010 年）

项 目	实验室数（个）	实验室人员		研究经费		科研项目		获奖成果（项）	发表论文（篇）	毕业研究生（人）
		固定人员（人）	客座人员（人）	筹集（万元）	支出（万元）	项数（项）	经费（万元）			
总 计	218	15 250	6 743	1 286 209	1 478 600	26 675	1 022 103	80	39 129	18 855
工业和信息化部	7	491	175	46 971	61 331	543	31 269	4	1 568	798
国家人口和计划生育委员会	1	48	35	3 616	6 923	76	2 632		66	19
教育部	113	7 387	3 843	654 774	801 875	16 391	609 771	55	23 552	12 759
农业部	5	367	74	36 659	61 149	600	36 518	3	871	349
卫生部	6	426	93	31 952	38 826	371	16 975		313	230
中国科学院	71	5 534	2 155	446 618	425 364	7 232	278 763	16	10 985	3 009
中国地震局	1	54	45	2 620	5 126	49	1 656		63	9
总后勤部卫生部	5	371	75	11 592	20 420	405	12 165		459	356
中国气象局	1	45		1 141	447	50	3 584		79	24
国家海洋局	1	42	27	5 140	4 500	54			71	15
河北省科技厅	1	64	27	4 448	6 238	126	3 033		216	244
陕西省科技厅	1	55	25	5 724		139	3 863		102	97
山西省科技厅	1	32	13	2 715	2 475	58			49	18
四川省科技厅	2	158	104	21 864	29 947	375	13 548		449	549
江苏省科技厅	1	64	25	4 880	4 990	106	2 888		163	157
山东省科技厅	1	61	16	3 468	8 652	65	2 507	1	83	162
广东省科技厅	1	51	11	2 027	337	35	2 931	1	40	60

说明：(1) 以上数据按 212 个国家重点实验室和 6 个国家实验室（筹）统计。其中有一个国家实验室由中国科学院和教育部共同主管。(2) 获奖成果按国家自然科学奖、国家科技进步奖、国家技术发明奖三项国家科技奖励统计。

资料来源：《中国科技统计年鉴 2011》，"表 6—6 国家重点实验室运行情况（2010 年）"。

表 3—18	2011 年国家工程技术研究中心人员基本情况	单位：人

人员总数		73 537
按工作性质分	从事科技活动人员	44 098
	其中：从事 R&D 活动人员	36 767
	从事生产、经营活动人员	20 493
	从事管理活动人员	5 556
	其他	3 390
按学位学历分	博士	6 575
	硕士	16 562
	本科	28 988
	其他	21 412
按技术职称分	高级职称	15 764
	中级职称	21 038
	初级职称	16 087
	其他	20 648

资料来源：《2011 年国家工程技术研究中心年报》，见 http：//www.cnerc.gov.cn/bulletin_01.aspx。

（五）高校人文社会科学重点研究基地

高校人文社会科学重点研究基地（以下简称"重点研究基地"）建设计划是教育部落实中央关于进一步繁荣发展哲学社会科学意见的一项重大举措。自 1999 年启动以来，先后分 5 批在全国 66 所高校建立了 151 个重点研究基地（见表 3—19），基本覆盖了人文社会科学各个学科和重要研究领域。

"十一五"期间，重点研究基地坚持以制度创新为动力，以中国特色社会主义现代化进程中的重大问题为主攻方向，以出成果、出人才、追求学术创新和国际影响力为目标，凝练学术方向，汇聚学术队伍，构筑学术高地，产生出了一批标志性的科研成果，造就了一批创新团队，搭建了一批国际学术交流平台，在科学研究、人才培养、社会服务、学术交流、信息化建设和体制创新等方面取得了社会瞩目的成绩，引领和带动了全国高校哲学社会科学整体水平的提升。

以重点研究基地为平台，以重大项目为龙头，汇聚了一批高水平的学科带头人和学术骨干，形成了一支学术精湛、作风严谨，具有多学科背景、综合研究能力的学术队伍。151 个重点研究基地有专职人员近 2 000 人，兼职人员 3 000 多人；具有高级职称技术人员约占 90%，具有博士学位人员约占 70%，长江学者、新世纪优秀人才达到各自总数的 1/3。

表 3—19　　　　　　　　高校人文社会科学重点研究基地单位分布　　　　　　　　单位：个

学校名称	基地数量	学校名称	基地数量	学校名称	基地数量
北京大学	13	广东外语外贸大学	1	中南财经政法大学	1
中国人民大学	13	河南大学	1	中央财经大学	1
复旦大学	8	黑龙江大学	1	中央民族大学	1
北京师范大学	7	湖南师范大学	1	中央音乐学院	1
武汉大学	7	暨南大学	1	安徽师范大学	1
吉林大学	6	辽宁大学	1	福建师范大学	1
南开大学	6	内蒙古大学	1	河北大学	1
中山大学	6	南京师范大学	1	华南师范大学	1
华东师范大学	6	山西大学	1	辽宁师范大学	1
厦门大学	5	陕西师范大学	1	南昌大学	1
南京大学	4	上海财经大学	1	宁夏大学	1
山东大学	4	上海师范大学	1	山东师范大学	1
四川大学	4	上海外国语大学	1	深圳大学	1
清华大学	3	苏州大学	1	首都师范大学	1
浙江大学	3	天津师范大学	1	四川师范大学	1
华中师范大学	3	西北大学	1	湘潭大学	1
兰州大学	2	西北师范大学	1	延边大学	1
中国政法大学	2	西南财经大学	1	浙江工商大学	1
东北师范大学	2	西南大学	1	郑州大学	1
北京外国语大学	1	安徽大学	1	重庆工商大学	1
北京语言大学	1	云南大学	1		
东北财经大学	1	中国传媒大学	1		
对外经济贸易大学	1	中国海洋大学	1	合计	151

资料来源：中国高校人文社会科学信息网，见 http：//www.sinoss.net/list.php？catid＝350。

　　五年来，重点研究基地承担国家社科基金重大项目近 70 项、教育部重大课题攻关项目近 100 项，分别超过各自总量的 50％和 75％；承担国家社科基金面上项目 1 000 多项、省部级科研项目 2 000 多项、国际合作项目 500 多项；在 CSSCI 期刊上发表论文约 1.5 万篇，人均逾 5 篇；在国外学术刊物上发表论文约 2 000 篇，被 SSCI 和 A&HCI 收录 500 多篇；以基地名义出版学术专著 6 000 多部，人均近两部，其中在境外出版的著作 100 多部；获教育部人文社科优秀成果奖 150 多项，占获奖总数的 1/3 强；获省级社科优秀成果奖 1 000 多项。

　　重点研究基地通过多种形式，全方位、多层次地向各级政府、企事业单位提供咨询服务；五年来，共向中央、国务院各部委和地方政府提供咨询报告、政策建议 2 万多份，获得中央领导同志批示或被省部级以上部门采纳的千余份。部分重点研究基地已成为全国知名的思想库和咨询服务基地。

五年来，重点研究基地共开发新课程 700 多门；培养博士研究生 1 万多名，50 多人的论文入选全国百篇优秀博士论文，超过全国百篇优秀博士论文人文社科类总数的 50％；为社会各界十多万人提供以知识更新为主要内容的短期培训 800 多期（次）。重点研究基地不仅仅是科学研究的基地，也已成为我国人文社科领域高层次人才培养的基地。①

"985 工程"、国家重点学科、国家重点实验室、国家工程技术研究中心、高校人文社会科学重点研究基地等平台的持续建设，为研究生科学研究提供了良好的实验研究条件和学术环境，也为研究生开展创新性研究、形成创新性成果奠定了基础。

对 2011 年 97 篇全国百篇优秀博士学位论文获得者的初步统计分析表明，论文作者所就读学科为一级学科国家重点学科的有 47 人，所就读学科为二级学科国家重点学科的有 35 人，两者合计为 82 人，占 84.54％；在人文社会科学学科总计 13 篇全国百篇优秀博士学位论文中，论文指导教师所在单位为人文社会科学重点研究基地的有 4 篇，占 30.77％；在理学和工学学科总计 64 篇全国百篇优秀博士学位论文中，论文指导教师所在单位为国家重点实验室的有 25 篇，占 39.06％。

四、交流合作

2011 年是"十二五"开局之年，也是全面贯彻落实教育规划纲要、坚持改革创新的一年。在这一年里，研究生教育适应国家经济社会对外开放的要求，统筹国内国际两个大局，开展了多层次、宽领域的教育交流与合作，研究生教育的国际化水平不断提高。

---

① 参见《立足创新 提高质量 继往开来——高校哲学社会科学繁荣计划"十一五"成就巡礼》，见 http://www.sinoss.net/2011/0228/31038.html。

（一）博士生论坛和研究生暑期学校

为促进研究生学术交流，营造研究生教育创新氛围，提高研究生培养质量，教育部于 2010 年决定设立全国研究生学术交流平台（以下简称"学术交流平台"），支持开展全国性研究生学术交流活动，扩大院校之间、学科之间、研究生之间交流，创新培养模式，共享优质教育资源，促进高层次创新人才脱颖而出。学术交流平台，包括全国博士生学术论坛和全国研究生暑期学校两种形式。

2011 年，教育部学位管理与研究生教育司共批准全国博士生学术论坛 48 项（含拟于 2012 年举办的 1 项），全国研究生暑期学校 31 项（含拟于 2012 年举办的 3 项）。其中，北京大学、南京大学和国防科学技术大学三所高校各 6 项，中国人民大学、厦门大学和西安交通大学三所高校各 4 项，中国科学技术大学、上海交通大学和四川大学三所高校各 3 项，清华大学、中国农业大学、天津大学、东华大学、华东师范大学、东南大学、南京理工大学、华中农业大学、西北工业大学和中国石油大学（北京）10 所高校各 2 项，北京交通大学、北京工业大学、中国传媒大学、中央民族大学、哈尔滨工业大学、同济大学、中山大学、南京农业大学、武汉大学、中国地质大学（北京）、中国地质大学（武汉）、武汉理工大学、电子科技大学、成都中医药大学、西南大学、西安电子科技大学、第二军医大学和中国中医科学院 18 家单位各 1 项，同济大学和西安建筑科技大学合办 1 项，上海理工大学和北京师范大学合办 1 项。[①]

此外，教育部学位管理与研究生教育司 2011 年还批准并资助了 25 项国家自然科学基金委员会青少年科技活动项目。其中，北京大学 4 项，中国科技大学 3 项，浙江大学、南京大学和中国科学院研究生院各 2 项，复旦大学、上海交通大学、四川大学、武汉大学、中南大学、厦门大学、第四军医大学、大连理工大学、北京协和医学院、北京中医药大学和广

---

① 参见《关于批准 2011 年度研究生教育创新计划项目的通知》（教研司 ［2011］ 15 号）。

州中医药大学各 1 项，北京师范大学和北京交通大学合办 1 项。[①]

（二）国内联合培养研究生

2011 年 4 月，胡锦涛在庆祝清华大学建校 100 周年大会上发表重要讲话时指出，要积极推动协同创新，通过体制机制创新和政策项目引导，鼓励高校同科研机构、企业开展深度合作，建立协同创新的战略联盟，促进资源共享，联合开展重大科研项目攻关，在关键领域取得实质性成果，努力为建设创新型国家作出积极贡献。

1. 高等学校与科研机构联合培养

高等学校和科研机构联合培养博士研究生（以下简称联合培养）工作是促进科教结合、加强高层次拔尖创新人才培养、推动科技创新的有效途径，是创新研究生培养机制和模式的重要举措。2011 年，教育部会同中国科学院、中国工程院积极推动高校与科研院所联合培养博士研究生试点工作，构建高校与科研院所、行业、企业联合培养人才新机制；按照"稳步推进、稳妥实施"原则，适度扩大参与高校和科研院所范围，适度扩大联合培养招生计划。其中，专项计划招生博士生规模总计 562 人，其中高校计划 462 人，中科院研究生院计划 100 人；专项计划招生硕士生规模总计 36 人，其中北京大学和中国石油勘探开发研究院联合培养招生计划 6 人，河海大学和南京水利科学研究院联合培养招生计划 10 人，西安电子科技大学和华北计算机系统工程研究所联合培养招生计划 20 人。[②]

北京大学、清华大学和北京生命科学研究所联合培养博士研究生项目（PTN-BBS）于 2009 年经教育部批准，由北京大学、清华大学和北京生命科学研究所联合建立，旨在积极探索具有中国特色、国际水平的博士研究生招生、培养机制改革，选拔拔尖创新人才，充分发挥高等学

---

① 参见《关于批准并资助部分研究生教育创新计划项目的通知》（教研司 [2011] 16 号）。

② 参见《教育部 国家发展改革委关于下达 2011 年全国研究生招生计划的通知》（教发 [2011] 1 号），见 http://www.moe.edu.cn/publicfiles/business/htmlfiles/moe/s3011/201205/136505.html。

校、科研院所和导师的积极性与主动性，对改革招生录取制度以及转变培养模式具有积极意义和示范作用。例如，所有研究生不分专业录取，不定导师，在入学第一年一边学习研究生课程，一边进行研究轮转，轮转的实验室可在北京生命科学研究所、北京大学生命科学学院、清华大学生命科学学院和医学院内选择。①

2. 高等学校与工程研究院所联合培养

为创新研究生培养体制和机制，探索具有中国特色的高层次创新型工程科技人才培养模式，推动研究生教育科学发展，教育部 2010 年开始在北京大学、清华大学等 7 所高校和中国工程物理研究院等 6 所具有博士授予权的工程研究院中开展联合培养博士研究生试点工作。北京矿冶研究总院、电信科学技术研究院和中国环境科学研究院 3 所没有博士授予权的工程研究院与北京科技大学等 5 所高校采取此前国务院学位委员会批准试行的联合培养方式进行联合培养试点工作，当年下达联合培养博士生指标 88 名（不含北京师范大学与中国环境科技研究院联合培养博士生招生计划）。② 到 2011 年，共 18 家高校和 18 家研究院所参加试点，当年下达联合培养博士生指标 210 名。③

针对高等学校与工程研究院所联合培养工作，清华大学专门制定了《清华大学与工程研究院所联合培养博士生管理办法》。2011 年清华大学联合招收 22 名博士生，合作单位是机械科学研究总院、钢铁研究总院、中国水利水电科学研究院、中国工程物理研究院。合作双方约定培养方式：一是申请清华大学学位者应达到学校培养方案要求；二是明确培养过程中的具体要求，包括课程、学分认定、必修环节、发表论文要求及学位论文评审和答辩等。清华大学针对每一个联合培养博士生成立了导师组，确定了第一导师和第二导师；并要求相关的院系建立规范的联合

---

① 参见清华大学生命科学学院网站，http：//life. tsinghua. edu. cn/graduate/news/1612. html。

② 参见《关于开展高等学校和工程研究院所联合培养博士研究生试点工作的通知》（教发〔2010〕4 号）。

③ 参见《2011 年高等学校与工程研究院所联合培养博士研究生试点工作招生计划》，见中国工程院网站，http：//www. cae. cn/cae/html/main/col50/2012－02/28/20120228104429154876537＿1。

培养制度。

在前期与中国工程物理研究院合作的基础上,中国科技大学把联合培养博士研究生试点工作放在十分突出的位置,积极探索联合培养工作规律,逐步丰富联合培养工作内涵,将联合培养工作落到实处,在联合培养博士研究生试点工作实践中取得了一些成效,主要体现在以下几个方面:一是共同签订博士生联合培养协议;二是共同进行学科建设;三是共同组织招生和培养工作,共享优质科教资源;四是互聘研究生导师,促进人力资源共享;五是以科研合作为纽带,促进研究生创新能力的提升。

北京航空航天大学与大唐电信集团联合培养博士生工作全面展开,已完成了两届博士生导师遴选、联合招生和联合制定培养计划等工作,同时已将合作延伸到实习基地建设和科研项目申报等方面。这类校企强强联合,可充分发挥各自功能和资源优势,以联合培养博士生工作为切入点,逐步实现双方全方位的实质性合作,共同构建拔尖创新工程科技人才培养的新型合作平台。在具体实践中,联合培养博士生项目应从上述案例汲取成功经验,从企业需求出发,依托国家重大工程项目,加强过程管理,既切实解决制约企业发展的实际科技问题,又使高层次人才在实践中得到磨炼和成长,真正创造双赢、互利的合作局面。①

(三)中外合作办学

《教育规划纲要》提出,要把扩大教育开放作为推动教育改革发展的战略举措,始终面向世界,着力加强国际教育交流与合作。目前,多层次、宽领域的国际教育交流与合作的格局日渐清晰。

2011年,国家留学基金管理委员会分别与美国哈佛大学、麻省理工学院,法国巴黎高科集团,英国帝国理工学院,澳大利亚墨尔本大学,以色列希伯来大学,日本学生支援机构,泰国亚洲理工学院等21所国外高校、科研机构新签合作协议;与美国耶鲁大学,英国剑桥大学、牛津

---

① 参见《强强联手 共育拔尖创新人才——八位领导纵谈联合培养博士生试点工作》,载《学位与研究生教育》,2012(1)。

大学、伯明翰大学，德国柏林自由大学，爱尔兰都柏林大学等 11 所国外高校续签了合作协议。[①]

截至 2011 年，经教育部审批和复核的硕士及以上中外合作办学机构与项目数（含大陆和港台地区合作办学机构与项目）分别为 14 个和 151 个（见表 3—20）。其中，14 家合作办学机构分别为北京航空航天大学中法工程师学院、长江商学院、中国政法大学中欧法学院、上海交通大学交大密歇根联合学院、上海交通大学中欧国际工商学院、同济大学中德学院、中国民航大学中欧航空工程师学院、重庆大学美视电影学院、东南大学—蒙纳士大学苏州联合研究生院、宁波诺丁汉大学、中山大学中法核工程与技术学院、华中科技大学中欧清洁与可再生能源学院、东北大学中荷生物医学与信息工程学院和东北财经大学萨里国际学院。在 151 个合作办学项目中，北京 42 个、上海 30 个，分别占项目总数的 27.8% 和 19.9%。

表 3—20　　　　　　　　　硕士及以上中外合作办学机构与项目数　　　　　　　单位：个

	合作办学机构	合作办学项目
北京	3	42
天津	1	13
辽宁	2	4
黑龙江	—	4
上海	3	30
江苏	1	6
浙江	1	10
福建	—	1
江西	—	9
山东	—	2
湖北	1	5
湖南	—	1
广东	1	8
重庆	1	3
四川	—	4
贵州	—	1
云南	—	2
陕西	—	6
合计	14	151

资料来源：根据教育部中外合作办学监管工作信息平台数据整理，见 http://www.crs.jsj.edu.cn/index.php/default/approval/orglists/1。

---

① 参见中国国家留学基金管理委员会 2011 年年度报告。

实践证明，在经济全球化和教育国际化的大背景下，中外合作办学已经成为我国教育国际交流与合作的重要形式。随着中外合作办学事业的快速发展，中外合作办学在合作科研平台建设、高水平专家引进等方面的作用日益凸显。例如，中山大学中法核工程与技术学院建设过程中，中外合作院校也在同时联合中国科学院、法国原子能委员会和中法两国企业等，筹备建立核能领域的联合研发中心。在上海交通大学交大密歇根联合学院，40%的全职教师是引进的外籍学者，所有专业课程采用英语授课，课程体系、考核方式全面与美国密歇根大学对接。近两年，教育部还通过在直属高校启动实施350余个"海外名师项目"和"学校特色项目"，支持高校聘请了近千名来华专家。[1]

（四）出国留学

出国留学是适应国家经济社会对外开放的要求，培养大批具有国际视野、通晓国际规则、能够参与国际事务和国际竞争的国际化人才的重要途径。

据教育部统计，2011年度我国出国留学人员总数为33.97万人，其中国家公派1.28万人，单位公派1.21万人，自费留学31.48万人。2011年度各类留学回国人员总数为18.62万人，其中国家公派0.93万人，单位公派0.77万人，自费留学16.92万人。2011年度与2010年度相比，我国出国留学人数和留学回国人数均有进一步增加。出国留学人数增加5.50万人，增长了19.32%；留学回国人数增加5.13万人，增长了38.08%。从1978年到2011年底，各类出国留学人员总数达224.51万人。截至2011年底，以留学身份出国在外的留学人员有142.67万人，其中110.88万人正在国外进行相关阶段的学习和研究。改革开放以来，留学回国人员总数达81.84万人，有72.02%的留学人员学成后选择回国发展。[2]

---

[1] 参见《中国教育的世界眼光——教育规划纲要贯彻落实两周年述评之四》，载《中国教育报》，2012-08-20。

[2] 参见《2011年度我国出国留学人员情况统计》，见教育部官方网站，http://www.moe.gov.cn/publicfiles/business/htmlfiles/moe/s5987/201202/130328.html。

1. 国家公派出国留学

2011 年度，国家留学基金管理委员会共录取国家公派出国留学人员 13 690 人，其中，攻读博士学位研究生以及联合培养博士生 6 279 人，占 45.87%；高级研究学者及访问学者（含博士后）5 803 人，占 42.39%；其他层次（硕士生、短期研修生、本科生等）1 608 人，占 11.75%。2011 年部分重点项目如下：

（1）国家建设高水平大学公派研究生项目。为贯彻落实科教兴国战略和人才强国战略，推进高水平大学建设，促进中国高水平大学与国内外知名大学的合作与交流，与其建立稳定持久的学术交流渠道，打造国际化人才培养及交流平台，经国务院批准，教育部、财政部于 2007 年 1 月设立了国家建设高水平大学公派研究生项目。2011 年，国家建设高水平大学公派研究生项目录取 5 364 人，其中攻读博士学位研究生 2 885 人，联合培养博士生 2 479 人。该项目实施五年（2007—2011 年），共选派 24 624 人。据其中三年数据统计，学生在外期间发表论文 19 000 多篇，其中 SCI、EI、ISTP 收录 5 154 篇，在《科学》、《自然》等世界顶级学术刊物上发表论文 40 余篇，该项目带动国内高校与国外知名高校签署 400 余份合作协议。

（2）地方合作项目。为了进一步加快地方急需人才和高层次人才的培养，支持地方经济、社会和教育、科研事业的发展，经教育部批准，国家留学基金管理委员会设立了地方合作项目。该项目采取由国家留学基金管理委员会与各省分别签订合作协议的方式，具体确定各省资金配套比例、选派规模、选派类别、留学期限、双方的权利与义务及其他有关事宜。目前该项目涉及 23 个省份。2011 年录取 1 362 人。自项目实施以来共选派各类留学人员 9 500 余人，为配合国家"西部大开发"、"振兴东北老工业基地"和"中部崛起"战略的实施提供了人才支撑。①

（3）博士生导师短期出国交流项目。为进一步促进国家建设高水平大学公派研究生项目实施工作，充分调动博士生导师积极性，加强对派

97

---

① 参见中国国家留学基金管理委员会 2011 年年度报告。

出学生学习方面的检查、指导和情感联系，进一步推动高校及博士生导师的实质性交流与合作，经教育部批准，博士生导师短期出国交流项目于 2010 年开始试行，重点支持国家建设高水平大学公派研究生项目实施院校中联合培养博士生的国内指导教师，资助期限为 1 个月。2010 年，博士生导师短期出国交流项目共收到 60 所国家建设高水平大学公派研究生项目签约高校提交的 212 份申请材料，实际录取 202 人。[①] 2011 年，共录取 182 人。

（4）国家优秀自费留学生奖学金。为体现国家对自费留学生的关怀，奖励优秀自费留学人员在学业上取得的优异成绩，鼓励他们回国工作或以多种形式为国服务，经教育部批准，国家留学基金管理委员会于 2003 年设立了"国家优秀自费留学生奖学金"项目。该项目自 2003 年实施，奖励规模从最初的 300 人/年增加到 500 人/年，迄今共有 2 907 人获奖。2011 年度奖励 495 名，一次性奖励 6 000 美元，其中 9 人获得"特别优秀奖"，特别优秀奖 10 000 美元。该项目已成为体现国家关心在外自费留学人员，鼓励其为国和回国服务的品牌项目。目前，许多获奖者已陆续回国服务。[②]

2. 培养单位自主开展的出国留学

除国家公派出国留学外，为拓宽国际学术视野，引导博士研究生向高水平国际会议投稿，增强国际交流能力，提高研究和创新能力，各培养单位也在中外联合培养研究生，资助研究生出国参加国际学术会议、短期出国访学等方面做出了积极的拓展。

为进一步提升博士研究生培养质量，促进与欧洲相关科研机构和高校的合作交流，自 2006 年起，中科院专门设立了"中欧联合培养博士研究生计划"（以下简称"中欧联培计划"）。"中欧联培计划"旨在支持与欧洲（非英语国家）高水平研究机构和大学联合培养博士研究生。与一般意义上的派遣留学不同，该联合培养研究生项目强调科技创新与学生

[①] 参见 http://www.csc.edu.cn/Chuguo/e95b9958ab4a4862a7be4c61cacf7ba4.shtml。
[②] 参见中国国家留学基金管理委员会 2011 年年度报告，41～43 页。

培养的有机结合，合作研究是联合培养项目的重要内容。课程学习之外，联合培养研究生在中外双方导师的共同指导下，完成共同感兴趣的研究课题。联合培养研究生所取得的成效，一是培养了具有世界视野和国际竞争力的高层次创新人才，二是加强了国际合作，把优秀的博士生和科研成果推向世界，从而展示出中国科学院的国际影响力。2010年4月，中国科学院研究生院与丹麦科技创新部、丹麦高校联盟签署合作协议，正式建立合作伙伴关系。通过共建"中丹科教中心"，双方将结合各自最具优势的科研资源和教育传统，促进学生、教师和科技人员的交流，推动研究生教育和科技研究的优化发展，同时加强中丹两国教育科研机构与企业界之间的联系。2011年9月，中国科学院与荷兰教育科技文化部续签双边科技交流合作备忘录，开展中荷"联合科学主题计划"。其中，博士生联合培养成为该计划中的重要内容。[①]

自2001年始，清华大学设立"博士生出席国际会议基金"，对向国际学术会议投稿论文被接收，且被邀请在国际会议上做口头报告的博士生提供国际旅费和部分注册费的资助。截至2010年初，该项基金共资助940名博士生出席国际会议，博士生出席国际会议的地点覆盖世界50多个国家和地区。[②] 此外，清华大学通过与国外高校开展合作研究，开办联合培养博士、双硕士学位项目，以及交换生项目等方式创新研究生培养模式；通过海外学者短期讲学计划、研究生国际暑期学校、讲席教授组、清华论坛等形式引进国外优秀课程资源，提高研究生教育质量。截至2011年，清华大学已与40余个国家的200余所学校和国际组织签订校级交流协议。2011年，清华大学各类师生公派出国（境）8 108人次，其中教职员工4 720人次，学生3 388人次。

北京航空航天大学研究生院于2010年12月设立了"博士生短期出国访学基金"，每年资助60名左右博士研究生到国外本学科领域一流大学或研究机构进行为期3个月的研究工作。基金资助包括博士生短期出

---

① 参见郝俊：《研究生联合培养深化国际合作内涵》，载《科学时报》，2011－10－13。

② 参见《清华多项举措提升博士研究生国际竞争力》，见 http：//100. tsinghua. edu. cn/cn/infoSingleArticle. do？articleId＝13408&columnId＝。

国访学一次性往返国际旅费和在国外访学期间的生活费。2011 年共有 55 名博士生获得短期访学资格。①

（五）来华留学

来华留学研究生的规模和水平，是我国研究生教育国际地位、影响力和竞争力的重要体现。大力发展来华留学事业，是国家加强对外人文交流，促进与世界各国实现共同、和谐发展的重要举措。来华留学事业作为我国教育事业的重要组成部分，一直受到党和国家领导人的高度重视。教育部在中央统一部署下，以科学发展观统领来华留学工作，坚持"扩大规模、优化结构、规范管理、保证质量"的工作方针，保持了来华留学规模稳步扩大、学生结构不断优化、生源国别日益多元的良好发展态势。

1. 招生情况

2011 年，全国共招收留学生 94 692 人（见表 3—21），其中女性 44 020 人，占 46.49%。从招收留学生的学历类型来看，培训生数量最多，占 70.18%；从招收留学生的生源地来看，来自亚洲的数量最多，占 60.66%；从招收留学生的经费来源看，自费留学生数量最多，占 72.84%。

表 3—21　　　　　　　　　　2011 年留学生招生规模和结构

		总计		其中：春季招生	
		人数（人）	比重（%）	人数（人）	比重（%）
按学历分	专科	535	0.56	52	0.20
	本科	17 830	18.83	1 949	7.45
	硕士研究生	7 814	8.25	510	1.95
	博士研究生	2 056	2.17	105	0.40
	培训	66 457	70.18	23 533	90.00
	合计	94 692	100	26 149	100
按大洲分	亚洲	57 442	60.66	16 481	63.03
	非洲	8 022	8.47	2 066	7.90
	欧洲	17 646	18.64	4 292	16.41
	北美洲	9 311	9.83	2 801	10.71
	南美洲	1 216	1.28	262	1.00
	大洋洲	1 055	1.11	247	0.94
	合计	94 692	100	26 149	100

---

① 参见《北航：第一位"博士生短期出国访学基金"资助博士生回国》，见 http://www.cannews.com.cn/2011/0526/121328.html。

续前表

		总计		其中：春季招生	
		人数（人）	比重（%）	人数（人）	比重（%）
按经费来源分	国际组织资助	147	0.16	40	0.15
	中国政府资助	14 041	14.83	1 367	5.23
	本国政府资助	1 016	1.07	284	1.09
	学校间交换	10 513	11.10	3 689	14.11
	自费	68 975	72.84	20 769	79.43
	合计	94 692	100	26 149	100

资料来源：根据教育部发展规划司提供的数据整理。

2. 在校生情况

近年来，随着我国对外开放、经济社会发展和高等教育水平的不断提高，学历来华留学生的数量呈现出快速增长的态势。1999—2011年，学历来华留学生总数从 11 479 人增长到 118 837 人，增长了 9.35 倍（见表3—22）。其中，来华留学硕士研究生人数从 2 000 人增长到 23 453 人，来华留学博士研究生人数从 896 人增长到 6 923 人。

表3—22　　　　　　　　历年学历来华留学生数量变化情况　　　　　　　单位：人

年	合计	本科生	硕士研究生	博士研究生	专科生
1999	11 479	8 402	2 000	896	181
2001	16 650	11 797	2 377	1 194	1 282
2003	24 616	19 319	3 397	1 637	263
2005	44 851	37 147	4 807	2 304	593
2007	68 213	56 248	7 628	3 218	1 119
2009	93 450	73 515	14 227	4 751	957
2011	118 837	87 212	23 453	6 923	1 249

资料来源：根据教育部国际合作与交流司 1999—2011 年《来华留学生简明统计》整理。

（1）来华留学研究生国别分布。2011年，来华留学研究生来自178个国家和地区。其中，来华留学研究生数达到或超过 1 000 名的国家有 7 个，依次分别是韩国 4 196 名、越南 3 237 名、泰国 1 664 名、蒙古 1 321 名、巴基斯坦 1 180 名、俄罗斯 1 172 名、美国 1 156 名，这 7 个国家的来华留学研究生总计 13 926 名，占当年来华留学研究生总数的 45.85%。来华留学硕士研究生数达到或超过 500 名的国家有 8 个，依次分别是韩国 3 019 名、越南 2 466 名、泰国 1 451 名、蒙古 1 068 名、美国 917 名、尼泊尔 620 名、马来西亚 554 名、哈萨克斯坦 510 名，这 8 个国家来华留学硕士研究生总计 10 605 名，占当年来华留学硕士研究生总数的 45.22%。来华留学博士研究生数达到或超过 200 名的国家有 6 个，依次分别是韩国 1 177 名、越南 771 名、巴基斯坦 751 名、蒙古 253 名、美国 239 名、泰国 213 名，这 6 个国家来华留学博士研究生总计 3 404 名，占当年来华留学博士研究生总数的 49.17%。

（2）来华留学研究生学习专业（类）分布。如表 3—23 所示，2011 年来华留学研究生达到或超过 1 000 名的专业（类）有 10 个，依次分别为管理、工科、文学、汉语言、经济、法学、西医、中医、理科和教育，这 10 个专业（类）的来华留学研究生占当年来华留学研究生总数的比重分别为 18.4%、16.9%、12.4%、11.4%、9.5%、8.3%、6.3%、4.9%、4.0% 和 3.6%。

表 3—23　　　　　　　　2011 年来华留学研究生学习专业（类）分布　　　　　　　单位：人

序号	专业（类）	合计	硕士生	博士生
1	管理	5 587	4 845	742
2	工科	5 138	3 427	1 711
3	文学	3 764	2 815	949
4	汉语言	3 461	3 399	62
5	经济	2 875	2 441	434
6	法学	2 515	1 937	578
7	西医	1 921	1 634	287
8	中医	1 494	1 027	467
9	理科	1 223	574	649
10	教育	1 084	798	286
11	农科	671	242	429
12	历史	385	189	196
13	哲学	258	125	133
总计		30 376	23 453	6 923

资料来源：根据教育部国际合作与交流司《2011 年来华留学生简明统计》整理。

（3）接受来华留学研究生院校分布。2011 年接受来华留学研究生的院校共有 306 所。接受来华留学研究生数达到或超过 500 名的院校有 9 所，这 9 所院校接受的来华留学研究生总计 7 018 名，占当年来华留学研究生总数的 23.1%。接受来华留学研究生达到或超过 100 名的院校有 92 所，这 92 所院校接受的来华留学研究生总计 24 340 名，占当年来华留学研究生总数的 80.1%。接受来华留学硕士研究生总数达到或超过

500 名的院校有 5 所，依次分别为清华大学 1 273 名、复旦大学 724 名、北京大学 692 名、同济大学 671 名、对外经济贸易大学 563 名，这 5 所院校接受的来华留学硕士研究生总计 3 923 名，占当年来华留学硕士研究生总数的 16.73%。接受来华留学博士研究生总数达到或超过 150 名的院校有 7 所，依次分别为北京大学 299 名、华中科技大学 230 名、浙江大学 199 名、清华大学 183 名、复旦大学 183 名、北京航空航天大学 160 名、华中师范大学 158 名，这 7 所院校接受的来华留学博士研究生总计 1 412 名，占当年来华留学博士研究生总数的 20.4%。

（4）接受来华留学研究生省域分布。如表 3—24 所示，2011 年接受来华留学研究生数达到或超过 1 000 名的省市有 8 个，依次分别为北京 7 361 名、上海 4 225 名、湖北 2 476、江苏 1 997 名、广东 1 409、辽宁 1 388 名、吉林 1 247 名、黑龙江 1 030 名，这 8 个省市接受的来华留学研究生总计 21 133 名，占当年来华留学研究生总数的 69.57%。这 8 个省市接受来华留学硕士研究生 15 822 名，占当年来华留学硕士研究生总数的 67.46%；接受来华留学博士研究生 5 311 名，占当年来华留学博士研究生总数的 76.72%。

表 3—24　　2011 年学历来华留学研究生省域分布　　单位：人

地区	硕士研究生	博士研究生	合计
北京	5 334	2 027	7 361
上海	3 416	809	4 225
湖北	1 656	820	2 476
江苏	1 403	594	1 997
广东	1 165	244	1 409
辽宁	1 077	311	1 388
吉林	981	266	1 247
黑龙江	790	240	1 030
浙江	675	297	972
天津	766	139	905
广西	768	22	790
山东	660	115	775
湖南	559	190	749
云南	667	71	738
重庆	552	84	636
内蒙古	450	169	619
福建	452	141	593

续前表

地区	硕士研究生	博士研究生	合计
陕西	408	178	586
四川	372	107	479
甘肃	367	29	396
新疆	346	7	353
河南	168	3	171
江西	134	3	137
河北	114	13	127
安徽	94	33	127
贵州	53	6	59
宁夏	22	4	26
山西	3	1	4
海南	1	—	1
西藏	—	—	—
青海	—	—	—
合计	23 453	6 923	30 376

资料来源：根据教育部国际合作与交流司《2011 来华留学生简明统计》整理。

（5）中国政府奖学金留学研究生。2011 年共有 25 687 名中国政府奖学金留学生在华学习，比 2010 年增加了 3 297 名，增长 14.73%。其中，学历奖学金留学生 21 905 名，占当年奖学金留学生总数的 85.3%；非学历奖学金留学生 3 782 名，占当年奖学金留学生总数的 14.7%。在学历奖学金留学生中，本科生、硕士研究生和博士研究生分别为 8 259 名、9 909 名和 3 737 名，分别占当年学历奖学金留学生总数的 37.70%、45.24% 和 17.06%。中国政府奖学金留学硕士研究生数达到或超过 200 名的国家有 9 个，依次是越南 812 名、蒙古 758 名、俄罗斯 701 名、韩国 619 名、泰国 530 名、尼泊尔 407 名、老挝 372 名、巴基斯坦 246 名、美国 228 名，这 9 个国家的奖学金留学硕士研究生总计 4 673 名，占当年奖学金留学硕士研究生总数的 47.16%。中国政府奖学金留学博士研究生数达到或超过 100 名的国家有 6 个，依次是巴基斯坦 543 名、越南 436 名、韩国 295 名、蒙古 233 名、苏丹 144 名、泰国 123 名，这 6 个国家的奖学金留学博士研究生总计 1 774 名，占当年奖学金留学博士研究生总数的 47.47%。

3. 学位授予情况

2011 年，我国共授予境外人员博士学位 1 086 人，其中博士学术学位 1 053 人，博士专业学位 33 人；共授予境外人员硕士学位 4 781 人，其中硕士学术学位 3 128 人，硕士专业学位 1 653 人。

（1）研究生学术学位授予情况。如表 3—25 所示，2011 年我国共授予境外人员博士学术学位 1 053 人，其中港澳台 424 人，外国 629 人。从学科分布来看，医学人数最多，为 276 人；哲学人数最少，为 26 人。

2011 年，我国共授予境外人员硕士学术学位 3 128 人，其中港澳台 627 人，外国 2 501 人。从学科分布来看，文学人数最多，为 622 人；哲学人数最少，仅为 22 人。

表 3—25　　　　　　2011 年我国授予境外人员研究生学术学位情况　　　　单位：人

	博士			硕士		
	港澳台	外国	小计	港澳台	外国	小计
哲学	6	20	26	3	19	22
经济学	48	44	92	41	408	449
法学	48	47	95	76	275	351
教育学	30	25	55	52	63	115
文学	36	77	113	74	548	622
历史学	11	23	34	21	26	47
理学	4	52	56	10	59	69
工学	14	155	169	16	491	507
农学		39	39		27	27
医学	178	98	276	264	202	466
管理学	49	49	98	70	383	453
合计	424	629	1 053	627	2 501	3 128

资料来源：根据国务院学位委员会办公室提供的数据整理。

（2）研究生专业学位授予情况。2011 年，我国仅在临床医学领域授予境外人员博士专业学位 33 人，其中港澳台 12 人，外国 21 人；共授予境外人员硕士专业学位 1 653 人，其中港澳台 263 人，外国 1 390 人（见表 3—26）。

表 3—26　　　　　　　　　　2011 年我国授予境外人员硕士专业学位情况　　　　　　　　单位：人

	港澳台	外国	小计
法律	11	26	37
工程	6	57	63
建筑学	2	24	26
临床医学	144	228	372
工商管理	94	351	445
公共管理		74	74
口腔医学	4	16	20
汉语国际教育	1	614	615
中药学	1		1
合计	263	1 390	1 653

资料来源：根据国务院学位委员会办公室提供的数据整理。

第四章

质量与保障

2011 年，研究生教育工作继续以提高质量为核心，培养模式不断改革，质量保障条件持续改善，取得了一系列突出的成就。从质量保障体系来看，以培养单位为主体、政府宏观调控、专业组织与社会机构广泛参与的研究生教育质量保障体系进一步完善，省级政府管理部门和各培养单位在质量保障中发挥了更加重要的作用。总体而言，研究生教育的培养质量是有保障的，而且呈现出良好的态势。研究生是重大科研项目的主要参与者之一，也是国际、国内科研论文的重要贡献者，研究生在读期间的科研技能和其他素质均有明显提升。但随着招生数量的扩张，培养质量的不均衡现象有所显现。从研究生发展质量来看，我国历年培养的研究生是国家研究与开发的骨干力量，同时也已成为两院院士、国家重要科研奖项获得者等高层次人才的最主要来源。

一、质量保障体系

质量是研究生教育的生命线。研究生教育是国民教育的顶端，是教育、研究与创新三者的结合点，是高层次创新型人才的主要来源，在教育理念、培养模式、人才选拔和评价机制等方面对其他层次的教育具有带动与引领作用，其质量也因而更加重要。

研究生教育质量保障是一个系统工程，涉及不同层次的教育管理体制——中央政府、省级政府、培养单位（大学和研究机构）、院系，也涉及不同的利益相关者与行动主体——政府部门、院校、导师、研究生、用人单位、专业组织与社会机构等。

在研究生教育质量保障中，培养单位承担首要责任。学校和院系发挥的作用最为具体、直接，学生录取与淘汰、课程设置与实施、导师遴选与指导、论文评阅与答辩、学位申请与授予，这些具体的质量监控权都属于培养单位，它们是研究生教育质量最直接的把关者。

政府对研究生教育质量的监管分为中央政府和省级政府两个层面。中央政府在研究生教育质量保障当中发挥宏观调控作用，实行间接管理为主、直接管理为辅的管理体制，重点依靠法律规章制度、政策引导、资金投入、资源配置、质量标准、评估督导等方式对研究生教育的发展进行调控，通过一系列政策措施保障研究生教育的质量。

省级政府统筹则主要通过各省教育主管部门及各省学位委员会来落实。截至 2005 年，全国 31 个省份都成立了省级学位委员会。省级学位委员会的功能主要有四项：一是根据国家和地方社会经济发展要求研究确定并组织实施地方学位与研究生教育发展的战略规划；二是指导并组织开展区域内学位授予单位和授权学科的建设与管理；三是负责博士、硕士和学士三级学位标准的实施与学位质量的管理；四是依法维护学位申请者和学位获得者的正当权益。[①] 从最近几年的趋势来看，省级政府在省域研究生教育质量保障中发挥了更为重要的作用，其具体职能包括一级学科博士点的初审、组织审核所属院校新增硕士专业学位授权点、组织硕士点和学位授予单位整体条件评估，等等。

以中国科学技术协会、中国工程院、国务院学位委员会学科评议组、中国研究生院院长联席会、各级学会、各行业协会、用人单位为代表的专业组织与社会机构是研究生教育质量的直接监督与关心者，它们在研究生教育的质量保障中发挥着不可或缺的作用。

经过三十多年的努力，我国基本形成了以培养单位为主体、政府宏观调控、专业组织与社会机构广泛参与的研究生教育质量保障体系。

（一）培养单位

研究生教育的质量保障既包括研究生培养单位的内部保障，也包括来自政府和社会的外部保障，其中内部保障是根本。

学校和院系层面是研究生教育质量最直接、最关键的保障环节，它

[①]　参见《关于加强省级学位委员会建设的几点意见》、《国家教委、国务院学位委员会关于加强省级人民政府对学位与研究生教育工作统筹权的意见》等。

们的相关制度安排构成了研究生教育的内部质量保障体系。最近几年，学位授予单位自主权不断增强，在研究生质量保障中发挥着越来越主动的作用。

1. 培养单位质量保障机制的基本框架

在学校内部，参与研究生质量保障工作的机构和个人主要包括学校研究生院（部、处）、学校及院系学位评定委员会、院系以及导师。

研究生院（部、处）是一个负责管理研究生教育事务的行政部门，一般下设研究生招生、培养、学位、学科建设、综合管理等机构，负责组织奖助学金发放、名额分配、流程管理、组织学科评估等。

学位评定委员会设在培养单位，分为学校和院系两级。学校一级学位评定委员会主要负责的事宜包括：制定与学位相关的规章，认定硕士生导师、博士生导师资格，审查博士学位论文，做出授予硕士、博士学位的决定等。

院系负责对研究生培养工作的具体管理，职责主要包括组织研究生入学考试和录取工作、组织安排研究生的课程教学、组织协调研究生的导师分配工作、组织研究生奖助学金的评定、组织学位论文的评阅和答辩，等等。从最近几年的发展趋势来看，研究生教育管理的重心越来越多地从学校一级下移到院系一级。

导师是研究生教育质量保障的主要责任人。在研究生招生过程中，导师具有较大的自主权，导师可以在参考笔试和面试成绩的基础上，决定是否招收某个学生。学生入学后，导师肩负着对研究生进行学术训练的责任；学生毕业前，导师是学位论文质量的第一把关人。因此，在研究生教育质量保障体系中，导师的角色是至关重要的。

2. 培养单位质量保障的新举措：典型案例分析

2011年，在研究生教育质量保障方面，学校和院系充分行使办学自主权，在招生考试、导师遴选、学制规定、课程建设与科研训练、资助、论文答辩等研究生培养环节都实行了一些创新性的做法。

招生考试是保证研究生培养的首要环节，生源质量对于最终的培养质量有决定性的影响。为了招收到优秀的生源，一些院校对传统的招考方式进行了改革。例如，2011年复旦大学开始在历史系、物理学系等部分院系试行博士研究生"申请—考核"制。以历史学系为例，考生首先提供简历、硕士论文、研究计划书、研究论文、专家推荐信等申请材料，历史系组织教师对申请材料进行初审并打分，在此基础上决定面试名单。最后，历史学系根据语言考核成绩和面试成绩确定最终的录取名单。物理系直接采取申请材料评审和面试结合的招生方式。① 另外，清华大学、北京大学生命科学人才培养与科学研究改革试点在博士生招生环节也打破了传统的考试方式，根据大学综合表现，邀请博士研究生的申请人参加教授主持的专业面试，以面试表现作为录取的标准。

传统上，我国的大学教师原则上要有正高级职称并经过学位委员会的考核才能获得博士生导师的资格。这一制度设计的出发点是通过遴选对博士生导师的质量进行严格把关，但在运行过程中也导致了一些弊端，一些没有教授职称但有较强的科研创新实力、又有能力指导博士生的青年教师无法参与博士生指导。近年来，一些高校对此进行了改革，其中清华大学的改革最为彻底。2011年6月底，清华大学正式取消在学校层面的博导评聘制度，学校认同教师系列副高以上职称的教师和终身教职轨系列（tenure track）的教师均有招收和指导博士生的资格；各学位评定分委员会制定本学科教师招收、指导博士生基本要求并审核教师的招生资格；具备资格的教师当年是否招生，由院系根据培养资源等情况确定；各院系可根据具体情况逐步实施并制定本单位的具体实施办法。除法学院、公共管理学院外，其余院系均已启动博士生指导教师制度改革工作，方案大致分为两种：学位评定分委员会认可所有副教授以上职称教师均有博士招生资格，院系每年择优选择部分副教授招生；学位评定分委员会统一设定上岗资格，每年遴选，获得资格的副教授即可招生。实施新政策后，2011年新上岗博士生导师421人，比2010

111

① 参见《复旦大学部分院系（所）2011年博士生招生选拔办法调整的说明》，见 http://www.gsao.fudan.edu.cn/s/3/t/17/39/05/info14597.htm。

年新上岗人数增加 262 人，列入招生目录的副教授有 60％以上当年招收到了博士生。[①]

导师对研究生的指导一般分为单一导师制和联合导师制（或导师指导委员会）两种形式。我国目前以单一导师制为主，但也有一些培养单位开展了联合导师制的改革探索。在上海交通大学，两个不同学科（如医与工、医与理）的导师若已有合作的科研项目，即可联合申请博士生招生名额指标，由两个导师共同指导博士生。

学制是我国研究生培养过程中一个重要的问题。从 2010 年开始，中国科技大学对"研究生读 3 年、硕博连读 5 年"的固定学制进行改革，研究生培养将实行弹性学制，学生可以先就业，再继续自己的学业。根据新的规定，若博士研究生希望提前就业，经本人申请、导师同意，学生可先以硕士研究生毕业或以博士研究生结业形式先行就业，中国科技大学继续保留学生的博士研究生学籍，待学生学术水平达到博士学位标准后，学校再组织颁发相应的证书和学位。

研究生资助是研究生教育质量的重要条件保障，在这方面，也有一些高校开展了探索性的改革，清华大学设置"三助"岗位的改革是其中比较典型的个案。改革后，清华大学在学校层面为研究生设置教学助理、管理助理岗位，导师（院系）为研究生设置研究助理岗位，助教、助管、助研岗位统称为"三助"岗位。承担助教、助管岗位的研究生，其学费和岗位津贴由学校提供；承担助研岗位的研究生，其学费由学校和导师（院系）分担，改革过渡阶段学费由学校提供，岗位津贴由设岗导师（院系）提供。研究生未获得"三助"岗位，可向学校提出减免学费申请，不申请或申请未获批准者才交纳学费。在改革过渡阶段，学校继续按规定向研究生发放普通奖学金和生活补贴。新的资助体系运行以来，平均每学期研究生"三助"岗位上岗比例超过 90％。目前，只有因考试成绩不及格或受到纪律处分而不能申请"三助"岗位的研究生，才需缴纳一

---

① 参见清华大学研究生院：《"改革研究生培养机制，提高研究生培养质量"总结报告》，2012。

个学期的学费。浙江大学在 2010 年出台了《浙江大学争创优秀博士学位论文资助管理办法》，对已取得重大进展或突破的博士学位论文研究进行资助，2011 年对 11 名博士生进行了第一批资助。

课程与科研训练是研究生培养的核心环节。在这方面，也有一些培养单位进行了改革。在北京大学、清华大学和北京生命科学研究所联合培养博士研究生改革试点中，所有研究生不分专业录取，不定导师，在入学第一年一边学习研究生课程，一边进行研究轮转，轮转的实验室可在北京生命科学研究所、北京大学生命科学学院、清华大学生命科学学院和医学院内选择，这样能够充分发挥高等学校、科研院所和导师的积极性与主动性。

学位论文质量是反映研究生培养质量最重要的指标之一。为了提高学位论文质量，一些培养单位在论文评审、开题答辩等环节出台了若干新措施。在论文评审环节，上海交通大学在生命科学与技术学院、物理系、生物医学工程学院和药学院启动博士学位论文国际评审与全英文答辩试点工作。学位论文评审从全部采取国内评审向逐步采取海内外评审转变，促使博士生培养融入国际学术交流与竞争。在博士学位论文质量把关方面，上海交通大学药学院推出了"预答辩专家主席首问负责制"。如果一篇博士学位论文在预答辩通过后被发现质量不过关，预答辩的专家主席将失去再次担任这一职务的资格。

在学科评估方面，一些高校根据学位点的培养质量评估进行了相应调整。上海交通大学在学校内部评估的基础上，撤销了 10 个硕士学位授权点，暂停了 2 个博士学位点的招生，这一措施强化了院系的质量意识，对于保障、提高研究生培养质量大有益处。

作为研究生教育质量保障的主体，培养单位应当对研究生培养质量进行自我评估，其中一个重要的手段是开展毕业研究生调查。在这方面，清华大学等若干高校进行了探索。多年来，清华大学坚持博士生毕业离校调查（exit questionnaire），调查内容涉及全体毕业博士生对在读期间学习、研究、管理及生活等方面的满意度评价。近 3 年调查结果显示，毕业博士生们认为在清华大学攻读博士学位值得的占 96.52%，认为学校的学术风气、学术氛围浓厚的占 95.67%，认为学校的图书、资料资源（包括网络资源）充分的占 96.07%，对学校的生活设施、环境表示满意的占 95.12%，对在读期间导师给予的指导表示满意的占 93.48%，认为所在院系对博士生的教学、各培养环节管理规范、严格的占 95.27%，毕业后希望继续从事本专业领域工作的占 92.49%。[①] 通过毕业生离校调查，培养单位可以系统监测研究生培养各个环节的质量，为研究生质量保障管理工作的改进提供科学的依据。

总的来说，改革开放三十多年来，在我国研究生教育发展历程中，有很多研究生教育质量保障方面的制度创新，例如预答辩制度、匿名评审制度、导师的双向选择制度、论文发表要求等，都是从院系和学校层面发展起来的，是自下而上的创新，而非自上而下的政策，而且这些保障措施得到研究生培养单位的普通认可，已成为各研究生培养单位的常规性要求。这充分说明，在我国研究生教育的质量保障体系中，培养单位始终发挥重要的主体作用。我们需要进一步发挥培养单位在研究生教育质量保障体系中的作用，鼓励它们不断进行制度创新。

（二）政府部门

政府在研究生教育质量保障体系中发挥着必不可少的宏观调控作用，主要涉及研究生教育的入口、过程和出口等各个环节，重点体现在学位标准的设定、准入控制、发展规划、资源配置、目录管理、结果监控等各个方面。

学位标准的设定主要表现为通过制定相关法律规章，规定授予某一学位的标准；准入控制包括决定是否设置某一类型的学位研究生教育、审核博士和硕士学位授权点等；发展规划主要包括设定总体的研究生招生规模计划、审核批准各高校的研究生招生名额等；资源配置包括组织评选国家重点学科、博士生学术新人奖，等等；目录管理主要包括制定、颁布《学位授予和人才培养学科目录》，制定学科设置的办法等；结果监

---

① 根据 2009—2011 年清华大学研究生院毕业生离校调查报告（内部数据）整理。

控主要包括重点学科评选、学位论文抽查、学位授权点的定期评估等。

2011 年，政府部门对研究生教育质量的监管在上述几个方面均有所改革，这些改革体现了两个趋势：一是政府的职能主要以宏观调控为主，更突出强调准入机制、结构优化和结果监控；二是进一步扩大培养单位的办学自主权，推动培养单位完善质量保障的自我约束机制。

1. 发展专业学位研究生教育，树立多样化的学位质量标准

我国研究生教育恢复至今已经形成了多层次、多类型的研究生教育系统。从培养层次来看，分为硕士和博士两个层次；从学位类型来看，分为学术学位和专业学位两种类型。对于不同层次、不同类型的研究生教育，应当有不同的评价标准，为此，必须树立全面、多元的研究生教育质量观。

进一步鼓励发展专业学位研究生教育是 2011 年政府主管部门的主要政策导向之一。截至 2011 年，我国已有硕士专业学位 39 种，博士专业学位 5 种，基本覆盖了国民经济和社会发展的主干领域。

2011 年 2 月，国务院学位委员会审议通过了《工程博士专业学位设置方案》。该文件规定，工程博士由经国务院学位委员会授权的高等学校与企业联合培养，学位由高等学校授予。同时，工程博士和工学博士的学位授予标准也有所不同。该文件规定，工程博士的学位论文工作应与解决重大工程技术问题、实现企业技术进步和推动产业升级紧密结合，学位论文能反映学位申请者的贡献及创造性成果。

从《工程博士专业学位设置方案》中的规定来看，工程博士的学位论文要求更加强调与实际应用问题的结合，其质量标准和学术学位博士并不完全相同。随着专业学位研究生教育的不断发展，研究生质量的评价标准必然走向多元化，这对于建设以全面、多元的质量观为指导的研究生教育质量保障体系具有重要的意义。

2. 改革学位授权审核制度

截至 2011 年底，我国博士、硕士学位授予单位分别达到 348 所、697 所。2011 年 2 月，国务院学位委员会审议通过了《2010 年审核增列

的博士和硕士学位授权一级学科点名单》，新增了一批博士和硕士学位授权点。全国现有一级学科硕士学位授权点5 706个，共有一级学科博士学位授权点2 765个；博士专业学位授权点108个，硕士专业学位授权点2 779个。

学位制度建立初期，国务院学位委员会统一评定授予博士、硕士学位的学科、专业和博士生指导教师。从20世纪80年代中期以来，学位授予权审核制度不断完善，管理重心逐步下移。从1986年《国务院学位委员会授权部分学位授予单位审批硕士学位授权学科、专业的试行办法》试行在一定的学科范围内下放硕士学位授权学科、专业审批权，到2005年《关于进行第十次博士、硕士学位授权审核工作的通知》委托经教育部批准设置研究生院的学位授予单位和中国社会科学院研究生院自行审核本单位增列的二级学科硕士学位授权点，再到2010年《关于委托省（自治区、直辖市）学位委员会　中国人民解放军学位委员会进行博士学位授权一级学科点初审和硕士学位授权一级学科点审核工作的通知》，学位管理从中央高度集权向国家宏观调控、省级政府统筹管理和学位授予单位自主发展转变。省级政府的统筹能力不断增强，培养单位的自主权也不断扩大。

2011年，我国学位授权审核制度改革的一个重大措施是学士学位授予单位开展培养硕士专业学位研究生试点工作。经有关主管部门推荐、专家评审，有51个学士学位授予单位获准开展培养硕士专业学位研究生试点工作，其中包括北京城市学院、西京学院、河北传媒学院、黑龙江东方学院、吉林华桥外国语学院等5所民办高校。从学位授权审核制度来看，该项改革的主要意义是从按单位授权转变为按项目授权，从长期授权转变为有限授权，这一模式既能较好地保证试点项目质量，防止学位授权点的不断扩大，同时，也有利于我国民办高等教育拓展生存和发展空间，提升办学层次。

3. 控制研究生教育发展的总体规模

合理的研究生教育规模是质量保障的重要前提。在我国的研究生教育发展过程中，政府在研究生规模控制、结构调整和研究生招生名额分配等方面发挥着宏观调控的作用。

从 1999 年开始的几年间，政府采取了积极发展研究生教育的政策选择，博士招生规模进入快速增长期。为遏制研究生教育的过快发展，保障研究生教育的培养质量，从 2005 年后，政府开始有意识地控制研究生教育尤其是学术学位博士的招生规模。最近几年，政府在研究生规模控制与结构调整方面的主要策略是积极发展专业学位研究生教育，同时稳定学术学位研究生教育规模。

2011 年政府继续保持稳步发展研究生教育，适度控制规模与积极调整结构的政策。2011 年 6 月，教育部和发展改革委联合发布了《2011 年全国普通高等教育招生计划》。根据 2011 年度的招生计划，硕士招生计划数为 495 230 人，比 2010 年增长 4.92％，博士招生计划数为 65 265人，比 2010 年增长 5.27％。

4. 强化对在职研究生教育的规范、监督

在职研究生教育是我国研究生教育的重要组成部分，这一教育形式有利于建立和完善终身教育体系，有利于进一步提高我国劳动者素质。但是，与全日制研究生相比，在职研究生在时间投入、学习投入等方面更需要较强的质量监控措施以保障其培养质量。2011 年，我国教育主管部门的一项重点工作就是加强对在职研究生教育的规范和监督。

2011 年 2 月 10 日，国务院学位委员会办公室将 2009 年（按考试年份统计）在职人员攻读硕士学位录取考生报考资格的抽查结果和处理意见反馈给有关研究生培养单位。意见对于资格审查不严的 9 所高校提出通报批评，并决定抽查中连续发现录取的考生报考资格不符合要求的研究生培养单位，今后将加大抽查比例并进一步核减 2011 年招生计划。

2011 年 6 月，国务院学位委员会办公室又决定对在职人员攻读硕士专业学位工作开展检查。检查的范围是所有招收在职人员攻读硕士专业学位的研究生培养单位的管理、招生、培养、异地办学、收费和委托中介机构招生等情况。

5. 颁发《学位授予和人才培养学科目录（2011 年）》

学科目录是我国进行学位授权审核与学科管理、学位授予单位开展学位授予与人才培养工作的基本依据，适用于硕士、博士的学位授予、招生和培养，并用于学科建设和教育统计分类等工作。2011 年，国务院学位委员会审议通过了《学位授予和人才培养学科目录（2011 年）》（以下简称"新目录"）。新目录在原《授予博士、硕士学位和培养研究生的学科、专业目录》（1997 年颁布）和《普通高等学校本科专业目录》（1998 年颁布）的基础上，历时三年，经过专家反复论证后编制。该目录从 2012 年起将成为研究生招生、培养和学位授予工作的新依据。同时，学位授权审核及研究生教育质量监督工作将按新目录进行，已有的博士、硕士学位授权点需按照新目录进行对应调整。

对于此次学科目录的修订，国务院学位委员会、教育部向全国 1 000 多个单位，包括高校、企业、科研院所以及行业部门等征求建议，再请专家论证研究。经过修订，新目录增设了"艺术学"门类，学科门类达到 13 个，一级学科从 89 个增加到 110 个。以往学科目录修订重点是二级学科，而此次修订的重点是学科门类和一级学科。今后，学科门类和一级学科由国家负责设置，而二级学科允许学位授予单位在一级学科学位授权权限内自主设置与调整，然后报教育部备案即可。经过这次改革后，二级学科由学位授予单位在一级学科授权权限内自主设置，经统计后编制的二级学科目录为引导性目录，供学位授予单位在实施人才培养过程中参考。

新目录的印发实施，是贯彻落实《教育规划纲要》，建立动态调整机制、优化学科结构的一项重要举措，对推动学位授权审核办法改革，扩大办学自主权，促进交叉学科和高校学科特色的形成，加快创新人才培养，提高人才培养和学位授予质量，使学位与研究生教育更好地适应经济、社会发展等具有重要意义。

6. 调整二级学科设置办法

2011 年 2 月 28 日，国务院学位委员会办公室发布了《关于做好授予博士、硕士学位和培养研究生的二级学科自主设置工作的通知》，指出培养单位可以自主设置与调整目录内二级学科，并对二级学科的自主设置问题做了具体规定。

2011 年 3 月 1 日起，《授予博士、硕士学位和培养研究生的二级学科自主设置实施细则》（以下简称《细则》）正式实施，该细则对二级学科的自主设置与调整原则、二级学科设置的基本条件、对学位授予单位自主设置与调整学科的基本要求和交叉学科的自主设置与调整等进行了说明。《细则》在二级学科设置方面赋予了高校更多的自主权，学位授予单位可在本单位具有博士学位授权的一级学科下，自主设置与调整授予博士学位的二级学科；在具有硕士学位授权的一级学科下，自主设置与调整授予硕士学位的二级学科。

通过这次权力下放，学位授予单位自行调整二级学科设置将会成为常态，将来二级学科将不是固定的，而是动态变化的。

同时，为鼓励新兴学科和交叉学科的发展，《细则》特别规定了设置目录外二级学科或交叉学科的具体办法。学位授予单位自主设置与调整目录外二级学科或交叉学科，须撰写"自主设置目录外二级学科论证方案"或"自主设置交叉学科论证方案"，组织专家根据《学位授予和人才培养学科目录设置与管理办法》和《细则》的规定，从学科概况、必要性和可行性、人才培养方案、学科建设规划四个方面进行论证。各学位授予单位须于每年 9 月 30 日前，将当年拟自主设置与调整的目录外二级学科或交叉学科，提交到"中国学位与研究生教育信息网"（http：//www. chinadegrees. cn）的"二级学科自主设置信息平台"（以下简称"信息平台"）进行公示，接受同行专家及其他学位授予单位为期 30 天的评议和质询。同时，各学位授予单位须于每年 12 月 31 日前，通过"信息平台"将本年度拟设置与调整的目录外二级学科或交叉学科的论证方案、专家评议意见表、备案表报国务院学位委员会办公室备案，并在"信息平台"中填报本年度增设或撤销的目录内二级学科、目录外二级学科和交叉学科名单，以及本单位所有学科的招生数、在校学生数、授予学位数和毕业生就业率等基本情况（见

图 4—1）。

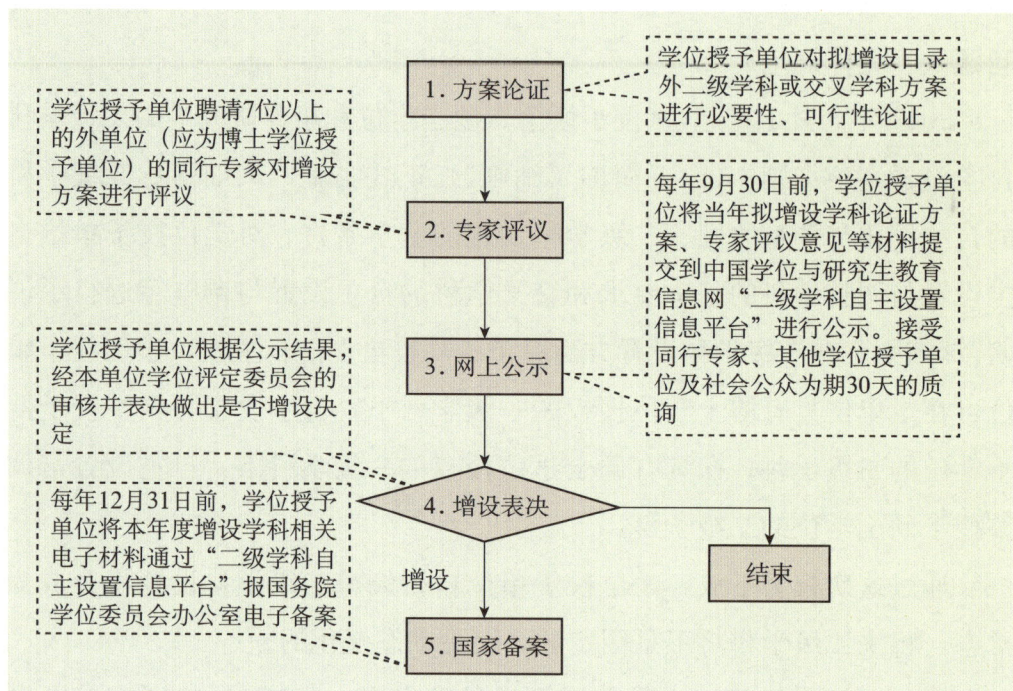

图 4—1 目录外二级学科及交叉学科增设工作流程

资料来源：中国学位与研究生教育信息网，见 http://www.chinadegrees.cn/xwyyjsjyxx/gs/zsejxkgs/gsdwjxk/273625.shtml。

这一轮的学科目录调整，进一步扩大了研究生培养单位的办学自主权，将对此后的中国研究生教育发展产生积极影响。它有利于高等教育与经济社会发展相适应，有利于创新人才培养，有利于学科结构调整和交叉学科的发展，有利于学科特色形成。

7. 继续组织博士生学术新人奖评选

资源配置和经费资助是政府保障研究生教育质量的重要手段。为进一步加大对研究生教育的资助力度，提升博士生的创新水平，教育部从2010 年起设立"博士研究生学术新人奖"，用于奖励表现出较强的科研能力和创新潜力的博士生，资助他们从事科学研究和撰写博士学位论文。2010 年投入 2 000 万人民币，评选人数为当年博士生招收总数的 5% 左右，一次性资助获奖博士生 3 万～5 万元/人。

2011 年评选出北京大学、清华大学等 43 个培养单位的 690 名博士生，每人给予 3 万元奖励，总计资助经费 2 070 万元（见表 4—1）。

表 4—1　　　　2011 年全国博士研究生学术新人奖培养单位和获奖人数情况　　　　单位：人

培养单位	人数	培养单位	人数	培养单位	人数
北京大学	40	上海交通大学	25	重庆大学	10
清华大学	40	华东师范大学	10	电子科技大学	5
中国人民大学	25	南京大学	25	西安交通大学	25
北京师范大学	20	东南大学	10	西北工业大学	10
南开大学	20	浙江大学	25	兰州大学	10
北京航空航天大学	15	中国科技大学	25	中共中央党校	5
北京理工大学	10	厦门大学	15	中国科学院研究生院	10
中国农业大学	15	山东大学	15	中国社科院研究生院	8
中央民族大学	5	中国海洋大学	5	国防大学	5
天津大学	20	武汉大学	20	国防科技大学	10
大连理工大学	10	华中科技大学	20	同济大学	15
东北大学	10	湖南大学	10	四川大学	20
吉林大学	20	中南大学	20	复旦大学	25
哈尔滨工业大学	17	中山大学	20	合计	690
西北农林科技大学	10	华南理工大学	10		

资料来源：根据国务院学位委员会办公室提供的资料整理。

（三）专业组织与社会机构

1. 专业组织

在我国研究生教育质量保障中，由相关学科专家组成的一些学术性工作组织也发挥了越来越重要的作用。这些学术组织主要包括国务院学位委员会学科评议组、专业学位教育指导委员会、中国科学技术协会、中国工程院等。

在某种意义上，政府部门（国务院学位委员会、教育部）和学科评议组、专业学位教育指导委员会之间是一种"委托—代理"关系。政府通过这些专业组织获得政策建议或开展质量管理工作。

国务院学位委员会学科评议组在研究生教育质量保障中发挥重要的作用。国务院学位委员会学科评议组主要承担审核新增博士、硕士学位授予单位，新增博士、硕士学位授权点，研究确定学位授予和人才培养的学科、专业目录，对学位授予和研究生教育质量进行检查与评估等学术性工作。

在硕士、博士学位授权审核方面，国务院学位委员会办公室主要依靠学科评议组成员进行评议，在评议的基础上做出是否通过审核的行政决议。

在学科专业目录的编制和修订方面，学科评议组也发挥重要作用。1995年10月，国务院学位委员会委托学科评议组召集人和一些专家，组成65个专家小组，对当时实行的专业目录提出了修订意见。[①] 2011年颁布实施的《学位授予和人才培养学科目录（2011年）》也充分吸收了学科评议组的意见。2011年4月，国务院学位委员会办公室正式委托学科评议组编制《授予博士、硕士学位和培养研究生的二级学科目录》，并编写一级学科简介和博士、硕士学位基本要求。

根据2011年颁布的《专业学位研究生教育指导委员会工作规程》，专业学位研究生教育指导委员会按照国务院学位委员会批准设置的专业学位类别分别组建，是协助主管部门开展相应类别专业学位研究生教育研究咨询、指导评估和交流合作的专业组织。到2011年底，我国已经成立了34个专业学位研究生教育指导委员会。专业学位研究生教育指导委员会在研究生教育质量保障中发挥着重要的作用，主要包括以下七个方面：

（1）协助专业学位研究生教育主管部门开展以下工作：制定有关专业学位研究生教育发展规划，制定和修订专业学位研究生指导性培养方案、教学大纲与专业学位授予标准，制定和修订专业学位研究生教育评估标准等。

（2）受专业学位研究生教育主管部门委托开展以下工作：对新增专业学位授权点及单位是否具备办学条件进行核查、提出意见，参与专业学位研究生招生考试的有关工作，组织开展专业学位教学评估工作等。

（3）就本专业学位研究生教育的发展状况、教育质量、社会需求等，进行监测、分析和研究，向主管部门、研究生培养单位提供建议和咨询。

（4）研究并指导开展专业学位研究生教育培养模式的改革与创新，

---

① 参见周远清：《在国务院学位委员会第十四次会议上的工作报告（摘要）》，载《学位与研究生教育》，1996（4），1～4页。

推动专业学位与职业资格的衔接。

（5）研究并推动专业学位研究生教育与实际工作部门的联系。

（6）组织开展专业学位研究生教育的国内交流与合作，建设指导委员会网站。

（7）组织专业学位研究生教育的国际交流与合作。

2011年6月2日，国务院学位委员会办公室委托全国教育专业学位教育指导委员会对第四批8所教育硕士专业学位研究生培养单位近三年教育硕士专业学位研究生培养情况进行教学合格评估。2011年6月7日，国务院学位委员会办公室委托全国工商管理硕士专业学位教育指导委员会对第七批31所工商管理硕士专业学位研究生培养单位及第五批未通过教学合格评估的2所工商管理硕士专业学位研究生培养单位进行教学合格评估。2011年7月，国务院学位委员会办公室委托全国审计专业学位研究生教育指导委员会对新增审计硕士专业学位授权点申报材料进行核查。

2011年，中国科学技术协会与教育部联合开展了研究生科学道德和学风建设宣讲教育活动。科学道德和学风建设，提高了研究生对学术规范和学术道德的认识，促进了人才培养质量的提高，维护了我国学位的良好形象。

除了这些固定的专业组织、机构之外，在研究生教育评估、全国优秀博士学位论文评选、国家重点学科评选、学位授权点对应调整、学位授权申请答辩、博士学位论文抽查、二级学科自主设置的过程中，政府部门也聘请相关专家参加通讯评审或会议评审，甚至建立专门的专家库，吸收更多的专家学者参与评估和评审工作，在评估中充分发挥专家、学者同行评议的作用。

2. 社会机构

除专业组织和学者共同体之外，很多社会机构（学术机构）也在研究生教育质量保障中发挥重要作用，这些机构主要包括中国研究生院院长联席会以及行业协会、各种学科性学会等。

学科性学会是围绕某一学科建立起来的学术团体，是各学科领域组织开展学术研究、促进同行交流、表彰科研成果、推动学科建设的重要平台，在各学科领域的研究生培养质量保障中也发挥重要的作用。中国高等教育学会、中国学位与研究生教育学会等多年来一直组织学会优秀博士学位论文评选活动，立项资助有关教育方面的课题研究，为政府部门的宏观决策提供依据。中国数学学会设置了专门表彰硕士博士研究生的钟家庆数学奖。1988 年至 2011 年，钟家庆数学奖已经举办了九届，共有 46 位博士研究生和硕士研究生荣获该奖，获奖者都已成为数学各领域的骨干和中坚力量。此外，各个学会每年都会组织学术年会，并吸引广大的研究生参与，为研究生发表科学研究成果、开展学术交流与探讨提供了平台。这些活动对于保障、促进研究生教育培养质量，发挥了不可或缺的作用。

除此之外，一些用人单位、媒体也在研究生教育质量的保障和监督中发挥了一定的作用。

（四）质量保障体系效果分析：基于学生满意度调查

研究生是研究生教育的直接利益相关者。研究生的主观评价和体验可以从一个侧面反映研究生教育的质量。以下主要从学生满意度的视角对研究生教育质量保障体系的效果进行分析。

根据北京航空航天大学课题组对北京市属高校硕士研究生的调查结果，80％以上的硕士研究生认为所在的院系提供了较好的交流平台，为其融入学术研究文化提供了机会，并且所在院系的研究氛围促进了自己的研究。同时，接近 90％的硕士研究生对"所在院系有较强的认同感和归属感"（见表 4—2），这在一定程度上表明我国研究生教育的社会化过程是成功的。

表 4—2　　　　　　　硕士生对所在院系的评价（％）

	同意	基本同意	基本不同意	不同意
我所在院系为我提供了与其他研究生交流的平台	41.3	43.4	11.9	3.4
我所在院系为我融入更宽广的研究文化提供了机会	37.3	48.5	11.7	2.5

续前表

	同意	基本同意	基本不同意	不同意
我所在院系的研究氛围或教师刺激了我的研究工作	38.7	46.9	11.5	2.9
我对所在院系有较强的认同感和归属感	39.7	47.7	9.6	3.0

资料来源：北京航空航天大学"北京市属高校研究生教育质量评价及其发展对策研究"课题组 2011 年调查（有效样本 4 836 个，下同）。

根据北京大学教育学院首都大学生发展项目 2011 年对首都高校 13 025 名研究生（含博士生、硕士生）的调查数据，对所在院系培养过程评价满意（选项 4～6）的比例均在 50％以上，其中评价略低的是"培养方案能满足我未来的发展需求"（55.7％）和"提供国内外学术交流的机会"（59％）（见表 4—3），这表明研究生教育在满足学生未来职业发展需求以及为学生提供国际交流平台方面仍有改善的空间。

表 4—3 　　　　研究生对所在院系培养过程的评价（％）

	1. 完全不同意	2	3	4	5	6. 完全同意
培养方案能满足我未来的发展需求	5.9	13.1	25.2	29.2	19	7.5
教学内容具有前沿性	3.6	8.4	22.2	29.8	25.3	10.8
教学能够与科研学术紧密结合	3.7	9.4	23.7	30.6	23.1	9.5
注重学术规范、学术道德的指导	2.7	7.1	19.1	29.0	27.2	14.2
注重学生参与院系、教师的课题研究	3.7	8.4	21.1	29.3	25	12.6
提供国内外学术交流的机会	8.1	11.5	21.4	26.6	21.7	10.7
综合考试（中期考核）严格	3.2	7.2	19.4	30.8	26.5	13.0

资料来源：北京大学"首都大学生发展调查"课题组 2011 年调查（有效样本 13 025 个，下同）。

从条件保障来看，根据北京航空航天大学课题组对北京市属高校硕士研究生的调查结果，80％左右的被调查硕士研究生认为自己能获得所需的研究设备、计算机资源和图书设施，拥有可供使用的学习场所。研究生评价相对较低的是"我有足够的用于研究活动的财政资助"和"当我学习和研究需要时，能够得到专门技术人员的支持"，但正面评价也都超过 60％（见表 4—4）。

表 4—4 　　　　硕士生对研究条件的评价（％）

	同意	不同意
我能获得研究所需的充足的设备	81.3	18.7
我有可供使用的固定学习场所	81.5	18.5

续前表

	同意	不同意
我有足够的用于研究活动的财政资助	64.3	35.7
我有足够的计算机资源和设施	78.1	21.9
我有足够的图书馆设施	84.0	16.0
当我学习和研究需要时，能够得到专门技术人员的支持	63.8	36.2

资料来源：北京航空航天大学"北京市属高校研究生教育质量评价及其发展对策研究"课题组 2011 年调查。

根据北京大学教育学院首都大学生发展项目 2011 年度的调查数据，除"学生表达和申诉的渠道"外，研究生对学校设施及服务满意（选项 4～6）的比例均在 50% 以上，其中评价最高的两项分别是"所在学校的学术氛围、学术环境"（70.4%）和"教学、实验、计算机、图书等教学科研设备"（66.4%）。对"学生表达和申述的渠道"满意（选项 4～6）的比例不足一半，仅为 49.4%，而且选择"很满意"的比例也最低，仅为 8.1%，选择"很不满意"的比例则高达 11.9%（见表 4—5），这在一定程度上说明，尊重和赋予学生权益是未来研究生教育质量保障体系建设当中亟待加强的环节。

表 4—5 　　　　　　　研究生对学校设施和服务的评价（%）

	1. 很不满意	2	3	4	5	6. 很满意
教室、实验、计算机、图书等教学科研设备	6.9	9	17.6	24.5	25.1	16.8
食堂、宿舍、医疗等后勤设施和服务	9.7	12.9	20.7	26.3	20	10.3
心理健康教育和咨询服务	6.9	11.8	25.6	27.4	18.8	9.5
学生表达和申诉的渠道	11.9	14.5	24.2	24.6	16.7	8.1
所在学校的学术氛围、学术环境	4.4	7.4	17.8	27.1	26.7	16.6

资料来源：北京大学"首都大学生发展调查"课题组 2011 年调查。

除从培养过程、研究条件等维度调查和分析研究生的满意度之外，我们还可以从总体满意度的角度来分析研究生教育质量保障体系的效果。根据北京理工大学学位与研究生教育研究中心 2011 年 10—11 月对全国 35 所研究生培养单位 7 293 名研究生的问卷调查，研究生对研究生培养过程的总体满意率（选择"非常满意"和"比较满意"的比率之和）达到 63.1%，而选择"不太满意"和"非常不满意"的比例之和仅占 7.9%。

二、研究生培养质量

研究生培养质量首先是一个多维度的概念，社会各界对研究生质量的要求复杂多样。其次，研究生的培养质量不仅应该体现在培养过程中，也应体现在出口即其就业情况上。基于此，我们选取了学位论文质量、科研参与情况、科研创新、论文发表、科研能力与技能发展、就业状况等指标来衡量研究生的培养质量。需要指出的是，我国研究生教育包括学术学位和专业学位两个部分，与前者相比，后者的评价标准更加侧重实践技能以及解决实际问题的能力，但限于数据的可获得性，这里重点考察与科研有关的质量指标以及就业的情况。

（一）博士学位论文质量

1. 博士学位论文抽检结果

博士学位论文抽检是指对已经获得博士学位者的学位论文进行随机抽样，并进行合格型质量评价的过程。学位论文是研究生申请学位的重要依据，学位论文质量是衡量学位授予单位研究生培养质量的重要指标。学位论文抽检则是我国学位与研究生教育质量保证、监督体系的重要组成部分，是国务院学位委员会加强博士生培养质量监督的有效手段，其目的是在学位授予单位、导师和学生中进一步强化质量观念，促进学位授予单位重视研究生特别是博士生的培养质量。

教育部学位管理与研究生教育司自 2000 年起开始组织开展博士学位论文质量抽检工作，主要从学位论文的选题与综述、论文成果的创新性、论文体现的理论基础、专门知识及科学研究能力等方面进行评价。

2011 年博士学位论文抽检，采取随机抽检与指定抽检相结合，以随机抽检为主的方式，直接从国家图书馆抽检了 2009—2010 学年博士学位论文 2 532 篇（比 2010 年多抽检 1 216 篇），覆盖了所有的博士学位授予

127

单位和全部一级学科。每篇论文送请 3 位专家进行网上通讯评议，专家对每篇论文按照"合格"、"不合格"两档进行评价。经统计，被 3 位专家认为"不合格"的论文有 1 篇，被 2 位专家认为"不合格"的论文有 15 篇，被 1 位专家认为"不合格"的论文有 158 篇，合计 174 篇，占全部送评论文的 6.9%。

博士学位论文抽检结果，在一定程度上反映了当前我国博士学位论文的基本质量状况。从专家认为"不合格"的论文比例看，2011 年为 6.9%，与 2010 年的 7% 基本持平，说明我国博士学位论文质量总体上是有保证的。从"不合格"意见论文涉及的单位看，2011 年的 174 篇"不合格"意见论文分布在 112 个单位，其中有 38 个单位在 2010 年也出现了"不合格"意见论文，这 38 个单位的"不合格"意见论文数量分别占 2010 年、2011 年"不合格"意见论文总数的 55% 和 40%，"不合格"意见论文相对集中，反映出这些学位授予单位的博士生培养质量须引起重视。

2. 2011 年全国优秀博士学位论文获奖者的群体分析

1998 年，作为《面向 21 世纪教育振兴行动计划》"高层次人才工程"的重要组成部分，首届全国博士学位论文评选工作正式启动。1999 年 6 月，国务院学位委员会和教育部批准了首批百篇优秀博士学位论文名单。1999—2011 年，全国优秀博士学位论文评选共进行了 13 次，共评选出全国优秀博士学位论文 1 279 篇。

2011 年，我国共有 97 位博士的论文获得全国优秀博士学位论文（以下简称"优博论文"）的称号。优博论文获得者是我国自主培养的博士生中的优秀代表，他们能够部分地反映我国博士生培养的质量情况。

从论文发表情况来看，2011 年度的优博论文获得者均有非常优异的表现。97 名优博论文获得者在读期间及获得博士学位后一年内以第一作者身份发表论文 1 029 篇，人均 10.6 篇。其中，有 16 名为人文社科及管理类博士，81 名为理工农医类博士。理工农医类优博获得者全部在国际期刊发表过论文，共发表 SCI 论文 569 篇，人均 7 篇。其中不少论文发表在《自然》（*Nature*）、《细胞》（*Cell*）、《纳米快报》（*Nano Letters*）、

《美国化学学会会刊》（*Journal of the American Chemical Society*）等国际顶尖学术期刊上。优博论文获得者中共有 24 人获得过专利，共获得专利 63 项。从这一指标来看，优博论文获得者群体是高度活跃的科研人员。

从工作岗位职责类型来看，97 名优博论文获得者目前全部在科研岗位工作，表明优博论文获得者对学术职业高度认同。从就业单位类型来看，除 7 位临床医学、口腔医学、中医、中西医结合类的博士在医院工作之外，只有一位在企业从事研发工作，其余均在国内外高校和研究机构工作。

从工作单位的国家、地区分布来看，共有 77 人在中国内地工作，1 人在中国香港地区工作，其余 19 人在国外工作。在国外工作的 19 位优博论文获得者大部分在哈佛大学、东京大学、加州大学伯克利分校、德国马克斯—普朗克协会、斯坦福大学等世界著名学府和科研机构从事博士后研究工作。

（二）科研活动与创新

1. 研究生参与重大科研项目情况

在理工科尤其是工程科学中，博士生是科研项目的生力军，是科研项目的主要实施者和执行者，也是科研项目成果的主要作者之一。在人文社会科学中，博士生在课题研究中发挥的作用相对要小一些，但在一些注重实证性研究的学科中，博士生的作用也在增强。

从中国博士质量调查的结果来看，除人文学科外，80％以上的博士生参与过 1 项或 1 项以上的课题研究，人文学科相应的比例略低，为 58％，这与人文学科强调独立研究的学科特点有关（见表 4—6）。

表 4—6　　　　不同学科博士生参与课题研究的情况（％）

	0 项	1 项	2 项	3 项以上
人文	42.0	32.1	14.6	11.3
社科	19.8	25.0	24.7	30.5
理科	9.9	25.0	32.1	33.0
工科	9.8	23.5	27.7	39.0

续前表

	0项	1项	2项	3项以上
农学	8.6	22.7	30.8	37.9
医学	13.0	33.5	30.3	23.2
管理学	14.4	20.8	23.1	41.8

资料来源：北京大学"中国博士质量分析"课题组。

　　通过吸纳博士生从事课题研究来达到培养目的，这是世界各国博士生培养过程中的成功经验。从中国博士质量调查的数据来看，工科、理科、农科、医科博士学位论文与参加的课题研究"有密切关系"的比例均在60％以上，其中农学比例最高，达到83.1％（见表4—7）。

表 4—7　　　　　　　　参加的课题研究与博士学位论文选题的关系（％）

	有密切关系	一般	略有关系	毫无关系
人文	45.8	34.2	14.7	5.3
社科	50.5	30.3	14.2	5.0
理科	74.4	17.2	6.7	1.7
工科	66.0	23.3	8.6	2.1
农学	83.1	11.9	4.0	1.0
医学	77.0	16.1	5.0	1.9
管理学	52.3	31.3	13.0	3.4

资料来源：北京大学"中国博士质量分析"课题组。

　　从2011年研究生毕业生的学位论文选题来源来看，学术学位博士毕业生的学位论文选题接近60％来自各级课题项目，其中来自国家级项目的比例高达46.31％。学术学位硕士学位论文选题也有33.09％来自各级课题项目。和学术学位研究生毕业生相比，专业学位研究生毕业生的论文选题来源为"其他"的比例相对较高。专业学位硕士学位论文选题来源为国家级项目的比例最低，为3.72％，明显低于学术学位硕士，原因在于专业学位硕士的培养模式和学术学位硕士是不同的（见表4—8）。

表 4—8　　　　　　　　2011年毕业研究生学位论文的选题来源（％）

	学术学位博士	专业学位博士	学术学位硕士	专业学位硕士
国家级项目	46.31	24.12	19.56	3.72
省级项目	5.93	11.77	7.71	2.65
国际合作项目	2.08	2.29	0.58	0.59
横向项目	2.54	0.38	4.66	6.78
国防项目	1.87	0.00	0.58	0.45

续前表

	学术学位博士	专业学位博士	学术学位硕士	专业学位硕士
自选项目	9.79	9.72	16.75	16.37
非立项	8.66	8.15	11.42	10.45
其他	22.82	43.57	38.74	58.99
合计	100	100	100	100

资料来源：根据国务院学位委员会办公室提供的数据整理。

从国家自然科学基金项目参与的情况来看，2011 年度，面上项目共有 126 018 人参与，其中硕士生和博士生分别有 35 246 人和 28 406 人，占参与总人数的 50.51％，超过一半；重点项目共有 7 689 人参与，其中硕士生和博士生分别有 1 572 和 2 216 人，占参与总人数的 49.27％，接近一半（见表 4—9）。

表 4—9　　　　　　　　　　国家自然科学基金的分布及其所占比例

		2011 年度		2010 年度	
		人数（人）	比例（％）	人数（人）	比例（％）
面上项目	硕士生	35 246	27.89	28 054	27.49
	博士生	28 406	22.54	22 415	21.96
	博士后	1 967	1.56	1 500	1.47
	高级	32 881	26.09	26 695	26.15
	中级	22 387	17.7	18.48	18.48
	初级	5 231	4.15	4 545	4.45
	总计	126 018	100	102 068	100
重点项目	硕士生	1 572	20.44	1 493	22.59
	博士生	2 216	28.82	1 846	27.94
	博士后	339	4.41	261	3.95
	高级	2 306	29.99	1 978	29.93
	中级	1 015	13.2	816	12.35
	初级	241	3.13	214	3.24
	总计	7 689	100	6 608	100

资料来源：《国家自然科学基金管理委员会 2011 年度报告》，见国家自然科学基金管理委员会网站，http://www.nsfc.gov.cn/nsfc/cen/ndbg/2011ndbg/index.html。

2. 研究生高水平论文发表情况

研究生是重大课题研究的重要力量。以清华大学为例，该校 70％以上的博士生在学期间参研两项以上 863、973、自然科学基金等重大课题，以学生为第一作者发表的 SCI 论文占全校论文的 60％（每年约 1 700 篇）。[①]

———————————

① 参见顾秉林、王大中、汪劲松、陈皓明、姚期智：《创新性实践教育——基于高水平学科建设的创新人才培养之路》，载《清华大学教育研究》，2010（1），1～5 页。

近年来，上海交通大学的科研论文中，以研究生为第一作者的占 70%
以上。

在国际顶级期刊论文发表方面，博士生的表现也非常突出。1997—
2005 年，清华大学以第一作者身份在《自然》、《科学》（Science）两大
期刊共发表 5 篇论文，其中 4 篇论文的第一作者为博士生，1 篇论文的第
一作者为博士后。2009—2011 年 3 年间，清华大学博士生以第一作者身
份在《自然》、《科学》和《细胞》三大期刊上共发表 10 篇论文。再以中
国科技大学为例，截至 2011 年，该校共有十余名在校博士生在《自然》、
《科学》等国际顶级期刊上发表论文。

除了三大综合类顶级科学期刊，在《物理评论快报》（Physical Re-
view Letters）、《美国化学学会会刊》、《植物生物学年评》（Annual Re-
view of Plant Biology）等各具体学科的国际顶级期刊上，我国博士生
也发表了一批高水平学术论文。据不完全统计，2011 年，全国优博论文
获得者在《自然》发表论文 2 篇，在《细胞》发表论文 2 篇，在《物理
评论快报》发表论文 5 篇，在《美国化学学会会刊》发表论文 8 篇，这
表明我国的优秀博士生已经能够参与全球高端学术知识的生产，其研究
成果已得到国际学术精英的认可。

3. 科研能力与技能发展

研究生教育的主要目的之一就是培养未来的科研工作者，通过课程
教学、课题参与、科研实践等手段，提高研究生的科研能力，使其科研
技能水平得到发展。因此，除了学位论文、课题参与、成果发表之外，
研究生自身在科研能力方面的提升和发展也是衡量研究生培养质量的重
要指针。

根据北京航空航天大学课题组对北京市属高校硕士研究生的调查结
果，90% 以上被调查的硕士研究生认为研究生教育的经历提高了自身独
立学习、分析问题、掌握研究方法和沟通方面的能力，认为自己"有信
心处理一个研究项目"的比例也高达 84.4%。这些调查结果表明，从
北京市属高校的情况来看，硕士研究生的培养质量是有保障的（见表
4—10）。

表 4—10　　　　　　　　硕士研究生对技能发展的评价（％）

基于目前为止的研究生学习经验	同意	基本同意	基本不同意	不同意
提高了我独立学习的能力	59.2	37.3	2.7	0.7
提高了我分析问题的能力	55.2	40.5	3.6	0.7
提高了我的沟通能力	50.6	42.5	5.8	1.1
使我获得了研究方法方面的良好训练	46.9	43.2	8.5	1.4
我有信心处理一个研究项目	40.9	43.5	13.4	2.2
我有充足的机会去进一步发展研究技能	44.6	43.6	9.8	1.9

资料来源：北京航空航天大学"北京市属高校研究生教育质量评价及其发展对策研究"课题组 2011 年调查。

根据北京大学教育学院首都大学生发展项目 2011 年对首都高校研究生的调查数据，认为自己的研究技能和科研能力在攻读博士、硕士学位期间得到提高的比例几乎都在 90％以上，比例最低的一项"能自己独立进行科学研究"也高达 88.9％。这充分表明，我国研究生培养质量整体上是有保障的，当然，也有相当部分的研究生选择了"略微提高"，表明我国研究生教育的质量仍然较大的提升空间（见表 4—11）。

表 4—11　　　　　　　　研究生对技能发展的评价（％）

	下降	没有提高	略微提高	较大提高	很大提高
对研究方法的系统掌握	1.0	8.3	36.8	38.0	16.1
专业理论和知识前沿	1.0	7.2	34.6	39.5	17.6
对学术规范的了解和遵从	0.8	6.9	34.0	40.3	18.1
能自己独立进行科学研究	0.9	10.1	36.4	36.6	15.9
提出新颖而有用的办法来解决问题和完成任务	1.0	9.6	38.6	36.4	14.3

资料来源：北京大学"首都大学生发展调查"课题组 2011 年调查。

4. 总体评价

关于我国研究生教育的培养质量，调研中主要有四种观点，分别是"稳中有升或提高"、"两极分化或参差不齐"、"正态分布"以及"下滑"。这四种观点从不同侧面反映了我国研究生培养质量的某些现实。不同学科的博士生导师对研究生教育质量的评价有所不同，但总体来看，根据历年的调研结果，大部分导师认为我国的研究生教育培养质量是有保障的。

（三）就业状况

2011 年全国共有毕业研究生 420 636 人，共有就业研究生 353 609

人，平均就业率为 84.07％，比 2010 年下降了 0.38 个百分点。其中，博士毕业生就业率为 85.58％，比 2010 年下降了 2.66 个百分点；硕士毕业生就业率为 83.87％，比 2010 年下降了 0.04 个百分点（见表 4—12）。

表 4—12   **2011 年研究生就业情况统计**

		2011 年	2010 年
毕业生数（人）	博士毕业生	48 943	46 947
	硕士毕业生	371 693	332 962
	合计	420 636	379 909
就业数（人）	博士毕业生	41 885	41 427
	硕士毕业生	311 724	279 403
	合计	353 609	320 830
就业率（％）	博士毕业生	85.58	88.24
	硕士毕业生	83.87	83.91
	合计	84.07	84.45

资料来源：根据教育部学生司提供的数据整理。

2011 年，不同学科门类的博士、硕士毕业生就业情况中，教育学博士毕业生的就业率最高，为 92.42％，法学、历史学、工学和医学博士毕业生的就业率仅仅在 84％左右；工学硕士毕业生的就业率最高，为 92.28％，哲学和历史学硕士毕业生的就业率相对较低。

1. 各学科门类研究生就业去向

硕士、博士学位获得者的就业去向反映了社会对所培养研究生的接受程度和认可程度，是衡量研究生培养质量的重要指标。

（1）博士毕业生的就业去向。

从博士毕业生的就业去向来看，在所有学科门类中，教育科研部门均为博士最主要的就业渠道，而且，除工学、管理学、经济学外，在教育科研部门就业的比例均超过了 50％。经济学、工学和管理学毕业博士在企业部门就业的比例较高，分别达到了 43.53％、36.49％ 和 31.72％，表明这些学科的博士生教育与国民经济发展结合紧密。

（2）硕士毕业生的就业去向。

从硕士毕业生的就业去向来看，其就业分布显著不同于博士毕业生。除医学、教育学门类和历史学门类之外，企业部门都是硕士毕业生最主要的就业渠道,其中经济学、工学、农学、管理学硕士毕业生在企业部门就业的比例均超过了一半,法学、理学硕士毕业生在企业部门就业的比例也接近一半。到教育科研部门就业的硕士毕业生也占据了相当的比例。医学专业由于专业性很强,所以绝大部分医学专业硕士毕业生在医疗卫生单位就业。教育学以及传统的文科专业(哲学、文学、历史学)硕士毕业生在教育科研部门就业的比例也比较高。

2. 就业质量:学用结合率与过度教育率

除了就业率、就业分布之外,还可以用学用结合率和过度教育率这两个指标来衡量研究生的就业状况。

学用结合率是指毕业生所从事的工作和所学专业知识之间的对口程度,是反映就业质量的一个重要指标。根据北京大学教育学院全国高校毕业生就业状况调查课题组 2003—2011 年的历年调查结果,理学、工学、医学、文学等学科的学用结合率相对较高,而哲学、经济学、农学、管理学、教育学则相对较低,这些学科之所以学用结合率相对较低,一个重要的原因是培养模式存在问题。特别是农学、法学、教育学等应用性较强的学科,应该大力发展专业学位教育,培养应用型人才。

过度教育率主要是指由于教育过度扩张,导致劳动者受教育水平超过其所从事的工作所要求的水平,水平较高的劳动者找不到理想的工作,实现不了其职业愿望,而对所从事的工作不满意,引起劳动生产率的下降。

根据北京大学教育学院全国高校毕业生就业状况调查课题组 2003—2011 年的历年调查结果,目前我国各学科的过度教育率偏高。但这一比率的偏高并不是由于研究生学历的过剩。根据 2011 年第一季度中国人力资源市场信息监测中心对全国 101 个城市的公共就业服务机构市场供求信息的统计分析,在对"硕士及以上学历"的人才需求中,岗位空缺与求职者的比例是 0.98[1],也就是说,并不存在严重的供过于求的情况。由此可见,造成过度教育的关键原因是研究生教育结构不合理、培养模

---

[1] 参见人力资源和社会保障部:《2011 年第一季度部分城市公共就业服务机构市场供求状况分析》,见 http://www.molss.gov.cn/gb/zwxx/2011—04/26/content_391123.htm。

式不科学以及就业信息不对称等，毕业生自身对就业单位性质、就业地点以及待遇等方面的选择偏好也是一个重要因素。

三、研究生发展质量

所谓研究生发展质量，指的是研究生在获得博士、硕士学位后的职业发展状况。截至 2011 年末，我国累计培养了 43.45 万左右的博士、365.91 万左右的硕士[①]，他们是我国宝贵的人力资源，他们的发展质量关乎人力资源强国的建设，同时也是研究生教育质量的重要方面。

（一）研究生学历人员的就业情况

根据 2010 年第六次全国人口普查有关就业的数据统计，我国城镇失业人员中，研究生学历人员所占比例为 0.4%，各学历层次的失业人员中比例最高的依次是初中学历（40.6%）、高中（31.3%）和大学专科（13.7%）（见表 4—13）。

表 4—13　　　　　　按年龄分的城镇失业人员受教育程度构成（%）

	未上过学	小学	初中	高中	大学专科	大学本科	研究生及以上	总计
总计	0.6	7.2	40.6	31.3	13.7	6.2	0.4	100.0
16～19 岁	0.1	3.6	52.0	39.3	4.4	0.6	0.0	100.0
20～24 岁	0.1	2.0	27.2	32.3	26.2	12.1	0.2	100.0
25～29 岁	0.1	2.8	31.8	28.1	22.1	13.9	1.2	100.0
30～34 岁	0.2	5.5	42.6	31.9	13.6	5.6	0.6	100.0
35～39 岁	0.4	8.0	49.1	30.3	9.1	2.9	0.3	100.0
40～44 岁	0.6	10.1	51.5	28.9	6.6	2.2	0.2	100.0
45～49 岁	0.6	8.7	46.4	36.6	5.7	1.8	0.1	100.0
50～54 岁	1.4	13.8	43.4	35.5	4.6	1.2	0.1	100.0
55～59 岁	2.5	25.2	48.3	18.7	4.3	1.0	0.0	100.0
60～64 岁	6.0	42.0	35.4	11.4	4.0	1.2	0.0	100.0
65 岁以上	14.4	44.3	25.4	10.4	3.6	1.8	0.1	100.0

资料来源：国家统计局人口和就业统计司：《中国人口和就业统计年鉴 2011》，北京，中国统计出版社，2012。

---

① 参见本报告附录 1—1—2。

（二）人力资源分布中研究生学历人员的情况

根据《中国人口和就业统计年鉴 2011》，我国总体就业人员中，学历为研究生及以上者占 0.40％，换言之，在 1 000 名就业人员中，有 4 名接受过研究生教育。从行业分布来看，就业人员中具有研究生学历者比例最高的是国际组织，为 19.10％，其次为科学研究、技术服务和地质勘察业，教育行业，分别为 8.90％和 4.70％。信息传输、计算机服务和软件业，金融行业从业者中具有研究生学历的比例也较高，分别达到 3.40％和 2.90％。除国际组织外，男女就业比例的差异不大（见表4—14）。

表4—14　　2011 年我国就业行业从业者中研究生学历人员所占比例的情况（％）

行业	研究生	男	女
农、林、牧、渔业	0.01	0.01	0.01
采矿业	0.30	0.30	0.40
制造业	0.30	0.40	0.20
电力、燃气及水的生产和供应业	0.80	0.80	0.70
建筑业	0.10	0.10	0.20
交通运输、仓储和邮政业	0.20	0.10	0.30
信息传输、计算机服务和软件业	3.40	4.00	2.60
批发和零售业	0.20	0.30	0.10
住宿和餐饮业	0.10	0.10	0.10
金融业	2.90	3.30	2.40
房地产业	0.80	0.80	0.70
租赁和商业服务业	2.30	2.10	2.60
科学研究、技术服务和地质勘察业	8.90	9.10	8.60
水利、环境和公共设施管理业	0.70	0.70	0.60
居民服务和其他服务业	0.10	0.10	0.10
教育	4.70	5.30	4.20
卫生、社会保障和社会福利业	2.30	3.10	1.80
文化、体育和娱乐业	1.90	1.70	2.00
公共管理和社会组织	1.90	1.90	1.90
国际组织	19.10	9.50	27.50
所有行业就业人员	0.40	0.40	0.30

说明：男女比例指在同性就业人员中研究生学历者所占的比例。例如，"男"指的是男性就业人员中研究生学历者所占的比例。

资料来源：国家统计局人口和就业统计司：《中国人口和就业统计年鉴 2011》，北京，中国统计出版社，2012。

从分地区就业人员受教育程度来看，北京地区就业人员受教育程度最高，"研究生及以上"的比例达到 5.08%。其他比例较高的省市依次为上海、天津、辽宁、江苏和浙江，但也只有上海和天津的比例超过了 1%。河北、河南、江西、广西、贵州、云南、西藏就业人员中"研究生及以上"的比例最低，均不足 0.2%。（见表 4—15）。

表 4—15　　　　2011 年我国分地区就业人员受教育程度构成（%）

	未上过学	小学	初中	高中	大学专科	大学本科	研究生及以上	合计
全国	3.4	23.9	48.8	13.9	6.0	3.7	0.39	100.00
北京	0.5	4.8	34.2	21.5	14.7	19.2	5.08	100.00
天津	0.8	12.2	44.9	20.7	10.3	10.2	1.06	100.00
河北	1.6	19.5	58.7	12.5	4.9	2.6	0.17	100.00
山西	1.2	16.2	56.6	15.2	7.0	3.5	0.21	100.00
内蒙古	3.5	22.9	46.6	14.6	7.9	4.3	0.24	100.00
辽宁	0.7	17.5	53.9	14.3	7.6	5.5	0.47	100.00
吉林	0.9	22.6	50.4	15.5	6.0	4.3	0.34	100.00
黑龙江	0.9	20.7	53.4	14.8	6.3	3.6	0.27	100.00
上海	1.0	9.0	40.2	21.5	12.6	13.1	2.55	100.00
江苏	2.4	20.2	48.8	16.7	7.1	4.4	0.46	100.00
浙江	3.5	25.3	44.7	14.9	6.5	4.6	0.39	100.00
安徽	8.2	26.7	48.1	9.6	4.7	2.6	0.22	100.00
福建	1.6	27.0	47.1	14.3	5.7	4.0	0.28	100.00
江西	2.1	26.6	51.4	12.8	4.7	2.3	0.17	100.00
山东	3.6	21.2	52.3	14.1	5.4	3.2	0.26	100.00
河南	3.8	19.1	57.3	13.0	4.7	3.2	0.16	100.00
湖北	3.9	22.5	49.3	15.1	5.6	3.2	0.36	100.00
湖南	1.7	22.7	51.3	16.3	5.2	2.5	0.2	100.00
广东	0.9	15.7	53.1	19.6	6.5	3.9	0.41	100.00
广西	2.1	28.6	50.6	11.4	4.7	2.5	0.18	100.00
海南	3.2	17.6	54.5	15.7	5.7	3.2	0.23	100.00
重庆	4.0	34.6	38.7	12.3	6.1	3.9	0.34	100.00
四川	5.4	35.2	42.7	9.7	4.4	2.3	0.21	100.00
贵州	11.0	39.6	35.8	6.5	4.5	2.5	0.12	100.00
云南	6.9	46.5	32.9	7.2	3.9	2.5	0.16	100.00
西藏	36.6	38.6	13.6	4.1	4.0	2.9	0.19	100.00
山西	3.3	21.5	50.3	14.4	6.6	3.5	0.38	100.00
甘肃	10.0	33.8	37.1	10.9	5.2	2.8	0.2	100.00
青海	13.7	34.4	30.6	9.8	6.9	4.4	0.22	100.00
宁夏	6.8	26.5	41.6	12.4	7.9	4.6	0.23	100.00
新疆	2.0	26.5	46.1	11.6	9.2	4.4	0.26	100.00

说明：表中"湖南"、"甘肃"两省对应的"研究生及以上"数据小数点后第二位缺失，非四舍五入的缘故。

资料来源：国家统计局人口和就业统计司：《中国人口和就业统计年鉴 2011》，北京，中国统计出版社，2012。

（三）研究与开发人员的学位情况

研究与开发（R&D）人员是指参与研究与试验发展项目研究、管理和辅助工作的人员，包括项目（课题）组人员、企业科技行政管理人员和直接为项目（课题）活动提供服务的辅助人员。他们是科技活动人员的主体，是衡量一个国家或地区科技资源和科研能力的重要指标，反映着国家投入从事拥有自主知识产权的研究开发活动的人力规模。

2010 年，全国共有 3 542 244 名 R&D 人员，其中具有硕士学位者 495 133 人，具有博士学位者 201 728 人，两者合计占比为 19.67％。

按执行部分划分来看，2010 年高等学校及研究开发机构的人力资源构成中，具有研究生学历人员的比例最高，分别为 57.01％和 38.89％。

从具有博士、硕士学位的 R&D 人员的分布来看，在具有博士学位的 201 728 名 R&D 人员中，在高校就业的为 129 058 人，占 63.98％，在研究与开发机构就业的为 41 804 人，占 20.72％，这表明高校、研究与开发机构是我国博士学位 R&D 人员最主要的就业渠道。硕士学位 R&D 人员在高校、研究与开发机构就业的比例相对较低，但也达到了 60.66％（见表 4—16）。

表 4—16　　　　　　　　　2010 年 R&D 人员及其硕博人员数

	R&D 人员总数（人）	其中			毕业研究生/R&D 人员（％）
		博士毕业生（人）	硕士毕业生（人）	本科毕业生（人）	
全国总计	3 542 244	201 728	495 133	1 091 322	19.67
按执行部门分					
企业总计	2 432 903	25 059	173 145	732 931	8.15
大中型工业企业	1 758 543	15 286	124 214	555 041	7.93
研究与开发机构	341 517	41 804	90 998	136 903	38.89
高等学校	593 569	129 058	209 331	193 623	57.01
其他	174 255	5 807	21 659	27 865	15.76

资料来源：国家统计局、科学技术部：《中国科技统计年鉴 2011》，北京，中国统计出版社，2011。

从地区分布来看，我国 R&D 人员主要分布在北京、广东、山东、上海、浙江、江苏等经济发达地区。同时，高学历 R&D 人员也主要分布在这些经济发达地区，但陕西、吉林这两个 GDP 发展水平处于中等或中等偏下的省份因为拥有相对发达的高等教育体系，也拥有较多高学历的 R&D 人员。从各省 R&D 人员中研究生占比的情况看，比例最高的为北京 42.02%，其次为吉林 33.77%，比例最低的为浙江 11.67%（见表 4—17）。

表 4—17　　　　　　　　　2010 年分地区 R&D 人员及其硕博人员数

	R&D 人员总数（人）	其中			毕业研究生/R&D 人员（%）
		博士毕业生（人）	硕士毕业生（人）	本科毕业生（人）	
合计	3 542 244	20 1728	495 133	1 091 322	19.67
北京	269 932	45 505	67 914	88 500	42.02
天津	86 374	6 018	12 640	25 443	21.60
河北	91 794	3 057	12 689	30 143	17.15
山西	67 022	2 400	8 138	17 482	15.72
内蒙古	32 873	1 353	4 762	12 151	18.60
辽宁	126 393	9 007	20 285	38 147	23.18
吉林	65 380	6 980	15 101	21 337	33.77
黑龙江	83 052	4 788	12 673	25 476	21.02
上海	177 488	18 006	32 077	53 160	28.22
江苏	406 231	14 512	36 230	103 069	12.49
浙江	286 751	9 295	24 173	87 755	11.67
安徽	94 610	4 128	13 458	30 515	18.59
福建	101 374	3 764	8 764	31 308	12.36
江西	53 470	1 918	6 725	16 922	16.16
山东	275 360	9 900	28 961	98 972	14.11
河南	144 025	3 915	15 496	44 392	13.48
湖北	142 917	10 056	19 508	37 088	20.69
湖南	109 749	5 752	16 823	35 986	20.57
广东	446 579	13 329	60 178	130 120	16.46
广西	52 481	2 839	10 151	16 689	24.75
海南	7 194	484	1 205	1 739	23.48
重庆	58 886	3 973	9 636	18 949	23.11
四川	130 400	7 109	20 216	46 665	20.95
贵州	23 431	1 256	3 038	8 261	18.33
云南	37 780	2 739	6 795	12 756	25.24
西藏	1 618	92	368	763	28.43
陕西	98 701	5 731	15 900	32 227	21.91
甘肃	31 301	2 113	5 088	11 867	23.00
青海	7 643	285	742	2 367	13.44
宁夏	10 370	355	1 259	3 769	15.56
新疆	21 065	1 069	4 140	7 304	24.73

资料来源：国家统计局、科学技术部：《中国科技统计年鉴 2011》，北京，中国统计出版社，2011。

（四）高层次人才队伍中博士、硕士学位获得者的情况

经过三十年的发展，我国研究生教育为学术界、政界、工商业界等不同领域培养了一大批高层次人才，已经实现了立足国内自主培养面向国家各个领域战略主战场需要的高层次人才的战略目标，为我国的现代化建设作出了巨大的贡献。限于资料的可获得性与完备性，本部分主要对学界的高层次人才展开分析。

在培养学术界高层次人才方面，我国研究生教育系统作出了不可磨灭的贡献，其中一批优秀代表已经在国际学术界崭露头角，成为我国学术界的精英和领军人物。以下仅从我国中国科学院院士、中国工程院院士、国家三大奖获得者、教育部高等学校优秀研究成果奖（人文社科类）获奖者中本土培养研究生的情况，来反映我国研究生教育体系在高层次人才培养方面的积极贡献，从一个侧面反映我国自主培养研究生的发展质量。

1. 中国科学院院士的学位获得情况

1946年，中央研究院决定实行院士制，并在1948年选举产生了第一批院士共81名，其中77人接受过留学教育，占95%。这些接受过留学教育的院士大多在国外获得博士学位。在1980年及之前当选的中国科学院院士当中，留学专家占据了绝大多数，其中1955年和1980年分别占92%和70%（见表4—18）。

表4—18　　　　中国科学院院士接受留学教育情况统计表

	1955年	1980年	1991年	1993年	1995年	1997年
总计（人）	172	283	210	59	59	58
留学专家人数（人）	158	199	55	17	16	11
留学专家占比（%）	92	70	26	29	27	19

资料来源：根据《中国科学院院士画册》1955—1957年卷、1980年卷、1991年卷、1993—1999年卷中相关数据整理。

中国科学院在1999—2011年的七次院士评选中，累计增选335名院士。将中国科学院院士作为一个高级科学家群体进行研究，对335名院士的简历进行分析，描述院士的最终学位构成情况，可以反映我国研究生教育对高层次人才培养的贡献。

首先，从最终学位获得国家（地区）的分布来看，1999年以来在中国大陆获得最终学位的中国科学院院士始终保持在60％以上，2003年达到顶峰（80％）后趋于平缓。这表明，1999—2009年当选的院士主要是国内高等教育系统培养的，这也表明我国自主培养的研究生在学术领域的发展质量是比较高的。1999年院士的境外学位多来自原苏联，此后学位来源多样化，包括我国香港、日本、美国、瑞士等，且非境内学位多为博士学位。在留学生与中国科学院院士的相关关系上，呈现出老的留苏学者逐渐减少，而新的留美、留日的学者逐渐增加的趋势。

其次，从最终学位的层次分布来看，从1999年开始，新增院士中具有博士、硕士学位者就已经超过50％。中国科学院院士中硕士学位获得者一直处于较低的比重，2003年以前的新增院士中，学士学位获得者略高出博士学位获得者10个百分点，但是2003年之后具有博士学位的院士异军突起，相比之下，拥有最终学位为学士的院士人数直线下降。从最近两次新增院士的情况来看，新增院士中获博士学位的比例接近90％（见表4—19）。

表4—19　　　　　　　　1999—2011年中国科学院新增院士的最终学位构成

	学士		硕士		博士		总计（人）
	人数（人）	占比（%）	人数（人）	占比（%）	人数（人）	占比（%）	
1999年	25	45.45	12	21.82	18	32.73	55
2001年	26	46.43	9	16.07	21	37.50	56
2003年	22	37.93	11	18.97	25	43.10	58
2005年	16	31.37	6	11.76	29	56.86	51
2007年	6	20.69	6	20.69	17	56.82	29
2009年	5	14.29	0	0.00	30	85.71	35
2011年	4	7.84	2	3.92	45	88.24	51
合计	104		46		185		335

说明：（1）原苏联等国颁发的副博士学位按博士学位计；（2）联合培养的博士生以博士学位的颁发地为准；（3）总人数中不包括外籍院士的人数；（4）港澳台地区按境外学位来算；（5）荣誉学位不算在内。
资料来源：中国科学院学部与院士网站"历次增选的中国科学院院士"统计资料，见 http://www.cas-ad.cas.cn/channel.action? chnlid=237。

最后，从最终学位在境内（指中国大陆）获得的院士的学历构成情况来看，2001年起拥有博士学位的院士人数开始出现上升，从2005年起彻底超过了仅拥有学士学位的院士人数（见表4—20、图4—2）。

表 4—20　　1999—2011 年最终学位在境内获得的中国科学院新增院士的学位构成

	学士		硕士		博士	
	人数（人）	占比（%）	人数（人）	占比（%）	人数（人）	占比（%）
1999 年	21	55.26	12	31.58	5	13.16
2001 年	23	63.89	8	22.22	5	13.89
2003 年	22	47.83	11	23.91	13	28.26
2005 年	16	47.06	6	17.65	12	35.29
2007 年	6	30.00	2	10.00	12	60.00
2009 年	5	20.83	0	0.00	19	79.17
2011 年	4	12.12	2	6.06	27	81.82

说明：（1）原苏联等国颁发的副博士学位按博士学位计；（2）联合培养的博士生以博士学位的颁发地为准；（3）总人数中不包括外籍院士的人数；（4）港澳台地区按境外学位来算；（5）荣誉学位不算在内。

资料来源：中国科学院学部与院士网站"历次增选的中国科学院院士"统计资料，见 http://www.casad.cas.cn/channel.action? chnlid=237。

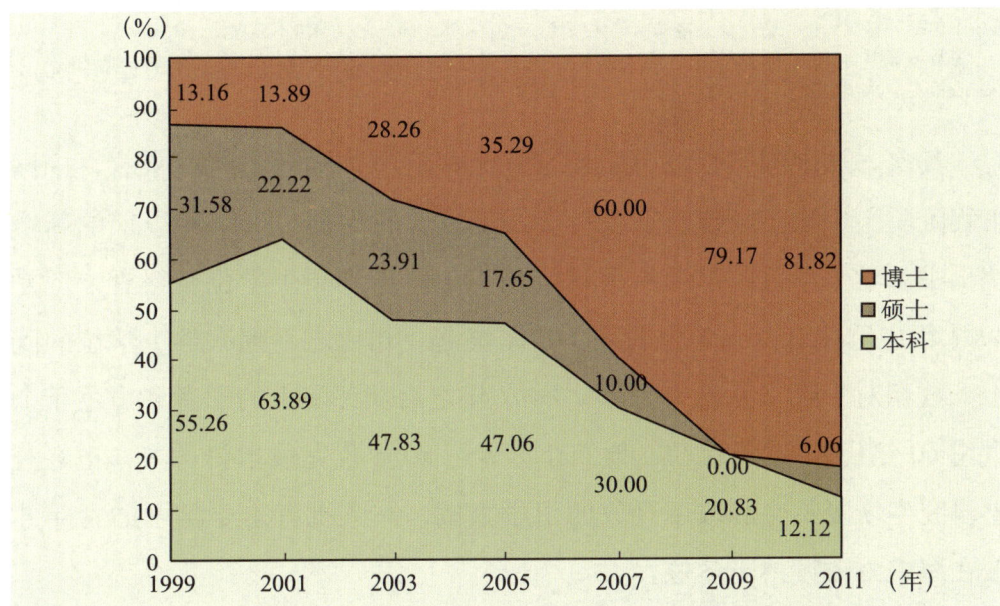

图 4—2　1999—2011 年中国科学院新增院士的境内学位构成

资料来源：中国科学院学部与院士网站"历次增选的中国科学院院士"统计资料，见 http://www.casad.cas.cn/channel.action? chnlid=237。

2. 中国工程院院士的学位获得情况

中国工程院在 1999—2011 年的七次院士评选中，累计增选 436 名院士。首先，从新增院士中获博士学位的国家（地区）分布情况来看。中国工程院中，在境内（中国大陆）获得最终学位的院士始终保持在 70% 以上，2006 年前更是超过了 80%。原因在于，中国工程院成立于改革开放后的 90 年代，在早年的中国工程院中，留学生院士比例较低。但随着改革开放的大潮，具有海外学位的院士逐渐增加，其中 2009 年最为显著，当年有 27% 左右的新增工程院院士在海外获得最终学位（见表 4—21）。

表 4—21　　　　　1999—2011 年中国工程院新增院士的最终学位获得情况

	境内获最终学位人数（人）	总人数（人）	占比（%）
1999 年	97	113	85.84
2001 年	72	80	90.00
2003 年	47	58	81.03
2005 年	43	50	86.00
2007 年	26	33	78.79
2009 年	35	48	72.92
2011 年	48	54	88.89
合计	368	436	84.40

说明：（1）主要统计中国工程院院士在中国大陆取得最终学位的人数及其比例；（2）原苏联等国颁发的副博士学位按博士学位计；（3）联合培养的博士生以博士学位的颁发地为准，一般计入境内学位；（4）总人数中不包括外籍院士的人数；（5）港澳台地区按境外学位来算；（6）荣誉学位不算在内。

资料来源：中国工程院学部与院士网站"历次增选的中国科学院院士"统计资料，见 http://www.cae.cn/cae/html/main/col2/column_2_1.html。

其次，从中国工程院历届新增院士最终学位的分布情况来看，中国工程院院士中硕士学位获得者一直处于较低的比重，2007 年以前的新增院士中，学士学位获得者的数量明显高出博士和硕士学位获得者，但是 2007 年之后拥有博士学位的院士异军突起，相比之下拥有学士学位的院士人数相对下降（见表 4—22）。2007 年之后获评院士的学者多出生于上世纪 50 年代末 60 年代初，他们在上世纪 80 年代完成本科学习，正好赶上研究生恢复招生和改革开放的留学大潮，一大批有志于学术的青年才俊在海内外攻读博士学位。

表 4—22　　　　　1999—2011 年中国工程院新增院士的最终学位构成

	学士		硕士		博士	
	人数（人）	占比（%）	人数（人）	占比（%）	人数（人）	占比（%）
1999 年	81	71.68	14	12.39	18	15.93
2001 年	57	71.25	11	13.75	12	15.00
2003 年	37	63.79	7	12.07	14	24.14
2005 年	23	46.00	13	26.00	14	28.00
2007 年	18	54.55	3	9.09	12	36.36
2009 年	10	20.83	9	18.75	29	60.42
2011 年	10	18.52	7	12.96	37	68.52
合计	236		64		136	

说明：（1）主要统计中国工程院院士在中国大陆取得最终学位的人数及其比例；（2）原苏联等国颁发的副博士学位按博士学位计；（3）联合培养的博士生以博士学位的颁发地为准，一般计入境内学位；（4）总人数中不包括外籍院士的人数；（5）港澳台地区按境外学位来算；（6）荣誉学位不算在内。

资料来源：中国工程院学部与院士网站"历次增选的中国科学院院士"统计资料，见 http://www.cae.cn/cae/html/main/col2/column_2_1.html。

最后，从在境内获得最终学位的工程院院士的学位分布情况来看，在 1999—2007 年当选的、在境内获得最终学位的历届新增工程院院士中，50％以上其最终学位为学士。但 2009 年和 2011 年在境内获得最终学位的新增院士中，70％以上有博士、硕士学位（见表 4—23、图 4—3）。

表 4—23　　1999—2011 年最终学位在境内获得的中国工程院新增院士的学位构成

	学士		硕士		博士	
	人数（人）	占比（％）	人数（人）	占比（％）	人数（人）	占比（％）
1999 年	79	81.44	14	14.43	4	4.12
2001 年	55	76.39	10	13.89	7	9.72
2003 年	37	78.72	6	12.77	4	8.51
2005 年	23	53.49	13	30.23	7	16.28
2007 年	15	57.69	3	11.54	8	30.77
2009 年	10	28.57	9	25.71	16	45.71
2011 年	10	20.83	7	14.58	31	64.58
合计	229		62		77	

说明：（1）主要统计中国工程院院士在中国大陆取得最终学位的人数及其比例；（2）原苏联等国颁发的副博士学位按博士学位计；（3）联合培养的博士生以博士学位的颁发地为准，一般计入境内学位；（4）总人数中不包括外籍院士的人数；（5）港澳台地区按境外学位来算；（6）荣誉学位不算在内。

资料来源：中国工程院学部与院士网站"历次增选的中国科学院院士"统计资料，见 http://www.cae.cn/cae/html/main/col2/column_2_1.html。

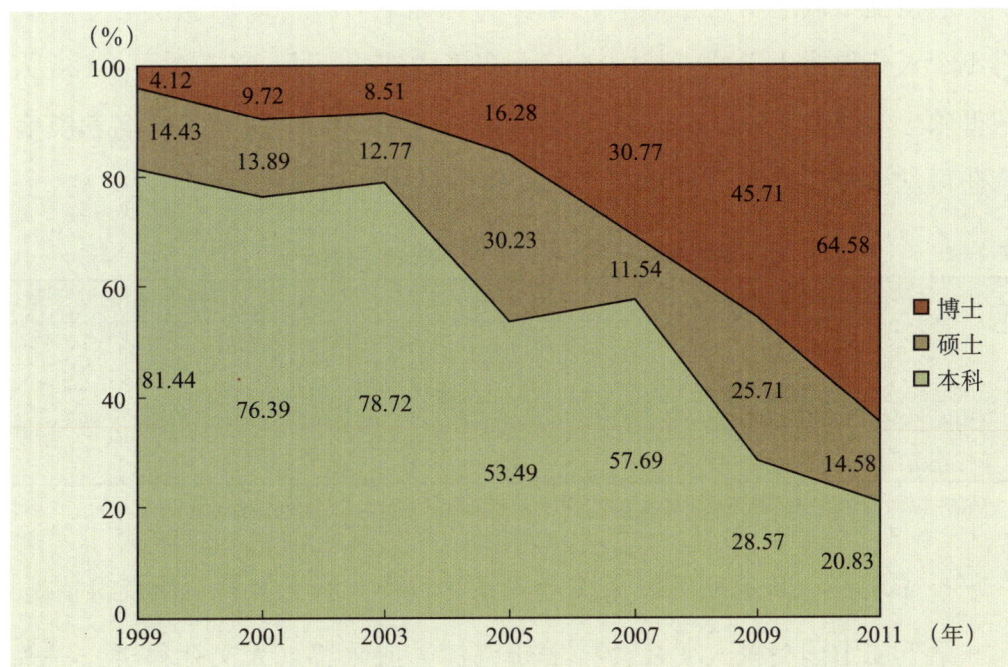

图 4—3　1999—2011 年中国工程院新增院士的境内学位构成

资料来源：中国工程院学部与院士网站"历次增选的中国科学院院士"统计资料，见 http://www.cae.cn/cae/html/main/col2/column_2_1.html。

3. 2011 年度国家技术发明奖、自然科学奖、科学进步奖获奖者的学位获得情况

2011 年，共有 36 项科研成果获国家自然科学奖二等奖（一等奖空缺），获奖科学家 161 人，其中大陆学者 151 人（9 人为在香港地区高校任教的科学家，1 人为台湾地区学者）。在 151 名大陆学者中，共有 136 人学历信息可得。可以发现，除少部分在 20 世纪 60 年代之前完成高等教育的学者之外，绝大部分（93.38％）的学者接受过研究生教育，其中接近 90％的获奖者获得博士学位。这表明，研究生教育系统已经成为培养高层次人才最重要的渠道（见表 4—24）。

表 4—24 　　　　　国家自然科学奖二等奖获奖者最终学位情况

	最终学位（人）	比例（%）
总数	136	100.00
博士	122	89.70
硕士	5	3.68
学士	9	6.62

资料来源：根据科技部网站提供的名单检索相关信息整理，见 http://www.most.gov.cn。

从接受不同学历层次教育的国家分布来看，在 136 名获奖者中，共有 122 人获得博士学位，其中 105 人在境内获得，占 86.1％；共 126 人获得硕士学位，其中 118 人在境内获得，占 93.7％；所有 136 名获奖者均获得学士学位，且全部为在大陆获得（见表 4—25）。

表 4—25 　　　　　国家自然科学二等奖获奖者学位获得情况

	博士学位		硕士学位		学士学位	
	人数（人）	占比（%）	人数（人）	占比（%）	人数（人）	占比（%）
总计	122	100	126	100	136	100
境内获得	105	86.1	118	93.7	136	100
境外获得	17	13.9	8	6.3		

资料来源：根据科技部网站提供的名单检索相关信息统计，见 http://www.most.gov.cn。

4. 高等学校优秀研究成果奖（人文社科类）获奖者的学位获得情况

第五届中国高校人文社会科学研究优秀成果奖（人文社科类）一等奖的第一获奖者共 38 人，其中接近一半具有博士学位，接近 70％的获奖者具有博士、硕士学位（见表 4—26）。也就是说，绝大部分获奖者是研

究生教育系统培养的。

表4—26　　　　　第五届中国高校人文社会科学研究优秀成果奖（人文社科类）
一等奖第一获奖者最终学位情况

	最终学位（人）	比例（%）
总数	38	100.00
博士	18	47.37
硕士	8	21.05
学士	12	31.58

资料来源：根据社科网相关信息整理，见 http://www.sinoss.net/html/honor5/result.html。

从第五届中国高校人文社会科学研究成果奖（人文社科类）一等奖第一获奖者获得学位的国家分布情况来看，100%的学士学位为在境内获得，84%的硕士学位在境内获得，88.9%的博士学位在境内获得，这表明，我国自主培养的人文社科类博士是我国人文社会科学高层次人才的最主要来源（见表4—27）。

表4—27　　　　　第五届中国高校人文社科研究优秀成果奖（人文社科类）
一等奖第一获奖者学位获得情况

	博士学位		硕士学位		学士学位	
	人数（人）	占比（%）	人数（人）	占比（%）	人数（人）	占比（%）
总计	18	100	25	100	38	100
境内获得	16	88.9	21	84	38	100
境外获得	2	11.1	4	16		

资料来源：根据社科网相关信息统计，见 http://www.sinoss.net/html/honor5/result.html。

共有205项研究获第五届中国高校人文社会科学研究优秀成果奖（人文社科类）二等奖，在205名第一获奖者中，最终学位为博士者141人，占68.8%；最终学位为硕士者28人，占13.6%；最终学位为学士者36人，占17.6%。

从二等奖第一获得者获得学位的国家（地区）分布来看，205位获奖者中最终学位在中国内地获得者180人，占87.8%。获奖者中有140人具有博士学位，占68.3%，其中在中国内地获得博士学位者118人，占博士学位获得者总数的84.3%。获奖者中166人具有硕士学位，在中国内地获得者157人，占94.6%。获奖者均具有在中国内地获得的学士学位（见表4—28）。

表 4—28　　　　第五届中国高校人文社科研究优秀成果奖（人文社科类）
二等奖第一获奖者学位获得情况　　　　　　单位：人

	最终学位	博士学位	硕士学位	学士学位
总计	205	140	166	205
中国内地	180	118	157	205
国外	21	18	9	0
香港地区	4	4	0	0

资料来源：根据社科网相关信息整理，见 http：//www. sinoss. net/html/honor5/result. html。

第五章

政策与研究

2011 年，党和国家领导人、教育部相关负责人围绕研究生教育科学发展先后发表重要讲话，以学科目录管理、专业学位发展和培养机制改革为重点的研究生教育制度、政策纷纷出台，研究生教育相关的研究成果层出不穷，我国研究生教育事业呈现出良好发展态势。

过去十年间，美、英、日等国高度重视研究生教育，美、英授予博士、硕士学位数快速增长，日本也保持小幅稳步增长趋势，各国硕博比则基本稳定。

2011 年，经济危机影响多国研究生资助并引发后续问题；各国政府纷纷出台相关措施，化解研究生就业问题；博士生教育规模与质量之间的矛盾备受关注；美国国家研究委员会发布的全美博士点评估报告引发舆论争议；全球知识与人才流动下跨国联合培养研究生成为趋势，中国成为最受欢迎的合作国家之一；研究生培养更加注重应用技能训练；最后，随着我国参与全球化进程的不断加快，我国研究生教育也日益受到国外的关注。

一、领导讲话与政策综述

（一）领导讲话

1. 胡锦涛在庆祝清华大学建校百年大会上的讲话要点

2011 年 4 月 24 日，庆祝清华大学成立 100 周年大会在人民大会堂隆重举行。胡锦涛同志在大会上发表重要讲话。他强调，推动经济社会又好又快发展，实现中华民族伟大复兴，科技是关键，人才是核心，教育是基础。高等教育作为科技第一生产力和人才第一资源的重要结合点，在国家发展中具有十分重要的地位和作用。不断提高质量，是高等教育的生命线，必须始终贯穿高等学校人才培养、科学研究、社会服务、文化传承创新各项工作之中。

胡锦涛指出，清华大学百年历史又一次表明，坚持解放思想、实事求是、与时俱进，坚持以实现国家富强、民族振兴、人类进步为己任，坚持正确办学方向，坚持以人为本，遵循高等教育规律，全面实施素质教育，不断推进改革创新，我们的大学就能获得事业发展的强大动力，就能源源不断培养出德才兼备的优秀人才。

胡锦涛强调，全面提高高等教育质量，必须大力提升人才培养水平。着力增强学生服务国家服务人民的社会责任感、勇于探索的创新精神、善于解决问题的实践能力，努力培养德智体美全面发展的社会主义建设者和接班人，造就信念执著、品德优良、知识丰富、本领过硬的高素质人才。努力为培养造就更多新知识的创造者、新技术的发明者、新学科的创建者作出积极贡献。

全面提高高等教育质量，必须大力增强科学研究能力。要积极适应经济社会发展重大需求，开展国家急需的战略性研究、探索科学技术尖端领域的前瞻性研究、涉及国计民生重大问题的公益性研究。要积极提升原始创新、集成创新和引进消化吸收再创新能力，瞄准国际前沿，加强基础研究，推动学科融合，培育新兴学科，建设重大创新平台和创新团队，以高水平科学研究支撑高质量高等教育。要积极推动协同创新，通过体制机制创新和政策项目引导，鼓励高校同科研机构、企业开展深度合作，建立协同创新的战略联盟，促进资源共享，联合开展重大科研项目攻关，在关键领域取得实质性成果，努力为建设创新型国家作出积极贡献。

全面提高高等教育质量，必须大力服务经济社会发展。要紧紧围绕科学发展这个主题、加快转变经济发展方式这条主线，不断增强服务经济社会发展能力。要自觉参与推动战略性新兴产业加快发展，促进产学研紧密融合，加快科技成果转化和产业化步伐，着力推动"中国制造"向"中国创造"转变。要自觉参与推动区域协调发展，积极参与推进西部大开发、振兴东北地区等老工业基地、促进中部地区崛起、支持东部地区率先发展的进程，以服务和贡献开辟自身发展新空间。要自觉参与推动学习型社会建设，适应全民学习、终身学习的时代需要，加快发展继续教育，广泛开展科学普及，为社会提供形式多样的教育服务，深入

151

开展政策研究，积极发挥思想库和智囊团作用，努力为党和国家科学决策、民主决策作出积极贡献。

全面提高高等教育质量，必须大力推进文化传承创新。要积极发挥文化育人作用，加强社会主义核心价值体系建设，掌握前人积累的文化成果，扬弃旧义，创立新知，并传播到社会、延续至后代，不断培育崇尚科学、追求真理的思想观念，推动社会主义先进文化建设。要积极开展对外文化交流，增进对国外文化科技发展趋势和最新成果的了解，展示当代中国高等教育风采，增强我国文化软实力和中华文化国际影响力，努力为推动人类文明进步作出积极贡献。

总之，我国高等学校要把提高质量作为教育改革发展最核心最紧迫的任务，完善中国特色现代大学制度，加强领导班子建设，创新教育教学方法，强化实践教学环节，形成人才培养新优势，努力出名师、育英才、创一流。各级政府要加大财政投入，引导更多社会资源支持教育，形成优先发展教育的良好社会环境，让所有受教育者学有所教、学有所成、学有所用。

胡锦涛强调，建设若干所世界一流大学和一批高水平大学，是我们建设人才强国和创新型国家的重大战略举措。要以重点学科建设为基础，以体制机制改革为重点，以创新能力提高为突破，加大支持力度，健全长效机制，鼓励重点建设高校成为知识创新的策源地、深化教育改革的试验田、扩大开放的桥头堡。

胡锦涛在讲话中给清华大学的同学们和全国青年学生提出三点希望。一是要把文化知识学习和思想品德修养紧密结合起来，刻苦学习科学文化知识，积极加强自身思想品德修养，立为国奉献之志，立为民服务之志，以实际行动创造无愧于人民、无愧于时代的业绩。二是要把创新思维和社会实践紧密结合起来，做到勤于学习、善于思考、勇于探索、敏于创新，坚持理论联系实际，积极投身社会实践，切实掌握建设国家、服务人民的过硬本领。三是要把全面发展和个性发展紧密结合起来，实现思想成长、学业进步、身心健康有机结合，努力成为可堪大用、能负重任的栋梁之材。

胡锦涛强调，教育大计，教师为本。广大高校教师要切实肩负起立德树人、教书育人的光荣职责，做学生健康成长的指导者和引路人。要把加强教师队伍建设作为教育事业发展最重要的基础工作来抓，充分信任、紧紧依靠广大教师，形成更加浓厚的尊师重教社会风尚，使教师成为最受社会尊重的职业。

2. 刘延东在纪念《中华人民共和国学位条例》实施三十周年纪念大会上的讲话要点

2011年2月12日，《中华人民共和国学位条例》实施30周年纪念大会在京举行，中共中央政治局委员、国务委员、国务院学位委员会主任委员刘延东出席会议并强调，要以育人为根本，以质量为核心，以改革为动力，加快发展中国特色、世界一流、结构优化、布局合理的高质量学位与研究生教育，为建设创新型国家和人力资源强国、提升国家综合实力提供有力支撑。

刘延东指出，《学位条例》作为新中国教育和科学领域的第一部法律，是改革开放的重要成果和新中国教育史上的重要里程碑，其颁布实施30年来取得了重大成就，累计培养了33.5万博士、273.2万硕士和1 830万学士，也积累了宝贵经验。她指出，坚持中国特色学位与研究生教育发展之路是我国学位制度的根本方向，与时俱进、改革创新是学位与研究生教育的动力之源，积极提升质量水平是学位与研究生教育的核心任务，加强法制建设是学位与研究生教育改革发展的重要保障，虚心学习、开放包容是中国特色学位制度应有的胸怀。

刘延东强调，加快推进现代化建设，根本靠创新，基础在教育，关键在人才。学位与研究生教育作为国民教育的顶端，是高层次创新型人才的主要来源和科学研究潜力的重要标志。要坚持"完善制度、提高质量，科教结合、支撑创新，适应需求、引领未来"的基本思路，围绕国家经济社会发展大局，瞄准世界科技前沿和国家战略需求，丰富和完善学位制度；坚持质量第一，深入推进培养模式和招生制度改革，实行以科学研究为主导的导师负责制，形成符合人才成长规律、富有活力的研究生培养机制；促进科技发展与人才培养有机结合，为提升自主创新和区域发展能力提供人才智力支持；注重科学精神和人文素质培养，加强科研诚信和学术道德建设，培育优良的大学文化和学风；加大投入保障力度，确保研究生教育可持续发展；开展广泛深入的对外交流合作，提升研究生教育的国际化水平。

3. 韩启德在首都高校"科学道德和学风建设宣讲教育活动"报告会上的致辞要点

2011 年 10 月 13 日，首都高校"科学道德和学风建设宣讲教育活动"报告会在北京人民大会堂举行。全国人大常委会副委员长、中国科协主席韩启德出席报告会并致辞。

韩启德强调，科学技术作为人类智慧的结晶，不仅创造了巨大的生产力推动经济社会发展，而且不断丰富和发展求真求实的科学文化内涵，形成了以科学精神为精髓的人类社会的共同信念、价值标准和行为规范。科学精神不仅是推动科学技术发展的不竭动力，也是引领人类文明进步的重要标杆，千百年来一直深刻影响着人们的行为方式和价值追求。在我国，依靠科学和民主实现中华民族的伟大复兴，是百余年来中国科技界的不懈追求。新中国成立 60 多年来，一代又一代科技工作者爱国奉献、坚持真理、开拓创新、诚实守信，不仅在科学技术领域取得了辉煌成就，而且塑造了热爱科学、勇攀高峰、忠于祖国和人民的高尚品格，显示出优良的科学道德与学术素养，为全社会树立了光辉典范。"两弹一星"精神、载人航天精神就是科技界在创造伟大功勋中凝练的伟大精神。没有这种崇高的精神力量，就没有我国科学事业今天这样良好的发展局面，就没有我国今天令世界瞩目的综合国力，这是我国科技界最宝贵的精神财富。

韩启德指出，在看到我国科研诚信与优良学风主流的同时，也应当清醒地看到，近些年来，随着我国经济社会环境的变化，一些社会不良行为和习惯势力开始侵蚀科技健康的肌体，科研造假、学风浮躁、抄袭剽窃等行为屡屡发生，已经成为社会的热点问题，严重危害了科技界的公信力和良好社会形象，不利于青年科技人才的健康成长，对科技事业健康发展产生的消极影响不可低估。解决这些问题迫在眉睫、刻不容缓。

广大科技工作者要与教育工作者一起行动起来，继承和发扬老一辈科学家的优良传统，高举爱国主义旗帜，大力弘扬科学精神，恪守科学道德和科研伦理，以严谨的科学态度和强烈的社会责任感，着力推进学风道德建设，让科研领域成为阳光下最纯洁、最神圣的一方净土，让科技工作成为最受人尊敬、最令人向往的崇高职业。

韩启德强调，加强科学道德和学风建设是科技界、教育界的一项共同使命和长期任务。中国科协与教育部联合发起科学道德与学风建设宣讲教育活动，就是希望通过宣讲活动正确引导广大科技工作者特别是青年科技工作者和在校研究生，遵守学术规范，坚守学术诚信，完善学术人格，维护学术尊严，旗帜鲜明地揭露和抵制学术不端行为。最后，韩启德向广大青年同学提出了三点希望：第一，欲修学，先立身；第二，要严格遵循学术规范，养成良好学风；第三，要敢于质疑、勇于创新。

4. 袁贵仁在 2011 年全国教育工作会议上的讲话要点

2011 年 1 月 24 日，2011 年全国教育工作会议在京召开，教育部部长、党组书记袁贵仁出席并作重要讲话。袁贵仁指出，2011 年的教育工作的总的要求是高举中国特色社会主义伟大旗帜，深入贯彻落实科学发展观，坚持以人为本、执政为民，按照优先发展、育人为本、改革创新、促进公平、提高质量的要求，全面落实教育规划纲要，稳步实施国家重大教育发展项目和改革试点，着力促进教育公平、提高教育质量，深入推进教育事业科学发展，办好人民满意的教育。

袁贵仁强调，全面落实必须整体推进、突出重点。2010 年是教育规划纲要"启动实施"之年，2011 年是"全面落实"之年。全面落实规划纲要，要全面贯彻党的教育方针，按照优先发展、育人为本、改革创新、促进公平、提高质量的要求，注重整体推进、突出工作重点。通过重点突破带动全局工作发展，通过加强关键环节带动整体建设推进，切实增强落实工作的系统性、针对性、有效性。一要认真做好教育改革试点工作：细化目标方案；制定推进政策；突破关键点；创新体制机制；加强分类指导。二要稳步实施重大发展项目：加强统筹指导；制定行动计划；完善各类指标；扩大优质资源；加强评估考核。三要切实维护教育系统

155

和谐稳定：加强社会主义核心价值体系建设；加强和改进新形势下群众工作；切实纠正和解决损害群众利益的突出问题；进一步加强引导化解工作；切实加强学校及周边治安综合治理。四要紧紧围绕促进公平、提高质量：坚持把促进公平作为基本教育政策；坚持把提高质量作为核心任务。

袁贵仁指出，全面落实必须转变职能、改进作风。通过实施教育体制改革试点，解决落实的动力问题；通过实施重大教育发展项目，解决落实的抓手问题；还要通过转变职能和作风，解决落实主体也就是教育系统的精神状态问题。为政之首，贵在力行，重在履责。实践证明，规划可以复制，思路可以借鉴，唯有落实者的精神状态不可替代。一是更新观念：要用新的理念指导落实；要满腔热情抓落实；要创造性地落实。二是转变职能：增强服务职能；坚决简政放权；科学评估评价。三是改进作风：着力加强政风建设；着力加强行风建设；着力加强学风建设。四是强化监管：强化督查督办；强化信息公开；强化行政问责。五是健全机制：完善科学民主决策机制；完善干部选拔任用机制；完善沟通协调机制。六是加强宣传：大力宣传各地、各部门、各单位贯彻落实教育规划纲要的思路、举措、方案，切实保障广大人民群众对教育工作的知情权、参与权、监督权；及时了解群众的所思、所盼、所忧，积极回应人民群众教育需求，切实做到想群众所想、急群众所急、忧群众所忧、办群众所需；大力宣传教育战线的感人事迹，大力宣传各级党委政府支持教育的有效做法，大力宣传社会各界关心支持教育的先进典型，以典型经验、典型人物带动整个教育工作；树立大宣传意识。

5. 杜玉波在全国金融等 29 个专业学位研究生教育指导委员会成立会议上的讲话要点

2011 年 3 月 18 日，国务院学位委员会、教育部、人力资源和社会保障部在京联合召开全国金融等 29 个专业学位研究生教育指导委员会成立会议。教育部党组副书记、副部长杜玉波出席并发表重要讲话。

杜玉波指出，研究生教育作为国民教育的顶端，是高层次创新型人才的主要来源和科学研究潜力的重要标志。当前我国研究生教育正处于新的历史发展阶段，要根据"十二五"规划以及国家中长期科技、教育、人才规划纲要精神，以提高质量为核心，以优化研究生培养类型结构为重点方向，加快从以学术型人才培养为主向学术型与应用型人才培养并重转变，加快硕士研究生教育从以学术型为主向以应用型为主转变，主动适应我国经济发展方式加快转变对各级各类高层次人才的需要。

杜玉波强调，专业学位研究生教育是培养高层次应用型人才的有效途径，是当前研究生教育改革发展的重要领域。下一步，要重点抓好五方面工作。一是加快完善专业学位体系。二是加大硕士研究生结构调整力度，争取到2015年专业学位研究生占整个硕士生招生比例提高到50％以上。三是深化专业学位研究生招生考试制度改革。四是着力构建符合专业学位研究生教育特点的培养模式，增强专业学位研究生解决实际问题的能力。五是加强与部委行业的紧密联系，推动专业学位与职业资格紧密衔接。

杜玉波强调，成立指导委员会是开展中国特色专业学位研究生教育的重大创新。作为专业学位研究生教育的专家性组织，指导委员会要在推进专业学位工作研究、推动专业学位教育教学改革、促进国内外交流合作以及加强自身建设等方面，肩负起重要的职责和使命。希望各位指导委员会委员齐心协力，共同把我国专业学位研究生教育提高到一个新水平。

6. 杜占元在2011年省级学位委员会工作会议暨研究生院院长联席会扩大会议上的讲话要点

2011年3月21日，为贯彻落实教育规划纲要及刘延东国务委员在《学位条例》实施30周年纪念大会的讲话精神，及时传达国务院学位委员会第二十八次会议有关工作部署，国务院学位委员会办公室召开"2011年省级学位委员会工作会议暨研究生院院长联席会扩大会议"，教育部副部长杜占元出席会议并发表重要讲话。

杜占元强调，必须充分认识新形势下学位与研究生教育的战略地位和使命要求，增强推进改革和发展的责任感与紧迫感。面对新的形势和新的使命，当前和今后一个时期，特别要注意把握好以下几个方面的新要求：必须以服务经济社会发展作为学位与研究生教育改革发展的基本出发点，有力地服务于我国经济发展方式转变，更加适应我国全面建设小康社会和科学发展的需要；必须坚持质量第一，以调整类型、加强能力培养作为突破口，深入推进高层次创新人才培养机制与模式改革，更加适应我国实施人才强国战略的需要；必须大力推动科教结合取得新进展，促进高层次人才培养和高水平科技创新有机结合，推动政产学研用的深度融合，更加适应当代科技创新交叉融合，提高我国自主创新能力，建设创新型国家的需要；必须从增强国际竞争力着手，坚持自主培养与联合培养相互促进，积极引进国外优质教育资源，加强中外人文交流，努力提升研究生教育国际化水平，更加适应我国国际地位上升和拓展国际发展空间的需要；必须重视研究科学精神、人文素质和责任意识培养，培育鼓励创新、求真求实、学术民主的大学文化和优良学风，更加适应建设社会主义精神文明和核心价值体系的需要；必须切实加大投入保障，加强重点建设，建立健全增加投入渠道和政策制度，更加适应新形势下社会管理和体制机制创新的需要。

杜占元强调，要以改革创新的精神，狠抓落实，更加深入、扎实推进学位与研究生教育的改革发展。2011年，学位与研究生教育的工作重点为以下四个方面：一是以调整结构为突破口，完善学位制度。加快推进修订《中华人民共和国学位条例》、制定《学位法》的立法进程；积极推进研究生教育的结构调整，大力发展专业学位研究生教育，认真做好综合改革试点工作；继续深入推进学位授权审核制度改革。二是以提高教育质量为核心，积极推进研究生培养模式改革。开展学术学位研究生教育培养模式改革研究，继续实施研究生教育创新计划；以加强与企业的融合为重点，深入推进专业学位研究生培养模式改革。三是以优化学术环境、创新管理机制和方式为重点，完善质量保障与监督体系。加强学风建设与学术诚信教育，持续推动《国务院学位委员会关于在学位授予工作中加强学术道德和学术规范建设的意见》等制度措施的落实；采取切实可行的质量监督措施，有重点地推动质量监督体系建设；加强专家系统建设，充分尊重和依靠专家、学者与学术组织，发挥学科评议组在质量监督中的作用，加强过程管理和质量监控。四是以实施"985工程"、"211工程"、优势学科创新平台和重点学科建设计划为抓手，推进重点投入的管理体制与机制改革，加快建设一流大学和一流学科，培养一批拔尖创新人才，形成一批世界一流学科，产生一批国际领先的原创性成果，有效提升对区域协调发展的支撑能力，形成鲜明的区域特色和学科优势。

7. 林蕙青在专业学位研究生教育综合改革试点工作会议上的讲话要点

2011年1月14日，全国专业学位研究生教育综合改革试点工作会议在北京召开，教育部林蕙青部长助理出席并在会议上做了重要讲话。

林蕙青强调，专业学位研究生教育综合改革试点，是全面落实全国教育工作会议精神和教育规划纲要、人才规划纲要的重要举措，对于积极调整研究生人才培养类型结构，推动硕士研究生教育以培养学术型人才为主向培养应用型人才为主转移，对于探索建立具有中国特色、世界水平的专业学位研究生教育体系，促进专业学位研究生教育的改革与发展具有重要意义。因此，要大力推进专业学位研究生教育综合改革试点的各项工作。一是树立正确的教育教学理念；二是探索多样化招生选拔办法；三是大力推进课程体系改革；四是加大教学内容更新力度；五是着力创新教学方法；六是重视和提高实践教学水平；七是正确把握学位论文标准；八是着力构建专业学位研究生教育师资队伍；九是努力建立专业学位研究生教育的管理制度。

林蕙青指出，为保证试点工作顺利进行，教育部将继续明确政策导向，加快推进硕士研究生教育的结构调整；改革招生制度，加快推进硕士专业学位研究生招生考试制度改革；加强部门协调，加快建立硕士专业学位与职业资格考试的衔接制度；制定具体办法，加强对试点工作的监督检查。地方教育主管部门要研究、制定本地区或高校专业学位研究生教育发展规划，大力支持高校开展试点工作，积极统筹本地区院校专业学位研究生教育的改革与发展。各高校要充分认识专业学位研究生教育在高等人才培养中的重要作用，转变教育理念，创新培养模式，改革管理体制，办出特色、办出水平、办出优势、办出品牌；同时抓紧制定试点工作实施细则。全国专业学位研究生教育指导委员会要将指导、推动试点工作作为重点工作，切实发挥积极作用。

（二）制度与政策

1. 《国家中长期科技人才发展规划（2010—2020 年）》

2011 年 7 月 26 日，科技部、人力资源和社会保障部、教育部、中国科学院、中国工程院、国家自然科学基金委员会、中国科协下发了《国家中长期科技人才发展规划（2010—2020 年）》（以下简称《科技人才规划》），大力推进科技人才队伍建设，特别是加强高层次创新型人才队伍建设，带动各类科技人才队伍全面发展，从而为加快建设人才强国，实现建设创新型国家和全面建设小康社会奋斗目标提供科技人才保证。

《科技人才规划》指出，科技人才是国家人才资源的重要组成部分，是科技创新的关键因素，是推动国家经济社会发展的重要力量。未来 10 年是我国经济社会发展的战略机遇期，是创新型国家建设的关键阶段，也是科技人才发展的大好时机。我们必须紧紧把握新机遇，应对新挑战，大力推进科技人才队伍建设。

《科技人才规划》坚持以满足需求为导向，人才优先与服务发展相结合；以优化结构为目标，市场配置与宏观调控相结合；以高端人才为引领，整体推进与重点突破相结合；以学校教育实践为基础，人才引进与培养使用相结合；以提升能力为核心，扩大规模与提高质量相结合。重点建设以下六支科技人才队伍：造就一支具有原始创新能力的科学家队伍；重点建设优秀科技创新团队；造就一支具有国际竞争力的工程技术人才队伍；支持和培养一批中青年科技创新领军人才；重点扶持一批科技创新创业人才；重视建设科技管理与科技服务和科普等人才队伍。

《科技人才规划》指出，创新体制机制是加快科技人才发展的根本性、全局性和长期性任务，应建立有利于创新人才成长和发展的体制机制：建立科学合理的科技人才管理体制；创新科技人才培养开发机制；改进科技人才评价激励机制；健全科技人才流动和配置机制；培育创新文化环境。科技政策是实施科技人才发展规划的重要保证，应制定相关支撑政策和保障措施：实施有利于科技人才潜心研究的政策；实施有利于高层次创新型科技人才发展的政策；实施支持青年科技人才脱颖而出的政策；实施支持科技人才创业的政策；实施引导科技人才向企业流动的政策；实施鼓励科技人才到农村和艰苦边远地区工作的政策；实施促进科技人才国际化的政策。

2.《关于做好授予博士、硕士学位和培养研究生的二级学科自主设置工作的通知》

2011 年 2 月 28 日，国务院学位委员会办公室下发《关于做好授予博士、硕士学位和培养研究生的二级学科自主设置工作的通知》，要求各学位授予单位根据国务院学位委员会、教育部下发的《学位授予和人才培养学科目录设置与管理办法》和教育部办公厅下发的《授予博士、硕士学位和培养研究生的二级学科自主设置实施细则》的要求，根据国家和区域经济社会发展对人才的需求，结合本单位的学科基础，科学、合理、规范地设置二级学科，做好授予博士、硕士学位和培养研究生的二级学科自主设置工作，确保人才培养质量。

该通知对二级学科由学位授予单位自主设置与调整的必要性、目录内二级学科设置的规定、学位授予单位自主设置与调整目录外二级学科或交叉学科的具体要求、各学位授予单位提交时间和流程、公布时间、论证方式等做了详细说明规定。

3.《学位授予和人才培养学科目录（2011 年）》

2011 年 3 月 8 日，国务院学位委员会、教育部下发了《关于印发〈学位授予和人才培养学科目录（2011 年）〉的通知》，决定实施新修订后的《学位授予和人才培养学科目录（2011 年）》（"新目录"），为建立动态调整机制、优化学科结构提供了依据。新目录是在原《授予博士、硕士学位和培养研究生的学科、专业目录》（1997 年颁布）和《普通高等学校本科专业目录》（1998 年颁布）的基础上，经过反复论证后编制而成的。新目录体现了国务院学位委员会、教育部印发的《学位授予和人才培养学科目录设置与管理办法》的相关规定。新目录体现出以下特征：一是增加了一个新的学科门类（艺术学），学科门类增加至 13 个；二是整个目录分为学科门类和一级学科，不再分列二级学科，授予硕士、博士学位和培养研究生的二级学科原则上由学位授予单位依据新目录，在一级学科学位授权权限内自主设置与调整；三是增设了一些与国家重大战略、产业发展和改善民生相关的学科，一级学科数量由 1997 年学科目录（经 1998 年 10 月和 2005 年 12 月两次补充修订）中的 89 个增加到 110 个；四是将《专业学位授予和人才培养目录》作为附录，保证了学位授予和人才培养学科目录的完整性。

4.《关于按〈学位授予和人才培养学科目录〉进行学位授权点对应调整的通知》

2011 年 4 月 20 日，国务院学位委员会办公室下发了《关于按〈学位授予和人才培养学科目录〉进行学位授权点对应调整的通知》（以下简称《通知》），要求按原目录批准的现有博士、硕士学位授权点对应调整到新目录相应的一级学科，以使研究生招生、培养和学位授予工作得以有序进行。《通知》规定了对应调整的范围，主要是新目录中由原目录一级学科拆分或以二级学科为基础新增，且与原目录相关学科有明确对应关系的一级学科；其他一级学科的现有学位授权点暂不做调整，相关研究生人才培养和学位授予按原渠道进行。《通知》规定了对应调整的原则和要求：要以保证学位授予质量为前提，以学科内涵为基础，根据各单位学科水平，坚持标准，规范调整；要在现有学位授权级别内，按照学科对应关系进行；对应调整为新目录一级学科学位授权点，必须达到学位授权点的最低要求和基本条件；对于以原目录现有二级学科学位授权点为基础，申请对应调整为新目录中一级学科学位授权点的，若经学科评议组审议同意则予以调整，其现有二级学科学位授权点自动撤销，若不予调整，仍保留现有二级学科学位授权点。《通知》明确了工作程序，要求学位授予单位按照新目录与原目录学科对应关系、原学科学位授权级别、一级学科学位授权点最低要求和基本条件，提出学位授权点对应调整的申请，并填写《学位授权点对应调整申请表》；国务院学位委员会办公室对各学位授予单位提交的申请材料进行资格审查，不符合申请资格的学位授权点将不予调整；国务院学位委员会学科评议组按照一级学科学位授权点的基本条件，对各学位授予单位提交的申请材料进行审议；根据学科评议组审议结果，完成对应调整工作。

5. 服务国家特殊需求人才培养项目

2011年8月12日，国务院学位委员会下发了《关于开展"服务国家特殊需求人才培养项目"——学士学位授予单位开展培养硕士专业学位研究生试点工作的通知》，决定开展学士学位授予单位培养硕士专业学位研究生试点工作（以下简称"特需项目"），对试点工作指导思想，试点工作申报、论证、推荐及公示，开展试点工作单位的评审及批准，试点工作的实施和管理等进行了明确的规定。

"特需项目"的出发点是服务国家经济社会发展大局，主动适应国家现代化建设需求，积极发展专业学位研究生教育，建立与人才需求紧密结合的学位授权动态调控机制，促进高层次人才培养与产业、行业、企业紧密结合，优先支持与国家重大战略、产业发展和改善民生相关的学科。

"特需项目"以"服务需求、突出特色、创新模式、严格标准"为指导思想，针对国家有关行业领域特殊需求的高层次专门人才，按照择需、择优、择急、择重的原则，主要选择关系国家安全和国家重大利益、亟须满足的人才培养需求，安排少数办学水平较高、特色鲜明、能够服务国家战略发展需要且在人才培养方面具有不可替代性的高等学校，在一定时期内招收培养研究生并授予相应学位的人才培养项目。

"特需项目"着眼于国家行业发展的特殊需求，进一步优化专业学位授予单位布局结构和人才培养结构，探索建立学位授权和学科建设与国家急需高层次应用型人才培养紧密结合的新机制；改革专业学位授权审核办法，引导高等学校紧密结合经济社会发展，合理定位、办出特色、办出水平；推动科研和教学与高层次应用型人才培养紧密结合，不断创新人才培养模式，提高人才培养质量；引入行业主管部门和用人单位参与单位遴选和人才培养的全过程，发挥社会力量在创新人才培养工作中的积极作用。

"特需项目"面向仅具有学士学位授予权，且没有列入国家批准的新增硕士学位授予单位立项建设规划的普通高等学校。每个申请单位只能选择1个硕士专业学位类别；申请工程硕士专业学位授权的，可以选报两个工程硕士领域。省（自治区、直辖市）学位委员会或中央部委属高等学校主管部门要会同有关行业主管部门（省级及省级以上）对申报单位申请开展专业学位研究生教育所涉及的人才需求特殊性、人才培养不可替代性和可行性进行论证。

试点单位的硕士专业学位授权以5年为期，实行动态管理。项目期满后，国务院学位委员会将组织专家对项目实施情况进行评估验收，根据人才需求变化和项目实施质量决定是否继续授权。对于不能达到预期目标或人才需求已经发生变化的项目，不再安排其招收研究生，已招收的研究生全部毕业后项目即行终止。

2011年10月17日，国务院学位委员会《关于下达"服务国家特殊需求人才培养项目"——学士学位授予单位开展培养硕士专业学位研究生试点工作单位名单的通知》就做好试点工作提出具体的要求，包括：高度重视，充分认识试点工作的重要意义，加强领导，加大投入，确保试点工作的顺利进行；加强管理和建设，健全相关机构，建立健全规章制度，确保试点工作顺利进行；认真研究，制定切实可行的实施方案，包括办学理念、课程设置、教学要求、论文评价、师资队伍和实习实践基地建设、管理和投入等方面；创新专业学位研究生培养模式，切实保证培养质量，积极探索专业学位研究生教育服务国家特殊需求的有效途径。

6. 审计硕士、工程博士专业学位设置方案

2011年3月2日，教育部下发《关于下达〈审计硕士专业学位设置方案〉的通知》，决定在我国设置和试办审计硕士专业学位。其中，《审计硕士专业学位设置方案》明确了审计硕士专业学位英文名称、培养目标、课程设置、培养过程、审计硕士专任教师设置、学位论文、学位授予等事项。《关于〈审计硕士专业学位设置方案〉的说明》主要规定了审计硕士专业学位的专业学位名称、设置审计硕士专业学位的必要性和设

置审计硕士专业学位的可行性。

2011 年 3 月 8 日，国务院学位委员会下发了《关于印发〈工程博士专业学位设置方案〉的通知》，公布了《工程博士专业学位设置方案》，对工程博士专业学位设置目的、英文名称、招生对象、培养模式、课程体系、学位论文、学位证书、毕业要求、全国工程博士专业学位教育指导委员会等进行了具体的说明和规定。

7. 专业学位研究生教育指导委员会工作规程

2011 年 9 月 21 日，国务院学位委员会、教育部、人力资源和社会保障部下发了《关于印发〈专业学位研究生教育指导委员会工作规程〉的通知》，要求各专业学位研究生教育指导委员会按照《专业学位研究生教育指导委员会工作规程》（以下简称《规程》）的要求，自行制定指导委员会章程，规范专业学位研究生教育指导委员会的工作，积极开展相关工作，充分发挥指导委员会作用，切实促进我国专业学位研究生教育健康发展。

《规程》规定，指导委员会按照国务院学位委员会批准设置的专业学位类别分别组建，是协助主管部门开展相应类别专业学位研究生教育研究咨询、指导评估和交流合作的专业组织。指导委员会由有关主管部门、行业、企业和事业单位及学位授予单位推荐的专家和负责人组成；指导委员会委员由国务院学位委员会、教育部、人力资源和社会保障部聘任（均系兼职），受聘者年龄一般不超过 65 周岁。

《规程》规定，指导委员会承担的任务包括：（1）协助专业学位研究生教育主管部门制订有关专业学位研究生教育发展规划，制订和修订专业学位研究生指导性培养方案、教学大纲，专业学位授予标准，专业学位研究生教育评估标准等；（2）受专业学位研究生教育主管部门委托，对新增专业学位授权点及单位是否具备办学条件进行核查、提出意见，参与专业学位研究生招生考试的有关工作，组织开展专业学位教学评估工作等；（3）就本专业学位研究生教育的发展状况、教育质量、社会需求等，进行监测、分析和研究，向主管部门、研究生培养单位提供建议和咨询；（4）研究并指导开展专业学位研究生教育培养模式的改革与创新，推动专业学位与职业资格的衔接；（5）研究并推动专业学位研究生教育与实际工作部门的联系；（6）组织开展专业学位研究生教育的国内交流与合作，建设指导委员会网站；（7）组织专业学位研究生教育的国际交流与合作；（8）其他相关工作。

8. 专业学位研究生教育综合改革试点

2011 年 3 月 7 日，为保证专业学位研究生教育综合改革试点工作顺利进行，教育部学位管理与研究生教育司印发了《全国专业学位研究生教育综合改革试点工作会议纪要》及林蕙青部长助理在会议上的讲话。以管理体制改革为突破口，以培养模式创新为核心，以师资队伍建设为抓手，积极调整研究生人才培养类型结构，推动硕士研究生教育从培养学术型人才为主向培养应用型人才为主转移，探索建立具有中国特色、世界水平的专业学位研究生教育体系。

9. 深入推进研究生培养机制改革

2011 年，教育部学位管理与研究生教育司出台了《关于深入推进研究生培养机制改革，进一步提高研究生教育质量的意见（征求意见稿）》。该意见从"以提高质量为核心，深化培养机制改革；加大结构调整力度，主动适应国家需求；全面改革培养模式，提高创新实践能力；积极推动制度创新，健全引导激励机制；加大支持保障力度，推动改革顺利进行"等五个方面提出了深入推进研究生培养机制改革、进一步提高研究生教育质量的意见，对研究生教育发展规模、分类培养、学科结构、区域布局、培养模式、科教结合、国际交流、管理体制、招考体制、投入机制、质量监督等均有系统、全面、具体的要求。

二、研究生教育研究综述

2011 年，伴随教育改革和发展，国内研究生教育研究取得了丰硕的成果。以研究生教育研究为内容的专著、博硕士学位论文与期刊文章在数量上都相当可观。这些研究可以归纳为：研究生培养模式研究、研究生导师研究、研究生教育质量研究、研究生招生与就业研究、研究生学风与学术道德建设研究、学位与研究生教育中的管理问题研究、研究生教育的国际比较研究等 7 大方面。我们从这些研究中选取了 58 种具有代表性的文献（其中著作 2 部，学位论文 12 篇，学术论文 44 篇）并按照析出的主题分别对这些文献中的主要观点进行归纳整理、提炼陈述。

（一）研究生培养模式研究

人的培养是教育的核心内容。关于研究生培养问题的研究也一直是研究生教育研究的焦点之一。对 2011 年度研究生教育相关文献的梳理也表明，研究生的培养问题受到我国研究者的广泛关注。在这一年度，研究者对培养模式问题的关注主要体现在以下三个方面的研究中：（1）研究生培养模式改革；（2）研究生教育中的课程组织形式与教学方式创新；（3）研究生的创新能力培养。

针对研究生培养模式的研究关注的主要问题是：在当前条件下，何种培养模式更能有助于高校培养出社会所需要的人才？如何根据新形势的需要对我国现行的研究生培养模式进行改革？[①] 关于人才培养模式的探索，研究者做出过不少讨论[②]，他们提出的新培养模式包括"产学研结合模式"、"跨学科培养模式"与"贯通式培养模式"等。其中，产学研结合模式的提出与专业学位近些年的发展密不可分。[③] 在张志红等人[④]的研究中，作者们对全日制专业硕士的培养问题做出了初步探索。他们

---

① 参见丁雪梅、甄良、宋平：《调整结构，改革培养模式，提高培养质量——哈尔滨工业大学应用型人才培养的探索与实践》，载《研究生教育研究》，2011（10），1～4 页。

② 参见曹健：《研究生培养模式论》，南京，江苏大学出版社，2011。

③ 参见马永红、赵世奎、李晔：《全日制专业学位研究生教育跟踪研究思考》，载《研究生教育研究》，2011（2），74～77 页；李晔、王玮：《利益相关者视角下的全日制工程硕士职业实践基地建设研究》，载《研究生教育研究》，2011（1），83～87 页。

④ 参见张志红、潘紫微：《全日制专业硕士：产学研合作培养模式的探索》，载《高等工程教育研究》，2010（9），132～136 页。

从高校与企业联合进行的产学研合作的主要形式，以及产学研合作过程中的管理与质量控制等几个方面论述了如何做好全日制专业硕士的培养工作。张志红等人提出，在该类学位研究生培养过程中应当建构"产学研合作培养模式"。对于专业学位研究生的培养要坚持产学研结合的观点，别敦荣等人[①]也表示赞同。他们指出，我国专业学位研究生教育发展很快，但人才培养模式存在"理论化"色彩浓厚的特点，主要表现为：在"入口"重视对理论知识的考查；培养过程中重视理论知识的学习；在"出口"重视对理论知识的考核。别敦荣等人提出，对于专业学位研究生的培养，应当建立产学研相结合的模式，要突出该类型学位的"应用性"特征。

在产学研模式之外，跨学科培养模式也是研究者们提出的另一种需要予以重视的研究生培养模式。例如，何跃、张伟等人[②]曾对当前我国研究生教育中制约复合型高层次人才培养的一些因素做出分析，他们提出跨学科培养是一种有效的培养高层次复合型人才的模式，并指出可以通过如下几种模式实现研究生的跨学科培养：一级学科培养模式、跨学科门类培养模式、研究团队培养模式、个性化培养模式。当然，要实现对人才的跨学科培养，对跨学科培养的现状进行必要的了解是个基本的步骤。基于此，有部分研究者对我国研究生培养的跨学科问题进行了初步的调研。例如，熊勇清、曾丹[③]以 A 地区 3 所"211 工程"建设高校战略性新兴产业相关专业研究生为调查对象，从学生的角度出发，探讨了该地区这几所高校研究生跨学科知识分享的现状。他们从研究生跨学科知识分享的"观念及认识"、"行为及习惯"和"支撑环境"等三个主要方面进行了问卷调查，指出：被调查高校研究生对跨学科知识分享认识

---

① 参见别敦荣、万卫：《论我国专业学位研究生教育人才培养模式改革》，载《研究生教育研究》，2011（4），77～80 页。

② 参见何跃、张伟、郑毅：《研究生跨学科培养模式探索》，载《国家教育行政学院学报》，2011（7），31～34 页。

③ 参见熊勇清、曾丹：《研究生跨学科知识分享的现状调查及对策探讨——基于 A 地区"211 工程"建设高校战略性新兴产业相关学科的调查》，载《学位与研究生教育》，2011（2），61～66 页。

不足且主观意愿不强烈；跨学科知识分享的行为少且能力欠缺；被调查高校缺乏跨学科知识分享的支撑环境，没有相关平台及相应的制度措施。

实际上，"产学研模式"与"跨学科培养模式"概念的提出还只涉及高校与企业之间、学科与学科之间可以如何在培养某类或某层次学位研究生的过程中实现横向联合，对于不同层次学位研究生教育之间的衔接问题并无多少关注。对于这一问题，在2008年，张国栋[①]曾在其博士学位论文中进行过探讨。他关注的主要问题是：是否可以、又如何可以通过贯通式培养来提高博士生培养的质量。他系统地梳理了分段式博士生培养模式和贯通式博士生培养模式的诸种形式，并指出了我国贯通式博士生培养模式所存在的一些不足，诸如贯通性不够、开放性不够、科学性不够等。他还比较分析了英、德、日、俄等国的博士生培养模式，提出了改善我国贯通式博士生培养模式的建议。

当然，上述所有新模式的推行，均需要以对传统模式的了解和推动对传统模式的改革为前提。我国现行的研究生培养模式到底存在哪些问题？耿有权等人[②]曾对全国14所重点高校的研究生培养现状发起过专题调研，并尝试对此问题做出回答。他们调查了这14所高校的2 800位学术学位研究生，并发现在所调查的14所高校中：有利于培养研究生创新能力的课程比例不高，学生首次参加课题研究的时间过迟，毕业论文选题准备不足，研究生独立完成研究的能力不强。

对于目前的研究生培养模式所存在的诸如此类的问题，不少研究者提出了自己的改革主张，例如，冯美玲[③]曾对我国全日制硕士研究生培养模式的发展历程与改革进行了回顾，她指出，要优化我国全日制硕士研究生的培养，需要从如下几方面着力：（1）合理定位培养目标，实现学位类型的分类指导；（2）创新入学考核形式，广开专业学位招生渠道；

①　参见张国栋：《我国贯通式博士生培养模式的研究》，上海交通大学博士学位论文，2008。

②　参见耿有权、彭维娜、彭志越、曹蕾、陈华：《我国学术型研究生培养模式运行状况的调查研究——基于全国14所重点高校问卷数据》，载《研究生教育研究》，2011（6），28～34页。

③　参见冯美玲：《全日制硕士研究生培养模式改革研究》，西南大学硕士学位论文，2011。

（3）改革研究生培养方式，落实各环节配套改革；（4）转变质量观念，科学制定评估指标体系。

课程是对研究生进行培养的重要载体，教学是对研究生进行培养的重要环节。课程与教学问题当然也是研究生教育研究领域最受关注的问题之一。对于该问题，2011 年度，相关学者关注的主要问题是不同类型的学位培养项目其课程究竟应当如何安排、其课程体系应当如何完善。由于专业学位研究生教育在近些年的蓬勃发展，关于这些问题的探索与思考也多与专业学位研究生的培养问题挂钩。研究者一般都认为，应当根据专业学位的特殊性质合理安排课程与教学。例如，针对近些年较受关注的教育硕士专业学位，时花玲[①]提出，教育硕士专业学位是以教师职业为背景的专业学位，应当具有实践性、职业性和复合性等特征，而我国现行的教育硕士教育类课程并没有很好地体现实践性，课程结构也不太合理，课程目标和课程内容倾向于学术性。因此，她指出：教育硕士教育类课程的设置，应当回归教育硕士的本质，适当调整公共必修课程的比例和内容，增加专业选修类课程，拓宽学科教育类课程，强化实践环节。对此，任娟、袁顶国[②]表达了相似的观点。他们认为教育硕士的课程设置应当重视其实践取向，符合教育硕士专业学位特点，突出职业性、实用性、过程性、实践性等特征，走出学术化倾向的藩篱。

总体来说，研究者都同意应当依据专业学位的特殊性质进行课程体系的设计。这一点在针对其他学科研究生培养的研究中也有共识。例如，在针对医学专业研究生培养的研究中，任晓玲等人[③]分析了研究生科研实验中存在的主要问题及现行实验课程中的不足，指出研究生实验课程应注重突出学科交叉性、先进性、实用性和研究性，旨在使学生更系统、更全面地掌握医学实验技术和技能，为后续的研究性实验工作和科研水

---

① 参见时花玲：《教育硕士教育类课程设置的问题及对策》，载《教育理论与实践》，2011，31（4），54～56 页。

② 参见任娟、袁顶国：《论实践取向的教育硕士课程设置》，载《中国成人教育》，2011（7），148～150 页。

③ 参见任晓玲、王继红：《开展综合性基础医学实验课程提高医学研究生科研技能》，载《生命的化学》，2011，31（2），326～330 页。

平的提高打好坚实的基础。

　　上述两类研究关注的主要是研究生培养方式的问题，对于培养出来的研究生到底有何质的规定性并无多少讨论。对于当代的研究生究竟具备哪些能力和素质，有不少研究者提出过自己的观点。在 2011 年，"创新能力"是研究者们的共识。不过，研究者普遍认为，在当前，我国的研究生创新能力还不强。究其成因，雷鸣认为应当归为如下几点：（1）应试教育导致了研究意识和兴趣的弱化；（2）扩招造成的"稀释效应"；（3）功利主义价值观的消极影响；（4）学术创新土壤贫瘠；（5）学术评价标准扭曲。他指出，批判精神弱化是研究生创新能力不强的主要原因。据此，雷鸣[①]提出需要强化研究生批判精神，帮助研究生树立科学的批判意识，掌握批判性思维方法。不仅如此，他还提出研究生培养单位需要更新传统教学模式，营造宽松的批判环境，改进培养评价标准，为创新型人才的培养创造有利的环境。雷鸣所提出的研究生批判精神弱化的问题实际上是从较为微观的视角解释了当前我国研究生创新能力之所以不强的原因。比较起来，陆根书等人[②]的视角则更为中观。陆根书与其同事认为，在院校层面有一系列制约我国创新人才成长的问题，它们包括：基础研究领域缺乏以杰出科学家为核心的人才集群；缺乏一流的基础研究创新人才培养与成长基地；高校缺乏基础研究人才自由流动的学术环境；高校基础研究人才常常身陷事务性工作，但学术权力较小。王家宏[③]还从较为宏观的视角出发，探讨了研究生教育中创新能力的培养。他指出，研究生教育的核心是产生高水平的创新科研成果，而高水平的成果必须要有高水平的科研支撑；要实现研究生创新教育，必须将科技创新放到首位，以科技创新带动能力培养。何青[④]则在自己的博士论文

---

　　① 参见雷鸣：《论批判精神与研究生创新能力的培养》，载《江苏高教》，2011（2），48～49 页。

　　② 参见陆根书、彭正霞：《培育高等学校和谐学术生态，促进基础研究创新人才成长》，载《高等工程教育研究》，2011（1），60～66 页。

　　③ 参见王家宏：《以科技创新引领研究生教育创新》，载《中国高校科技与产业化》，2011（3），19～21 页。

　　④ 参见何青：《研究生创新能力培养与评价研究》，华中师范大学博士学位论文，2010。

中，结合宏观和微观的视角，探讨了研究生创新能力的构成要素及其影响因素。他引入结构方程模型，综合使用因素分析、方差分析、回归分析等方法对研究生创新能力评价进行探讨，并指出影响研究生创新产品获得的外因变量为国家政策、家庭环境、内在动机、外在动机、培养理念、培养主体、培养方式、培养条件、学术氛围、建构知识、发现问题、解决问题和提升转化。在最后，他还从理念突破、导师队伍建设、培养方式改进等方面提出了改进高校研究生创新能力培养的政策建议。

（二）研究生指导教师研究

导师是研究生教育活动中的核心要素之一。近些年，关于研究生导师的研究在数量上也一直在增加。2011年，关于研究生导师的研究，学者主要关注的话题有如下两点：（1）导师与研究生的关系；（2）导师队伍的建设。

导师是研究生科学探究的引路人，导师与研究生之间的关系对于研究生的发展有着重要的影响。不过，研究者普遍指出，在当前，研究生导师与学生在关系的处理方面存在着一系列的问题。例如，王玲[①]认为，我国的硕士生导师在教育行为方面存在着"不作为"现象，硕士生导师对硕士生的成长与发展漠不关心，以雇佣关系代替师生关系或对学生实施放羊式管理，忽视应当担负的育人职责。对于诸如此类的问题，研究者们认为，其根源在于当前的导师制度。例如，王玲认为导师的"不作为"现象即与我国硕士生导师教育行为评价体系的缺失有关系。罗尧成等人[②]也认为，导师制度的完善才是调动研究生和导师积极性的首要路径，应通过改革导师的遴选与招生制度，构建研究生导师的约束与激励机制，倡导研究生导师的多样化资助，以提高研究生培养的质量。当然，

---

① 参见王玲：《论我国硕士生导师教育行为评价的缺失与错位》，载《学位与研究生教育》，2011（3），26～30页。

② 参见罗尧成、曹海艳、孙跃东：《研究生培养机制改革背景下的导师制度内涵、困境及超越》，载《江苏高教》，2011（3），65～67页。

也有不少研究者提出，导师与研究生之间关系问题的处理可以从微观的层面入手，从改善导师与研究生之间的互动做起。例如，武永江[①]在总结日常经验的基础上提出，导师经常与学生进行沟通，对于提高教与学活动的成效起着非常重要的作用，因此，他指出需要在导师与研究生之间开展探究型的对话。赵燕[②]也从相似的角度出发提出：处于主导地位的导师应该从思想上重视与研究生的沟通交流，从态度、氛围等小处着手，从聆听、激励等处做起，与学生有效地进行沟通。

随着我国学位体系的不断完善和研究生教育规模的不断扩大，研究生导师的队伍建设也日益成为各方普遍关注的问题之一。导师队伍的建设，有三个层次的内涵。其第一层内涵与当前不断扩大的研究生教育规模有关——随着学生规模的总体扩张，应当如何在数量和质量上保证研究生导师的供给？宋强、裴金宝[③]以教育硕士为例，对全日制专业学位研究生指导教师的队伍建设进行了探讨。他们观察到近两年"全日制专业学位研究生"的快速发展趋势，提出该类研究生教育在规模上的迅速扩张必然要求高校能够建立起一支有规模、素质高、业务精的专业学位研究生导师队伍。然而，短期内遴选大批新人进行补充并不现实。因此，他们提出需要通过如下两种方式解决这一问题：（1）利用好校内现有学术学位硕士生导师队伍，应对短期的"过渡性"；（2）充分挖掘社会资源，积极遴选校外合作导师，以体现专业学位的"实践性"和"应用性"。

导师队伍建设的第二层内涵与学位体系的完善和学位类型的多样化发展有关——不同类型的学位研究生，尤其是近些年在规模上迅速扩大的专业学位研究生，其指导教师队伍应当如何建设？施亚玲等人[④]曾对

①　参见武永江：《论导师与研究生探究型对话的构建》，载《中国高教研究》，2011（6），56~58页。

②　参见赵燕：《浅议研究生导师与学生沟通方式方法问题》，载《中国社会科学院研究生院学报》，2011（1），107~111页。

③　参见宋强、裴金宝：《全日制专业学位研究生指导教师队伍建设的探讨——以教育硕士为例》，载《中国成人教育》，2011（7），68~69页。

④　参见施亚玲、向兴华、李若英、肖远亮：《全日制硕士专业学位研究生导师队伍建设现状调查分析》，载《学位与研究生教育》，2011（12），24~29页。

广东省三所高校的专业学位研究生导师队伍的建设做出调查，针对该类学位研究生指导的"双导师制"，他们的调查发现：无论是教师还是学生和管理人员都对"双导师制"高度认同，但是，他们的研究同时也表明，"双导师"的实施存在着诸如落实不到位、校内外导师职责不清晰、交流联系不密切等问题。施亚玲及其论文合作者据此指出，要建设专业学位研究生导师队伍，开展专业学位研究生培养的机构需要从如下几个方面入手：进一步扩大产学研合作规模，提升合作层次和水平，建立健全专业学位研究生导师评聘制度，加强专业学位研究生导师的培训，创新导师管理制度。

导师队伍建设的第三层内涵与导师自身扮演的角色有关——导师是否只是学生科研的引路人？实际上，高校的管理者、研究者对于研究生导师所应当扮演的角色通常有着多重的期待，戴雪飞等人[1]甚至提出导师在研究生的思想政治教育中发挥着不可忽视的作用，在他们看来，思想政治教育应当是研究生导师队伍建设的应有之义。因此，要通过明确导师职责、加强导师培训等措施来发挥导师在研究生思想政治教育中的作用。

（三）研究生教育质量研究

研究生教育大规模扩张之后，质量问题成为研究者关注的焦点问题之一。在 2011 年，关于研究生教育质量问题的研究主要集中在以下两个方面：一是当前研究生教育的质量现状；二是提高研究生教育质量的方法。

对研究生培养过程中的质量问题鲜有经验性的调查，不过，在 2011 年即有学者做出这方面的尝试。例如韩映雄等人[2]首次尝试对我国博士研究生培养质量的满意度进行大规模的调查分析。他们以我国 57 所研究

---

① 参见戴雪飞、蔡茂华：《导师在研究生思想政治教育中的作用与发挥》，载《思想教育研究》，2011（4），107～110 页。

② 参见韩映雄、张美娇：《博士研究生培养质量满意度分析》，载《现代大学教育》，2011（1），49～52 页。

生院在读博士生为调查对象，采用比例分层随机取样的方法，调查了超过 1 500 名博士研究生。他们的调查结果显示，博士研究生培养质量在受到大多数研究生积极评价的同时，存在着三方面的不足：导师对学生学习兴趣的关注不够、博士研究生对课程教学内容的前沿性和讨论式教学方法的应用有更多的期待、研究经费和设施尚不能完全满足博士研究生的需要。张东海等人①还对我国研究型大学全日制专业学位研究生的培养状况进行了调查，他们在全国 56 所设立了研究生院的高校的调查表明，我国专业学位研究生对专业学位的认同度不高，专业学位的研究生教育在培养环节未凸显专业学位特点，与学术学位区分度不高。

对于研究生培养质量现状的调查与分析，只是当前关于质量问题研究的一个方面。我国学者更为关注的是，应当如何提高研究生教育质量。当然，培养质量的提高，需要以对已有质量保障体系的反思为前提。对于当前我国研究生教育质量保障体系所存在的质量问题，王战军曾在"完善研究生教育质量保障体系研究"课题中做过整体的分析与反思。他指出，我国研究生教育保障体系存在的问题主要有如下几点：一是质量保障立法滞后、质量文化缺失；二是外部质量保障控制程度相对较强、内部质量保障意识和能力相对薄弱；三是质量保障方法科学性和合理性有待提高；四是作为质量保障主体的研究生缺位。针对这些问题，研究者普遍认为，我国当前亟须构建一个以高校自律为基础，兼顾政府宏观调控和社会各方参与的研究生质量保障多元共治体系，并要促进高校逐步形成一种自觉的质量文化，从根本上提升研究生教育的质量。② 例如，曲志丽、王同旭③从知识管理的角度，在探讨各教育因素之间的关系后，提出要想在研究生的培养质量方面有所提高，就需要在管理制度、人的能动性、学校与社会等方面形成和谐的互动循环。就如何提升研究生培

---

① 参见张东海、陈曦：《研究型大学全日制专业学位研究生培养状况调查研究》，载《高等教育研究》，2011（2），83～90页。

② 参见吴开俊、王一博：《以"共治"促"自律"：研究生教育质量保障的路径选择》，载《学位与研究生教育》，2011（9），6～9页。

③ 参见曲志丽、王同旭：《基于知识管理理念的研究生培养质量探微》，载《黑龙江高教研究》，2011（1），148～151页。

养的质量，邢媛①也曾在自己的博士论文中做过系统的讨论，她指出，作为提供准公共服务产品的研究生教育，其质量管理应遵循服务质量管理原则。她以研究生教育机构的质量管理为切入点，探讨了育人服务质量管理的运行机制和评价方法。

不过，需要指出的是，在高等教育大众化时代，质量观亦应当多元、全面；针对不同类型的学位与研究生教育，培养质量一词应有的含义也应当有所不同，质量提升的方法也应当强调适切性，需要以多样化的形式提升不同类型学位的研究生教育质量。对于这一点，不少研究者也有认识，例如，李扬曾以专业学位研究生的教育质量为例，提出了提升研究生教育质量的相关建议：明确专业学位研究生的培养目标；科学选择专业学位研究生的教育内容；采用灵活的专业学位研究生教育方法和手段；提高专业学位研究生的研究能力和实践能力；建立专业学位研究生的教育评价体系；加强师资和制度建设；建立行之有效的课程教学质量评估体系。②

（四）研究生招生与就业研究

2011 年度，关于研究生招生与就业的研究主要关注的话题有：（1）研究生招考办法的改革；（2）研究生就业的问题以及缓解毕业生就业压力的途径。

随着我国硕士研究生招生规模的不断扩大，既有的研究生招考体系在组织、内容等方面日益受到研究者的批评与反思。革新研究生招考体系已经是各方共识。问题是，既有的体系究竟应当如何改革。对此，有不少研究者试图做出解答。例如陈睿、陈瑞武等学者③就在我国硕士研究生入学考试中设置一般能力测试的问题进行了调查研究。他们使用调

---

① 参见邢媛：《研究生教育卓越质量管理研究》，天津，南开大学出版社，2009。
② 参见李扬：《对提高专业学位研究生教育质量的思考》，载《教育探索》，2011（11），16~17页；王芳、贾青青、邓慧萍、黄宏伟：《研究生课程教学质量评估体系构建初探》，载《学位与研究生教育》，2011（1），53~57页。
③ 参见陈睿、陈瑞武、关丹丹：《硕士研究生入学考试中设置一般能力测试的调查研究》，载《学位与研究生教育》，2011（7），59~64页。

査问卷法，向我国近 70 所高校超过 2 200 名教师发放了调查问卷，对教师们就在我国设置硕士研究生入学考试一般能力测试的看法做出了调查。他们指出，调查结果表明研究生全部科目统考是硕士研究生招生改革的趋势，应推进一般能力测试。他们还据此提出了我国硕士研究生入学考试初试时应当考查的内容。罗敏[①]则从我国研究生招生计划政策的现状和特征入手，指出研究生招生政策未来的改革趋势：（1）以最低生均成本作为研究生招生计划分配的内部约束条件；（2）以社会需求作为研究生招生计划分配的外部约束条件；（3）明确不同种类研究生招生计划的定位、招生计划的编制遵循重心下移的原则；（4）招生单位内部微观招生指标分配坚持学科发展和交叉补助的原则。

研究生的就业问题是另一重要的研究议题。近些年的不少研究已经逐步脱离传统上纯理论研究取向，逐渐地转向经验色彩浓厚的调查研究范式。在 2011 年发表的各类学术研究中，就研究生的就业问题出现了一系列的调查研究。这些调查研究分别涉及研究生的就业状况、影响研究生就业的因素等方面。就研究生的就业状况，孙百才等人[②]曾做过大规模的调查。他们通过对 2007—2010 届 3 450 名甘肃省毕业研究生的抽样调查，从就业去向、职业取向、求职过程、期望工资等方面全面描述了甘肃省研究生就业状况。他们的调查显示，2007—2010 年研究生确定去向的落实率总体呈下降趋势，已经签约的毕业生越来越趋向于到东部地区和中部地区就业，到省会以下中小城市就业的研究生逐年增多。国有大中型企业、高等院校和党政机关是甘肃省研究生就业的主渠道。最受研究生青睐的工作单位的排序为"党政机关"、"国有大中型企业"和"学校"。有超过半数以上的毕业研究生需要学校提供的就业指导服务，研究生的工作搜寻努力不足，求职费用中请客送礼占有较高的比重。从期望工资看，研究生找工作时能接受的最低月工资呈逐年上升趋势。刘

① 参见罗敏：《我国研究生招生计划政策：现状、特征与改革》，载《高等教育研究》，2011（9），49～54 页。
② 参见孙百才、高欣秀、徐敬建：《甘肃省研究生就业状况调查报告（2007—2010 年）》，载《中国高教研究》，2011（2），29～32 页。

177

娜[1]以北京部分部属高校为例，对影响研究生就业的因素进行了调查。她发现，影响硕士研究生就业意向的因素有择业的清晰度、就业成功信心度、考虑就业的时间、学校的就业指导以及就业渠道的选择等。只有充分考虑到以上因素，为毕业研究生提供的就业指导才能切实有效。

（五）研究生学风与学术道德建设研究

近些年来，随着我国经济社会环境的变化，科研造假、学风浮躁、抄袭剽窃等行为屡屡发生，研究者普遍认为，在研究生培养过程中，需要加强学风和学术道德建设。在 2011 年度，针对研究生教育学风与学术道德方面的研究，研究者主要关注的议题是应当如何建立研究生学术道德和学术规范建设的长效机制。

问题的解决需要以对问题的认知为前提。为推动对研究生学风和学术道德现状的了解，不少研究者开展了规模与性质不同的实证性调查。例如，万聪[2]曾就此问题开展过调查，并将捏造、伪造数据，剽窃他人成果，杜撰参考文献，钱学交易等归结为研究生学术不端行为的主要表现。邓丽萍[3]也调查了湖北五所高校超过 200 名硕士研究生，发现：学生对学术规范的认知程度较低，认识不全面；研究生中违反学术规范的行为普遍存在；有关学术规范的教育缺乏，教育主体单一。

对于当前研究生学风和学术道德方面所存在的问题的成因，不少研究者也有过探讨。例如，张颖[4]将研究生出现学术诚信问题的原因进行了归纳，认为其外部原因主要有：（1）社会风气浮躁；（2）科研考评体系不尽合理；（3）导师超量带学生；（4）监督制度不严。内部原因主要为个人的急功近利思想与侥幸心理。据此，她提出，研究生学术诚信保

---

① 参见刘娜：《硕士研究生就业意向调查分析——以北京部分部属高校为例》，载《教育发展研究》，2011（3），24～38 页。

② 参见万聪：《社会学理论视角下的研究生学术不端行为研究》，西北大学硕士学位论文，2011。

③ 参见邓丽萍：《研究生学术规范教育研究》，中南民族大学硕士学位论文，2011。

④ 参见张颖：《研究生学术诚信保障体系研究》，载《研究生教育研究》，2011（2），57～61 页。

障体系的建立，应当遵循如下基本原则：（1）自律与他律相结合原则；（2）惩罚与教育相结合原则；（3）学校制定与学生参与相结合原则；（4）学校与社会诚信保障体系相结合原则。对于张颖所归纳的研究生学术道德失范的原因，在王肖①的论文中也有回应，他将研究生学术道德失范的原因分为主、客观两个方面，认为其主观原因主要体现在：学术能力不足、缺乏对学术道德规范的认识、自身对外部环境的抵抗力弱、急功近利的科研态度以及侥幸心理等方面；客观方面的原因在主要体现为：学术道德规范制度不健全、培养制度和模式存在缺陷以及学术环境的负面影响等。

在前述认识的基础上，不少研究者还提出了进行研究生学术道德和学术规范长效机制建设的办法。例如，屈晓婷等人②提出，要加强研究生学风建设，需要从如下几个方面入手：（1）提升研究生的综合素质；（2）营造科研团队优良的学术氛围；（3）发挥导师的示范性作用；（4）以学校整体为单位，构建良好的教学环境与学习氛围。关于在学校组织层面如何建立更为有效的措施，推进研究生学术道德与学术规范建设，王沙骋③提出了相似的思路，他认为，需要从组织领导机制、运行机制和反馈分析机制三个方面入手构建研究生学术道德与学术规范教育的长效机制。

（六）学位与研究生教育管理问题研究

研究生教育中的管理问题一直是我国学者较为关注的热点话题之一。学者们指出，随着我国研究生教育规模的不断扩张，出现了质量滑坡、就业困难等问题。④ 他们普遍认为管理的改善是破解当前难题的路径之

---

① 参见王肖：《研究生学术道德失范的表现及防治研究》，湘潭大学硕士学位论文，2011。
② 参见屈晓婷、秦莹：《北京部分高校研究生学风现状调查》，载《学位与研究生教育》，2011（8），32～36页。
③ 参见王沙骋：《研究生学术道德和学术规范教育长效机制研究》，载《思想教育研究》，2011（1），68～71页。
④ 参见李均：《当前高等教育学硕士研究生教育的三大困境》，载《江苏高教》，2011（1），46～48页。

一。[①] 在 2011 年，就研究生教育中的管理问题，学者们关注的话题主要分为两块：一为如何改善宏观管理体制；二为如何从微观管理体制着力改善院校层面的研究生管理工作。

关于如何改善宏观管理体制，在 2011 年，研究者曾进行过多方面的研究。[②] 这些研究涉及学位授权体系、教育体制、质量与文化建设等方方面面。例如，朱凌曾就学位授权体系结构及其影响因素开展研究；古继宝也曾就研究生教育体制改革开展专题调研；杨颖秀教授还曾专门研究了《中华人民共和国学位法》中所存在的若干核心问题；林梦泉则针对学位点发展与建设专门进行了研究；贺克斌曾就研究生教育的国际合作问题展开过专题调研。他们均根据自身的研究提出了多种改革宏观管理体制的路径。

不少研究者认为，管理理念的改变是宏观管理体制改革的前提，例如，张淑林[③]指出，《中华人民共和国学位条例》实施三十年后我国的学位与研究生教育的环境、形势都发生了巨变。在新的历史时期，新的管理体系应当突出"服务型"这一特色，并将其视为新的学位与研究生管理体系的重要理念，她认为这是深化研究生培养机制改革的现实需要。当然，宏观管理体制的改革不能仅局限于理念层面的思考。新的宏观管理体制到底应当如何，还应当有策略与方法论层面的探讨。在策略层面，袁本涛[④]等人还曾就我国学位与研究生教育改革发展重大问题组织专项调研，对如何调整我国的研究生教育结构也进行过讨论，他们从对治理理论的研究入手，指出研究生教育结构的优化需要政府、高校与中介组织的共同参与。在方法论层面，研究者对研究生教育宏观管理体制改进的讨论多结合研究生资助体系建设问题展开。对这一问题的特别关注与

---

① 参见胡瑞、李忠云、陈新忠：《系统论视角下研究生教育影响因素探析》，载《教育理论与实践》，2011（1），3～5页。

② 参见谢维和、王孙禺、袁本涛：《学位与研究生教育：战略与规划》，北京，教育科学出版社，2011。

③ 参见张淑林：《学位与研究生教育管理的理念嬗变与实践创新》，载《学位与研究生教育》，2011（2），9～12页。

④ 参见袁本涛：《治理视域下我国研究生教育结构调整问题研究》，载《高等教育研究》，2011（11），38～42页。

我国研究生教育规模的扩大有直接的关联。随着我国研究生培养规模的不断扩大，有研究者指出研究生教育经费短缺问题日益显现。而教育经费投入又是研究生教育持续发展的重要推动力。由学习者分担研究生培养成本是一条现实而又必然的选择。问题是，要如何在成本分担的情况下，建立一套有利于激发研究生创新热情和创新实践的奖助机制，促进研究生培养质量全面提高。[①] 徐丹[②]曾对研究生资助体系进行过深入的研究，他提出研究生资助体系是研究生教育体系中一个重要部分，对于帮助贫困学生完成高等教育具有不可替代的作用。徐丹还特别指出完善西部省属高校硕士研究生资助体系对西部创新型高层次人才的培养具有重要作用，提出西部省属政府应充分利用各种资源，通过诸如提高针对西部高校研究生的经济资助水平、明确政府主体责任、完善相关配套政策和进一步完善混合资助体系等来完善针对硕士研究生的资助体系。

关于如何从微观管理体制入手改善院校层面的研究生管理工作，研究者也提出了多种思路。不同研究者对微观管理体制改善的讨论多与研究生管理问题中的现实问题挂钩。例如，随着专业硕士学位研究生规模的不断增长，有不少研究者开始关注院校层面专业学位研究生的管理问题。例如，高丽[③]从管理理念、管理手段、管理过程、管理对象等方面对专业学位硕士研究生的管理问题进行了阐述；从扩招、管理者、导师、管理对象自身等方面对全日制专业硕士管理中存在的问题进行了原因分析；提出要通过更新管理理念、完善管理制度、改进管理方法等方式来促进全日制专业学位硕士教育的可持续发展。在针对院校层面研究生管理工作的研究中，研究生奖学金的评定也是研究者颇为关注的重要内容之一。例如，马宝云[④]曾以北京交通大学理学院为例，分析了该院既有

---

① 参见张霞：《培养机制改革背景下的研究生教育成本分担问题研究》，兰州大学硕士学位论文，2011。

② 参见徐丹：《我国西部省属高校硕士研究生资助体系研究》，四川师范大学硕士学位论文，2011。

③ 参见高丽：《我国全日制专业学位硕士管理问题研究——基于河南省教育硕士的研究》，河南大学硕士学位论文，2011。

④ 参见马宝云：《学分制下研究生奖学金评定算法的研究》，北京交通大学硕士学位论文，2011。

的奖学金评定体系，并结合分析当前常用的研究生奖学金评定算法，提出了对该校理学院研究生奖学金评价系统的改进方案。微观层面的研究中，研究生干部的组织建设也是研究者关注的重要问题之一。例如，夏士然[①]曾指出研究生干部组织是高校的重要组成部分，是研究生群体中的核心队伍，在研究生思想道德教育、观念教育、提高社会实践能力等多个方面有重要作用。据此，他提出高校应结合研究生干部组织的特点，运用相关的组织管理方法，加强组织建设，提高组织的工作效率，进而运用组织的影响力全面提高研究生整体培养质量。

（七）研究生教育的国际比较研究

国际比较研究是研究生教育研究的重要内容之一。对不同政治体制、文化背景、历史传统之下国家和地区研究生教育系统的比较研究，有着重要的意义。它不仅可以让我们了解其他国家和地区研究生教育发展的经验，还可以让我们在比较的视野下了解不同体系下研究生教育发展的基本机制，从而有助于我们认清我国研究生教育发展的方向，为我国研究生教育的发展寻找有益借鉴。2011年度，研究生教育的比较研究关注的话题主要集中在如下两方面：一是研究生教育发展规模的跨国比较；二是研究生培养模式的跨国比较。

在比较研究中，研究生教育的规模问题一直是我国学者较为关注的话题之一。对规模问题的比较研究，与近些年来我国研究生教育规模的飞速扩张有关。刘少雪[②]对中、美两国博士教育发展的情况进行了比较研究，指出：我国研究生教育的起步相对较晚，但近年来的发展速度很快；从博士学位的授予数量来说，中国已经成为仅次于美国的世界第二大博士学位授予国家。不过，她进一步指出，将中美两国研究生教育相提并论的提法尚待商榷。关于这一观点，在其他研究者的研究中也有反

---

① 参见夏士然：《高校研究生干部组织建设研究》，青岛大学硕士学位论文，2011。
② 参见刘少雪：《中美两国的研究生教育可以比较吗》，载《复旦教育论坛》，2011，9
（2），43~47页。

映。李霞[①]就曾利用相关数据，对比分析了当前中美两国博士培养在类型、学位授予规模等方面的特征，并结合两国在经济、人口组成方面的特点做了进一步的分析，指出中国的博士规模近些年虽有扩大，但并未成为世界之最。在此基础上，其指出，相对于经济社会的发展，中国的博士生培养首先应保证质量，在此基础上可考虑规模的适度增长。

研究生培养模式的跨国比较是我国学者一直以来非常关注的一个话题。在该类研究中，研究者多期望通过对其他国家研究生培养模式的了解，为我国研究生培养模式的改进提出对策建议。[②] 2011 年，在培养模式的跨国比较方面，专业学位研究生的培养受到研究者的共同关注，不同国家的教育、工程、社会工作硕士学位项目是我国学者较常研究的对象。例如，李森等人[③]对比分析了我国与美国的教育专业学位的研究生教育在培养目标、培养过程和培养评价三个方面的特征，总结了美国的教育专业学位研究生教育的成功经验，理出了目前我国这一学位项目在发展方面所存在的问题，提出：我国教育专业学位的研究生教育应落实培养目标、细化落实程序；改革招生入学，强化责任承担；以实践为导向，调整课程与教学；增强培养方式的灵活性，打造导师指导特色；革新培养评价，严格学位授予。刘德华等人[④]还对我国三所部属师范大学教育硕士（小学教育）的培养方案和美国两所大学硕士层次的小学教师培养方案进行了比较研究，并指出我国高校教育硕士的培养方案在课程体系的设计方面应当：考虑划分更多的课程模块；扩大选修课程的比例和选修的范围；设置小学各门学科的选修课；合理利用教科院以外的课程资源。除教育硕士学位项目外，工程硕士研究生教育也是我国学者

[①] 参见李霞：《中美博士规模之比较》，载《中国高教研究》，2011 (3)，38～41 页。

[②] 参见廖湘阳、凌恒：《美国理学专业硕士培养特点分析》，载《比较教育研究》，2011 (6)，140～143 页。

[③] 参见李森、王振华：《中美教育专业学位研究生培养模式比较研究》，载《中国高教研究》，2011 (2)，37～40 页。

[④] 参见刘德华、刘丽娟：《中美硕士层次小学教师培养方案的比较与启示》，载《教师教育研究》，2011 (3)，59～65 页。

经常开展比较研究的内容之一。如王雪青、杨秋波等[①]对国外的工程管理硕士专业学位教育的培养方式进行了分析与研究。他们发现，该类学位项目在培养过程中强调学生的工程技术背景、强调跨学科培养并注重实践教学，此外，其还拥有成熟的质量评估与认证体系；据此，他们提出我国的工程管理硕士专业学位教育应当充分借鉴国际经验，突出复合型特征，明确人才培养定位；服务经济增长方式转变，科学设置培养方案；坚持企业的积极参与；实现工程管理硕士专业学位教育的国际化。

三、国际发展趋势与热点分析

（一）美、英、日十年发展趋势

本部分以美国、英国和日本三国相关统计机构发布的学位与研究生教育数据为基础，比较分析了这三国自 2000 年以来学位与研究生教育的发展趋势。[②] 之所以选择这三国进行比较与分析，是因为这三国研究生教育体系具有不同的特点：美国的研究生教育规模庞大，层次结构多样，经过不断地发展、演进、分化，已经形成较为系统、完善和成熟的研究生教育制度，成为世界上不少国家竞相学习借鉴的对象；英国研究生教育则素以"标准严、质量高"闻名；而日本作为东方教育强国，从 20 世纪 90 年代以来，也一直将研究生教育作为教育改革的重点之一。

1. 美国研究生教育的十年发展趋势

美国是当今世界上研究生教育规模最大的国家之一。二战后，该国研究生教育规模的不断扩张为其在科技、经济领域持续占据世界领先地位作出了重要贡献。进入 21 世纪，美国更是将研究生教育提升至国家战

---

① 参见王雪青、杨秋波、高若云：《工程管理硕士专业学位教育的国际经验及其启示》，载《科技进步与对策》，2011（7），140～143 页。

② 由于美国 2011 年的统计数据无法获得，我们将针对美国的趋势分析时间段定为自 2000 年至 2010 年，针对英国和日本的趋势分析时间段则定为自 2001 年至 2011 年。

略高度。美国研究生院委员会（Council of Graduate Schools，CGS）发布的《前方之路：美国研究生教育的未来》和《研究生教育：美国竞争力和创新能力的中流砥柱》两份报告更是明确指出，美国应将研究生教育视作国家竞争力和创新战略的重要组成部分。

从总体规模上看，2000 年时，美国全国的研究生学位年授予数即已超过 50 万，2010 年超过了 85 万，增幅超过 45％（见图 5—1）。从不同层次学位的授予量来看，2000 年美国授予的博士学位数超过 11 万（含第一职业学位，FPD），2010 年突破 15 万。同期，该国每年授予的硕士学位数也迅猛增长。2000 年美国每年授予的硕士学位数超过 45 万，2010 年超过了 69 万。

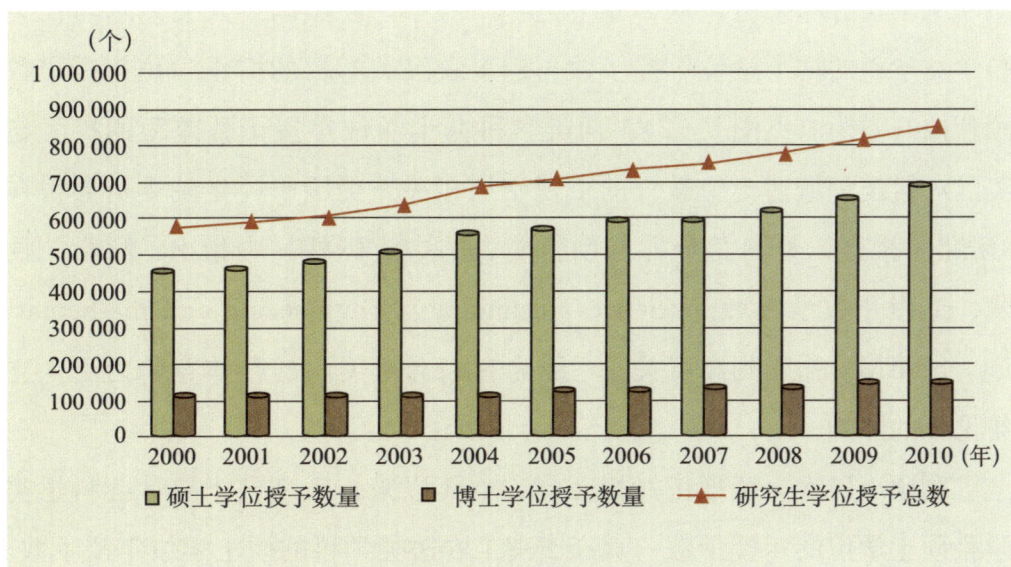

图 5—1 2000—2010 年美国研究生学位授予数

资料来源：美国国家教育统计中心（NCES），见 http：//nces. ed. gov/programs/digest/d11/tables/dt11＿283. asp。

2000 年以来，美国授予学位数中博硕比一直保持在 1∶10 左右。2004 年之前，该国授予学位数中博硕比曾呈小幅下降趋势，并一度降至 1∶11.6 的水平；但 2004 年后该比例又呈上升趋势，并在 2009 年一度达到 1∶9.7 的水平；而后，在 2010 年，该比例又有所下降，降为 1∶10.8。总体来说，2000 年以来，美国授予学位数中的博硕比没有太大的变化，博士、硕士学位授予的相对数量较为稳定（见表 5—1）。

表 5—1　　　　　　　　　　　2000 年以来美国授予学位数的博硕比

年份	博硕比
2000	1：10.2
2001	1：10.4
2002	1：10.9
2003	1：11.1
2004	1：11.6
2005	1：10.9
2006	1：10.6
2007	1：10.0
2008	1：9.8
2009	1：9.7
2010	1：10.8

资料来源：美国国家教育统计中心（NCES），见 http：//nces.ed.gov/programs/digest/d11/tables/dt11＿283.asp。

从学科分布来看，从 2000 年至 2010 年，在美国，人文艺术与社会科学类学科的博士学位年授予数与理工农医类学科的博士学位年授予数渐渐拉开差距（见图 5—2）。两类学科博士学位年授予数差距的扩大与美国对科技领域博士生教育的重视密切相关。美国研究生院委员会曾在《研究生教育：美国竞争力和创新能力的中流砥柱》中指出：科学、技术、工程和数学领域（science，technology，engineering and mathematics，STEM）需受到高度关注，因为它们会对美国的整体竞争力产生立竿见影的影响。

在硕士层次，情形正好相反。2000 年以来，人文艺术与社会科学类学科硕士学位的年授予数一直高于理工农医类学科的硕士学位年授予数。在 2000 年，美国人文艺术与社会科学类学科共授予硕士学位 32 万个，占当年美国硕士学位授予总数的 70％。至 2010 年，该类学位的年授予数已接近 50 万，占当年美国硕士学位授予总数的 71％。而同期，在理工农医类学科，美国每年授予的硕士学位数均低于 18 万（见图 5—2）。

海外留学生被认为是维系美国持续创新能力的重要资本，是美国大学及产业界创新理念和创新实践的重要源泉。[①] 美国国际教育协会（In-

---

①　由于日本未公布授予留学生研究生学位的相关数据，后文将不对日本的留学生学位授予情况进行分析。

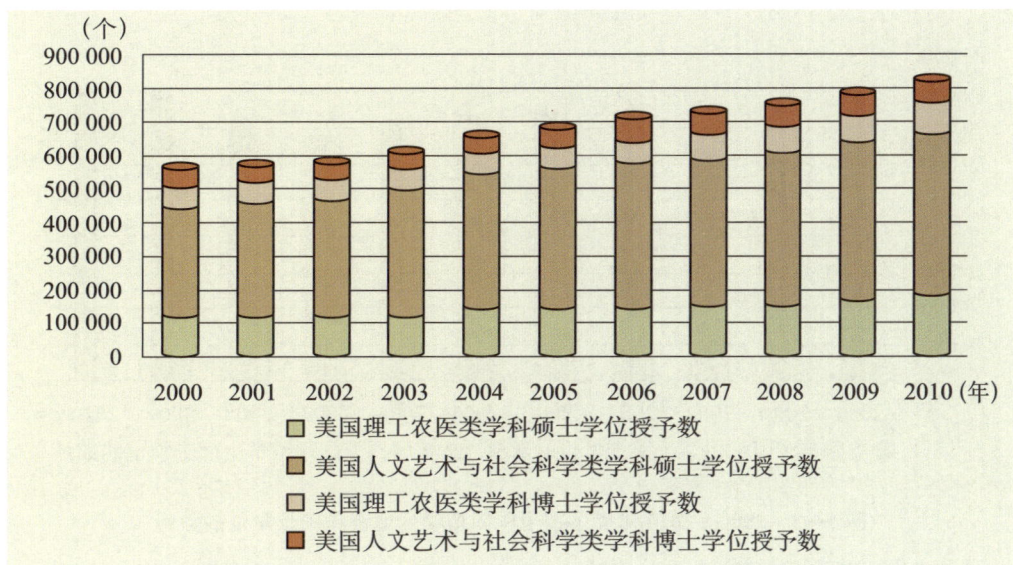

（个）

900 000
800 000
700 000
600 000
500 000
400 000
300 000
200 000
100 000
0

2000　2001　2002　2003　2004　2005　2006　2007　2008　2009　2010（年）

■ 美国理工农医类学科硕士学位授予数
■ 美国人文艺术与社会科学类学科硕士学位授予数
■ 美国理工农医类学科博士学位授予数
■ 美国人文艺术与社会科学类学科博士学位授予数

图 5—2　2000—2010 年美国硕士与博士学位授予的学科分布

资料来源：美国国家教育统计中心（NCES），见 http：//nces. ed. gov/programs/digest/d11/tables/dt11
_288. asp。

stitute of International Education，IIE）公布的《打开大门：美国国际学生年度报告》显示，2010/2011 学年，留美的国际学生数较之前一学年度上升了 11％，且中国已连续多年成为美国最大的留学研究生来源国。美国授予留学生的研究生学位在数量上继续居世界各国之首。2000 年，美国授予国际留学生的研究生学位为 6.6 万个，至 2010 年，这一数字已增至 9.9 万个。美国授予国际留学生的研究生学位中，硕士学位要多于博士学位（见图 5—3）。

2. 英国研究生教育的十年发展趋势

英国的研究生教育素以其精英模式著称，长期以来一直呈现规模小、质量高的特点。不过，从总体规模上来看，2001 年以来，英国的研究生教育发展也很迅速。2001 年，该国所授予的研究生学位总数尚低于 9 万，而到了 2011 年，这一数字即已超过 18 万，10 年间增幅超过 110％（见图 5—4）。

不过，从不同层次学位的授予量来看，英国博士学位的授予规模相对较小。2001 年以来，尽管该国博士学位授予数一直在不断增长，但直至 2011 年，这一数字也仅为 2 万。而在同期，该国的硕士学位年授予数

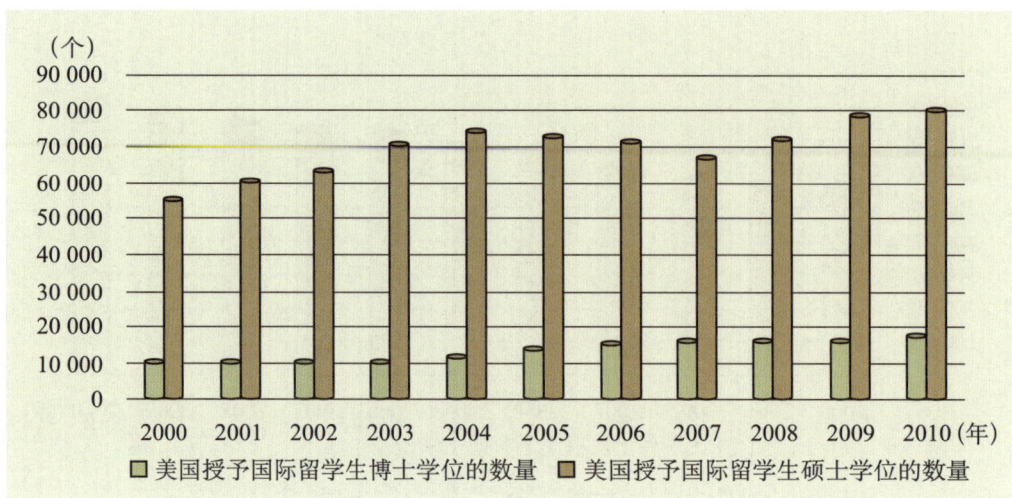

图5—3　2000—2010年美国授予国际留学生博士和硕士学位的数量

资料来源：美国国家教育统计中心（NCES），见 http：//nces. ed. gov/programs/digest/d11/tables/dt11 _ 303. asp。

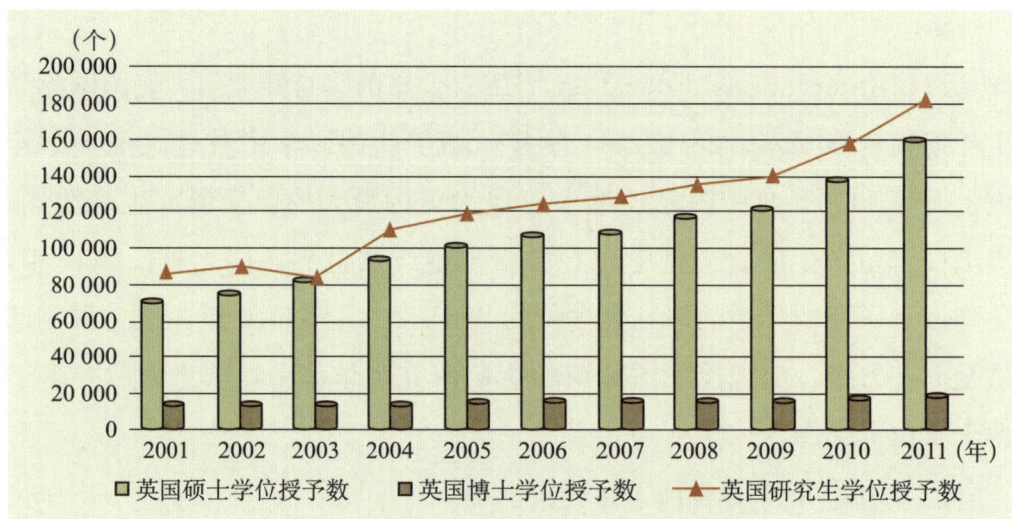

图5—4　2001—2011年英国研究生学位授予数

资料来源：英国高等教育统计局，见 http：//www. hesa. ac. uk/content/view/1897/239/。

一直高于7万。而且，自2001年至2011年，该国硕士学位年授予规模的扩张速度也高过博士学位。在2001年时，该国硕士学位授予数还仅为7.2万，而到2011年时即已增长至16.2万，十年间增幅超过120％，而同期博士学位的年授予数增幅仅为42％。

　　由于硕士研究生规模的快速扩张，2001年以来，英国授予学位数中的博硕比一直呈下降趋势。2001年，该国授予学位数中的博硕比为

1：5.1，到 2011 年时，其已降至 1：8.1（见表 5—2）。

表 5—2   **2001 年以来英国授予学位数博硕比**

年份	博硕比
2001	1：5.1
2002	1：5.4
2003	1：5.6
2004	1：6.3
2005	1：6.6
2006	1：6.6
2007	1：6.3
2008	1：7.1
2009	1：7.0
2010	1：8.4
2011	1：8.1

资料来源：英国高等教育统计局，见 http：//www.hesa.ac.uk/content/view/1897/239/。

从学科分布的情况来看，2001 年以来，英国在理工农医类学科的博士学位授予数一直高于人文艺术与社会科学类学科的博士学位授予数。不过，从年授予数的增幅来看，该国理工农医类学科博士学位授予数的增幅要低于人文艺术与社会科学类学科博士学位授予数的增幅。2001 年至 2011 年，英国理工农医类学科博士学位的授予数从 9 560 个增加到 13 295 个，增幅约为 39%；而在同期，该国人文艺术与社会科学类博士学位的年授予数则由 4 349 个增加到 6 785 个，增幅达 56%（见图 5—5）。需要指出的是，2001 年以来，英国在人文艺术与社会科学类学科的硕士学位授予数一直超过理工农医类的硕士学位授予数。自 2001 年至 2011 年，英国高校在人文艺术与社会科学类学科授予的硕士学位数由 45 095 个增长为 106 290 个。而在同期，该国高校在理工农医类学科授予的硕士学位数则由 20 000 个左右增长至 56 235 个（见图 5—5）。

英国十分重视海外留学生尤其是海外博士生的培养，研究生教育的国际化水平相当高。20 世纪 90 年代中期，英国曾发布《哈里斯报告》（*Harris Report*）和《迪尔英报告》（*Dearing Report*），这两份报告的发布对于该国研究生教育与海外留学生教育的发展有着重要的影响。进入 21 世纪以来，英国政府继续大力推进高等教育国际化，颁布了一系列的

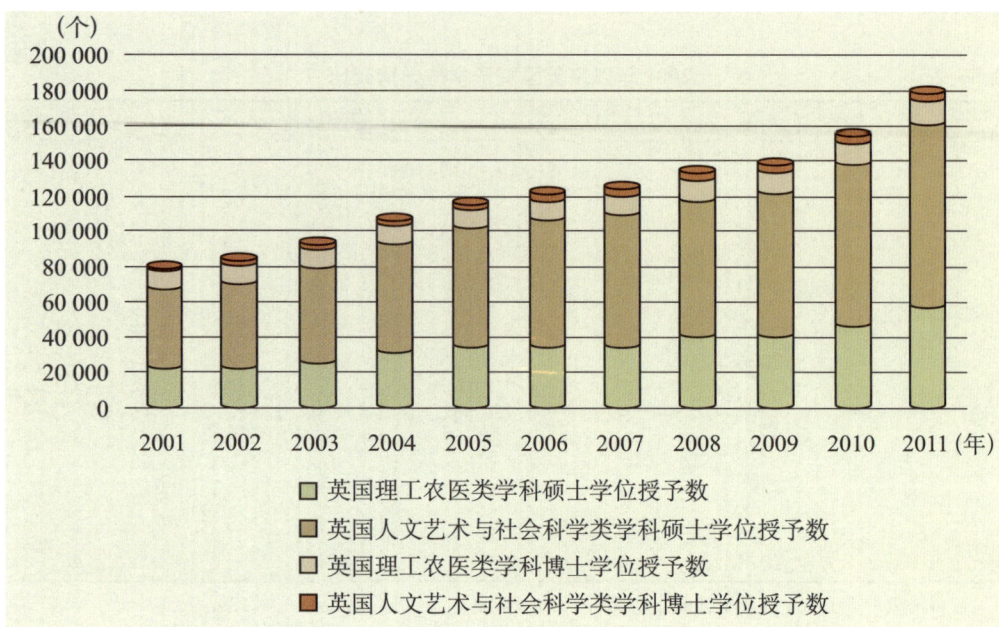

图5—5　2001—2011 年英国硕士与博士学位授予的学科分布

资料来源：英国高等教育统计局，见 http://www.hesa.ac.uk/content/view/1897/239/。

政策，积极支持高等院校开拓留学生市场。2001 年以来，英国高校授予海外留学生的研究生学位在数量上不断增长。2001 年时，英国高校共授予海外留学生研究生学位 3.4 万个，而到了 2011 年，这一数字即已增长到 10.3 万个，十年间增长幅度达 200%。在英国高校授予海外留学生的研究生学位中，硕士学位的数量要明显多于博士学位的数量。不过，比较起来，博士学位年授予量增幅要大于硕士学位年授予量增幅。自 2001 年至 2011 年，英国高校授予海外学生的博士学位数由 4 980 个增长为 9 080 个，十年增幅约为 82%；而同期，该国高校授予海外学生的硕士学位数则由 29 835 个增长到 94 220 个，十年增幅约为 216%（见图5—6）。

3. 日本研究生教育的十年发展趋势

日本的研究生教育始于 1886 年，但其后的发展稍为缓慢。直至二战后，特别是 20 世纪 90 年代时，由于日本在"科学技术立国"的基础上推出了"科学技术创造立国"的战略政策，才推动日本的研究生教育进入了一个新的发展时期。1991 年时，日本的研究生学位授予总数为 3.3

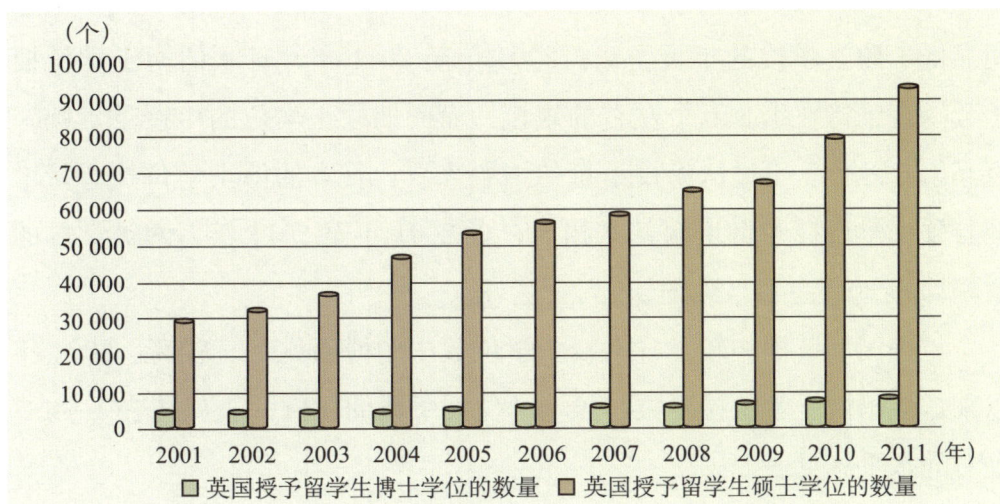

图 5—6 2001—2011 年英国授予留学生博士和硕士学位的数量

资料来源：英国高等教育统计局，见 http：//www. hesa. ac. uk/content/view/1897/239/。

万，而到 2001 年，这一数字即增长为 7.3 万，此间的增幅达 121%。进入 21 世纪后，日本研究生教育的规模增长趋势放缓。自 2001 年至 2011 年，该国研究生学位的年授予数从 7.3 万个增长为 9.1 万个，十年间的增幅仅为 24.7%（见图 5—7）。

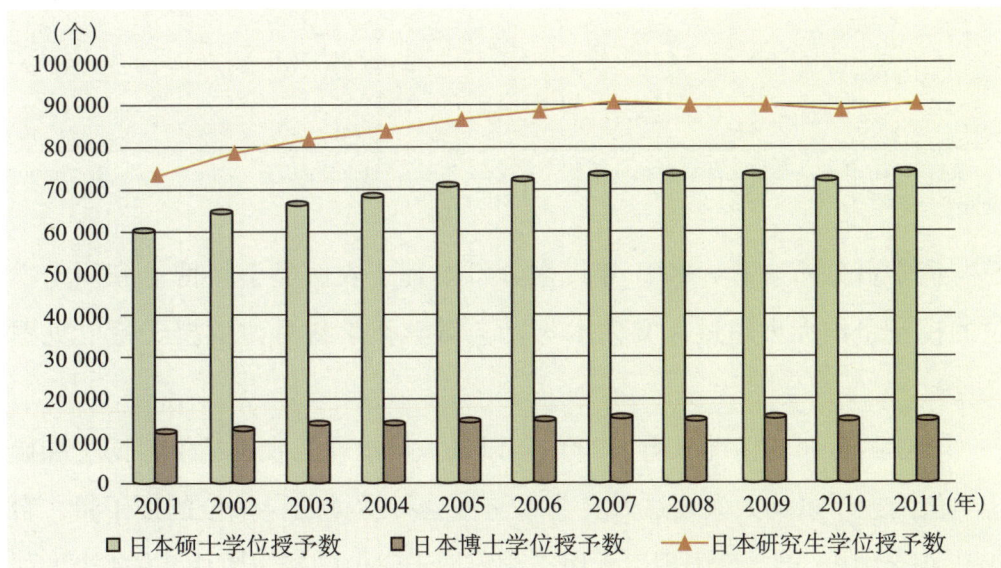

图 5—7 2001—2011 年日本研究生学位授予数

资料来源：日本文部省文部科学统计要览（平成 24 年版），见 http：//www. mext. go. jp/b _ menu/toukei/002/002b/1323538. htm。

从不同层次学位的年授予量来看，在日本，博士学位的年授予量也明显低于硕士学位的年授予量。2001年至2011年，日本的博士学位授予数一直维持在1.5万个左右的规模，而同期硕士学位的年授予量则一直高于6万个。不过从年授予量的增幅来看，日本的博士学位授予量增幅与硕士学位授予量增幅基本相当，自2001年至2011年，两类学位的增幅均为20％左右（见图5—7）。

与美国和英国相较，日本授予学位数中的博硕比一直较高。2001年以来，该国博士学位授予数与硕士学位授予数的比例一直保持在1：4.7左右的水平（见表5—3）。

表5—3　　　　　　　　2001—2011年日本授予学位数博硕比

年份	博硕比
2001	1：4.6
2002	1：4.8
2003	1：4.6
2004	1：4.6
2005	1：4.7
2006	1：4.5
2007	1：4.4
2008	1：4.5
2009	1：4.5
2010	1：4.6
2011	1：4.7

资料来源：日本文部省文部科学统计要览（平成24年版），见http：//www.mext.go.jp/b_menu/toukei/002/002b/1323538.htm。

从学科分布来看，2001年以来，日本理工农医类学科博士和硕士学位的授予量均大大超过人文艺术与社会科学类学科学位的授予量（见图5—8）。

从学科分布的情况来看，2001年以来，日本理工农医类学科博士和硕士学位的授予量均大大超过人文艺术与社会科学类学科学位的授予量。自2001年至2011年，该国理工农医类学科博士学位的授予数从9 084个增加到10 694个，而同期该国在人文艺术与社会科学类学科授予的博士学位数则一直维持在3 000左右的规模。自2001年至2011年，日本理工农医类学科硕士学位的授予数一直维持在4万个左右的规模，而同期，该国在人文艺术与社会科学类学科授予的硕士学位数则一直低于 2 万个。（见图 5—8）。

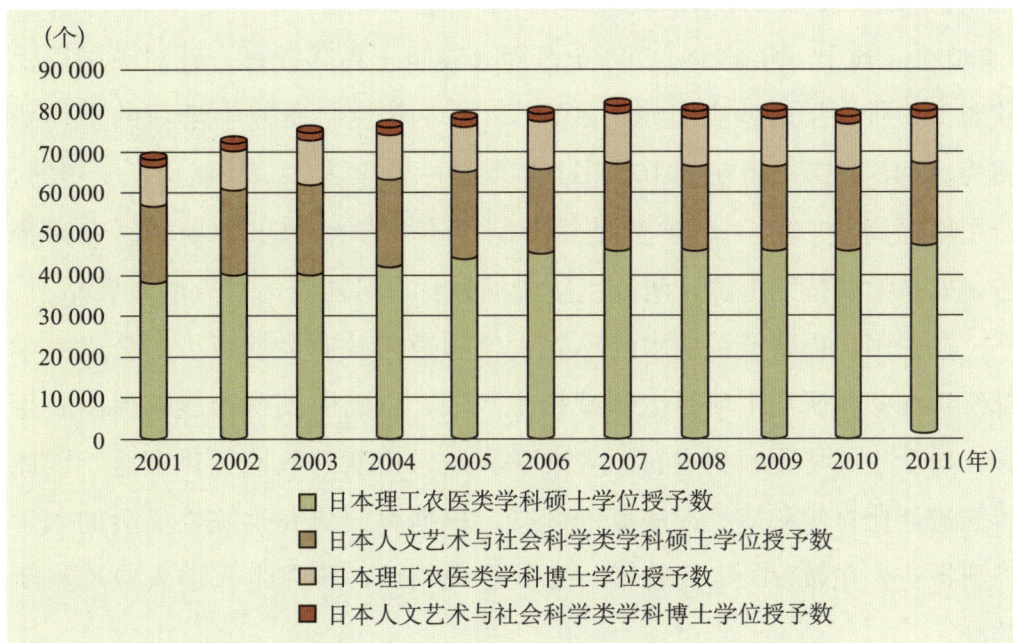

图 5—8 2001 年以来日本硕士与博士学位授予的学科分布

资料来源：日本文部省文部科学统计要览（平成 24 年版），见 http：//www.mext.go.jp/b _ menu/toukei/002/002b/1323538.htm。

（二）2011 年国外研究生教育热点分析

1. 经济危机影响研究生资助

2008 年以来的世界性经济危机虽然发端于发达国家，其波及范围却是世界性的，广大中低收入国家也未能幸免。在政府与私人投资持续减少的情况下，多数国家的研究生教育都受到实质性影响。

为了有效削减高等教育支出，不少国家和地方政府已经开始削减预算，教育成本通过学费的形式转嫁给了学生。例如，2011 年 1 月，华盛顿州州长哥格丽称，如果华盛顿州不能支持高校财政，将允许大学提高学费以维持生计。根据哥格丽提出的预算计划，2011—2013 年，该州的高等教育拨款为 27 亿美元，较前一期拨款减少了 6.3 亿美元，减少了近 1/4。

为削减预算，不少政府还降低了对学生的资助力度，而此举料将加重学生的负担，甚至可能影响教育公平。例如，在英国，工程与自然科学研究委员会表示，2011/2012 学年，它资助的博士生名额将仅有 1 900 个，比上一年减少 1 000 个。而《泰晤士高等教育》针对英国以及欧盟 147 所大学的调查显示：2011/2012 学年度，研究生学习的平均费用为 6 148 英镑，而在 2010/2011 年度这一数字为 4 989 英镑，一年间，费用增幅高达 23％。高学费显然抑制了不少学生的求学期望。专家警告，如果学费持续上涨，研究生阶段的教育有可能沦为富人的专属品。

在美国，捐赠严重缩水的私立大学和遭遇政府拨款减少的公立大学都纷纷在某些研究生项目上削减招生人数，以确保其财力能够保障新生和在册学生的学业顺利进行。人文学科通常由联邦政府提供资金，因此可能遭遇比自然科学更大幅度的削减。根据美国研究生院委员会的入学注册报告，在教育、工商管理、公共管理领域，研究生入学人数均有所缩减。

此外，教育经费的削减，还使得不少严重依赖学费运营、缺乏市场竞争力的大学面临破产风险。更重要的问题在于，各国对此种风险尚缺乏成熟的监督与管理制度。英国国家审计署就指出，该国还缺乏有效的手段和及时觉察大学财政问题的能力，并呼吁对面临高破产风险的大学要加大披露力度。

2. 各国政府多管齐下促研究生就业

持续的经济危机给全球劳动力市场带来了负面影响。低就业率和不断增加的失业人口开始冲击大学毕业生劳动力市场。研究显示，经济危机对中、高收入的工作最具杀伤力。面临多方挑战的研究生劳动力市场情况如何？

不同国家的报道显示，研究生教育依然能够显著增加毕业生就业机会以及提升薪酬水平，人力资本投资的价值并未因经济危机和不景气的劳动力市场而降低。正因为如此，越来越多的人开始把研究生学习看做是对未来的有效投资。例如，根据大洋洲著名经济咨询公司德勤经济（Access Economics）的研究报告，2010 年，澳大利亚的本科毕业生年薪平均约 5 万澳元，而研究生毕业生年薪平均约 6.86 万澳元。英国的情况与澳大利亚基本相仿，本科毕业生和研究生毕业生年薪的差额甚至有上升趋势。1996 年，两者差额为 6%，到 2009 年这一数字已达 13%。正因如此，许多人选择在全球经济危机期间重返校园。澳大利亚南澳大学的统计显示，与 2008 年相比，该校 2009 年的研究生课程入学人数增加了 25%。

不过，越来越严峻的毕业生劳动力市场也给各国政府、高校和毕业生敲响了警钟。国外已探索出的、能够有效帮助研究生就业的经验包括：（1）鼓励学生科技创业。例如，俄罗斯政府鼓励大学开办小型科技公司，从而架起学术与商业间的桥梁，帮助学生获得实际的工作经验。（2）提升研究生教育质量。美国法学专业办学的经验显示，提升办学许可标准是一条好的策略选择。（3）鼓励学生多元化就业，让他们意识到学术型工作不是研究生教育的唯一终点。美国学术团体协会于 2011 年创建公共研究者项目（Public Fellows Program），目前该项目将 8 位近期获得学位的博士安排在非营利组织和政府部门工作两年。该项目由安德鲁·W·梅隆基金（Andrew W. Mellon Foundation）赞助，根据经验及学历、参照新进员工工资标准支付毕业生相应工资。薪资水平与他们在学术型岗位所获相当，为 50 000～78 000 美元。这些工作机会将为新近毕业生开辟学术领域以外的就业机会，让他们在职业化背景下得到锻炼。（4）提升研究生就业技能。在加拿大，专业性质的高等教育协会已经开始筹划针对博士生的职业技能训练方案，该方案旨在辅助学生提高交往、领导和知识产权管理等方面的能力，以加强学生在产业、政府及学术部门的就业竞争力。（5）改善培养方案。在学生培养过程中，加强学校与企业间的合作。瑞典研究人员的研究显示，如果一名博士生在读期间与企业开展合作，那么此人所开发的产品或服务商品获得专利的概率将会增长 266%。

3. 博士生教育规模调整与质量问题受关注

此次经济危机虽然造成了广泛的负面影响，但也给诸多高校提供了历史性的发展契机，让它们可以更清楚地观察外部环境如何影响组织的输入（经费）与输出（就业），进而影响组织自身。对社会与自身关系的深刻认识，使得不少业内人士开始正视研究生规模调整的问题，关注学生的培养质量。在诸多关于规模调整的报道中，《自然》杂志于 2011 年 4 月发表的关于博士生教育数量与质量的专题讨论发人深省。

该专题对日本、中国、新加坡、美国、德国、波兰、埃及和印度这八个国家的博士生教育现状进行了调查，并从扩张态势这一方面做了比较分析（见表 5—4）。分析结果显示，世界范围内的博士生教育规模都在扩张，但博士生数量的增加也产生了一些负面影响，其中的最大问题在于：越来越多的博士无法学以致用，甚至找不到工作；即使找到了工作，许多工作也无法体现一名博士的价值。此外，博士生教育的质量也无法得到保障。比如在中国和印度这样的发展中国家，虽然经济的高速发展能够让大多数博士生找到理想工作，但是这些国家博士生培养质量的参差不齐，使得其毕业生难以到国外大学或研究机构从事学术型工作。

表 5—4 《自然》杂志专题中八国博士生教育的比较

国家	扩张	就业
日本	日本政府在 20 世纪 90 年代颁布了一项旨在将博士后的数量提高两倍（达到一万人）的政策，并增加博士招生数量，以提高科研水平并能够与西方发达国家相抗衡。	大学提供的学术职位较少；日本的企业更偏爱本科生。2010 年，在 1 350 名获得自然科学领域博士学位的学生中，只有 746 人在毕业时签署了全职工作的就业协议，而其中只有 162 人从事学术研究或技术服务。博士学位对学生的吸引力已大幅下降。
中国	中国博士培养主要存在四个问题：一是时间太短，仅仅三年的学习时间并不充裕；二是导师水平参差不齐，有些导师自身素质不高；三是缺乏有效的质量监督；四是没有明确的优胜劣汰机制。	尽管存在上述问题，多数博士毕业生仍可以在国内轻松就业。"中国的博士生比美国的博士生更容易在学术界找到合适的工作"，他们也同样受到国内企业的欢迎。然而，如果他们想在一流大学或顶尖的研究机构获得职位，则须有在其他国家进行博士后研究的经历，而很多有此种经历的研究者都不再回到中国。
新加坡	政府对高等教育系统进行了大量投资，使博士培养规模得以扩大。2006—2010 年，新加坡国籍的博士生招生数增长了 60%，达到 789 人。	由于新加坡的大学教育体系此前一直不太发达，所以大多数博士毕业生会选择学术界以外的工作。而随着高等教育水平的不断提升，学术型工作的需求必将越来越大。

续前表

国家	扩张	就业
美国	仅在生命科学和物理学领域，美国在2009年就授予了近2万个博士学位，而这一数字仍在不断增长。	首先，在自然科学领域的博士（science PhD）当中，能获得终身系列教职（tenure-track）的人数逐年下降，在1973年，55%的生物科学博士生在毕业六年后可获得终身教职，只有2%的人从事博士后或其他非终身学术职位；而在2006年前者只有15%，后者则上升至18%。其次，数据表明越来越多的博士生所从事的工作并不需要博士学位。
德国	德国是欧洲最大的博士产出国，仅2005年就有7 000名科学领域博士毕业。	博士生在德国可以找到的学术工作的机会不断减少。据专家称，只有一小部分的博士毕业生能够在德国找到全职学术型工作，其他大多数则进入企业。近年来，德国不仅将博士培养的目标定位于从事学术工作，也将其定位为从事学术界以外的工作。
波兰	波兰的博士生招生数也有很大的增长，在1990—1992年间仅有2 695名，而2008—2009年间已上升到超过32 000名。	虽然波兰博士毕业生的失业率不足3%，但调查表明，相较没有博士学位的人，大部分博士生对所从事的工作并不满意，而且二者的薪水也没有明显的差距。
埃及	埃及是中东地区博士教育最为发达的国家，2009年共有3.5万名博士生，是1998年的两倍。但是，资金短缺阻碍了埃及博士教育的发展。	由于博士生数量过多，埃及的大学没有足够的研究和教学职位提供给毕业生。许多私人企业主管抱怨博士生缺乏他们所需的实用工作技巧。此外，埃及博士生也难以在国际学术界竞争中赢得优势。
印度	印度的博士授予规模目前远小于美国和中国。印度希望有更多的博士以满足经济飞速发展和人口增长的需求，印度政府希望在2020年前每年能毕业2万博士。	印度大学能够提供的学术职位相当少；公司企业提供的职位拥有本科学历即可，但支付的薪水却比在公立大学从事教学研究工作要高许多。

4. 美国博士点评估结果受关注

美国国家研究委员会（National Research Council，NRC）于近年进行了第三次全美博士点评估。在这次评估中，美国国家研究委员会共选取了3个一级指标、21个二级指标（见表5—5），对全美范围内221所大学的5 004个博士点进行了质量评估，评估结果由美国国家研究委员会出版的《2010年美国研究型博士点定量评估》（以下简称"报告"）公布。

表5—5　　　　　　　　　　　　全美博士点评估的指标体系

一级指标	二级指标
博士点教师特征	1. 人文学科为教师出版书籍和1986—2006年间发表论文的平均数量；非人文学科为2000—2006年间教师发表论文的平均数量 2. 教师于1981—2006年间发表的论文在2000—2006年间的平均引用率（人文学科除外） 3. 持有科研经费的教师的比例 4. 参与交叉学科研究的教师的比例 5. 2006年少数族裔教师的比例（不含亚裔） 6. 2006年女性教师的比例 7. 教师获奖数
博士生特征	1. 2003—2005年入学博士生的GRE中位数 2. 2005年入学博士生在第一年获全额资助的比例 3. 2005年入学博士生在第一年获奖学金的比例 4. 2005年非亚裔的少数族裔学生的比例 5. 2005年女性学生的比例 6. 2006年留学生的比例 7. 学生出版物和报告的数量（由于数据缺乏，该指标实际未用于评估）
博士点特征	1. 2002—2006年间平均授予的博士学位数量 2. 1996—2005学年，学生在规定年限内的毕业率（人文学科规定为8年，非人文学科为6年） 3. 2004—2006年间完成博士学位的年限中位数 4. 2001—2005年间博士毕业生中从事学术职业（含博士后）的比例 5. 具有个人工作空间的学生的比例 6. 由大学或博士点提供的健康保险的覆盖比例 7. 由大学或博士点提供的服务学生的活动数量

报告指出，美国当前博士生教育具有以下特征：（1）博士生教育由公立大学主导，参评博士点中的72%属于公立大学，2002—2006年间的37所授予博士学位最多的大学中仅有12所是私立大学；（2）农学和工学专业50%以上的学生能在6年内完成学业，社会科学专业中37%的学生能在6年内完成学业，人文专业中37%的学生需在8年内完成学业；（3）化学工程、物理、神经科学、经济学和英语这五个专业的大部分学生对博士点的质量"非常满意"或者"比较满意"，大多数专业60%以上的学生觉得自己受益于博士点的知识氛围，但对博士点发起的社会互动感到满意的学生只有40%甚至更低。该报告还根据评估结果发布了全美大学博士培养项目专业排名。

报告及其排名一经发布便引起广泛争论。争议的焦点在于该评估的方法论设计。该评估项目组的前成员、因不满项目报告质量而拒绝在最终报告上签字的哥伦比亚大学乔纳森·科尔教授指出：美国国家研究委员会的这份报告数据基础不甚准确，数据收集方法也并不科学，因此，报告所做出的最终结论也具有误导性。另外，报告选用的评估指标争议也很大。有报道指出，报告太过注重不同高校博士培养项目的相对排名和静态指标，未能结合报告以往的历次调查来评价全美博士培养项目质量的动态变化。美国社会学会则直斥该评估在调研操作上存在问题。

然而，随着时间的推移，当排名本身及其舆论争议都尘埃落定时，美国大学研究生院开始关注如何利用美国国家研究委员会的排名来发现问题、找出差距。不少高校的研究生院院长表示，他们可以通过这项排名所提供的部分有价值的指标，将自身所拥有的博士项目同其他高校的博士培养项目进行对比，而对比结果也会有助于找出自身差距、发现不足，提升自身研究生教育的质量与水平。

5. 跨国联合培养研究生成为趋势

流动对于个人和大学的发展至关重要，有助于培养人们对多样性的尊重以及跨文化和谐共处的能力。高校学生、教师和科研人员的流动对于提高课程质量、促进科研能力提升、推动高校间的合作与竞争亦有重要作用，并能在一定程度上推进高等教育的国际化。

在全球化知识经济背景下，各国都认识到人才流动的重要性和必要性。为了提升欧洲高等教育质量以及通过合作促进与第三国的文化交流和理解，欧盟启动了"Erasmus Mundus 2009—2013"计划，该计划资助由至少两个欧盟国家的大学组成的联盟，并鼓励欧盟外第三国大学也加入联盟，联合提供硕士或博士课程。通过联合提供课程，欧盟成员国的大学及第三国的大学将增进交流和认可，学生则可增加对不同欧盟成员国以及欧盟外国家高等教育的认识。该计划目前已有 131 个联合硕士生课程和 34 个联合博士生课程。

跨国大学联盟（Universitas 21）于 2009 年发起了博士联合学位培养计划，其成员大学可签署加入这一共同框架计划，来实现联合学位的博士培养。参与这一计划的博士生将在两所不同的大学完成学习和研究。

截至 2011 年底，已有来自澳大利亚、加拿大、我国香港、印度、爱尔兰、新西兰、韩国、瑞典和英国的 16 所大学加入了这一博士联合学位培养计划。

欧洲大学协会（European University Association，EUA）还制定了"欧洲博士"（European Doctorate）标准。"欧洲博士"并不是一个政府主导或推行的课程计划或学位种类，而是基于高等学校间的自愿合作。它试图以已有的科学共同体为基础，更进一步汇集欧洲各国的专家学者，以发挥国际知名专家的群聚效应，共同制定并执行培养方案，共同培养对所在领域感兴趣的新一代研究者。欧洲大学协会对"欧洲博士"制定的标准为：（1）博士论文必须至少经由来自两个其他欧洲国家两所高校的两位教授评阅；（2）博士论文的答辩评委中至少必须有一位来自其他欧洲国家；（3）博士论文答辩中的一部分必须使用本国官方语言以外的语言；（4）博士论文至少必须有一部分是博士生在其他欧洲国家进行一个学期以上的研究的基础上完成的。"欧洲博士"的提出体现了欧洲科学共同体致力于在欧洲研究区和欧洲高等教育区之间建立密切联系所做的努力，但目前依据这一标准而授予的"欧洲博士"学位还十分有限。

美国国际教育协会和德国柏林自由大学于 2011 年合作完成了一份全球调查，旨在加强认识与理解国际联合学位和双学位教育，厘清其发展面临的挑战、动力和影响。报告显示，双学位比联合培养更为普遍，法国提供了最多的联合培养学位项目，而美国提供了最多的双学位项目；在联合培养学位和双学位的教育层次上，澳大利亚提供的主要是博士教育层面，美国提供的主要是本科教育层面，其他国家提供的则主要是硕士教育层面；未来，最受各国欢迎的合作国家是中国、美国、法国、意大利和德国，中国是澳大利亚、英国和美国的首选，美国则受到法国、德国和意大利的欢迎；大多数国家希望与这些受欢迎的国家发展硕士研究生教育层面的合作关系；发展联合培养学位和双学位的动机主要包括：拓展教育供给、增强研究合作、推进国际化、提升国际曝光率或声誉等；对于美国和英国的大学而言，开发财源是其主要动机；而发展联合培养学位和双学位的最大挑战是经费和稳定性。

6. 研究生培养更加注重职业技能训练

对于研究生们而言，无论他们毕业后走上何种职业道路，如果在创新能力与研究技能之外，他们还能掌握职场需要的多种技能以及与职业相关的可迁移能力（transferable skills），就会在未来的劳动力市场中具有明显的竞争优势。问题是，不少研究表明，研究生，尤其是博士生缺乏交流技能、商业头脑和领导力，而这些恰巧是职场所需。2011 年，英国发布了《哈里斯报告》，该报告强调技能训练在博士生教育中的重要性，并提出英国的高校应当"将研究训练纳入研究型学位的培养方案"中。该报告强调，沟通能力（学术写作、向普通人展现研究成果的能力、学术报告能力、教学能力等）、人际交流和团队工作能力（构建关系网络、在团队中工作、给予和接受反馈）、职业管理（长期职业发展、规划职业道路、自我展示等）等都是研究生教育应当包含的内容。英国的各研究委员会还提出要求，指出由各委员会资助的博士生每年至少要参加为期 2 周的可迁移能力培训。实际上，加拿大也在同期推出了类似的项目。加拿大的国家科学与工程研究会（National Sciences and Engineering Research Council，NSERC）开发了协作研究与培训计划（Collaborative Research and Training Experience Program，CREATE），加拿大社会科学与人文研究委员会（Social Sciences and Humanities Research Council of Canada，SSHRC）也即将推出职业培训计划，这两类计划都旨在帮助博士生提高交往、领导和知识产权管理等方面的能力，以期帮助他们在将来就业时具备更强的竞争力，并可胜任在产业和政府部门的工作。

随着社会对高层次应用型人才需求的不断增加，不少高校还开始在培养研究生的过程中融入职业技能训练的成分。传统的学术学位研究生教育也逐渐得以改变。例如，2011 年，英国的大学在纽卡斯尔大学的倡导下建立了"新途径博士"（New Route PhD）联盟。所谓的"新途径博士"项目，是一种新的博士培养项目，这种项目集研究与培训于一体。修习该类项目的学生不仅要接受传统的学术训练，还要接受通用技能的培训（例如领导能力和企业管理技能），从而帮助他们获得可迁移能力，习得职场所需要的多种能力。在美国，在斯隆基金会（Alfred P. Sloan Foundation）的支持下，美国研究生院委员会也倡议并支持开设所谓的"专业科学硕士"学位（Professional Science Master's，PSM）。与"新途径博士"异曲同工，该类硕士学位也强调要将职业技能的培训引入科学硕士的培养当中。例如，该类项目强调所培养的研究生不但要具备一定的专业技术，还要懂得商务管理。

7. 国外日益关注我国研究生教育

世界性的经济危机以及中国应对危机的优异表现，使中国的方方面面成为世界媒体关注的焦点之一。与对中国经济的强势崛起关注类似，海外媒体也在细心观察：中国教育是否也在崛起？如果是，中国的教育是如何崛起的？在高等教育领域，外媒关注的议题非常广泛，主要包括高等教育政策和科技创新等。比较而言，研究生教育受到的关注相对较少。

备受关注的首先是中国大学研究能力的迅速提升。例如，2011 年 3 月 28 日发布的一项分析报告声称，亚太地区已超越了欧盟及美国，跃居为化学学术论文发表量最多的区域，而中国起到了推动性作用。该报告分析了汤姆森路透社（Thomson Reuters）的全部论文，发现目前亚太地区的研究人员发表的化学论文数占总数的 43%，而 1981 年只占到 19%。与此相比，欧盟所占比例降低到了 32%，美国则降低到了 18%。中国在此次亚太地区化学研究的进步中作出了巨大贡献，化学学术论文发表量从 1981 年占全世界的 0.3% 增长到如今的超过 20%。《新科学家》杂志 5 月份的报道更声称，中国已经进入科学研究的"大国俱乐部"（powerhouse），中国在《新科学家》杂志发表论文数居前十的高校已然在不同的领域有所建树、各有所长。

受到海外媒体广泛关注的还有中国作为研究生教育市场的巨大潜力。2011 年，中国连续第二年成为美国最大的留学生生源国，当年共有 15.7 万名中国学生在美国留学，其中大部分是攻读研究生课程，攻读研究生课程的中国留学生较上一年增幅超过 15%。

2011 年，越来越多的国外媒体还开始讨论海外大学直接在中国小学的可行性，报道了相关高校在中国办学的实践。例如，有媒体先后对纽约大学和杜克大学的中国分校计划做出报道。从海外高校的立场看来，在中国办学，不仅需要关注办学成本、学生收费，还要关注学术自由，以及教师们对新项目的支持。作为一项组织行为，一旦没有教师们的支持，它们的新校区将很难获得持续发展。

附录

全国学位与研究生教育
基本数据

1—1　历年全国研究生教育总况

1—1—1　历年全国研究生招生、在校生数

年份	招生数（人）			在校生数（人）		
	合计	博士研究生	硕士研究生	合计	博士研究生	硕士研究生
1978	10 708	—	10 708	10 934	—	10 934
1979	8 110	—	8 110	18 830	—	18 830
1980	3 616	—	3 616	21 604	—	21 604
1981	9 363	—	9 363	18 848	—	18 848
1982	11 080	302	10 778	25 847	536	25 311
1983	15 642	172	15 470	37 166	737	36 429
1984	21 970	492	21 478	57 566	1 243	56 323
1985	39 891	2 633	37 258	78 806	3 639	75 167
1986	37 007	2 248	34 759	98 963	5 654	93 309
1987	36 738	3 615	33 123	113 452	8 969	104 483
1988	34 169	3 262	30 907	108 901	10 525	98 376
1989	27 729	2 776	24 953	98 946	10 998	87 948
1990	29 544	3 337	26 207	92 030	11 345	80 685
1991	29 602	4 172	25 430	87 873	12 331	75 542
1992	33 348	5 036	28 312	93 975	14 558	79 417
1993	41 889	6 150	35 739	106 405	17 570	88 835
1994	50 756	9 038	41 718	127 651	22 660	104 991
1995	50 925	11 056	39 869	145 148	28 752	116 396
1996	54 588	10 693	43 895	149 570	30 190	119 380
1997	63 232	12 917	50 315	175 629	39 927	135 702
1998	72 262	14 962	57 300	198 356	45 246	153 110
1999	91 762	19 915	71 847	232 563	54 038	178 525
2000	128 065	25 142	102 923	300 437	67 293	233 144
2001	164 855	32 093	132 762	392 364	85 885	306 479
2002	261 401	38 342	223 059	500 873	108 737	392 136
2003	335 330	48 740	286 590	650 802	136 687	514 115
2004	407 244	53 284	353 960	819 896	165 610	654 286
2005	459 697	54 794	404 903	978 610	191 317	787 293
2006	503 883	55 955	447 928	1 104 653	208 038	896 615
2007	528 536	58 022	470 514	1 195 047	222 508	972 539
2008	557 642	59 764	497 878	1 283 046	236 617	1 046 429
2009	642 988	61 991	580 997	1 404 179	242 996	1 161 183
2010	646 432	63 105	583 327	1 537 652	258 802	1 278 850
2011	671 066	65 488	605 578	1 644 991	271 055	1 373 936
合计	6 081 070	729 496	5 351 574	—	—	—

资料来源：1978—2001年数据引自历年《中国教育统计年鉴》，不包括在职联考招生数；2002—2008年数据根据历年《中国教育统计年鉴》和国务院学位办委员会办公室提供的数据整理；2009—2011年数据根据教育部高校学生司、教育部发展规划司、国务院学位委员会办公室提供的数据整理，包括在职联考招生数。

附
录

1—1—2　历年全国授予博士、硕士学位数

年份	合计	授予博士学位数（人）			授予硕士学位数（人）		
		小计	学术学位	专业学位	小计	学术学位	专业学位
1981	8 665				8 665	8 665	
1982	5 786	13	13		5 773	5 773	
1983	3 567	19	19		3 548	3 548	
1984	7 880	91	91		7 789	7 789	
1985	12 852	234	234		12 618	12 618	
1986	15 245	307	307		14 938	14 938	
1987	21 453	622	622		20 831	20 831	
1988	38 183	1 682	1 682		36 501	36 501	
1989	37 346	1 904	1 904		35 442	35 442	
1990	34 632	2 127	2 127		32 505	32 505	
1991	33 093	2 556	2 556		30 537	30 537	
1992	27 660	2 540	2 540		25 120	25 120	
1993	26 165	2 114	2 114		24 051	24 051	
1994	29 621	3 590	3 590		26 031	26 031	
1995	32 355	4 364	4 364		27 991	27 991	
1996	41 715	5 578	5 544	34	36 137	35 882	255
1997	46 522	6 781	6 743	38	39 741	38 710	1 031
1998	48 882	8 498	8 448	50	40 384	39 157	1 227
1999	61 652	10 098	10 049	49	51 554	49 352	2 202
2000	70 753	11 318	11 255	63	59 435	54 881	4 554
2001	84 921	12 404	12 350	54	72 517	63 104	9 413
2002	102 263	14 615	14 529	86	87 648	74 717	12 931
2003	137 160	18 527	18 311	216	118 633	101 064	17 569
2004	188 609	22 775	22 601	174	165 834	134 139	31 695
2005	244 917	28 090	27 784	306	216 827	169 596	47 231
2006	323 635	35 361	34 967	394	288 274	228 072	60 202
2007	410 565	42 671	40 928	1 743	367 894	282 850	85 044
2008	455 006	45 338	43 603	1 735	409 668	309 770	99 898
2009	488 531	49 278	47 036	2 242	439 253	320 449	118 804
2010	502 551	50 242	47 921	2 321	452 309	330 595	121 714
2011	551 398	50 777	48 679	2 098	500 621	345 625	154 996
合计	4 093 583	434 514	422 911	11 603	3 659 069	2 890 303	768 766

资料来源：1978—1995 年数据引自历年《中国教育统计年鉴》；1996—2011 年数据根据历年《中国教育统计年鉴》和国务院学位委员会办公室提供的数据整理。

1—2 2011年全国研究生招生情况

1—2—1 分学科研究生招生数

单位：人

	博士研究生	硕士研究生
合计	65 488	605 578
其中：学术学位	64 044	336 868
专业学位	1 444	268 710
学术学位中：		
哲学	805	3 933
经济学	2 726	16 826
法学	3 445	24 736
教育学	1 173	12 809
文学	2 820	34 361
历史学	935	4 469
理学	12 912	50 003
工学	24 918	121 743
农学	2 950	13 118
医学	6 774	29 045
管理学	4 586	25 825

资料来源：根据教育部高校学生司和国务院学位委员会办公室提供的数据整理。

1—2—2 分地区研究生招生数

单位：人

序号	地区	博士研究生	硕士研究生	序号	地区	博士研究生	硕士研究生
1	北京	19 319	81 414	17	湖北	4 692	42 270
2	天津	1 975	16 886	18	湖南	1 951	20 477
3	河北	527	14 722	19	广东	3 030	27 567
4	山西	455	10 456	20	广西	195	8 996
5	内蒙古	225	6 939	21	海南	35	1 661
6	辽宁	2 525	31 846	22	重庆	1 236	17 222
7	吉林	2 164	18 354	23	四川	2 600	28 404
8	黑龙江	2 277	21 245	24	贵州	71	5 204
9	上海	5 731	41 329	25	云南	411	11 121
10	江苏	5 245	48 910	26	西藏	—	344
11	浙江	1 921	19 160	27	陕西	3 169	31 666
12	安徽	1 250	15 992	28	甘肃	750	9 861
13	福建	1 113	13 052	29	青海	6	1 257
14	江西	191	9 987	30	宁夏	25	1 638
15	山东	1 876	29 176	31	新疆	186	5 707
16	河南	337	12 715		合计	65 488	605 578

资料来源：根据教育部高校学生司和国务院学位委员会办公室提供的数据整理。

1—2—3　分地区学术学位博士研究生招生数

单位：人

地区	合计	哲学	经济学	法学	教育学	文学	历史学	理学	工学	农学	医学	管理学
北京	18 962	220	854	1 092	335	945	189	5 240	7 001	765	1 094	1 227
天津	1 941	33	162	95	24	75	77	302	837	6	149	181
河北	527	3	10	14	8	19	17	62	211	32	97	54
山西	455	18	28	11	6	13	5	72	220	38	38	6
内蒙古	225	—	—	15	—	15	7	55	58	69	—	6
辽宁	2 467	23	167	98	23	14	—	170	1 143	83	452	294
吉林	2 164	41	160	207	85	120	92	517	473	80	270	119
黑龙江	2 267	25	11	47	7	33	—	175	1 370	137	274	188
上海	5 668	79	258	319	185	419	115	1 010	1 999	38	914	332
江苏	5 231	68	54	239	70	228	65	796	2 326	359	641	385
浙江	1 869	25	55	32	32	99	10	285	840	146	240	105
安徽	1 250	13	8	28	—	12	11	495	515	36	52	80
福建	1 103	27	108	88	25	76	34	310	174	52	85	124
江西	190	—	28	12	4	7	—	4	57	21	17	40
山东	1 871	33	48	78	16	81	38	455	618	107	305	92
河南	337	—	11	17	6	17	18	86	84	33	64	1
湖北	4 563	73	262	380	82	221	63	725	1 610	193	503	451
湖南	1 721	26	57	108	38	42	15	287	742	77	170	159
广东	2 821	48	100	106	66	130	43	526	785	90	732	195
广西	187	—	—	17	—	13	—	13	43	37	64	—
海南	35	—	—	—	—	—	—	5	—	30	—	—
重庆	1 207	16	14	158	119	24	2	124	468	44	147	91
四川	2 454	17	198	103	—	108	46	350	1 074	96	259	203
贵州	71	—	—	—	—	—	—	11	24	26	10	—
云南	411	—	23	51	—	7	14	67	137	33	46	33
西藏	—	—	—	—	—	—	—	—	—	—	—	—
陕西	3 098	17	82	70	21	58	57	387	1 963	183	75	185
甘肃	732	—	18	44	21	38	17	345	126	86	25	12
青海	6	—	—	—	—	—	—	—	—	—	6	—
宁夏	25	—	—	10	—	—	—	—	7	8	—	—
新疆	186	—	10	6	—	6	—	38	13	45	45	23
合计	64 044	805	2 726	3 445	1 173	2 820	935	12 912	24 918	2 950	6 774	4 586

资料来源：根据教育部高校学生司提供的数据整理。

1—2—4　分地区专业学位博士研究生招生数

单位：人

地区	合计	临床医学	兽医	口腔医学	教育
北京	357	292	—	13	52
天津	34	34	—	—	—
河北	—	—	—	—	—
山西	—	—	—	—	—
内蒙古	—	—	—	—	—
辽宁	58	56	—	2	—
吉林	—	—	—	—	—
黑龙江	10	8	2	—	—
上海	63	46	—	3	14
江苏	14	—	—	—	14
浙江	52	41	—	3	8
安徽	—	—	—	—	—
福建	10	—	—	—	10
江西	1	1	—	—	—
山东	5	5	—	—	—
河南	—	—	—	—	—
湖北	129	99	—	—	30
湖南	230	230	—	—	—
广东	209	200	—	3	6
广西	8	8	—	—	—
海南	—	—	—	—	—
重庆	29	17	—	—	12
四川	146	94	—	52	—
贵州	—	—	—	—	—
云南	—	—	—	—	—
西藏	—	—	—	—	—
陕西	71	61	—	4	6
甘肃	18	12	—	—	6
青海	—	—	—	—	—
宁夏	—	—	—	—	—
新疆	—	—	—	—	—
合计	1 444	1 204	2	80	158

资料来源：根据教育部高校学生司提供的数据整理。

1—2—5　分地区学术学位硕士研究生招生数

单位：人

地区	合计	哲学	经济学	法学	教育学	文学	历史学	理学	工学	农学	医学	管理学
北京	45 080	466	3 281	3 815	1 453	4 716	386	6 343	18 003	1 391	1 519	3 707
天津	9 730	71	859	438	323	982	142	1 071	3 733	49	1 091	971
河北	8 769	83	352	508	217	745	122	1 049	3 534	293	1 175	691
山西	5 875	90	219	618	319	530	104	741	1 868	243	693	450
内蒙古	3 308	50	131	266	149	459	128	559	747	230	362	227
辽宁	18 459	223	983	1 067	754	1 808	188	2 116	7 763	584	1 401	1 572
吉林	11 055	118	442	1 131	526	1 458	270	2 203	2 770	509	923	705
黑龙江	12 312	141	277	833	270	999	102	1 508	5 593	675	1 037	877
上海	21 523	239	1 483	1 850	762	2 308	260	3 366	7 937	320	1 433	1 565
江苏	27 276	226	707	1 169	859	2 192	226	3 859	12 040	1 152	3 040	1 806
浙江	11 086	75	565	497	575	1 098	107	1 755	4 008	428	1 199	779
安徽	9 082	102	386	453	242	693	140	1 768	3 288	302	1 023	685
福建	7 123	89	569	470	287	663	113	1 695	1 532	392	714	599
江西	5 397	84	304	475	287	761	108	718	1 341	157	600	562
山东	14 903	139	624	918	551	1 768	241	2 445	4 625	738	1 960	894
河南	7 429	121	227	614	296	722	135	1 282	2 057	412	1 085	478
湖北	21 885	279	961	2 143	839	2 186	256	3 279	7 780	901	1 282	1 979
湖南	11 270	203	542	868	382	1 412	140	1 529	3 997	441	765	991
广东	14 844	208	799	804	702	1 514	201	2 598	3 941	578	2 236	1 263
广西	5 489	79	156	429	265	780	71	686	1 450	236	891	446
海南	704	9	41	92	18	73	11	127	112	178	—	43
重庆	9 775	116	312	1 278	595	1 357	81	1 024	3 260	284	747	721
四川	16 158	202	1 081	940	689	1 435	232	2 152	6 456	575	1 071	1 325
贵州	2 845	61	125	328	151	185	48	496	533	163	587	168
云南	6 136	124	366	666	257	620	143	1 163	1 065	403	750	579
西藏	306	19	—	84	13	96	14	13	3	20	23	21
陕西	18 538	185	546	1 002	594	1 591	233	1 963	9 979	745	499	1 201
甘肃	5 923	70	267	503	254	595	172	1 489	1 691	298	379	205
青海	621	21	7	112	42	95	30	145	20	63	56	30
宁夏	826	9	13	64	53	43	34	160	132	43	212	10
新疆	3 141	31	201	301	85	424	31	701	485	315	292	275
合计	336 868	3 933	16 826	24 736	12 809	34 361	4 469	50 003	121 743	13 118	29 045	25 825

资料来源：根据教育部高校学生司和国务院学位委员会办公室提供的数据整理。

1—2—6 分地区专业学位硕士研究生招生数

单位：人

地区	金融	应用统计	税务	国际商务	保险	资产评估	法律	社会工作	警务	教育	体育	汉语国际教育	应用心理	艺术	翻译	新闻与传播	出版	文物与博物馆
北京	487	167	84	215	127	116	3 069	226	94	868	473	534	66	1 516	615	125	33	34
天津	72	40	8	54	29	21	261	14	—	342	127	63	46	128	177	21	—	5
河北	27	10	7	27	15	18	230	10	21	494	105	57	22	145	132	30	19	—
山西	11	12	7	7	—	8	146	—	—	319	110	33	—	99	84	41	—	23
内蒙古	9	—	—	—	—	—	231	30	—	490	37	42	—	31	55	34	—	—
辽宁	91	56	47	65	49	33	738	41	34	622	202	141	4	315	265	36	—	—
吉林	95	22	7	12	5	—	437	79	—	1 020	160	166	19	211	224	68	12	16
黑龙江	—	—	3	5	—	5	241	—	—	291	6	112	—	59	188	20	—	—
上海	282	82	34	103	21	20	1 471	117	—	656	313	148	50	548	338	90	—	10
江苏	122	60	3	56	9	48	881	166	—	1 439	321	160	31	596	271	58	37	19
浙江	92	13	9	64	15	15	425	11	—	668	120	44	16	221	77	36	—	6
安徽	72	21	14	15	7	9	357	78	—	371	21	34	—	86	52	60	9	13
福建	62	27	10	13	—	—	485	74	—	289	87	61	—	180	137	10	—	—
江西	21	12	9	14	9	13	297	22	—	385	30	25	15	131	44	36	—	—
山东	123	14	16	45	18	8	853	40	—	1 129	240	142	46	357	424	32	—	10
河南	53	4	—	3	4	1	321	18	—	826	94	82	42	69	134	61	6	16
湖北	146	59	32	103	16	69	1 098	296	—	1 008	232	146	20	411	184	99	26	15

建筑学	工程	农业推广	兽医	风景园林	林业	临床医学	口腔医学	公共卫生	护理	药学	中药学	工商管理	公共管理	会计	旅游管理	图书情报	工程管理
92	16 371	1 601	210	331	40	922	40	153	15	18	36	5 282	1 425	882	27	12	28
23	3 444	—	—	38	—	474	9	6	6	5	1	905	464	246	26	22	79
—	3 062	208	20	66	13	326	17	1	—	—	10	625	164	64	1	4	3
—	2 189	187	9	—	—	352	24	98	14	6	—	519	237	31	10	4	1
—	1 098	450	26	23	4	282	22	3	—	—	—	477	276	10	—	—	1
85	4 881	527	50	—	—	2 079	182	20	11	139	38	1 573	745	273	23	10	22
—	2 364	357	73	4	—	829	5	100	12	23	4	672	173	120	—	—	—
32	4 306	1 173	81	124	19	1 023	105	45	10	8	25	725	291	23	3	5	5
173	7 411	193	21	104	0	1 239	57	154	26	99	18	4 217	1 361	383	23	18	26
62	11 422	610	123	267	36	1 040	15	248	3	128	20	2 156	929	257	11	25	5
—	3 227	620	19	58	—	557	9	30	—	42	—	1 093	513	70	1	—	3
13	3 289	175	10	—	7	533	10	93	—	6	6	1 035	408	84	16	2	4
30	1 732	450	23	33	15	393	11	—	—	1	6	1 058	587	112	30	—	13
—	1 640	213	10	—	22	297	13	2	22	—	10	731	398	159	26	—	6
—	6 833	881	91	11	14	800	45	156	22	26	3	1 112	535	206	12	29	29
—	1 611	361	62	21	—	399	15	27	—	18	8	723	252	46	8	8	1
79	11 051	692	54	124	7	473	35	133	21	9	33	2 307	947	343	3	8	106

续前表

地区	金融	应用统计	税务	国际商务	保险	资产评估	法律	社会工作	警务	教育	体育	汉语国际教育	应用心理	艺术	翻译	新闻与传播	出版	文物与博物馆
湖南	85	25	26	34	12	17	549	13	—	510	67	80	20	165	246	44	4	5
广东	249	67	15	70	18	24	759	50	—	850	331	198	19	221	176	53	—	25
广西	32	7	—	16	17	—	226	43	—	348	19	101	—	203	67	30	—	—
海南	—	—	—	24	—	—	208	—	—	113	—	—	—	—	39	—	—	—
重庆	51	17	17	—	—	—	926	41	—	551	25	70	6	69	202	44	—	7
四川	177	41	37	38	50	25	550	26	—	699	249	109	—	201	182	50	18	15
贵州	29	3	—	4	3	—	274	38	—	308	—	—	—	10	36	—	—	—
云南	20	32	13	37	6	71	328	44	—	331	41	145	8	152	105	31	—	20
西藏	—	—	—	—	—	—	—	—	—	24	—	—	—	13	—	—	—	—
陕西	95	14	11	46	—	5	779	63	—	511	203	108	11	303	199	47	—	29
甘肃	29	35	—	9	—	—	395	37	—	453	19	79	10	114	48	32	—	9
青海	—	—	—	—	—	—	155	—	—	278	11	—	—	—	—	—	—	—
宁夏	—	—	—	—	—	—	—	—	—	195	—	—	—	27	19	—	—	—
新疆	—	—	—	—	—	10	112	—	—	225	16	44	—	—	39	35	—	—
合计	2 532	840	392	1 079	430	536	16 802	1 577	149	16 613	3 659	2 924	451	6 581	4 759	1 223	164	277

	建筑学	工程	农业推广	兽医	风景园林	林业	临床医学	口腔医学	公共卫生	护理	药学	中药学	工商管理	公共管理	会计	旅游管理	图书情报	工程管理
	59	3 250	847	25	36	12	1 001	19	130	17	—	2	1 142	514	237	3	—	11
	35	4 078	418	73	134	—	1 671	50	112	14	30	73	1 726	770	319	32	39	24
	—	991	186	16	—	—	407	11	11	—	—	4	481	231	—	55	—	5
	—	110	150	—	—	—	—	—	—	—	—	—	189	124	—	—	—	—
	104	2 875	466	51	80	5	554	33	60	15	20	—	907	172	96	—	—	—
	—	5 312	666	42	156	9	659	101	81	11	36	8	1 865	525	292	6	—	10
	—	459	205	6	—	—	518	26	19	—	—	5	307	109	—	—	—	—
	78	1 240	682	11	101	13	256	19	8	—	4	9	736	314	80	14	13	23
	—	—	1	—	—	—	—	—	—	—	1	—	—	—	—	—	—	—
	117	6 878	211	37	195	4	470	41	120	7	13	19	1 800	582	189	6	—	15
	—	999	317	40	—	—	192	15	10	—	15	—	747	272	40	10	—	12
	—	6	—	—	—	—	96	—	—	—	—	—	71	19	—	—	—	—
	—	104	125	—	—	—	198	9	6	—	—	—	156	—	—	—	—	—
	—	318	430	45	—	—	642	40	58	14	25	5	394	32	50	5	—	—
	982	112 551	13 402	1 228	1 906	220	18 682	978	1 884	218	671	343	35 731	13 369	4 612	351	162	432

资料来源：根据教育部高校学生司和国务院学位委员会办公室提供的数据整理。

1—2—7　2011 年高校与科研机构联合培养博士研究生试点工作专项招生计划数

单位：人

招生单位	联合培养单位	博士研究生规模	其中：	
			高校计划	中科院研究生院计划
总计		562	462	100
北京大学	中科院化学研究所	9	9	
	国家纳米科学中心	11	9	2
	北京生命科学研究所	30	30	
	中国工程物理研究院	8	8	
	中国石油勘探开发研究院	10	10	
清华大学	中科院半导体研究所	9	9	
	国家纳米科学中心	11	9	2
	北京生命科学研究所	30	30	
	中国工程物理研究院	8	8	
	机械科学研究总院	4	4	
	钢铁研究总院	4	4	
	中国水利水电科学院研究院	6	6	
北京科技大学	北京有色金属研究总院	10	10	
	钢铁研究总院	10	10	
	机械科学研究总院	6	6	
	北京矿冶研究总院	4	4	
北京邮电大学	电信科学技术研究院	4	4	
中国农业大学	中国农业科学研究院	20	20	
	北京生命科学研究所	10	10	
	中国农业机械化科学研究院	6	6	
北京林业大学	中国林业科学研究院	6	6	
北京师范大学	中科院地理科学与资源研究所	10		10
	中科院物理研究所	10		10
	北京生命科学研究所	10	10	
	中国环境科学研究院	10	10	
中国矿业大学（北京）	煤炭科学研究院	6	6	
华北电力大学	中国电力科学研究院	4	4	
大连理工大学	中科院大连化学物理研究所	8	8	
	中科院金属研究所	8	8	

续前表

招生单位	联合培养单位	博士研究生规模	其中:	
			高校计划	中科院研究生院计划
东北大学	钢铁研究总院	8	8	
	北京有色金属研究总院	6	6	
	北京矿冶研究总院	4	4	
吉林大学	中科院长春光学精密机械与物理研究所	10		10
	中科院长春应用化学研究所	10		10
同济大学	中科院上海生命科学研究院	5	5	
	中科院上海光学精密机械研究所	5	5	
	南京水利科学研究院	4	4	
华东理工大学	中科院上海生命科学研究院	5	5	
	中科院上海硅酸盐研究所	3	3	
	中科院上海药物研究所	2	2	
	中科院上海有机化学研究所	2	2	
河海大学	中国水利水电科学院研究院	6	6	
	南京水利科学研究院	8	8	
武汉大学	中科院武汉病毒研究所	8		8
	中科院物理与数学研究所	8		8
	中科院武汉岩土力学研究所	8		8
华中科技大学	武汉邮电科学研究院	6	6	
武汉理工大学	中国建筑材料科学研究总院	4	4	
四川大学	中科院成都生物研究所	14	14	
	中科院成都山地灾害与环境研究所	8		8
电子科技大学	中科院光电技术研究所	14	14	
西安交通大学	中科院西安光学精密机械研究所	14	14	
	中科院国家授时中心	8		8
西安电子科技大学	华北计算机系统工程研究所			
兰州大学	中科院近代物理研究所	14	14	
中国科学技术大学	中科院金属研究所	9	9	
	中科院合肥物质科学研究院	9	9	
	中国工程物理研究院	16	16	
北京航空航天大学	中国科学技术研究院	4	4	
北京理工大学	昆明物理研究所	6	6	
南京理工大学	中国工程物理研究院	12	12	
云南大学	中科院昆明植物研究所	12	12	
	中科院昆明动物研究所	8		8
新疆大学	中科院新疆理化技术研究所	8		8
	中科院新疆生态与地理环境研究所	12	12	

资料来源:《教育部　国家发展改革委关于下达 2011 年全国研究生招生计划的通知》(教发〔2011〕1号)。

1—2—8 2011 年高校与工程研究院所联合培养博士研究生试点工作招生计划数

单位：人

招生单位	联合培养单位	博士研究生规模	小计
总计		210	210
北京大学	中国工程物理研究院	8	18
	中国石油勘探开发研究院	10	
清华大学	中国工程物理研究院	8	22
	机械科学研究总院	4	
	钢铁研究总院	4	
	中国水利水电科学院研究院	6	
北京科技大学	北京有色金属研究总院	10	30
	钢铁研究总院	10	
	机械科学研究总院	6	
	北京矿冶研究总院	4	
北京邮电大学	电信科学技术研究院	4	4
中国农业大学	中国农业科学研究院	20	26
	中国农业机械化科学研究院	6	
北京林业大学	中国林业科学研究院	6	6
北京师范大学	中国环境科学研究院	10	10
中国矿业大学（北京）	煤炭科学研究院	6	6
华北电力大学	中国电力科学研究院	4	4
东北大学	钢铁研究总院	8	18
	北京有色金属研究总院	6	
	北京矿冶研究总院	4	
同济大学	南京水利科学研究院	4	4
河海大学	中国水利水电科学院研究院	6	14
	南京水利科学研究院	8	
华中科技大学	武汉邮电科学研究院	6	6
武汉理工大学	中国建筑材料科学研究总院	4	4
中国科学技术大学	中国工程物理研究院	16	16
北京航空航天大学	电信科学技术研究院	4	4
北京理工大学	昆明物理研究所	6	6
南京理工大学	中国工程物理研究院	12	12

资料来源：中国工程院网站，见 http://www.cae.cn/cae/html/main/col50/2012—02/28/20120228104429 154876537 _ 1.html。

1—3 2011 年全国在校研究生情况

1—3—1 分学科在校研究生数

单位：人

	博士研究生	硕士研究生
合计	271 055	1 373 936
其中：学术学位	266 081	1 040 899
专业学位	4 974	333 037
学术学位中：		
哲学	3 535	11 947
经济学	11 940	49 736
法学	14 065	75 071
教育学	4 449	42 356
文学	11 407	108 734
历史学	3 993	13 976
理学	46 609	134 463
工学	111 267	379 757
农学	11 698	36 122
医学	23 973	101 729
管理学	23 145	87 008

资料来源：根据教育部发展规划司提供的数据整理。

1—3—2 分地区在校研究生数

单位：人

序号	地区	博士研究生	硕士研究生	序号	地区	博士研究生	硕士研究生
1	北京	65 151	177 739	17	湖北	20 626	86 540
2	天津	7 547	38 489	18	湖南	9 790	50 307
3	河北	2 064	31 781	19	广东	12 991	64 588
4	山西	1 981	22 809	20	广西	730	21 837
5	内蒙古	967	14 349	21	海南	145	3 213
6	辽宁	12 917	74 153	22	重庆	5 245	39 968
7	吉林	9 095	45 915	23	四川	12 567	70 257
8	黑龙江	9 661	48 168	24	贵州	271	12 165
9	上海	25 807	93 206	25	云南	2 266	25 776
10	江苏	23 250	111 154	26	西藏	12	812
11	浙江	8 831	43 015	27	陕西	15 354	75 055
12	安徽	4 670	37 103	28	甘肃	3 482	23 491
13	福建	4 739	29 157	29	青海	99	2 338
14	江西	773	23 051	30	宁夏	68	3 445
15	山东	7 871	61 133	31	新疆	840	13 259
16	河南	1 245	29 663		合计	271 055	1 373 936

资料来源：根据教育部发展规划司提供的数据整理。

1—3—3　分地区学术学位博士在校研究生人数统计

单位：人

地区	合计	哲学	经济学	法学	教育学	文学	历史学	理学	工学	农学	医学	管理学
北京	63 695	884	3 308	4 374	1 218	3 668	764	12 485	26 035	2 441	3 133	5 385
天津	7 444	133	651	358	72	299	306	1 076	3 253	30	479	787
河北	2 064	11	28	48	31	56	51	193	943	139	294	270
山西	1 981	95	92	43	20	51	28	306	1 030	153	127	36
内蒙古	967	—	—	87	—	71	32	249	250	241	—	37
辽宁	12 784	137	666	370	62	39	—	1 290	6 818	332	1 593	1 477
吉林	9 081	146	638	868	223	489	371	2 243	2 071	355	1 135	542
黑龙江	9 650	87	35	160	18	136	—	661	6 281	558	846	868
上海	25 374	306	1 170	1 267	749	1 574	483	5 186	9 814	128	3 011	1 686
江苏	23 228	361	280	1 101	360	1 086	295	3 258	10 172	1 688	2 329	2 298
浙江	8 685	133	280	168	179	426	42	1 232	3 961	645	1 054	565
安徽	4 670	44	25	79	—	46	42	1 744	1 940	102	195	453
福建	4 722	87	482	344	106	347	184	1 287	788	181	316	600
江西	771	—	103	39	12	17	—	17	250	83	68	182
山东	7 869	107	209	325	69	340	168	1 950	2 664	430	1 232	375
河南	1 245	—	31	59	17	49	80	275	363	92	270	9
湖北	20 208	328	1 311	1 715	250	953	240	3 222	7 516	620	1 760	2 293
湖南	9 061	208	339	432	195	215	80	1 304	3 917	392	945	1 034
广东	12 287	240	487	480	272	570	186	2 275	3 623	493	2 729	932
广西	703	—	—	57	—	34	—	52	224	136	200	—
海南	145	—	—	—	—	—	—	13	—	132	—	—
重庆	5 147	59	58	503	456	86	24	408	2 249	257	346	701
四川	12 257	91	1 104	426	—	490	239	1 478	5 733	410	1 053	1 233
贵州	271	—	—	—	—	—	—	39	97	102	33	—
云南	2 266	—	90	230	—	23	98	607	706	133	197	182
西藏	12	—	—	—	—	—	—	—	—	—	12	—
陕西	15 130	78	447	324	84	207	221	1 700	9 771	875	360	1 063
甘肃	3 437	—	67	160	56	113	59	1 727	707	394	102	52
青海	99	—	—	—	—	—	—	80	—	—	19	—
宁夏	68	—	—	29	—	—	—	—	19	20	—	—
新疆	760	—	—	39	19	—	22	—	252	72	136	135	85
合计	266 081	3 535	11 940	14 065	4 449	11 407	3 993	46 609	111 267	11 698	23 973	23 145

资料来源：根据教育部发展规划司提供的数据整理。

1—3—4　分地区专业学位博士在校研究生人数统计

单位：人

地区	合计	临床医学	兽医	口腔医学	教育
北京	1 456	1 210	—	142	104
天津	103	103	—	—	—
辽宁	133	127	—	6	—
吉林	14	—	—	—	14
黑龙江	11	8	3	—	—
上海	433	411	—	1	21
江苏	22	7	—	—	15

地区	合计	临床医学	兽医	口腔医学	教育
浙江	146	126	—	4	16
福建	17	—	—	—	17
江西	2	2	—	—	—
山东	2	2	—	—	—
湖北	418	368	—	10	40
湖南	729	729	—	—	—
广东	704	681	—	9	14
广西	27	27	—	—	—
重庆	98	71	—	—	27
四川	310	201	—	109	—
陕西	224	213	—	—	11
甘肃	45	12	22	—	11
新疆	80	80	—	—	—
总计	4 974	4 378	25	281	290

资料来源：根据教育部发展规划司提供的数据整理。

1—3—5 分地区学术学位硕士在校研究生人数统计

单位：人

地区	合计	哲学	经济学	法学	教育学	文学	历史学	理学	工学	农学	医学	管理学
北京	131 788	1 322	8 569	10 712	4 524	14 117	1 277	15 131	54 687	3 936	6 539	10 974
天津	29 444	159	2 144	1 144	1 050	3 066	410	3 032	11 561	98	4 017	2 763
河北	25 820	270	1 030	1 619	771	2 355	366	2 837	9 515	833	4 059	2 165
山西	18 177	312	604	1 736	865	1 757	265	2 175	6 102	494	2 292	1 575
内蒙古	10 377	166	390	1 115	398	1 607	343	1 398	2 404	664	1 157	735
辽宁	54 799	642	3 086	3 035	2 269	5 696	539	5 610	22 470	1 298	4 930	5 224
吉林	36 672	309	1 290	3 865	1 894	4 837	898	6 512	9 679	1 330	3 592	2 466
黑龙江	38 395	418	760	2 369	749	3 106	288	4 106	18 060	1 816	3 695	3 028
上海	63 858	687	4 336	5 476	2 502	7 607	819	8 826	24 057	866	4 069	4 613
江苏	86 082	710	2 291	3 631	2 857	6 886	699	11 056	37 608	3 786	10 218	6 340
浙江	33 839	210	1 673	1 456	1 947	3 548	304	4 833	12 475	1 148	3 697	2 548
安徽	28 445	385	1 220	1 469	891	2 100	594	4 750	10 004	731	3 339	2 962
福建	22 294	252	1 677	1 455	852	2 178	323	4 622	5 074	1 068	2 864	1 929
江西	16 760	260	949	1 519	898	2 447	309	1 905	4 283	382	1 944	1 864
山东	47 530	402	1 888	2 883	1 894	5 751	785	6 638	14 592	2 062	7 475	3 160
河南	23 739	427	726	2 123	1 224	2 390	395	3 479	6 630	1 099	3 511	1 735
湖北	64 649	839	2 784	6 297	2 646	6 408	767	8 003	23 545	2 564	4 161	6 635
湖南	37 724	639	1 777	2 749	1 492	4 659	422	4 812	13 958	1 190	2 510	3 516
广东	46 326	568	2 635	2 205	2 867	4 443	609	6 649	12 153	1 642	8 324	4 231
广西	17 171	273	560	1 385	955	2 622	248	1 961	4 482	705	2 462	1 518
海南	2 208	26	104	306	64	236	29	402	387	521	—	133
重庆	30 336	396	913	3 985	2 012	4 496	263	2 867	9 836	800	2 328	2 440
四川	55 515	625	3 742	3 226	2 054	4 795	760	5 893	22 096	1 696	4 838	5 790
贵州	8 509	173	403	950	416	573	166	1 272	1 601	458	1 888	609
云南	19 345	488	1 116	2 067	1 036	1 983	461	3 153	3 857	1 067	2 235	1 882
西藏	756	49	—	191	32	272	47	25	10	26	47	57
陕西	58 358	491	1 635	3 195	1 821	5 100	786	5 766	31 137	2 086	2 176	4 165
甘肃	18 086	244	832	1 573	843	1 916	552	3 977	5 310	804	1 315	720
青海	1 668	60	13	323	109	297	80	348	88	122	145	83
宁夏	2 861	42	41	193	158	311	87	519	383	107	763	257
新疆	9 368	103	548	819	266	1 175	85	1 906	1 713	723	1 139	891
合计	1 040 899	11 947	49 736	75 071	42 356	108 734	13 976	134 463	379 757	36 122	101 729	87 008

资料来源：根据教育部发展规划司提供的数据整理。

1—3—6 分地区专业学位硕士在校研究生人数统计

单位：人

地区	合计	金融	应用统计	税务	国际商务	保险	资产评估	法律	社会工作	警务	教育	体育	汉语国际教育	应用心理	艺术	翻译	新闻与传播	出版	文物与博物馆
北京	45 951	487	163	83	207	119	121	6 172	539	92	610	484	1 035	66	1 364	1 083	131	49	14
天津	9 045	71	40	7	54	29	21	388	30	—	307	102	133	46	195	246	21	—	5
河北	5 961	27	10	7	27	15	15	287	10	20	550	53	103	22	188	127	30	19	—
山西	4 632	11	9	7	7	—	8	297	—	—	458	74	32	—	220	66	40	—	22
内蒙古	3 972	9	—	—	—	—	—	131	51	—	459	61	61	—	59	55	35	—	—
辽宁	19 354	91	49	47	65	49	33	1 411	40	34	501	263	229	24	355	314	36	—	—
吉林	9 243	60	10	7	45	5	—	781	141	—	1 465	162	556	77	350	363	62	12	16
黑龙江	9 773	27	—	2	5	—	5	154	—	—	301	35	239	1	164	267	19	—	11
上海	29 348	279	60	34	103	21	20	2 639	201	—	501	193	294	43	536	435	162	—	10
江苏	25 072	120	60	3	55	8	46	1 228	252	—	897	231	321	29	654	382	30	63	19
浙江	9 176	86	13	9	61	15	14	506	11	—	358	62	101	16	190	77	29	16	6
安徽	8 658	69	20	13	15	6	8	579	158	—	299	46	50	—	113	52	59	8	13
福建	6 863	59	26	9	15	—	—	795	110	—	388	33	109	—	70	251	47	—	—
江西	6 291	21	12	9	14	9	13	547	50	—	662	32	55	59	226	60	18	24	0
山东	13 603	124	14	16	45	18	8	1 478	51	—	753	257	268	93	477	454	62	10	9
河南	5 924	132	3	—	3	4	1	418	44	—	823	173	160	42	96	176	61	6	16
湖北	21 891	121	58	31	128	16	69	2 388	509	—	889	309	345	21	486	235	98	48	14

建筑学	工程	农业推广	兽医	风景园林	林业	临床医学	口腔医学	公共卫生	护理	药学	中药学	工商管理	公共管理	会计	旅游管理	图书情报	工程管理
201	15 967	964	171	351	40	1 973	159	46	1	15	34	11 381	932	783	25	12	77
71	3 362	—	—	4	—	1 328	22	5	5	5	1	1 942	261	128	26	22	168
—	2 252	79	10	54	13	689	35	1	—	—	29	1 133	91	58	1	4	2
56	1 219	24	1	—	1	920	23	34	28	6	—	835	188	31	10	4	1
—	805	153	23	23	16	558	38	8	—	—	—	1 198	223	5	—	—	1
234	3 446	127	8	—	5	6 020	416	23	11	140	468	3 812	551	538	8	—	6
—	1 308	179	43	4	—	2 069	10	—	12	23	4	1 220	123	125	—	10	1
45	3 551	238	22	63	24	2 835	244	—	—	5	27	1 245	208	23	3	5	5
497	7 014	88	—	51	—	2 609	120	160	16	58	18	11 809	1 092	221	23	18	23
136	10 819	266	112	283	63	2 984	9	16	19	121	20	4 994	587	206	10	24	5
65	2 662	563	28	27	—	1 748	74	—	—	42	—	2 145	178	70	1	—	3
28	3 254	114	2	—	7	1 097	25	29	2	6	5	1 968	400	83	15	2	113
55	1 028	97	4	32	15	564	21	—	—	1	6	2 593	448	45	29	—	13
—	1 432	130	10	—	21	602	28	7	22	—	10	1 395	270	363	26	—	186
7	3 936	362	65	11	13	1 572	108	86	—	26	2	2 508	428	236	12	—	72
—	1 011	161	67	21	—	843	27	31	—	18	7	1 387	138	46	8	—	1
267	6 084	409	60	123	7	2 034	96	143	20	23	32	5 455	872	337	3	8	153

续前表

地区	合计	金融	应用统计	税务	国际商务	保险	资产评估	法律	社会工作	警务	教育	体育	汉语国际教育	应用心理	艺术	翻译	新闻与传播	出版	文物与博物馆
湖南	12 583	85	24	26	34	12	17	915	13	—	391	163	101	20	321	431	44	4	5
广东	18 262	238	66	16	72	16	24	1 234	99	—	696	186	501	18	301	264	55	—	23
广西	4 666	32	7	—	16	17	—	361	61	—	303	37	161	—	279	66	30	—	—
海南	1 005	—	—	—	23	—	—	294	—	—	113	—	—	—	—	39	—	—	—
重庆	9 632	68	—	—	—	50	—	2 044	68	—	437	68	114	33	56	320	43	—	7
四川	14 742	177	41	37	38	—	25	986	34	—	455	249	229	—	207	270	60	25	15
贵州	3 656	27	2	—	4	3	—	578	68	—	193	—	—	—	15	23	—	—	—
云南	6 431	20	32	13	36	5	72	643	43	—	164	63	343	8	272	94	31	—	20
西藏	56	—	—	—	—	—	—	—	—	—	36	—	—	—	19	—	—	—	—
陕西	16 697	93	14	11	46	—	5	1 151	107	—	601	172	229	11	414	247	32	15	27
甘肃	5 405	29	35	—	9	—	—	911	56	—	263	35	186	10	201	47	31	—	8
青海	670	—	—	—	—	—	—	256	—	—	23	11	—	—	—	—	—	—	—
宁夏	584	—	—	—	—	—	—	—	—	—	68	—	—	—	—	19	—	—	—
新疆	3 891	30	—	—	—	—	10	160	—	—	114	23	79	—	44	25	35	—	—
合计	333 037	2 593	768	387	1 127	417	535	29 732	2 746	146	14 078	3 577	6 034	639	7 872	6 488	1 301	299	260

建筑学	工程	农业推广	兽医	风景园林	林业	临床医学	口腔医学	公共卫生	护理	药学	中药学	工商管理	公共管理	会计	旅游管理	图书情报	工程管理
189	2 863	209	5	36	38	2 883	57	11	17	—	—	3 113	233	206	3	—	114
128	3 655	101	53	108	12	4 438	145	101	21	30	54	4 413	817	284	32	37	24
—	778	68	13	—	—	1 110	37	8	—	—	3	1 063	161	—	55	—	—
—	72	—	—	—	—	—	—	—	—	—	—	357	107	—	—	—	—
196	2 269	90	48	121	5	1 293	94	8	10	12	—	2 060	97	71	—	—	—
1 164	3 935	207	36	172	9	820	204	28	11	35	224	4 008	413	442	6	—	130
—	327	103	7	—	—	1 421	8	13	—	—	—	798	66	—	—	—	—
168	1 407	56	3	91	12	554	42	19	—	3	—	1 817	263	79	14	13	31
—	—	1	—	—	—	—	—	—	—	—	—	—	—	—	—	—	—
230	7 358	103	36	227	2	315	21	—	—	—	11	4 745	343	89	6	—	36
—	671	189	—	—	—	403	27	9	—	13	—	1 951	268	32	10	—	11
—	10	—	—	—	—	264	—	—	—	—	—	76	30	—	—	—	—
—	88	43	—	—	—	346	13	7	—	—	—	—	37	—	—	—	—
—	243	176	42	—	—	1 688	93	22	15	23	7	972	37	48	5	—	—
3 737	92 826	5 300	869	1 802	303	45 980	2 196	815	210	605	962	82 393	9 825	4 549	331	159	1 176

资料来源：根据教育部发展规划司提供的数据整理。

1—4　2011 年全国博士、硕士、学士学位授予情况

1—4—1　分学科门类博士、硕士、学士学位授予数

单位：人

	哲学	经济学	法学	教育学	文学	历史学	理学
博士	738	2 466	2 506	875	2 359	809	10 887
硕士	4 260	20 672	28 599	14 996	39 469	4 575	43 768
学士	2 233	205 443	143 961	87 310	584 555	14 612	316 600

	工学	农学	医学	管理学	学术学位小计	专业学位小计	合计
博士	17 152	2 087	4 949	3 851	48 679	2 098	50 777
硕士	115 442	10 433	31 485	31 926	345 625	154 996	500 621
学士	914 872	51 959	163 231	543 180	3 027 956	3 604	3 031 560

资料来源：根据国务院学位委员会办公室提供的数据整理。

1—4—2　分学科、分类别博士、硕士学位授予数

单位：人

序号	一级学科（类别）名称	博士	硕士	序号	一级学科（类别）名称	博士	硕士
1	哲学	738	4 260	28	科学技术史	43	165
2	理论经济学	932	3 421	29	力学	596	1 651
3	应用经济学	1 534	17 251	30	机械工程	1 377	10 784
4	法学	1 042	14 648	31	光学工程	366	1 224
5	政治学	470	3 529	32	仪器科学与技术	276	2 168
6	社会学	295	2 045	33	材料科学与工程	1 910	9 067
7	民族学	217	914	34	冶金工程	171	719
8	马克思主义理论	482	7 463	35	动力工程及工程热物理	602	3 171
9	教育学	498	8 193	36	电气工程	550	4 959
10	心理学	222	3 362	37	电子科学与技术	1012	5 650
11	体育学	234	5 010	38	信息与通信工程	1 079	9 915
12	中国语言文学	1 335	11 416	39	控制科学与工程	1 159	8 650
13	外国语言文学	422	12 375	40	计算机科学与技术	1 471	16 311
14	新闻传播学	225	4 290	41	建筑学	232	2 063
15	艺术学	377	11 388	42	土木工程	926	7 852
16	历史学	809	4 575	43	水利工程	266	1 761
17	数学	1 008	7 554	44	测绘科学与技术	170	935
18	物理学	1 449	3 791	45	化学工程与技术	1 020	6 652
19	化学	2 187	7 847	46	地质资源与地质工程	692	2 514
20	天文学	97	122	47	矿业工程	293	2 101
21	地理学	613	3 378	48	石油与天然气工程	265	1 397
22	大气科学	198	601	49	纺织科学与工程	94	947
23	海洋科学	239	632	50	轻工技术与工程	153	930
24	地球物理学	119	220	51	交通运输工程	499	3 415
25	地质学	453	1 282	52	船舶与海洋工程	88	768
26	生物学	3 338	11 349	53	航空宇航科学与技术	309	1 135
27	系统科学	50	346	54	兵器科学与技术	97	230

续前表

序号	一级学科（类别）名称	博士	硕士	序号	一级学科（类别）名称	博士	硕士
55	核科学与技术	187	363	81	图书馆、情报与档案管理	117	1 441
56	农业工程	203	1 007		学术学位小计	48 679	345 625
57	林业工程	90	338	1	法律	—	16 483
58	环境科学与工程	901	5 303	2	教育	—	14 326
59	生物医学工程	320	1 079	3	工程	—	57 390
60	食品科学与工程	253	2 956	4	建筑学	—	994
61	作物学	427	1 412	5	临床医学	1 927	15 717
62	园艺学	201	977	6	工商管理	—	26 688
63	农业资源利用	212	766	7	农业推广	—	5 360
64	植物保护	315	1 353	8	兽医	68	485
65	畜牧学	348	1 417	9	公共管理	—	8 451
66	兽医学	280	1 529	10	口腔医学	103	662
67	林学	289	1 958	11	公共卫生		741
68	水产	58	501	12	会计		2 323
69	基础医学	627	3 189	13	体育		1 238
70	临床医学	2 308	16 276	14	艺术		1 284
71	口腔医学	110	983	15	风景园林		661
72	公共卫生与预防医学	287	1 825	16	汉语国际教育	—	1 521
73	中医学	721	2 639	17	翻译		660
74	中西医结合	305	1 284	18	社会工作		1
75	药学	813	5 442	19	应用统计		1
76	中药学	172	1 338	20	税务		8
77	管理科学与工程	1 550	5 121	21	中药学		1
78	工商管理	1 268	16 312	22	旅游管理	—	1
79	农林经济管理	475	830		专业学位小计	2 098	154 996
80	公共管理	543	9 590		合计	50 777	500 621

资料来源：根据国务院学位委员会办公室提供的数据整理。

1—4—3 分地区博士、硕士、学士学位授予数

单位：人

序号	地区名称	博士	硕士	学士	序号	地区名称	博士	硕士	学士
1	北京	16 243	70 656	169 116	17	湖北	4 065	36 086	189 477
2	天津	1 823	12 708	58 548	18	湖南	1 331	16 277	127 244
3	河北	398	13 265	121 476	19	广东	2 389	24 051	162 191
4	山西	284	8 418	70 773	20	广西	112	6 875	63 754
5	内蒙古	145	5 636	45 757	21	海南	11	1 046	15 703
6	辽宁	1 663	28 425	151 265	22	重庆	890	14 477	73 363
7	吉林	1 798	15 540	113 307	23	四川	2 019	24 407	140 594
8	黑龙江	1 716	17 313	118 912	24	贵州	41	3 952	36 826
9	上海	4 110	35 607	98 195	25	云南	290	8 475	51 818
10	江苏	3 631	38 382	243 765	26	西藏	—	193	4 997
11	浙江	1 390	15 206	121 287	27	陕西	2 227	24 598	121 666
12	安徽	801	11 806	108 148	28	甘肃	538	7 602	49 490
13	福建	868	10 077	84 873	29	青海	1	668	6 891
14	江西	115	8 014	89 205	30	宁夏	12	1 092	10 122
15	山东	1 512	24 504	195 125	31	新疆	130	4 090	29 504
16	河南	224	11 175	158 168		合计	50 777	500 621	3 031 560

资料来源：根据国务院学位委员会办公室提供的数据整理。

1—4—4 博士学术学位获得者基本情况

	哲学	经济学	法学	教育学	文学	历史学	理学	工学	农学	医学	管理学	合计
获博士学位总计（人）	738	2 466	2 506	954	2 359	809	9 794	17 627	2 130	5 343	3 953	48 679
性别（%）												
男	64.9	64.4	62.9	56.0	44.6	61.2	62.2	73.6	57.7	50.8	61.5	64.0
女	35.1	35.6	37.1	44.0	55.4	38.8	37.8	26.4	42.3	49.2	38.5	36.0
民族（%）												
汉族	93.8	94.4	91.2	94.0	91.8	93.9	95.9	96.3	93.8	95.6	95.2	95.2
其他民族	6.2	5.6	8.8	6.0	8.2	6.1	4.1	3.7	6.2	4.4	4.8	4.8
地域（%）												
中国大陆	96.5	96.3	96.2	94.2	95.2	95.8	99.4	99.0	98.2	94.8	97.5	97.8
港澳台	0.8	1.9	1.9	3.1	1.5	1.4	0.0	0.1	0.0	3.3	1.2	0.9
外国	2.7	1.8	1.9	2.6	3.3	2.8	0.5	0.9	1.8	1.8	1.2	1.3
获博士学位时平均年龄（岁）	35.4	35.0	35.5	36.0	35.7	35.0	30.9	32.7	33.0	34.1	36.3	33.3

资料来源：根据国务院学位委员会办公室提供的数据整理。

1—4—5 硕士学术学位获得者基本情况

	哲学	经济学	法学	教育学	文学	历史学	理学	工学	农学	医学	管理学	合计
获硕士学位总计（人）	4 260	20 672	28 599	16 565	39 469	4 575	37 287	118 015	9 913	32 976	33 294	345 625
性别（%）												
男	46.1	43.5	40.1	35.0	22.1	52.9	46.4	66.1	47.0	43.0	36.9	48.0
女	53.9	56.5	59.9	65.0	77.9	47.1	53.6	33.9	53.0	57.0	63.1	52.0
民族（%）												
汉族	91.3	94.7	90.6	94.0	91.8	93.1	94.5	96.0	94.2	94.6	93.9	94.2
其他民族	8.7	5.3	9.4	6.0	8.2	6.9	5.5	4.0	5.8	5.4	6.1	5.8
地域（%）												
中国大陆	99.5	97.8	98.8	99.3	98.4	99.0	99.8	99.6	99.7	98.6	98.6	99.1
港澳台	0.1	0.2	0.2	0.3	0.2	0.5	0.0	0.0	0.0	0.8	0.2	0.2
外国	0.4	2.0	1.0	0.4	1.4	0.6	0.2	0.4	0.3	0.6	1.2	0.7
获硕士学位时平均年龄（岁）	28.5	27.1	27.7	28.3	27.8	27.8	26.8	26.4	26.5	29.3	27.4	27.3

资料来源：根据国务院学位委员会办公室提供的资料整理。

附录二

2011 年研究生指导教师情况

2—1 2011年研究生指导教师情况（总计）

单位：人

	合计	30岁及以下	31～35岁	36～40岁	41～45岁	46～50岁	51～55岁	56～60岁	61～65岁	66岁及以上
总计	272 487	2 825	22 539	48 651	59 776	72 931	34 584	19 553	6 240	5 388
其中：女	75 005	802	6 978	16 389	18 318	19 022	8 108	4 016	838	534
分职称：										
正高级	135 374	191	1 773	9 179	25 722	47 124	25 729	15 358	5 407	4 891
副高级	127 736	1 227	16 463	37 019	33 314	25 506	8 754	4 142	818	493
中级	9 377	1 407	4 303	2 453	740	301	101	53	15	4
分指导关系：										
博士生导师	17 548	11	249	1 077	2 604	5 274	3 078	1 979	1 329	1 947
其中：女	2 496	1	27	159	454	740	473	322	165	155
硕士生导师	210 197	2 746	21 259	43 548	48 558	52 971	23 960	13 013	2 786	1 356
其中：女	65 787	786	6 785	15 504	16 397	16 099	6 560	3 024	442	190
博士生硕士生导师	44 742	68	1 031	4 026	8 614	14 686	7 546	4 561	2 125	2 085
其中：女	6 722	15	166	726	1 467	2 183	1 075	670	231	189

资料来源：根据教育部发展规划司提供的数据整理。

2—2 2011年研究生指导教师情况（普通高校）

单位：人

	合计	30岁及以下	31～35岁	36～40岁	41～45岁	46～50岁	51～55岁	56～60岁	61～65岁	66岁及以上
总计	250 219	2 698	20 832	44 790	54 634	66 867	31 879	18 084	5 735	4 700
其中：女	71 047	783	6 561	15 548	17 382	18 085	7 655	3 778	771	484
分职称：										
正高级	119 685	153	1 461	7 624	22 001	41 992	23 295	14 033	4 921	4 205
副高级	121 235	1 168	15 086	34 726	31 900	24 577	8 487	4 001	799	491
中级	9 299	1 377	4 285	2 440	733	298	97	50	15	4
分指导关系：										
博士生导师	13 837	10	191	862	1 990	4 097	2 416	1 587	1 099	1 585
其中：女	1 995	1	20	139	368	594	365	243	137	128
硕士生导师	196 335	2 641	19 763	40 537	45 196	49 517	22 526	12 207	2 658	1 290
其中：女	62 822	768	6 399	14 772	15 676	15 439	6 279	2 890	416	183
博士生硕士生导师	40 047	47	878	3 391	7 448	13 253	6 937	4 290	1 978	1 825
其中：女	6 230	14	142	637	1 338	2 052	1 011	645	218	173

资料来源：根据教育部发展规划司提供的数据整理。

2—3 分地区研究生导师统计

	正高级		副高级		中级		总计	
	人数（人）	比重（%）	人数（人）	比重（%）	人数（人）	比重（%）	人数（人）	比重（%）
北京	22 154	16.37	18 021	14.11	2 204	23.50	42 379	15.55
天津	3 566	2.63	2 928	2.29	13	0.14	6 507	2.39
河北	3 517	2.60	2 675	2.09	217	2.31	6 409	2.35
山西	1 979	1.46	1 757	1.38	241	2.57	3 977	1.46
内蒙古	1 821	1.35	1 203	0.94	35	0.37	3 059	1.12
辽宁	6 652	4.91	5 885	4.61	743	7.92	13 280	4.87
吉林	4 669	3.45	4 129	3.23	209	2.23	9 007	3.31
黑龙江	4 434	3.28	3 916	3.07	317	3.38	8 667	3.18
上海	8 836	6.53	8 554	6.70	508	5.42	17 898	6.57
江苏	9 215	6.81	10 719	8.39	788	8.40	20 722	7.60
浙江	4 720	3.49	3 566	2.79	142	1.51	8 428	3.09
安徽	3 303	2.44	3 038	2.38	77	0.82	6 418	2.36
福建	3 191	2.36	2 437	1.91	533	5.68	6 161	2.26
江西	2 273	1.68	2 245	1.76	107	1.14	4 625	1.70
山东	7 280	5.38	7 438	5.82	322	3.43	15 040	5.52
河南	2 779	2.05	4 440	3.48	148	1.58	7 367	2.70
湖北	7 280	5.38	7 866	6.16	1 076	11.47	16 222	5.95
湖南	4 638	3.43	4 313	3.38	279	2.98	9 230	3.39
广东	7 980	5.89	6 450	5.05	328	3.50	14 758	5.42
广西	2 557	1.89	2 115	1.66	195	2.08	4 867	1.79
海南	390	0.29	480	0.38	0	0.00	870	0.32
重庆	2 714	2.00	3 215	2.52	198	2.11	6 127	2.25
四川	5 033	3.72	5 744	4.50	102	1.09	10 879	3.99
贵州	1 639	1.21	1 326	1.04	6	0.06	2 971	1.09
云南	2 322	1.72	2 289	1.79	158	1.68	4 769	1.75
西藏	80	0.06	102	0.08	23	0.25	205	0.08
陕西	5 858	4.33	6 396	5.01	290	3.09	12 544	4.60
甘肃	2 173	1.61	2 156	1.69	92	0.98	4 421	1.62
青海	500	0.37	200	0.16	8	0.09	708	0.26
宁夏	436	0.32	285	0.22	12	0.13	733	0.27
新疆	1 385	1.02	1 848	1.45	6	0.06	3 239	1.19
合计	135 374	100.00	127 736	14.11	9 377	100.00	272 487	100.00

资料来源：根据教育部发展规划司提供的数据整理。

附录三

博士、硕士学位授权点
情况

3—1 2011 年博士、硕士学位授权点基本数据

单位：个

地区	一级学科授权点		二级学科授权点		专业学位授权点	
	博士	硕士	博士	硕士	博士	硕士
北京	511	572	85	306	17	327
天津	79	159	9	78	3	94
河北	51	199	20	92	1	86
山西	46	103	19	70	0	50
内蒙古	23	103	6	57	0	33
辽宁	107	329	30	146	3	128
吉林	82	159	15	90	5	93
黑龙江	92	201	20	102	4	82
上海	210	230	36	112	11	164
江苏	269	408	52	205	9	206
浙江	77	181	12	86	5	91
安徽	72	168	15	82	2	81
福建	77	117	19	53	1	74
江西	19	181	5	88	1	61
山东	104	337	29	157	6	159
河南	51	243	14	102	1	90
湖北	171	296	36	130	7	169
湖南	122	193	27	94	4	98
广东	134	215	26	104	8	125
广西	13	121	5	75	1	44
海南	5	30	0	17	0	8
重庆	66	141	11	55	4	72
四川	110	224	21	94	5	120
贵州	9	80	1	33	0	26
云南	26	141	8	54	0	67
西藏	—	15	—	4	—	3
陕西	170	293	35	165	6	123
甘肃	42	114	11	50	3	50
青海	1	30	2	22	0	6
宁夏	5	35	0	14	0	9
新疆	21	88	5	33	1	40
合计	2 765	5 706	574	2 770	108	2 779

资料来源：根据国务院学位委员会办公室提供的数据整理。

3—2　"服务国家特殊需求人才培养项目"——学士学位授予单位
　　　开展培养硕士专业学位研究生试点工作单位名单及授权专
　　　业学位类别

序号	学校名称	专业学位类别（领域）
1	北京电子科技学院	工程硕士（电子与通信工程、计算机技术）
2	华北科技学院	工程硕士（安全工程）
3	大连民族学院	工程硕士（计算机技术、生物工程）
4	北京石油化工学院	工程硕士（机械工程、化学工程）
5	北京城市学院	社会工作硕士
6	河北金融学院	金融硕士
7	北华航天工业学院	工程硕士（电子与通信工程、航天工程）
8	河北传媒学院	艺术硕士
9	鞍山师范学院	教育硕士
10	沈阳工程学院	工程硕士（动力工程、电气工程）
11	长春工程学院	工程硕士（建筑与土木工程、水利工程）
12	吉林华桥外国语学院	翻译硕士
13	黑龙江东方学院	工程硕士（食品工程）
14	上海立信会计学院	审计硕士
15	上海电机学院	工程硕士（电气工程）
16	上海第二工业大学	工程硕士（环境工程）
17	淮阴工学院	工程硕士（化学工程）
18	南京工程学院	工程硕士（机械工程、电气工程）
19	江苏技术师范学院	工程硕士（机械工程、环境工程）
20	湖州师范学院	护理硕士
21	浙江万里学院	工程硕士（生物工程、物流工程）
22	浙江传媒学院	新闻与传播硕士
23	安徽科技学院	农业推广硕士
24	合肥学院	工程硕士（环境工程）
25	合肥师范学院	教育硕士
26	闽江学院	工商管理硕士
27	泉州师范学院	艺术硕士
28	厦门理工学院	工程硕士（电气工程、车辆工程）
29	宜春学院	药学硕士
30	井冈山大学	社会工作硕士
31	南昌工程学院	工程硕士（动力工程、水利工程）
32	济宁医学院	临床医学硕士

续前表

序号	学校名称	专业学位类别（领域）
33	山东交通学院	工程硕士（交通运输工程、船舶与海洋工程）
34	山东政法学院	法律硕士
35	安阳师范学院	汉语国际教育硕士
36	南阳师范学院	工程硕士（生物工程）
37	洛阳师范学院	教育硕士
38	黄冈师范学院	教育硕士
39	咸宁学院	药学硕士
40	湖北经济学院	会计硕士
41	邵阳学院	工程硕士（机械工程、食品工程）
42	湖南人文科技学院	农业推广硕士
43	湖南工程学院	工程硕士（动力工程、纺织工程）
44	广东金融学院	金融硕士
45	广西财经学院	会计硕士
46	重庆科技学院	石油与天然气工程、安全工程
47	黔南民族师范学院	教育硕士
48	绵阳师范学院	工程硕士（环境工程）
49	四川警察学院	警务硕士
50	西安医学院	临床医学硕士
51	西京学院	工程硕士（机械工程、控制工程）

资料来源：根据国务院学位委员会办公室提供的数据整理。

附录四

学位授予和人才培养学科目录

4—1　学位授予和人才培养学科目录（2011 年）

01　哲学

0101　哲学

02　经济学

0201　理论经济学

0202　应用经济学

03　法学

0301　法学

0302　政治学

0303　社会学

0304　民族学

0305　马克思主义理论

0306　公安学

04　教育学

0401　教育学

0402　心理学（可授教育学、理学学位）

0403　体育学

05　文学

0501　中国语言文学

0502　外国语言文学

0503　新闻传播学

06　历史学

0601　考古学

0602　中国史

0603　世界史

07　理学

0701　数学

0702　物理学

0703 化学

0704 天文学

0705 地理学

0706 大气科学

0707 海洋科学

0708 地球物理学

0709 地质学

0710 生物学

0711 系统科学

0712 科学技术史（分学科，可授理学、工学、农学、医学学位）

0713 生态学

0714 统计学（可授理学、经济学学位）

08 工学

0801 力学（可授工学、理学学位）

0802 机械工程

0803 光学工程

0804 仪器科学与技术

0805 材料科学与工程（可授工学、理学学位）

0806 冶金工程

0807 动力工程及工程热物理

0808 电气工程

0809 电子科学与技术（可授工学、理学学位）

0810 信息与通信工程

0811 控制科学与工程

0812 计算机科学与技术（可授工学、理学学位）

0813 建筑学

0814 土木工程

0815 水利工程

0816 测绘科学与技术

0817 化学工程与技术

0818 地质资源与地质工程

0819 矿业工程

0820 石油与天然气工程

0821 纺织科学与工程

0822 轻工技术与工程

0823 交通运输工程

0824 船舶与海洋工程

0825 航空宇航科学与技术

0826 兵器科学与技术

0827 核科学与技术

0828 农业工程

0829 林业工程

0830 环境科学与工程（可授工学、理学、农学学位）

0831 生物医学工程（可授工学、理学、医学学位）

0832 食品科学与工程（可授工学、农学学位）

0833 城乡规划学

0834 风景园林学（可授工学、农学学位）

0835 软件工程

0836 生物工程

0837 安全科学与工程

0838 公安技术

09　农学

0901 作物学

0902 园艺学

0903 农业资源与环境

0904 植物保护

0905 畜牧学

0906 兽医学

0907 林学

0908 水产

0909 草学

10 医学

1001 基础医学（可授医学、理学学位）

1002 临床医学

1003 口腔医学

1004 公共卫生与预防医学（可授医学、理学学位）

1005 中医学

1006 中西医结合

1007 药学（可授医学、理学学位）

1008 中药学（可授医学、理学学位）

1009 特种医学

1010 医学技术（可授医学、理学学位）

1011 护理学（可授医学、理学学位）

11 军事学

1101 军事思想及军事历史

1102 战略学

1103 战役学

1104 战术学

1105 军队指挥学

1106 军制学

1107 军队政治工作学

1108 军事后勤学

1109 军事装备学

1110 军事训练学

1

附录

12　管理学

1201　管理科学与工程（可授管理学、工学学位）

1202　工商管理

1203　农林经济管理

1204　公共管理

1205　图书情报与档案管理

13　艺术学

1301　艺术学理论

1302　音乐与舞蹈学

1303　戏剧与影视学

1304　美术学

1305　设计学（可授艺术学、工学学位）

4—2　专业学位授予和人才培养目录

0251	金融	0552	新闻与传播
0252	应用统计	0553	出版
0253	税务	0651	文物与博物馆
0254	国际商务	0851	建筑学
0255	保险	0852	* 工程
0256	资产评估	0853	城市规划
0257	审计	0951	农业推广
0351	法律	0952	* 兽医
0352	社会工作	0953	风景园林
0353	警务	0954	林业
0451	* 教育	1051	* 临床医学
0452	体育	1052	* 口腔医学
0453	汉语国际教育	1053	公共卫生
0454	应用心理	1054	护理

0551	翻译	1055	药学
1056	中药学	1254	旅游管理
1151	军事	1255	图书情报
1251	工商管理	1256	工程管理
1252	公共管理	1351	艺术
1253	会计		

说明：名称前加"＊"的可授予硕士、博士专业学位；"建筑学"可授予学士、硕士专业学位；其他授予硕士专业学位。

附录五

专业学位概览

5—1　博士专业学位概览

序号	类别	英文名称及缩写	设置年份	人才培养目标
1	临床医学博士	Doctor of Medicine（MD）	1998	培养高层次、高水平的能解决疑难病的临床医师
2	兽医博士	Doctor of Veterinary Medicine（VMD）	1999	培养从事兽医医疗资源管理、技术监督、市场管理与开发、兽医临床工作和现代化兽医业务与管理的应用型、复合型高层次人才
3	口腔医学博士	Doctor of Stomatological Medicine（SMD）	2000	培养能处理疑难病的口腔医学高层次临床医生
4	教育博士	Doctor of Education（Ed. D）	2008	培养教育实践领域高层次专门人才
5	工程博士	Doctor of Engineering（D. Eng）	2011	培养具有创新能力的应用型、复合式高层次工程技术和工程管理人才

资料来源：根据中国学位与研究生教育信息网提供的资料整理，见 http://www.cdgdc.edu.cn/xwyyjsjyxx/gjjl/。

5—2　硕士专业学位概览

序号	类别	英文名称及缩写	设置年份	人才培养目标
1	金融硕士	Master of Finance（MF）	2010	培养具备良好的政治思想素质和职业道德素养，充分了解金融理论与实务，系统掌握投融资管理技能、金融交易技术与操作、金融产品设计与定价、财务分析、金融风险管理以及相关领域的知识和技能，具有很强的解决金融实际问题能力的高层次、应用型金融专门人才
2	应用统计硕士	Master of Applied Statistics（MAS）	2010	培养具备良好的政治思想素质和职业道德素养，具有良好的统计学背景，系统掌握数据采集、处理、分析和开发的知识与技能，具备熟练应用计算机处理和分析数据的能力，能够在国家机关、党群团体、企事业单位、社会组织及科研教学部门从事统计调查咨询、数据分析、决策支持和信息管理的高层次、应用型应用统计专门人才
3	税务硕士	Master of Taxation（MT）	2010	面向税务机关、企业、中介机构及司法部门等相关职业，培养具备良好的政治思想素质和职业道德素养，系统掌握税收理论与政策、税收制度、税务管理以及相关领域的知识和技能，充分了解税务稽查、税务筹划以及税务代理等高级税收实务并熟练掌握其分析方法与操作技能，具有解决实际涉税问题能力的高层次、应用型专门人才

序号	类别	英文名称及缩写	设置年份	人才培养目标
4	国际商务硕士	Master of International Business（MIB）	2010	适应经济全球化需要，培养胜任在涉外企事业单位、政府部门和社会团体从事国际商务经营运作与管理工作，具备良好的政治思想素质和职业道德素养，通晓现代商务基础理论，具备完善的国际商务知识、国际商务分析与决策能力，熟练掌握现代国际商务实践技能，具有较高的外语水平和较强的跨文化交流能力的高层次、应用型、复合型国际商务专门人才
5	保险硕士	Master of Insurance（MI）	2010	面向各类保险公司、保险监管机构、灾害预防和控制机构、社会保障组织和各类企事业单位，培养具备良好的政治思想素质和职业道德，掌握经济学基础知识，具有从事风险评估与管理、保险产品设计、保险精算、保险财务管理和保险运营管理能力的高层次、应用型、复合型保险专门人才
6	资产评估硕士	Master of Valuation（MV）	2010	面向资产评估行业，培养具备良好的政治思想素质和职业道德，系统掌握资产评估基本原理，具备从事资产评估职业所要求的知识和技能，对资产评估实务有充分的了解，具有很强的解决实际问题能力的高层次、应用型的资产评估专门人才
7	审计硕士	Master of Auditing（MAud）	2011	培养具备良好的政治思想素质和职业道德素养，系统掌握现代审计学基本理论及相关领域的知识和技能，具有开阔的国际视野、较强的专业能力、能够创造性地从事审计工作的高层次、应用型审计专门人才
8	法律硕士	Juris Master（JM）	1995	培养专门型、实务型法律专门人才
9	社会工作硕士	Master of Social Work（MSW）	2008	培养能够胜任针对不同人群及领域的社会服务与社会管理的应用型高级专业人才
10	警务硕士	Master of Policing（MP）	2010	培养具备良好的政治思想素质和职业道德修养，忠诚可靠、业务扎实、敢于创新、精于实战，具有综合运用法律、公安基础理论、经济、科技、外语等知识，独立从事各项公安工作能力的高层次、应用型公安专门人才
11	教育硕士	Master of Education（Ed. M）	1996	培养高素质的中小学教师、教育管理领域高级专门人才
12	体育硕士	Master of Science in Physical Education（MSPE）	2005	培养能独立承担体育专业技术或管理工作的高层次应用型体育专门人才
13	汉语国际教育硕士	Master of Teaching Chinese to Speakers of Other Languages（MTCSOL）	2007	培养适应汉语国际推广工作，胜任多种教学任务的高层次、应用型、复合型、国家化专门人才
14	应用心理硕士	Master of Applied Psychology（MAP）	2010	培养具备良好的政治思想素质和职业道德素养，掌握良好心理学基础知识，具有将心理学理论和技术应用于某一相关领域以解决实际问题的能力，适应社会、经济、文化、教育、医疗、国防、体育等某一特定职业领域需要的高层次应用型心理学专门人才

序号	类别	英文名称及缩写	设置年份	人才培养目标
15	艺术硕士	Master of Fine Arts（MFA）	2005	培养高层次、应用型艺术专门人才
16	翻译硕士	Master of Translation and Interpreting（MTI）	2007	培养高层次、应用型、专业性口笔译人才
17	新闻与传播硕士	Master of Journalism and Communication（MJC）	2010	培养具备良好的政治思想素质和职业道德素养，具有现代新闻传播理念与国际化视野，深入了解中国基本国情，熟练掌握新闻传播技能与方法的高层次、应用型新闻传播专门人才
18	出版硕士	Master of Publishing（MP）	2010	培养具备良好的政治思想素质和职业道德素养，掌握出版专业知识和技能，具有较宽的知识面，能够综合运用管理、经济、法律、外语、计算机等知识解决出版业实际问题，适应现代出版业发展需要的高层次、复合型、应用型出版专门人才
19	文物与博物馆硕士	Master of Cultural Heritage and Museology（MCHM）	2010	为各级文物管理机构及各类博物馆、研究机构、出版机构、社团组织、文物商店、拍卖行等，培养具备良好的政治思想素质和职业道德素养，具有现代文博事业理念，较好掌握文物与博物馆及相关领域的知识和技能，能胜任较高水平业务或管理工作的高层次、应用型文物与博物馆专门人才
20	建筑学硕士	Master of Architecture（M. Arch）	1992	培养建筑设计专门人才
21	工程硕士	Master of Engineering（ME）	1997	培养应用型、复合式高层次工程技术和工程管理人才
22	城市规划硕士	Master of Urban Planning（MUP）	2010	培养具备良好的政治思想素质和职业道德素养，具有"以人为本、服务社会、科学发展"的专业价值观，掌握城市规划与设计的理论、方法和技术，熟悉相关学科的理论和知识，能够胜任城市规划管理和城市规划设计领域实务工作的高层次、应用型城市规划专门人才
23	农业推广硕士	agricultural extension master（MAE）	1999	培养具有综合职业技能的应用型、复合型高层次人才
24	兽医硕士	Master of Veterinary Medicine（VMM）	1999	培养从事兽医资源管理、技术监督、市场管理与开发、兽医临床工作和现代化兽医业务与管理的应用型、复合型高层次人才
25	风景园林硕士	Master of LandscapeArchitecture（MLA）	2005	主要为风景园林事业相关领域培养应用型、复合型、高层次的专门人才
26	林业硕士	Master of Forestry（MF）	2010	培养具备良好的政治思想素质和职业道德素养，具有系统的林业基本理论和专业知识，熟练运用现代林业技术，适应林业及生态建设发展需要的高层次、应用型、复合型林业专门人才

序号	类别	英文名称及缩写	设置年份	人才培养目标
27	临床医学硕士	Master of Medicine（MM）	1998	培养高层次、高水平的临床医师
28	口腔医学硕士	Master of Stomatological Medicine（SMM）	2000	培养高层次口腔临床医师
29	公共卫生硕士	Master of Public Health（MPH）	2001	培养高层次公共卫生应用型专门人才
30	护理硕士	Master of Nursing Specialist（MNS）	2010	培养具备良好的政治思想素质和职业道德素养，具有本学科坚实的基础理论和系统的专业知识、较强的临床分析和思维能力，能独立解决本学科领域内的常见护理问题，并具有较强的研究、教学能力的高层次、应用型、专科型护理专门人才
31	药学硕士	Professional Master of Pharmacy（M. Pharm）	2010	面向药物技术转化、生产、流通、使用、监管等职业领域，培养具备良好的政治思想素质和职业道德素养，较好掌握药学及相关学科专业知识，具有较强的技术创新能力和解决实际问题能力的高层次、应用型药学专门人才
32	中药学硕士	Master of Chinese Materia Medica（MCMM）	2010	热爱中医药事业，具备良好的专业素质和职业道德，系统掌握本学科基本理论和专业技能，具有较强的实践能力和创新精神，能结合实际工作发现问题、提出问题、分析和解决问题，胜任中药生产、质量评价与控制、新药研发、注册申请、流通管理、合理使用、临床及社会服务等工作高层次、应用型的中药学专门人才
33	军事硕士	Master of Military	2002	培养军队军事、政治、后勤、装备等中级指挥军官
34	工商管理硕士	Master of Business Administration（MBA）	1990	培养企业或经济管理部门的高级经营管理专门人才
35	公共管理硕士	Master of Public Administration（MPA）	1999	培养政府部门及非政府公共机构的高层次、应用型专门人才
36	会计硕士	Master of Professional Accounting（MPAcc）	2004	培养高层次、应用型的会计专门人才
37	旅游管理硕士	Master of Tourism Administration（MTA）	2010	培养具备良好的政治思想素质和职业道德素养，掌握旅游基本理论知识和管理方法及技能，熟悉旅游业务实际，具有优秀的沟通能力和解决问题的综合能力，能够胜任现代旅游业实际工作需要的高层次、应用型、复合型旅游管理专门人才

续前表

序号	类别	英文名称及缩写	设置年份	人才培养目标
38	图书情报硕士	Master of Library and Information Studies (MLIS)	2010	培养具备良好的政治思想素质和职业道德素养，掌握扎实的图书情报专业知识和技能，具有较高的外语水平和较强的跨文化交际能力，具有综合运用管理、经济、法律、计算机等知识解决图书情报工作实际问题能力，适应社会信息化和国民经济建设需要的高层次、应用型、复合型图书情报专门人才
39	工程管理硕士	Master of Engineering Management（MEM）	2010	培养具备良好的政治思想素质和职业道德素养，掌握系统的管理理论、现代管理方法，以及相关工程领域的专门知识，能独立担负工程管理工作，具有计划、组织、协调和决策能力的高层次、应用型工程管理专门人才

资料来源：根据中国学位与研究生教育信息网提供的资料整理，见 http://www.cdgdc.edu.cn/xwyyjsjyxx/gjjl/szfa/267348.shtml。

附录六

2011 年全国优秀博士学位
论文评选情况

2011 年全国优秀博士学位论文评选情况

学科门类	一级学科名称	作者姓名	导师姓名	论文题目	学位授予单位名称
哲学	哲学	肖清和	孙尚扬	"天会"与"吾党":明末清初天主教徒群体之形成与交往研究（1580—1722）	北京大学
经济学	理论经济学	徐奇渊	刘力臻	人民币国际化进程中的汇率变化研究	东北师范大学
	应用经济学	解垩	樊丽明	城乡卫生医疗服务均等化研究	山东大学
法学	法学	王书成	胡锦光	合宪性推定论——一种宪法方法	中国人民大学
	政治学	殷冬水	周光辉	民主:社会正义的生命——关于社会正义政治条件的规范研究	吉林大学
教育学	心理学	王瑞明	莫雷	文本阅读中信息的协调性整合研究	华南师范大学
	体育学	黄海燕	张林	体育赛事综合影响事前评估研究	上海体育学院
文学	中国语言文学	刘文正	蒋冀骋	《太平经》动词及相关基本句法研究	湖南师范大学
		卢燕新	傅璇琮	唐人编选诗文总集研究	中国人民大学
	外国语言文学	叶少勇	段晴	《中论颂》与《佛护释》——基于新发现梵文写本的文献学研究	北京大学
	艺术学	郭小利	王耀华	中国传统音乐即兴创作教育研究	福建师范大学
历史学	历史学	王青	晁福林	上博简《曹沫之陈》研究	北京师范大学
		杨培娜	陈春声	濒海生计与王朝秩序——明清闽粤沿海地方社会变迁研究	中山大学
理学	数学	邹长亮	王兆军	复杂数据统计过程控制的若干研究	南开大学
		付晓玉	张旭	分布参数系统能控能观性问题的统一处理	四川大学
		钟柳强	许进超	求解两类 Maxwell 方程组棱元离散系统的快速算法和自适应方法	湘潭大学
	物理学	马仁敏	戴伦	一维纳米半导体材料及其电子与光子器件研究	北京大学
		郑坤	韩晓东	原位原子尺度下纳米线室温力学性能与行为的研究	北京工业大学
		沈大伟	封东来	2H 结构过渡族金属二硫属化物电子结构的高分辨角分辨光电子能谱研究	复旦大学
		俞云伟	郑小平	Swift 时代伽玛射线暴及其余辉的多波段研究	华中师范大学
		陈焕阳	马红孺	各向异性材料中的波:隐身衣、旋转衣和声子晶体	上海交通大学
		许金时	郭光灿	光子纠缠态制备、应用及演化的实验研究	中国科学技术大学
	化学	袁荃	严纯华	稀土/锆基和稀土/铝基有序介孔结构的可控合成及性质研究	北京大学
		姚亚刚	张锦	单壁碳纳米管的结构控制生长方法研究	北京大学
		那娜	张新荣	基于纳米材料表面化学发光的传感器阵列研究	清华大学—北京协和医学院（清华大学医学部）

续前表

学科门类	一级学科名称	作者姓名	导师姓名	论文题目	学位授予单位名称
理学		孔祥建	龙腊生	多核金属配合物的合成、结构与性质研究	厦门大学
		汪君	冯小明	碳氧（C＝O）、碳氮（C＝N）和碳碳（C＝C）双键的催化不对称氰基化反应研究	四川大学
		葛治伸	刘世勇	环境响应性聚合物超分子组装体的构筑和结构调控	中国科学技术大学
	天文学	侯锡云	刘林	平动点的动力学特征及其应用	南京大学
	地理学	刘小平	黎夏	地理模拟系统的构建及其在城市空间演化过程中的应用	中山大学
	大气科学	吴波	周天军	印度洋—太平洋海气相互作用及其对东亚季风的影响	中国科学院大气物理研究所
	地球物理学	周煦之	濮祖荫	地球磁层能量粒子动力学研究	北京大学
	地质学	刘显东	王汝成	粘土矿物的分子模拟	南京大学
		陈仁旭	郑永飞	深俯冲陆壳地球化学性质与折返过程中流体活动：来自苏鲁造山带中国大陆科学钻探主孔样品的研究结果	中国科学技术大学
	生物学	王艳	尚永丰	LSD1 是 NuRD 复合体的一个亚基，功能上调控乳腺癌的转移	北京大学
		魏朝亮	程和平	钙火花调控细胞方向性迁移	北京大学
		徐书华	金力	高密度常染色体 SNPs 揭示的现代人群遗传结构	复旦大学
		王晓明	刘小龙	c-Fos 调控胸腺细胞分化成熟的分子机制	中国科学院上海生命科学研究院
		邝栋明	郑利民	髓系细胞在肿瘤进展过程中的作用及其潜在调控机制	中山大学
工学	力学	文浩	胡海岩	绳系卫星释放和回收的动力学控制	南京航空航天大学
		柳占立	庄茁	微尺度晶体塑性的离散位错和非局部理论研究	清华大学—北京协和医学院（清华大学医学部）
	机械工程	裴旭	宗光华	基于虚拟运动中心概念的机构设计理论与方法	北京航空航天大学
		姜潮	韩旭	基于区间的不确定性优化理论与算法	湖南大学
	光学工程	李政勇	吴重庆	光纤偏振态的高速控制与偏振编码通信	北京交通大学
	仪器科学与技术	张亮亮	赵跃进	太赫兹波位相成像	北京理工大学
	材料科学与工程	赵跃	周美玲	涂层导体织构镍合金基板及过渡层的研究	北京工业大学

续前表

学科门类	一级学科名称	作者姓名	导师姓名	论文题目	学位授予单位名称
工学		伍晖	潘伟	电纺丝纳米纤维的制备、组装与性能	清华大学—北京协和医学院（清华大学医学部）
		刘静	房喻	含二茂铁基小分子有机胶凝剂的设计合成及其胶凝行为研究	陕西师范大学
		刘岗	成会明	表面与均相掺杂氧化钛基光催化材料的设计、合成与光催化特性研究	中国科学院金属研究所
	动力工程及工程热物理	王淑彦	陆慧林	稠密气固两相流颗粒聚团流动与反应特性的数值模拟研究	哈尔滨工业大学
		薄拯	岑可法	滑动弧放电等离子体处理挥发性有机化合物基础研究	浙江大学
	电气工程	胡建林	孙才新	低气压下覆冰绝缘子（长）串闪络特性及直流放电模型研究	重庆大学
	电子科学与技术	魏贤龙	陈清	结合扫描电子显微镜和纳米探针研究碳纳米管的操控和力学电学特性	北京大学
		漆奇	张彤	低维纳米金属氧化物半导体敏感特性的研究	吉林大学
		马华	屈绍波	超材料隐身套及新型功能器件的理论与设计研究	空军工程大学
	信息与通信工程	钟平	王润生	面向图像标记的随机场模型研究	国防科学技术大学
	控制科学与工程	吴爱国	段广仁	广义线性系统的脉冲消除与观测器设计	哈尔滨工业大学
		王飞	张长水	图上的半监督学习算法研究	清华大学—北京协和医学院（清华大学医学部）
	计算机科学与技术	陈海波	臧斌宇	云计算平台可信性增强技术的研究	复旦大学
		章国锋	鲍虎军	视频场景的重建与增强处理	浙江大学
	土木工程	赵密	杜修力	近场波动有限元模拟的应力型时域人工边界条件及其应用	北京工业大学
		王磊	张建仁	考虑模糊性与随机性的既有 RC 梁桥时变可靠性研究	长沙理工大学
	水利工程	史良胜	杨金忠	地下水中污染物运移随机模型的研究与应用	武汉大学
	测绘科学与技术	潘俊	李德仁	自动化的航空影像色彩一致性处理及接缝线网络生成方法研究	武汉大学
	化学工程与技术	张强	魏飞	宏量可控制备碳纳米管阵列	清华大学—北京协和医学院（清华大学医学部）

学科门类	一级学科名称	作者姓名	导师姓名	论文题目	学位授予单位名称
工学		范晓彬	张凤宝	新碳纳米材料及其生物应用探索	天津大学
	地质资源与地质工程	姚艳斌	刘大锰	煤层气储层精细定量表征与综合评价模型	中国地质大学
	石油与天然气工程	王玮	宫敬	油水混合液物性及流动规律研究	中国石油大学
	纺织科学与工程	刘雍	俞建勇	气泡静电纺丝技术及其机理研究	东华大学
	轻工技术与工程	周景文	陈坚	光滑球拟酵母中 ATP 的生理功能与作用机制	江南大学
	船舶与海洋工程	俞翔	朱石坚	非线性隔振系统动力学特性与混沌反控制研究	海军工程大学
	航空宇航科学与技术	孙明波	王振国	超声速来流稳焰凹腔的流动及火焰稳定机制研究	国防科学技术大学
	农业工程	张宝忠	康绍忠	干旱荒漠绿洲葡萄园水热传输机制与蒸发蒸腾估算方法研究	中国农业大学
	环境科学与工程	屈小辉	王文兴	量子化学方法研究典型有毒有机污染物的形成与降解机理	山东大学
		倪丙杰	俞汉青	好氧颗粒污泥的培养过程、作用机制及数学模拟	中国科学技术大学
	生物医学工程	杨芳	顾宁	超声、磁共振双模式微气泡造影剂的研究	东南大学
	食品科学与工程	章宇	张英	生物黄酮抑制食品中丙烯酰胺形成的机理及其构效关系研究	浙江大学
农学	作物学	陈赛华	徐明良	水稻米香基因功能分析与米香物质 2AP 的代谢机理研究	中国农业大学
	园艺学	夏晓剑	喻景权	油菜素内酯调控黄瓜光合作用、抗逆性及农药代谢的生理与分子机理研究	浙江大学
	农业资源与环境	陈爱群	徐国华	三种茄科作物 Pht1 家族磷转运蛋白基因的克隆及表达调控分析	南京农业大学
	植物保护	王晓杰	康振生	小麦与条锈菌互作机理研究及抗条锈相关基因的功能分析	西北农林科技大学
	兽医学	王林	刘宗平	铅镉联合对大鼠肾脏的毒性研究	扬州大学
	林学	王君	康向阳	青杨派树种多倍体诱导技术研究	北京林业大学
医学	基础医学	刘星光	曹雪涛	钙/钙调素依赖性蛋白激酶Ⅱ和 MHCⅡ类分子对 TLR 触发的巨噬细胞与树突状细胞天然免疫应答反应的调控及其机制	第二军医大学
		赵亮	丁彦青	人结直肠癌发生和转移相关的蛋白质组学分析及候选蛋白 LASP—1 功能的初步研究	南方医科大学
	临床医学	廖专	李兆申	胶囊内镜的临床应用研究	第二军医大学
		李晓华	樊代明	新基因 CIAPIN1 的功能研究	第四军医大学

续前表

学科门类	一级学科名称	作者姓名	导师姓名	论文题目	学位授予单位名称
医学		张澄	王兴利	动脉粥样硬化病变分子机制和基因治疗的实验研究	山东大学
		于风燕	宋尔卫	Let-7 microRNA 调控乳腺癌干细胞"干性"的研究	中山大学
	口腔医学	高莺	胡静	改善骨质疏松状态下植入体稳定性及骨代谢的实验研究	四川大学
	公共卫生与预防医学	徐苑苑	孙贵范	饮水型砷暴露人群砷甲基化模式及其与机体氧化应激状态关系的研究	中国医科大学
	中医学	梁倩倩	王拥军	复方芪麝片及川芎嗪、麝香酮防治腰椎间盘退变的作用机制研究	上海中医药大学
	中西医结合	汪晨	凌昌全	蜂毒素协同 TRAIL 诱导人肝细胞癌细胞凋亡的实验研究	第二军医大学
	药学	齐炼文	李萍	基于生物捕集—化学在线分析的中药药效物质研究新方法的建立及应用	中国药科大学
管理学	管理科学与工程	吴杰	梁樑	数据包络分析（DEA）的交叉效率研究——基于博弈理论的效率评估方法	中国科学技术大学
	工商管理	江旭	李垣	医院间联盟中的知识获取与伙伴机会主义——信任与契约的交互作用研究	西安交通大学
	公共管理	谭荣	曲福田	农地非农化的效率：资源配置、治理结构与制度环境	南京农业大学

资料来源：根据国务院学位委员会办公室提供的资料整理。

2011 年名誉博士学位
批准、授予名单

2011 年名誉博士学位批准、授予名单

序号	授予人员姓名	国籍和地区	身份	授予单位名称
1	罗伯特·锦穆尔	美国	美国芝加哥大学校长	清华大学
2	益川敏英	日本	日本京都产业大学教授	上海交通大学
3	柏瑞·贝姆	美国	美国南加州大学教授	中科院研究生院
4	朴范薰	韩国	韩国中央大学校长	山东大学
5	梁振英	中国香港	香港城市大学校董会主席	山东大学
6	赖瑞·麦克拉瑞	美国	美国理论物理学家	华中师范大学
7	崔琦	美国	美国普林斯顿大学教授	北京大学
8	扬·阿亨巴赫	美国	美国西北大学教授	浙江大学
9	刘遵义	中国香港	中投国际（香港）董事长	复旦大学
10	井上明久	日本	日本东北大学校长	上海交通大学
11	滨田纯一	日本	日本东京大学校长	上海交通大学
12	卡罗·卢比亚	意大利	意大利帕维亚大学教授	中国矿业大学
13	德·汶纳	泰国	泰国红十字会行政秘书长	华侨大学
14	马欣达·拉贾帕克萨	斯里兰卡	斯里兰卡总统	北京外国语大学
15	让-皮埃尔·拉法兰	法国	法国总统特使、法国前总理	北京航空航天大学
16	埃沃·莫拉莱斯·艾玛	玻利维亚	玻利维亚总统	中国人民大学
17	帕斯卡尔·拉米	法国	世界贸易组织总干事	四川大学
18	帕尔·施密特	匈牙利	匈牙利总统	北京体育大学
19	戴维·约翰斯顿	加拿大	加拿大总督	南京大学
20	菲利普·克雷文	英国	国际残奥会主席	中国人民大学
21	辜濂松	中国台湾	中国信托金融控股股份有限公司和中国信托商业银行董事长兼 CEO	华东师范大学
22	保罗·马斯卡雷纳	美国	福特汽车公司首席技术官	重庆大学

资料来源：根据国务院学位委员会办公室提供的资料整理。

附录八

学位与研究生教育历史
大事记

1902 年

清政府拟定《钦定学堂章程》，章程规定大学教育分大学院、大学专门分科、大学预备科、高等学堂，附设仕学馆及师范馆。其中大学院"主研究，不主讲授，不定毕业年限"，为研究生培养之设想。

1903 年

《钦定学堂章程》被废，《奏定学堂章程》颁行，被视为我国推行正式学制之肇始。《奏定学堂章程》将大学堂分为通儒院及大学本科，附以大学堂预科、高等学堂、译学馆、进士馆等。其中通儒院生主研究，所以通儒院相当于研究生院。

1922 年 11 月 1 日

中华民国颁布"新学制"，是为"壬戌学制"（1922 年为农历壬戌年）。这一学制明显具有美国色彩，在大学本科之上，依旧设大学院。"大学院为大学毕业及具有同等程度者研究之所，年限无定。"

1925 年 9 月

清华大学成立研究院国学门（通称国学研究院）。研究方向包括中国历史、哲学、文学、语言、文字学等。招生对象为大学毕业生和"经史小有根底"的同等学力者。采用中国旧式书院与英国研究院培养模式相结合的导师制进行研究，即以自修读书为主，教师随时予以指导。研究期限一般定为 1 年，若获指定导师首肯，可延展为 2～3 年，以 3 年为限。清华国学研究院的首任主任是吴宓，延聘四大导师王国维、梁启超、赵元任和陈寅恪。首批研究生 30 余名。

1928 年 5 月

中华民国在南京举行了第一次全国教育会议，讨论通过了《整理中华民国学校系统案》。后由大学院以《中华民国学校系统》的名称颁布。由于 1928 年为农历戊辰年，故亦称"戊辰学制"。在研究生教育方面，以"研究院"代替之前的"大学院"，该制并未贯彻实施。

1929 年 7 月

中华民国颁布《大学组织法》。该法共 26 条，其中第 8 条简明规定：

"大学得设研究院。研究院须具备三研究所，每所设置若干学部，研究期限为两年以上，经该院所考核成绩合格者，得由该院所提出为硕士学位候选人。此项候选人考试及论文审查合格，并经教育部复核无异者，由大学或独立学院授予硕士学位。"

1934 年 5 月 19 日

中华民国教育部专门颁发《大学研究院暂行组织规程》共 14 条。其中的重要规定可概括为如后数项：（1）"研究院分文、理、法、教育、农、工、商、医各研究所。……凡具备三研究所以上者，始得称研究院。"（2）"各研究所依其本科所设各系分若干部，称某研究所某部（例如理科研究所物理部）。"（3）"研究院研究所暨研究所属各部之设置，须经教育部之核准。"（4）"招收研究生时，以国立、省立及立案之私立大学与独立学院毕业生经公开考试及格者为限。"（5）"各研究生研究期限暂定为至少二年。"至此，研究生教育制度方得以定型。

1935 年 4 月

中华民国立法院通过并颁布《学位授予法》12 条，自 7 月 1 日起施行。学位分学士、硕士、博士三级。这部法规的颁行，标志着我国学位制度的正式建立。

1935 年 5 月 23 日

中华民国教育部依照《学位授予法》的基本精神，颁布了《学位分级细则》12 条，对各科学位的分级及名称予以具体规定。此外规定，对于学位名称发生疑义时，应呈教育部核定；同时对学位证书的内容及格式作出了统一要求。

1935 年 6 月 12 日

中华民国教育部公布《硕士学位考试细则》，决定按文、理、法、教育、农、工、商、医 8 科设考，同时对考试时间、主试单位、课程内容、计分法等进行了规定。

1940 年

中华民国教育部学术评议委员会第一届第二次大会通过了《博士学

位评定会组织法》和《博士学位考试细则》。

1943 年

中华民国教育部要求，各校硕士论文均须送教育部学术审查会审查通过。

1946 年 12 月

中华民国教育部将《大学研究院暂行组织规程》修正更名为《大学研究所暂行组织规程》。

1948 年 1 月

中华民国颁布《大学法》，将"研究院"制降格为"研究所"制："大学或独立学院各学系，办理完善、成绩优良者，得设研究所。"该法除规定大学分设文、理、法、医、农、工、商等学院外，再无设置"研究院"的条款。至于研究所的修正设置规程，则因时局的关系未及颁布。

1950 年 5 月 26 日

教育部发出《关于高等学校 1950 年度暑期招考新生的规定》。《规定》提出研究生之招生尤应注意与国家建设之密切联系，严格选择思想进步、学业优良，有研究能力及培养前途的青年。

1950 年 8 月 14 日

教育部颁布了《高等学校暂行规程》，明确规定大学应当设立培养研究生的组织机构。

1951 年 6 月 11 日

中国科学院、教育部联合发出《一九五一年暑假招收研究实习员、研究生办法》。《办法》规定中国科学院所属各研究机构招收研究实习员，以培养科学研究人才和高等学校的师资。

1951 年 10 月

政务院颁布了《关于改革学制的决定》，对我国当时研究生教育的培养目标、管理机构、招生条件和修业年限都做出了说明。在公布的"中华人民共和国学校系统图"中，把研究部列为整个学校系统的最高层次，确立了研究生教育在整个教育系统中的最高地位。

1952 年 5 月 9 日

中央教育部发出《高等学校研究生部的现状及其调整的意见》，指出"1952 年暑期高等教育研究生部主要是随着高等学校的院系调整而调整改造的问题，一律停止招生"。

1953 年 11 月 27 日

高等教育部发出《高等学校培养研究生暂行办法（草案）》。《暂行办法（草案）》规定：培养研究生的目的是培养高等学校师资和科学研究人才。研究生学习年限定为二至三年，研究生毕业后应能讲授所学专业的一门至二门课程，还要有一定的科学研究能力。《暂行办法（草案）》对研究生的条件、专业、考试、培养方式、待遇、毕业分配等也作了规定。

1954 年 2 月 8 日

教育部颁发《高等师范学校培养研究生暂行办法（草案）》，目的是有计划地培养高等师范学校的师资，以适应今后高等师范学校发展的需要。办法规定：（1）培养研究生的目的是使研究生在毕业后能在高等师范学校独立承担在研究生期间所主修科目的教学工作。（2）研究生培养计划（负责培养研究生的学校、科目、人数、年限）由本部统一筹划制定。

1955 年 8 月 5 日

国务院全体会议第十七次会议通过了《中国科学院研究生暂行条例》，《条例》对研究生的招收、研究生的培养和研究生的待遇与分配等作出了具体规定。

1956 年 6 月

根据中共中央和国务院的指示，由林枫、张际春、范长江等人组成的委员会拟定了《中华人民共和国学位条例（草案）》和《中华人民共和国国务院学位和学衔委员会组织条例（草案）》等条例草案。规定，我国学位分为硕士和博士两级。硕士和博士依照哲学、数学、物理学、化学、天文学、地质学、地理学、生物学、工学、建筑学、农学、林学、医学、兽医学、历史学、经济学、法学、语言学、教育学、心理学、文学、艺术学等 22 个学科门类授予。国务院学位和学衔委员会负责硕士与博士两级学位的授予。此外，还规定，即使没有接受过全日制硕士生和博士生教育训练的科学工作者，只要有科学研究贡献和科学研究成绩，也可以依据他的成就大小授予相应学位。"当选为中国科学院院士或候补院士（注：此处'院士'是当时的一个暂用称谓，尚未用作正式术语）的科学工作者均由国务院学位和学衔委员会授予博士学位。"但未颁行。

1956 年 7 月 11 日

高等教育部颁发了《1956 年高等学校招收副博士研究生暂行办法》。《办法》规定了报考研究生的条件、入学考试科目、报名及考试日期、录取办法等。

1956 年 7 月 16 日

高等教育部发出《关于现有研究生结业和进一步提高的办法》。

1957 年 6 月 20 日

国务院批转了高等教育部《关于今年招收四年制研究生的几点意见》。

1959 年 8 月 21 日

国务院批复同意教育部《关于高等学校培养研究生工作的意见及 1959 年全国高等学校招收研究生计划和选拔考试办法》。

1960 年 4 月 18—28 日

教育部召开 23 所重点高等学校校院长、党委书记会议。大家认为，首先在重点高等学校设置研究院，大量培养研究生，是加速建立强大的科学技术队伍和理论队伍的关键措施，是为国家培养又红又专的高等学校师资和高级科学研究人才的重要途径。与会同志同意采取分批设置研究院的方针，1960 年首先在北京大学、清华大学、中国人民大学、北京师范大学、天津大学等 13 校设置，到 1962 年，应把全国重点高等学校研究院都设置起来。

1961 年 9 月 15 日

中共中央批准试行《中国教育部直属高等学校暂行工作条例（草案)》（简称"高教六十条"），其中对研究生培养工作做出了具体的规定，对我国如何依据国情培养研究生做出了明确的规定，为培养高质量的研究生提供了保证。

1961 年 11 月 12 日

国家科委主任聂荣臻向邓小平同志并中央报告《关于建立学位、学衔、工程技术称号等制度的建议》。

1962 年 4 月 30 日

教育部发出《关于组织制订研究生的示范专业培养方案和课程学习大纲的通知》。拟组织少数高等学校先行制订若干个示范性的研究生专业培养方案和相关的课程学习大纲，以便取得经验，推动各培养研究生的高等学校有计划地进行研究生专业培养方案和课程学习大纲的制订工作。

1963 年 1 月 14—31 日

教育部召开了高等学校研究生工作会议，会议讨论了《高等学校培养研究生工作暂行条例（草案）》、《高等学校理工农医各科研究生专业目录（草案）》和《关于高等学校制订研究生培养方案的几项原则规定（草案）》等三个文件，总结了研究生工作的经验。

1963 年 4 月 29 日

教育部印发了《高等学校培养研究生工作暂行条例（草案）》，共分6 章 30 条，对研究生招生、培养、领导与管理、待遇与分配、研究生院等方面做出了详细规定。

1963 年 6 月 19 日

教育部发出《关于制订研究生专业培养方案的通知》，并附发《关于高等学校制订理工农医各专业研究生培养方案的几项原则规定（草案）》。

1963 年 10 月 29 日

在聂荣臻的主持下，拟定了《中华人民共和国学位授予条例（草案）》并上报中央，规定学位称谓，层次定为博士和副博士两级，但未实行。

1965 年 9 月 3 日

高等教育部发出《关于抓紧做好 1966 年高等学校本科毕业生报考研

究生的内部推荐准备工作的通知》。

1966 年 6 月 27 日

高等教育部发出通知：因"文化大革命"运动，1966 年、1967 年研究生招生工作暂停。自该年起，全国停止招收研究生达 12 年之久。

1967 年 1 月 3 日

教育部向国务院文教办公室提出《关于废除研究生制度及研究生分配问题的报告》。

1977 年 10 月 12 日

国务院批转教育部《关于 1977 年高等学校招生工作的意见》及其附件《关于高等学校招收研究生的意见》，我国研究生招生制度恢复。

1977 年 11 月 3 日

教育部和中国科学院联合发出《关于一九七七年招收研究生具体办法的通知》。

1978 年 1 月 10 日

教育部发出《关于高等学校 1978 年研究生招生工作安排意见》。

1978 年 10 月 4 日

教育部发出通知：试行《全国重点高等学校暂行工作条例（试行草案）》。这个草案是根据新时期的总任务和十几年的新经验，对 1961 年颁发试行的"高教六十条"进行修改而成的。

1978 年 10 月 9 日

中共中央转发国家科委党组织提出的《1978—1985 年全国科学技术发展规划纲要（草案）》。

1979 年 3 月 22 日

根据中央关于建立学位制度的指示，教育部、国务院科技干部局联合组成学位小组，再次开始研究在我国建立学位制度问题。该年 12 月，提出了《中华人民共和国学位条例（草案）》，12 月 24 日，人大常委会法制委员会全体会议讨论了《条例（草案）》。

1980 年 2 月

教育部发布了《关于 1980 年全国有关重点高等学校选拔四年制研究生的暂行办法》，做出了招收四年制研究生的相关规定。

1980 年 2 月

第五届全国人民代表大会常务委员会第十三次会议通过了《中华人民共和国学位条例》。《学位条例》共计有 20 条。第 3 条规定："学位分学士、硕士、博士三级。"学士学位，由国务院授权的高等学校授予，硕士学位、博士学位由国务院授权的高等学校和科研机构授予。

1980 年 12 月

根据《中华人民共和国学位条例》规定，国务院设立学位委员会，负责领导全国学位授予工作。国务院任命学位委员会主任委员：方毅；副主任委员：周扬、蒋南翔、武衡、钱三强；秘书长：黄辛白。学位委员会共 41 人。经国务院批准，成立国务院学位委员会办公室。学位委员会办公室是国务院学位委员会的办事机构。

1980 年 12 月 15—18 日

国务院学位委员会举行了第一次（扩大）会议。会议审议通过了《中华人民共和国学位条例暂行实施办法》。《实施办法》对学士学位、硕士学位、博士学位、名誉博士学位等授予的标准和要求做出了细致的规定，还对学位评定委员会的职责做出了要求。通过了《国务院学位委员会关于审定学位授予单位的原则和办法》，决定设立学科评议组负责全国学位授予单位的审定工作。《中华人民共和国学位条例》的颁行及其配套文件法规的制定，为我国学位与研究生教育的发展，提供了法制化的保证以及可操作性的实施办法。

1981 年 2 月 24 日

国务院学位委员会正式发布《中华人民共和国学位条例暂行实施办法》和《国务院学位委员会关于审定学位授予单位的原则和办法》。初步形成了关于学位工作的制度体系。

1981 年 2 月 27 日

国务院学位委员会发出《关于做好学位授予单位审定工作的通知》，

下达已呈报国务院备案的《国务院学位委员会关于审定学位授予单位的原则和办法》。《原则和办法》指出，为了保证所授予学位具有应有的学术水平，必须认真做好当前培养研究生与大学本科生的高等学校和科研机构申请为学位授予单位的审定工作。分别规定了授予学士学位单位、授予硕士学位单位和授予博士学位单位在学术力量、教学工作质量、科学研究基础及管理工作等方面应具备的条件。学位授予单位的审定工作，采取分级归口负责初审，国务院学位委员会召开学科评议组会统一复审的办法。

1981 年 6 月 12 日

国务院学位委员会在北京举行第二次会议，讨论研究召开学科评议的有关问题。会议指出，学科评议组是国务院学位委员会领导下的学术性工作组织。它的任务是：评议和审核博士、硕士学位授予单位；协助制定贯彻实施学位条例的规章办法；审议有关授予博士、硕士学位的争议事项等。

1981 年 7 月 26 日—8 月 2 日

国务院学位委员会在北京召开学科评议组第一次会议。会议贯彻"坚持标准，严格要求，保证质量，公正合理"的原则，采取同行评议、无记名投票方式，审定了我国首批博士和硕士学位授予单位及其学科、专业名单。会议强调：中国的学位制度应该具有中国的特点，要坚持社会主义方向，坚持理论联系实际，坚持学术民主，保证学位质量。

1981 年 10 月 8 日

国务院学位委员会第三次会议在北京举行。会议通过《学科评议组试行组织章程》；通过经学科评议组第一次会议审核的我国首批博士和硕士学位授予单位及学科、专业名单，并报国务院批准。会议确定了我国博士、硕士学位证书格式。

1981 年 11 月 3 日

国务院批准全国首批博士学位授予单位 151 个，授权学科、专业点 812 个，博士生导师 1 155 人；首批硕士学位授予单位 358 个，授权学科、专业点 3 185 个；首批授予学士学位的高等学校 458 所。

1981 年 11 月 23 日

教育部发出《关于做好 1981 年攻读博士学位研究生招生工作的通知》。

1981 年 11 月 24 日

国务院学位委员会发出《关于做好应届毕业研究生授予硕士学位工作的通知》，强调贯彻坚持标准、保证质量的原则。

1982 年 1 月 5 日

国务院学位委员会、教育部联合发出通知，下达经国务院批准的我国首批有权授予学士学位的 458 所高等学校名单。

1982 年 4 月 19 日

国务院学位委员会发出《关于颁发硕士学位和博士学位证书的通知》，指出：根据国务院学位委员会第三次会议的决定，硕士学位和博士学位证书由国务院学位委员会办公室统一印制，由学位授予单位颁发。

1982 年 7 月 17 日

经国务院同意，教育部印发《关于招收攻读博士学位研究生的暂行规定》，并为此发出通知，鼓励符合报考条件的在职人员报考，要求考生所在单位从大局出发，积极推荐、大力支持。

1982 年 8 月 16 日

国务院正式批准教育部设研究生司，负责全国研究生教育的管理工作。研究生司与国务院学位委员会办公室合署办公。

1982 年 9 月

教育部召开高等学校管理专业教育座谈会，提出扩大研究生的招生数量。

1982 年 11 月 30 日

教育部、劳动人事部、中国科学院、中国社会科学院联合发出《获得硕士、博士学位研究生确定职称暂行办法》。

1983 年 3 月 14 日

国务院学位委员会、教育部联合发出通知，下达第二批有权授予学士学位的 28 所高等学校名单。

1983 年 3 月 15 日

国务院学位委员会第四次会议在北京举行。会议审议了《高等学校和科研机构授予博士和硕士学位的学科专业目录（试行草案）》以及进行第二批博士和硕士学位授予单位审核工作的文件；通过学科评议组增补成员及临时约请专家名单；决定开展名誉博士学位的授予工作。

1983 年 3 月 16 日

国务院学位委员会发出《关于做好第二批博士和硕士学位授予单位审核工作的几点意见》、《国务院学位委员会关于审核第二批文科博士和硕士学位授予单位的几点意见》、《国务院学位委员会关于审核第二批理工农医科博士和硕士学位授予单位工作的几点意见》等 3 个文件，并颁布试行《高等学校和科研机构授予博士和硕士学位的学科、专业目录（试行草案）》。

1983 年 5 月 27 日

国务院学位委员会和北京市人民政府在人民大会堂联合召开我国首批博士和硕士学位授予大会。会前，国务院总理赵紫阳会见了我国培养的首批 18 名博士和部分硕士代表，以及博士生导师。

1983 年 9 月 18—24 日

国务院学位委员会学科评议组举行第二次会议，审核我国第二批博士和硕士学位授予单位及其学科、专业名单。

1983 年 12 月 5 日

国务院学位委员会第五次会议在北京举行。这次会议审议通过了第二批博士和硕士授予单位及学科、专业名单；讨论了关于调整学科评议组及成员的意见；讨论了授予名誉博士学位问题；决定从 1984 年开始进行在职人员申请学位的试点工作；确定了 1984 年学位工作要点；决定增设军事学学位。

1983 年 12 月 12—16 日

教育部副部长、国务院学位委员会秘书长黄辛白出席在曼谷召开的《亚洲和太平洋地区承认高等教育学历、文凭与学位的地区公约》国际会议，黄辛白代表中国政府在地区公约上签字。我国政府批准了此项公约，我国正式成为缔约国。此后，确定国务院学位委员会及其办公室为该公约的国家级执行机构。

1984 年 1 月 24 日

教育部发出《关于制定 1984 年招收攻读博士学位研究生计划的通知》。

1984 年 6 月 16—18 日

国务院学位委员会办公室、教育部学位管理与研究生教育司在北京联合召开学位和研究生工作座谈会。

1984 年 6 月 19—20 日

教育部在北京召开试办研究生院座谈会。

1984 年 7 月 31 日

国务院学位委员会发出《关于做好博士研究生学位授予工作的通知》，强调授予博士学位必须坚持政治标准和学术标准。

1984 年 11 月 14 日

教育部发出《关于硕士生提前攻读博士学位问题的通知》。

1985 年 2 月 16 日

国务院学位委员会第六次会议在北京举行。会议审核通过第二届学科评议组成员名单；通过《国务院学位委员会关于做好第三批博士和硕士学位授予单位审核工作的几点意见》；讨论审议了授予名誉博士学位工作以及 1985 年学位工作安排。

1985 年 5 月 27 日

中共中央、国务院召开全国教育工作会议，通过并发布了《中共中央关于教育体制改革的决定》。

1985 年 5 月至 6 月

国务院学位委员会组织部分学科评议组成员和有关专家，对政治经济学、物理化学、有机化学、通信与电子系统、化学工程 5 个专业进行硕士学位授予工作和培养质量的检查。

1985 年 7 月 5 日

国务院批转国家科委、教育部、中国科学院《关于试办博士后科研流动站》的报告，同意试办博士后科研流动站，试行博士后研究制度。

1986 年 3 月 12 日

国务院发布《高等教育管理职责暂行规定》。

1986 年 4 月 15 日

国务院学位委员会颁布《授权部分学位授予单位审批硕士学位授权学科、专业的试行办法》。

1986 年 5 月 26 日—6 月 2 日

国务院学位委员会召开第三次学科评议组会议，审核第三批博士、硕士学位授予单位。

1986 年 7 月 28 日

国务院学位委员会第七次会议在北京举行。会议审核了第三批博士、硕士学位授予单位及学科、专业名单，经国务院同意，该名单由国务院学位委员会直接批准。会议还决定，在我国稳步开展向具有研究生毕业同等学力的在职人员授予硕士、博士学位的试点工作。

1986 年 10 月 14 日

国务院学位委员会、国家教委联合发出《关于做好修订〈授予博士和硕士学位的学科专业目录（试行草案）〉工作的通知》。

1986 年 10 月 24 日

国家教委发出《关于 1986—1987 年度资助部分高等学校选派博士生与国外合作培养的通知》。

1986 年 12 月 10 日

国家教委发出《关于改进和加强研究生工作的通知》。

1987 年 4 月 10 日

国务院学位委员会发出《关于 1987 年内自行审批硕士学位授权学科、专业试点工作的通知》。

1987 年 8 月 12 日

中共国家教育委员会党组、中共中央宣传部发出《关于加强研究生思想政治工作的几点意见》。同日，国家教委发出《关于做好评选高等学校重点学科申报工作的通知》。

1988 年 9 月 23 日

国家教委印发《关于招收和培养外国来华留学研究生的暂行规定》，就招收和培养外国来华留学研究生的有关事项做了规定。

1988 年 10 月 17—18 日

国务院学位委员会第八次会议在北京举行。会议着重讨论第四批博士和硕士学位授予单位审核工作的意见；通过国务院学位委员会关于授予名誉博士学位的规定，并于 1989 年 2 月 17 日颁布实施。

1988 年 11 月 7 日

国务院学位委员会做出了《关于授予成人高等教育本科毕业生学士学位暂行规定》，对规范成人高等教育的办学水平和保证成教本科生的学位质量起到了积极作用。

1988 年 11 月 18 日

国家教委发出《高等学校招收定向培养研究生的暂行规定》。

1989 年 2 月 27 日

国务院学位委员会发布了《关于授予国外有关人士名誉博士学位暂行规定》。

1989 年 3 月 1 日

国务院学位委员会发出《关于做好第四批博士和硕士学位授权学科、专业审核工作的通知》。

1989 年 5 月 18 日

国家教委发出《关于进一步做好研究生兼任教学、科研和行政管理工作的通知》。

1989 年 6 月 23 日

国家教委发出《关于加强培养工程类型工学硕士研究生工作的通知》。

1990 年 6 月 25—30 日

国务院学位委员会学科评议组第四次会议在京举行。会议审核了第四批博士、硕士学位授权点，博士生指导教师和新增博士、硕士学位授予单位；审议了《授予博士、硕士学位和培养研究生的学科、专业目录》。

1990 年 10 月 5—6 日

国务院学位委员会第九次会议在北京举行。会议审核通过第四批博士、硕士学位授予单位及学科、专业名单；通过《国务院学位委员会关于授予具有研究生毕业同等学力的在职人员硕士、博士学位暂行规定》及其实施细则；通过《授予博士、硕士学位和培养研究生的学科、专业目录》、《关于普通高等学校授予来华留学生我国学位试行办法》等文件；审批了我国第一个专业学位——工商管理硕士。

1990 年 10 月 22 日

国务院学位委员会办公室发出《关于做好军事学硕士学位授予工作的通知》。12 月 5 日国防大学授予首批军事学硕士学位。

1990 年 11 月 28 日

国务院学位委员会等发出《关于施行〈授予博士、硕士学位和培养研究生的学科、专业目录〉的通知》。

1991 年 1 月 24—25 日

国家教委、国务院学位委员会做出决定，对 695 名在工作中作出突出贡献的中国博士、硕士学位获得者进行表彰，并授予他们"有突出贡献的中国博士、硕士学位获得者"荣誉称号。

1991 年 2 月 21 日

国家教委设立研究生工作办公室，与国务院学位委员会办公室合署办公，归口负责全国研究生工作。

1991 年 2 月 27 日

国家教委印发《国家教委关于高等学校重点学科建设与管理的意见》。

1991 年 3 月

国务院学位委员会下发了《关于试行省级学位委员会的几点意见》，明确了省级学位委员会的领导体制、设立条件、职责和批准程序等事项。

1991 年 3 月 29 日

国务院学位委员会发布《关于授予具有研究生毕业同等学力的在职人员硕士、博士学位暂行规定》及其实施细则。

1991 年 12 月 17—18 日

国务院学位委员会第十次会议在京召开。会议审核并原则通过了国务院学位委员会第三届学科评议组成员名单，审议并原则通过了《研究生教育和学位工作"八五"计划和十年规划要点》、《增列博士生导师和学位授权审核工作改革意见》等文件。

1992 年 3 月 2 日

国务院学位委员会发出《关于印发〈关于博士生培养工作暂行规定〉的通知》和《关于印发〈关于加强博士生工作的意见〉（征求意见稿）的通知》。

1992 年 6 月 18—20 日

国务院学位委员会在京召开了国务院学位委员会第三届学科评议组召集人会议。会议主要研究讨论了深化学位和研究生教育改革、学位授权审核改革、增列博士生指导教师等议题，还研究讨论了对前三批博士、硕士学位授权点进行检查和评估工作以及编写《授予博士、硕士学位的学科、专业简介》工作。

1992 年 11 月 2—21 日

国务院学位委员会和国家教委研究生工作办公室举办首届学位和研究生管理干部研修班。

1992 年 11 月 9—10 日

国务院学位委员会第十一次会议在京召开。会议原则通过了《关于学位与研究生教育改革的若干意见》、《关于审核博士生指导教师及少量博士、硕士学位授权学科、专业的几点意见》以及《建筑学专业学位设置方案》等文件。

1992 年 11 月 14—18 日

国家教委在京召开了全国普通高等教育工作会议。国务院学位委员会办公室和国家教委研究生工作办公室联合提交会议的子文件《关于学位与研究生教育改革和发展的若干意见》，经会议讨论通过，并于 1993 年 2 月下发。

1993 年 2 月 8 日

国家教委、国务院学位委员会联合发布实施《关于学位与研究生教育改革和发展的若干意见》。提出：博士生数量要有一个大的发展；学位与研究生教育应侧重于内涵的发展；改革研究生教育的管理体制、招生和就业制度以及培养方式；逐步改革研究生教育经费拨款和投资机制。

1993 年 2 月 12 日

国务院成立"211 工程"协调小组，负责工程的宏观决策和指导；国家教委成立"211 工程"领导小组，下设"211 工程"办公室，具体负责工程的规划实施及有关事项的协调和管理工作。

1993 年 4 月 26 日

国务院学位委员会发出《关于做好博士、硕士学位授权点审核工作的通知》，全面部署第五批博士、硕士学位授权点的申报和审核工作。

1993 年 5 月 26 日

国务院学位委员会发出《关于认真做好并严格控制新增博士和硕士学位授予单位推荐和审核工作的通知》，提出了审核新增博士、硕士学位授予单位的原则和基本条件，并对新增学位授予单位的申报和整体条件的评审工作提出了具体要求。

1993 年 9 月 1 日

国务院学位委员会批准清华大学、天津大学、同济大学、东南大学四所院校授予建筑学学士学位。

1993 年 9 月 21—29 日

国务院学位委员会学科评议组第五次会议在北京召开。此次会议认真审核了新增博士、硕士学位授予单位和新增博士、硕士授权学科、专业点及博士生指导教师。

1993 年 12 月 4 日

国务院学位委员会办公室发出《关于对举办研究生课程进修班加强管理的通知》。

1994 年 7 月 26 日

"中国学位与研究生教育学会"在京成立,它是经民政部批准成立的一级学会,首批会员单位 370 个。

1994 年 7 月 29 日

我国第一家从事学位与研究生教育和评估的事业机构"高等学校与科研院所学位与研究生教育评估所"在北京正式挂牌成立。

1994 年 8 月 1 日

国务院学位委员会发出《关于批准进行自行审定博士生指导教师试点工作的通知》。

1994 年 9 月 2 日

国家教委重新修订印发了《攻读硕士学位研究生招生管理规定》及其实施细则,对招生工作的管理机构及其职责、招生计划、报名、考试、录取及处罚等进行了规定。

1995 年 2 月 5 日

国务院学位委员会发出《关于进一步做好在职人员以研究生毕业同等学力申请硕士学位工作若干问题的通知》。

1995 年 2 月 8 日

国家教委研究生工作办公室发出《关于开展研究生院评估工作的通知》,正式启动对全国 33 所研究生院的评估工作。

1995 年 4 月 10—11 日

国务院学位委员会召开第十三次会议，审议通过博士生指导教师审核办法改革方案、1995 年学位授权审核工作的安排和设置及试办法律专业硕士学位等重要事项。

1995 年 5 月 30 日

国务院学位委员会下发《关于加强省级学位委员会建设的几点意见》。同日，国务院学位委员会办公室发出《关于开展法律专业硕士学位试点工作的通知》。

1995 年 9 月 8 日

国务院学位委员会发出《关于按一级学科进行学位与研究生教育评估和按一级学科行使博士学位授予权审核试点工作的通知》。

1995 年 10 月 9 日

国家教委制定并下发了《研究生院设置暂行规定》。《规定》就研究生院的性质、职责及建院条件和管理、审批等问题做了明确的规定。

1995 年 11 月 3 日

国家教委发出《关于进一步改进和加强研究生工作的若干意见》。

1995 年 12 月 20—24 日

国务院学位委员会召开学科评议组第六次会议，进行博士和硕士点复审、拓宽口径培养博士生、学科专业目录修订等工作。

1996 年 1 月 22 日

国务院学位委员会办公室发出《关于加强中外合作办学活动中学位授予管理的通知》，明确了中外合作办学活动中学位管理工作的有关政策。

1996 年 4 月 30—31 日

国务院学位委员会在北京召开第十四次会议，会议审批了第六批博士、硕士学位授予学科专业名单；审议通过《国务院学位委员会学科评议组组织章程》（修订稿）和国务院学位委员会学科评议组调整换届方案；审议通过《专业学位设置审批办法》；批准设置和试办教育硕士专业学位。

1996 年 5 月 13 日

国务院学位委员会公布经国务院学位委员会第十四次会议审议通过的第六批博士和硕士学位授权学科、专业名单和新增学位授予单位及其授权学科、专业名单，合计新增博士点 147 个、硕士点 537 个。

1996 年 7 月 22 日

国务院学位委员会印发了《专业学位设置审批暂行办法》。《办法》就专业学位设置的目的、申报条件和审批程序等做了明确规定。

1997 年 1 月 28 日

国务院学位委员会向各博士、硕士学位授予单位下发《关于对前四批博士、硕士学位授权点进行基本条件合格评估工作的通知》。

1997 年 3 月 5 日

国家教委、国务院学位委员会发布了《关于加强省级人民政府对学位与研究生教育工作统筹权的意见》。

1997 年 4 月 23—24 日

国务院学位委员会第十五次会议在北京召开。会议审批了《授予博士、硕士学位和培养研究生的学科、专业目录》及《国务院学位委员会第四届学科评议组成员名单》；审议并通过了关于 1997 年博士、硕士学位授权审核工作的意见，设置医学和工程硕士专业学位方案等。

1997 年 6 月 6 日

国务院学位委员会、国家教委颁布了新修订的《授予博士、硕士学位和培养研究生的学科、专业目录》，这是国务院学位委员会学科评议组审核授予学位的学科、专业范围划分的依据，也是学位授予单位以及相关主管部门制定研究生的培养规划、进行招生和培养工作的蓝本。除了原有的哲学、经济学、法学、教育学、文学、历史学、理学、工学、农学、医学、军事学 11 个学科门类外，又增加了管理学学科门类，授予学位的学科门类增加到 12 个；一级学科由原来的 72 个增加到 88 个，二级学科（学科、专业）由原来的 654 种调整为 381 种。

1997 年 11 月 20 日

国务院学位委员会办公室发出《关于批准部分高等学校开展工程硕士培养工作的通知》。

1998 年 5 月 20—23 日

国务院学位委员会学科评议组第七次会议在北京召开，会议审核了新增博士、硕士学位授权点，审定了《授予博士、硕士学位和培养研究生的学科、专业简介》，研究了组织编写和出版硕士研究生教学用书推荐方案。

1998 年 6 月 17—18 日

国务院学位委员会第十六次会议在北京召开。会议审批了国务院学位委员会学科评议组第七次会议审核通过的新增学位授权单位及授权点名单；审议了《关于对国外学位进行认定的意见》；审批了《关于授予具有研究生毕业同等学力人员硕士、博士学位的规定》；听取了将《中华人民共和国学位条例》修改为《中华人民共和国学位法》草案的意见。

1998 年 6 月 19 日，国务院学位委员会下达了经国务院学位委员会第十六次会议批准的第七批博士和硕士学位授权单位及授权学科、专业名单。

1998 年 11 月 20 日

国务院学位委员会、教育部发布通知，决定建立"中国学位与研究生教育发展中心"并挂靠在清华大学。

1999 年 2 月 23 日

国务院学位委员会、教育部联合下发《关于下放学士学位授予单位审批权的通知》。

1999 年 4 月 9 日

国务院学位委员会下发《关于进一步下放博士生指导教师审批权的通知》，决定在 1995 年改革博士生指导教师审核办法的基础上，即日起将博士生指导教师的审批权下放给全部博士学位授予单位，由博士学位授予单位在审定所属各博士学位授权学科、专业点招收培养博士生计划的同时，选聘招收培养博士生的指导教师。

1999 年 5 月 10—11 日

国务院学位委员会第十七次会议在京召开。会议审议并通过了《关于进行第八次博士、硕士学位授权审核工作的意见》；审议并批准了公共管理硕士、农业推广硕士和兽医专业学位设置方案；审议并批准了《关于增补少量学科评议组成员的意见》；对《中华人民共和国学位法》草案提出了进一步的修改意见。

1999 年 6 月 16 日

教育部、国务院学位委员会联合下发《关于批准首届全国优秀博士学位论文的决定》，批准《汉语变调构词研究》等 100 篇学位论文为全国优秀博士学位论文。

1999 年 12 月 14 日

教育部下发《关于落实〈面向 21 世纪教育振兴行动计划〉，加强高等学校博士后流动站建设工作的意见》。主要内容包括：（1）加强博士后流动站的建设。（2）积极稳步地扩大高等学校博士后流动站的数量和规模。（3）进一步扩大高校招收博士后研究人员的规模。增加对博士后研究人员的经费支持力度，加强后勤保障工作。（4）加强博士后工作管理。（5）教育部设立扩大高等学校博士后流动站数量和规模的专项资金。

2000 年 1 月 13 日

教育部下发《关于加强和改进研究生培养工作的几点意见》。其内容包括：（1）研究生教育工作的基本方针是：深化改革，积极发展；分类指导，按需建设；注重创新，提高质量。（2）改革研究生教育培养制度和培养模式，完善有利于高层次人才成长的培养机制。（3）深化研究生教学和科研环节的改革，突出创新能力的培养。（4）加强导师队伍建设，完善研究生指导教师选聘制度。（5）推进专业学位研究生教育的改革与发展。（6）建立健全研究生教育评估制度，不断完善质量保证体系，形成有效的激励机制。（7）采取切实措施，加强和改进研究生德育工作。

2000 年 4 月 4 日

国务院学位委员会办公室发出《关于〈同等学力人员申请硕士学位

外国语水平和学科综合水平全国统一考试管理规则（暂行）〉的通知》。

2000 年 4 月 18 日

国务院学位委员会下发《关于进行第八次博士、硕士学位授权审核工作的通知》。

2000 年 5 月 8 日

国务院学位委员会办公室发出《关于在职攻读学位全国联考工作有关问题的通知》。

2000 年 12 月 26—27 日

国务院学位委员会第十八次会议在北京召开。会议审批了《国务院学位委员会议事规则》部分条款修改意见，审批了国务院学位委员会学科评议组审核通过的《第八批博士和硕士学位授权学科、专业名单》。

2001 年 1 月 2 日

国务院学位委员会下发《关于批准广州医学院等单位为新增博士学位授予单位的通知》。

2001 年 3 月 6 日

教育部下发《教育部关于开展高等学校重点学科评选工作的通知》。《通知》的主要内容有：（1）评选高等学校重点学科的主要目的；（2）高等学校重点学科评选工作的指导思想；（3）高等学校重点学科评选工作的组织与实施等。

2001 年 11 月 10—11 日

国务院学位委员会、教育部在北京共同召开全国专业学位教育工作会议，总结交流各专业学位教育工作经验，讨论《关于加强和改进专业学位教育工作的若干意见》。

2002 年 1 月 9 日

国务院学位委员会、教育部下发《关于加强和改进专业学位教育工作的若干意见》。强调要充分认识发展专业学位教育的重要性；统筹规划专业学位教育，积极、主动适应经济社会发展需要；深化专业学位教育制度改革，提高培养质量；建立和完善专业学位教育评估制度；加强国际交流与合作。

2002 年 1 月 18 日

教育部公布了高等学校重点学科点名单，共计 964 个学科点入选。

2002 年 2 月 27 日

教育部印发《关于加强学术道德建设的若干意见》。《意见》要求充分认识端正学术风气，加强学术道德建设的必要性和紧迫性、基本要求，采取切实措施端正学术风气，加强学术道德建设。

2002 年 3 月 26—27 日

国务院学位委员会第十九次会议在北京召开。会议审议了关于开展第九批学位授权审核工作的几点意见、关于调整《授予博士、硕士学位和培养研究生的学科、专业目录》工作的报告；审批了军事硕士专业学位设置方案等。

2002 年 10 月 24 日

国务院学位委员会、教育部下发《关于做好博士学位授权一级学科范围内自主设置学科、专业工作的几点意见》，开展在博士学位授权一级学科内自主设置学科、专业的改革试点工作。

2002 年 11 月 27 日

国务院学位委员会下发《关于进行第九次博士、硕士学位授权审核工作的通知》。《通知》规定了增列博士学位一级学科点、增列博士点、增列硕士点的基本条件、申报与审核办法，以及申请增列博士学位一级学科点和博士学位授权点申请材料的报送及时间安排等。

2002 年 11 月 28 日

国务院学位委员会下发《关于第九次博士、硕士学位授权审核工作中新增学位授予单位审核工作的通知》。《通知》规定了新增博士和硕士授予单位审核工作的主要原则、新增学位授予单位及其学位授权点的条件、新增学位授予单位的申报、推荐和审核的步骤以及材料报送和时间安排。

国务院学位委员会下发《关于第九次博士、硕士学位授权审核中省

级学位委员会和军队学位委员会审批硕士点工作的通知》、《关于第九次
博士、硕士学位授权审核中部分学位授予单位自行审批硕士点工作的通
知》。

2003 年 7 月 25—26 日

国务院学位委员会第二十次会议在北京召开。第四、第五届学位委
员会委员就如何加强学风建设、进一步提高研究生培养和学位质量及改
进学位授权审核办法等问题进行座谈。会议审议了《第四届国务院学位
委员会工作报告》、《国务院学位委员会第二十次会议议程说明和未来几
年工作设想的报告》；审批了《第九批博士学位授权学科、专业名单》、
《关于进一步改进新增学位授予单位审核办法的建议报告》。

2003 年 8 月 25 日

"211 工程"部际协调小组办公室下发《关于印发〈"211 工程"建设
实施管理办法〉的通知》。

2003 年 10 月 17—19 日

首届全国博士生学术论坛在清华大学举行。论坛由国务院学位委员
会办公室、教育部研究生工作办公室主办，清华大学研究生院承办。本
次论坛的主题是"启迪智慧　推进创新"，旨在推进博士生教育创新。

2003 年 12 月 21 日

教育部学位与研究生教育发展中心揭牌仪式在清华同方科技大厦举
行。其前身是挂靠在清华大学的全国学位与研究生教育发展中心。

2004 年 1 月 12 日

经中央机构编制委员会批准，教育部正式设立"学位管理与研究生
教育司"。学位管理与研究生教育司同国务院学位委员会办公室合署办
公，履行教育部学位与研究生教育行政管理职责。

2004 年 7 月 20 日

教育部、财政部"985 工程"办公室下发了《关于印发"985 工程"
建设管理办法的通知》，对"985 工程"二期建设的组织实施、管理职
责、建设资金、检查验收等做出了具体规定。

2004 年 9 月 27 日

财政部、教育部下发了《财政部　教育部关于印发"985 工程"专项资金管理办法的通知》，对"985 工程"专项资金的预算、支出、决算、监督检查与绩效考评做出了明确的规定。

2005 年 1 月 20—21 日

国务院学位委员会在京召开国务院学位委员会第二十一次会议，审议了《体育硕士、艺术硕士、风景园林硕士专业学位设置方案》、《关于进行第十次博士、硕士学位授权审核工作的意见》、《关于开展对博士、硕士学位授权点定期评估工作的几点意见》、《中国学位与研究生教育发展报告（1978—2003)》和《中国学位与研究生教育发展规划战略研究总报告（2004—2020)》。

2005 年 1 月 21 日

教育部下发《教育部关于实施研究生教育创新计划　加强研究生创新能力培养　进一步提高培养质量的若干意见》，在实施研究生教育创新计划的指导思想、主要任务、组织实施等方面提出了 13 条意见。

2005 年 8 月 5 日

教育部、国家发展和改革委员会、财政部联合提请国务院批准《关于进行研究生培养机制改革试点的通知》，拟从 2006 年起在北京大学、清华大学、哈尔滨工业大学、复旦大学、同济大学、上海交通大学、武汉大学、华中科技大学、西安交通大学等 9 所高校进行研究生培养机制改革的试点。

2005 年 12 月 23 日

国务院学位委员会、教育部下发《关于调整增设马克思主义理论一级学科及所属二级学科的通知》，决定在《授予博士、硕士学位和培养研究生的学科、专业目录》中增设马克思主义理论一级学科及所属二级学科。

2006 年 1 月 23 日

国务院学位委员会第二十二次会议在北京召开，审批了《中国学位与研究生教育发展纲要（2006—2020 年）》、《第十批博士和硕士学位授权学科、专业名单》、《关于 2005 年博士学位授权点定期评估工作的报告》。

2006 年 2 月 15 日

教育部学位管理与研究生教育司和国家留学基金管理委员会联合发出《关于积极组织推荐优秀博士研究生赴国外联合培养的通知》，重点支持承担国家研究生教育创新计划项目的院校的优秀在读一、二年级博士研究生赴国外一流院校进行联合培养。

2006 年 3 月 10 日

国务院学位委员会下发通知，委托省级学位委员会和军队学位委员会开展硕士学位授权点的定期评估工作。本次评估的范围是 1998 年以前（含 1998 年）获得授权的硕士学位授权点。

2006 年 5 月 22 日

教育部学位管理与研究生教育司下发《关于加强研究生教育创新计划区域合作的意见》，对加强研究生教育创新计划区域合作工作提出了七点意见。

2006 年 10 月 27 日

教育部下发《关于加强国家重点学科建设的意见》，对加强国家重点学科建设的目的和意义、加强国家重点学科建设的指导思想和基本思路、加强国家重点学科建设的主要措施作了说明，同时要求各地方（部门）教育行政部门和高等学校根据文件精神，结合实际情况，制定本单位加强国家重点学科建设的具体措施。制定并印发了《国家重点学科建设与管理暂行办法》。

2006 年 12 月 4 日

教育部学位管理与研究生教育司发出《关于做好国家重点学科考核评估工作的通知》，决定对国家重点学科建设情况进行考核评估。

2006 年 12 月 9 日

教育部、财政部联合下发《关于试点建设"优势学科创新平台项目"

的意见》，对"优势学科创新平台项目"建设的指导思想和建设目标、主要任务、试点选择条件、建设资金、组织实施和管理作了说明并明确了建设意见。

2007 年 1 月 24—25 日

国务院学位委员会第二十三次会议在北京召开，审批了《汉语国际教育硕士专业学位设置方案》、《翻译硕士专业学位设置方案》，讨论了"博士质量分析"工作方案和学位工作与研究生教育的发展思路等。

2007 年 8 月 20 日

教育部公布了审核批准的国家重点学科名单，同时决定对进入增补阶段且评估结果不太理想的国家重点学科给予为期 2 年的加强建设期，建设期结束后由教育部组织专家进行评估，评估合格的将保留国家重点学科资格，不合格的将取消其国家重点学科资格。

2007 年 8 月 24 日

国务院学位委员会第二十四次会议在北京召开，会议讨论了《中国博士质量报告》阶段成果；讨论了《博士、硕士学位授权审核办法改革方案》；报告了国务院学位委员会第二十三次会议以来各项工作的进展情况。会议围绕全面提高研究生培养质量的专题，对提高我国研究生教育质量的影响因素进行了总体分析，认为质量观念、学科水平、培养机制以及科研投入是进一步提高研究生教育质量的重要影响因素。会议还指出，要对博士、硕士学位授权审核办法进行改革；应加快推进研究生培养机制改革进程；要积极推进研究生教育创新计划，形成多层次、多类型、全方位的研究生教育创新体系。

2008 年 1 月 14 日

国务院学位委员会第二十五次会议在北京召开，审议并原则通过了《博士、硕士学位授权审核办法改革方案》，讨论了全国博士质量调查情况的初步报告。

2008 年 9 月 13 日

国务院学位委员会、教育部、人力资源和社会保障部就翻译硕士专业学位研究生教育与翻译专业资格（水平）证书衔接的有关事项联合下发通知。

2008 年 10 月 21 日

国务院学位委员会下发了《关于做好 2008—2015 年新增博士、硕士学位授予单位立项建设规划工作的通知》。

2008 年 12 月 29—30 日

国务院学位委员会第二十六次会议在北京召开，审批了《学位授予和人才培养的学科目录设置与管理暂行办法》，国务院学位委员会第六届学科评议组成员名单，教育博士、社会工作硕士专业学位设置方案，以及 2005 年博士学位授权学科定期评估责令整改的 22 个学科点再评估的结果等。

2009 年 1 月 9 日

国务院学位委员会组成了国务院学位委员会第六届学科评议组，同时下发了经国务院学位委员会第二十六次会议修订的《国务院学位委员会学科评议组组织章程》。

2009 年 6 月 8 日

根据国务院学位委员会第二十六次会议的有关决议以及《学位授予和人才培养学科目录设置与管理办法》的要求，国务院学位委员会、教育部下发《关于修订学位授予和人才培养学科目录的通知》，启动了学科目录修订工作。

2009 年 9 月 4 日

教育部发布了《教育部办公厅关于进一步做好研究生培养机制改革试点工作的通知》，决定于 2009 年将改革试点范围扩大至所有中央部（委）属培养研究生的高等学校，鼓励各省、自治区、直辖市选择所属培养研究生的高等学校进行改革试点。

2009 年 10 月 10 日

教育部下发《高等学校和科研机构开展联合培养博士研究生工作暂行办法》。对联合培养工作的目的、意义和原则、招生、培养与管理工作分别加以说明。

2010 年 1 月 27 日

国务院学位委员会召开第二十七次会议，会议审批并原则通过了《关于新增博士、硕士学位授予单位规划阶段工作情况的报告》、《关于现有学位授予单位增列授权学科点审核工作方案的报告》、《关于授予境外人士名誉博士学位暂行规定》、《关于对 2006 年定期评估中责令整改的硕士学位授权点再评估结果的处理意见》、《专业学位教育发展总体方案》、《专业学位设置与授权审核办法》、《拟增设硕士专业学位设置方案》，以及 19 个硕士专业学位设置方案。

2010 年 2 月 9 日

国务院学位委员会下发了《关于在学位授予工作中加强学术道德和学术规范建设的意见》。

2010 年 3 月 17 日

教育部办公厅发布了《关于切实做好普通高校全日制硕士专业学位研究生资助工作的通知》，要求各有关部门在政策措施、经费投入、条件保障等方面做好家庭经济困难的全日制硕士专业学位研究生的资助工作，解决其基本生活和生活费用的问题。

2010 年 4 月 19 日

国务院学位委员会下发了《关于委托省（自治区、直辖市）学位委员会　中国人民解放军学位委员会进行博士学位授权一级学科点初审和硕士学位授权一级学科点审核工作的通知》。

2010 年 5 月 7 日

国务院学位委员会下发了《关于开展新增硕士专业学位授权点审核工作的通知》。

2010 年 9 月 18 日

国务院学位委员会印发了《硕士、博士专业学位研究生教育发展总体方案》、《硕士、博士专业学位设置与授权审核办法》，以推进并完善专业学位研究生教育工作。

2010 年 10 月 13 日

教育部批准北京大学等 64 所高等学校开展专业学位研究生教育综合改革试点工作，并制定了《关于实施专业学位研究生教育综合改革试点工作的指导意见》。

（参考资料：（1）历年《中国教育年鉴》；（2）《中国学位三十年（1981—2011）——〈中华人民共和国学位条例〉实施三十周年纪念画册》，北京，高等教育出版社，2011；（3）吴镇柔等主编：《中华人民共和国研究生教育和学位制度史》，北京，北京理工大学出版社，2001；（4）周洪宇主编：《学位与研究生教育史》，北京，高等教育出版社，2004。）

2011 年学位与研究生教育大事记

1月4日

国务院学位委员会办公室下发通知，部署2011年同等学力人员申请硕士学位外国语水平和学科综合水平全国统一考试的工作。全国统一组织的外国语水平考试的主要语种为：英语、俄语、法语、德语和日语。学科综合水平考试的学科有哲学、经济学、法学等27个学科。

1月7日

教育部下发《教育部关于加强建设的国家重点学科保留资格的通知》，决定保留29个加强建设的国家重点学科的国家重点学科资格。这29个重点学科由于此前进入增补阶段且评估结果不太理想而被给予了为期2年的加强建设期。在建设期结束后由专家进行评估，评估结果显示这29个学科通过2年加强建设期的建设，取得了一定的成效，基本符合国家重点学科的条件，因而其国家重点学科资格得以保留。

1月10日

经国务院批准，增补教育部副部长杜占元同志为国务院学位委员会副主任委员兼秘书长。陈希同志不再兼任国务院学位委员会秘书长职务。

1月14日

全国专业学位研究生教育综合改革试点工作会议在京召开，来自各试点高校分管研究生教育的领导、研究生院（处）负责同志，有关省（自治区、直辖市）学位与研究生教育主管部门负责同志，相关专业学位教育指导委员会秘书长等共计260余人参加了本次会议。教育部党组成员、部长助理林蕙青出席会议并作重要讲话。综合改革试点涉及法律硕士、教育硕士、体育硕士、汉语国际教育硕士、艺术硕士、翻译硕士、建筑学硕士、工程硕士、农业推广硕士、兽医硕士、风景园林硕士、公共卫生硕士、工商管理硕士、公共管理硕士、会计硕士等15种专业学位和64所高校，其中部委高校32所，地方院校32所。

1月26日

为进一步加大对"211工程"三期新增的海南大学、西藏大学、青海大学、宁夏大学、石河子大学等5校重点学科建设的支持力度，教育部根据有关主管部门的推荐，分别批准了5校中水平较高、具有鲜明区域特色和优势、为区域经济建设和社会发展贡献突出的学科为二级学科国家重点学科和国家重点（培育）学科。

根据外交部的推荐，批准外交学院有关学科为二级学科国家重点学科。

1月30日

国务院学位委员会、教育部、人力资源和社会保障部联合发出通知，决定成立17个专业学位研究生教育指导委员会，同时对11个专业学位研究生教育指导委员会进行换届。

2月10日

国务院学位委员会办公室将2009年（按考试年份统计）对在职人员攻读硕士学位录取考生报考资格的抽查结果和处理意见反馈给有关研究生招生单位。对于资格审查不严的山东大学、哈尔滨理工大学、华北电力大学、武汉工程大学、武汉科技大学、河北科技大学、浙江工业大学、青岛大学提出通报批评。对抽查中连续发现录取的考生报考资格不符合要求的研究生招生单位，今后将加大抽查比例并进一步核减2011年招生计划。

2月12日

《中华人民共和国学位条例》实施三十周年纪念大会在北京隆重召开，中共中央政治局委员、国务委员、国务院学位委员会主任委员刘延东同志在纪念大会上作重要讲话。第六届国务院学位委员会副主任委员、委员，历任学位委员代表，国务院有关部门及省级教育主管部门代表，高校研究生院院长、研究生导师和作出突出贡献的学位获得者代表共300余人参加了纪念大会。

2月12—13日

国务院学位委员会召开第二十八次会议，会议议定如下事项：（1）审议并原则通过了《关于国务院学位委员会第二十七次会议以来工作进展情况及本次会议议程的说明》。（2）审议并原则通过了《国务院学位委员会 2011 年工作要点》。（3）通过了《2010 年审核增列的博士和硕士学位授权一级学科点名单》。（4）通过了《审计硕士专业学位设置方案》。（5）通过了《工程博士专业学位设置方案》。（6）通过了《学位授予和人才培养学科目录》。（7）同意北京、上海、厦门国家会计学院新增为硕士专业学位授予单位，开展会计硕士专业学位研究生教育。（8）通过了《关于开展"服务国家特殊需求人才培养项目"试点工作的意见》。

2 月 28 日

国务院学位委员会办公室下发《关于做好授予博士、硕士学位和培养研究生的二级学科自主设置工作的通知》，对做好授予博士、硕士学位和培养研究生的二级学科自主设置工作进行了规定。

3 月 1 日

《授予博士、硕士学位和培养研究生的二级学科自主设置实施细则》正式实施，该细则对二级学科的自主设置与调整的原则、二级学科设置的基本条件、学位授予单位自主设置与调整学科的基本要求和交叉学科的自主设置与调整等等进行了说明。

3 月 2 日

国务院学位委员会发布了《审计硕士专业学位设置方案》，方案对审计硕士专业学位的中、英文名称，审计硕士的培养目标、课程设置、实践教学、学位论文和学位授予等进行了说明。

3 月 3 日

国务院学位委员会公布了 2010 年审核增列的博士和硕士学位授权一级学科的名单。同日，国务院学位委员会办公室下发了对 27 个申请增列博士学位授权一级学科加强建设的通知。这些学科在 2010 年申请增列并经省（自治区、直辖市）学位委员会初审通过，但未能通过国务院学位委员会学科评议组复审。国务院学位委员会办公室要求这些学位授予单位进一步改进和加强对这些申请增列学科的建设工作，并于适当时间再次对其进行复审。

3 月 8 日

国务院学位委员会、教育部发布了新修订的《学位授予和人才培养学科目录（2011 年）》，要求已有博士、硕士学位授权点按新目录进行对应调整；学位授权审核及学位与研究生教育质量监督工作按照新目录进行；研究生招生工作从 2012 年起按新目录进行；研究生的培养和学位授予工作等应尽快转入按新目录进行。新修订的目录是在原《授予博士、硕士学位和培养研究生的学科、专业目录》（1997 年颁布）和《普通高等学校本科专业目录》（1998 年颁布）的基础上，经过专家反复论证后编制的，共有 13 个学科门类（新增了"艺术学"门类）和 110 个一级学科。本目录还附有《专业学位授予和人才培养目录》。

国务院学位委员会发布了《国务院学位委员会 2011 年工作要点》。2011 年学位与研究生教育工作以"完善制度、提高质量，科教结合、支撑创新，适应需求、引领未来"为基本思路，重点做好以下八个方面的工作：（1）推动《学位条例》修改为《学位法》的工作。（2）进一步推进研究生培养机制改革；开展学术学位研究生教育培养模式改革研究；会同教育部继续实施研究生教育创新计划。（3）继续深入推进专业学位制度和培养模式改革试点工作。加强高等学校与科研院所、行业企业合作开展科学研究和人才培养工作。开展工程博士和审计硕士专业学位研究生教育工作。（4）印发《学位授予和人才培养学科目录》，编写一级学科简介，编制《授予博士、硕士学位和培养研究生的二级学科目录》。（5）继续深入推进学位授权审核办法改革，对 2010 年批复立项建设为博士、硕士授权单位的高校进行中期检查；启动高校按国家特殊需求，以人才培养项目方式招收培养研究生并授予博士、硕士学位的申报工作。（6）继续推动学位与研究生教育质量保障和监督体系建设，研究制定有关意见和工作方案。（7）配合教育部加快建设高水平大学和重点学科。（8）加强学位与研究生教育研究工作。

国务院学位委员会发布了《工程博士专业学位设置方案》，方案规定了工程博士专业学位英文名称及缩写，对招生、培养、学位授予等事项进行了说明。

3 月 15 日

国务院学位委员会、教育部、人力资源和社会保障部联合发文，决定成立全国审计专业学位研究生教育指导委员会。

3月18日

国务院学位委员会、教育部、人力资源和社会保障部在京联合召开29个专业学位研究生教育指导委员会成立会议。截至2011年，我国已设置专业学位达到39种，其中，5种可授博士专业学位，基本覆盖了国民经济和社会发展的主干领域。

3月21日

国务院学位委员会印发《关于开展"服务国家特殊需求人才培养项目"试点工作的意见》，决定安排少数确属服务国家特殊需求，但尚无博士或硕士学位授予权和没有列入国家批准的新增学位授予单位立项建设规划的高等学校，在一定时期内招收培养研究生并授予学位，并根据国家特殊需求的变化对人才培养项目实行动态管理。人才培养项目的实施以5年为期，项目期满后对项目实施情况进行评估。对于不能达到预期目标或国家需求已经发生变化的人才培养项目，不再安排其招收培养研究生，待已招收研究生全部毕业后项目即行终止。

2011年度省级学位委员会工作会议暨研究生院院长联席会扩大会议在北京召开，各省、自治区、直辖市以及解放军学位委员会负责人，相关部委的有关负责人和有关高校主管领导共160人参加了会议。会议主要传达刘延东同志在《中华人民共和国学位条例》实施三十周年纪念大会上的重要讲话和国务院学位委员会第二十八次会议精神，通报国务院学位委员会2011年工作的主要思路和重点，讨论贯彻落实教育规划纲要，进一步推进研究生培养机制体制改革，提高研究生教育质量等问题。与会代表结合深入推进管理模式改革要求，交流了进一步加强省级统筹、优化区域布局等方面的经验。

3月25日

国务院学位委员会办公室发出通知，决定委托各省、自治区、直辖市学位委员会和中国人民解放军学位委员会对新增博士、硕士学位授予单位立项建设工作进行中期检查。中期检查的单位范围为国务院学位委员会《关于同意实施 2008—2015 年新增博士、硕士学位授予单位立项建设规划的通知》所确定的立项建设新增博士、硕士学位授予单位，主要检查建设规划执行情况和各项支持、保障措施落实情况。

4 月 20 日

国务院学位委员会办公室下发通知，要求各学位授予单位按照《学位授予和人才培养学科目录（2011 年）》进行学位授权点的对应调整工作。本次学位授权点对应调整所涉及的学科，主要是新目录中由原目录一级学科拆分或以二级学科为基础新增，且与原目录相关学科有明确对应关系的一级学科，需将按原目录批准的现有博士、硕士学位授权点，对应调整到新目录相应的一级学科。通知中还对学科对应调整的原则和要求、对应调整的申请和工作程序进行了说明。

4 月 22 日

国务院学位委员会办公室委托各学科评议组编制《授予博士、硕士学位和培养研究生的二级学科目录》，对目录编制工作提出了编制要求和具体的工作安排。

4 月 25 日

国务院学位委员会办公室委托各学科评议组编写《一级学科简介》和《博士、硕士学位基本要求》。

4 月 27 日

国务院学位委员会办公室下发通知，对 2011 年招收在职人员攻读硕士学位的有关工作进行部署。2011 年在职人员攻读硕士学位类别包括攻读硕士专业学位和职业学校教师在职攻读硕士学位。专业学位招生类别涉及法律硕士（JM）、教育硕士（Ed. M）、工程硕士（ME）、工商管理硕士（MBA）、农业推广硕士（MAE）、兽医硕士（VMM）、公共管理硕士（MPA）、公共卫生硕士（MPH）、军事硕士、会计硕士（MPAcc）、体育硕士（MSPE）、艺术硕士（MFA）和风景园林硕士（MLA）。通知中对报名及考试工作、各招生单位的招生限额、录取工作及其他事项也进行了说明。

国务院学位委员会办公室公布了 2010 年在职人员攻读硕士学位录取结果排序名单，对于录取结果排序的具体办法和排序结果的运用进行了说明，通报批评了 22 所学校，公布了 2011 年停止招生的 10 所学校及招生领域的名单。

5 月 10 日

国务院学位委员会办公室发布了金融、应用统计、税务、国际商务、保险、资产评估、警务、应用心理、新闻与传播、出版、文物与博物馆、林业、护理、药学、中药学、旅游管理、图书情报、工程管理等 18 个硕士专业学位研究生指导性培养方案（试行）。

教育部学位管理与研究生教育司下发通知，决定委托有关专业学位研究生教育指导委员会，在 2011 年 5—10 月间对有关高等学校专业学位研究生教育综合改革试点工作进行检查指导。这次检查的内容主要是各校试点工作任务进度安排及执行情况，重点是各校已开展的主要工作，包括在管理机制、培养模式方面采取的主要措施、出台的政策文件以及实施的效果等。同时还要了解地方主管部门、有关行业部门在政策、经费以及双师型师资队伍建设、实习实践基地建设等方面的支持情况。

5 月 12 日

国务院学位委员会、教育部发文决定成立全国工程博士专业学位研究生教育咨询专家组，其主要职责是为如何做好工程博士专业学位研究生教育工作提供政策咨询和建议。

5 月 16 日

国务院学位委员会办公室在北京召开全国工程博士专业学位研究生教育咨询专家组成立暨第一次扩大会议。会议的主要内容有：（1）讨论遴选首批工程博士专业学位授权单位的基本原则；（2）探索建立有效的合作机制，推动有关高等学校与企业联合培养工程博士专业学位研究生；（3）探索建立工程博士专业学位研究生培养模式，确保工程博士授予质量。

6 月 2 日

国务院学位委员会办公室下发通知，决定委托全国教育专业学位教育指导委员会对第四批 8 所教育硕士专业学位研究生培养单位近三年教育硕士专业学位研究生培养情况进行教学合格评估。

6 月 3 日

教育部、财政部印发《教育部、财政部关于继续实施"优势学科创新平台"建设的意见》，决定继续实施"优势学科创新平台"建设，紧密围绕国家和行业发展急需的重点领域与重大需求，重点建设一批"优势学科创新平台"，造就一批拔尖创新人才，产生一批国际领先的成果，加快推进"有特色、高水平"大学建设步伐。

6 月 7 日

国务院学位委员会办公室下发通知，决定委托全国工商管理硕士专业学位教育指导委员会对第七批 31 所工商管理硕士专业学位研究生培养单位及第五批未通过教学合格评估的 2 所工商管理硕士专业学位研究生培养单位进行教学合格评估。

6 月 10 日

教育部、财政部印发《教育部、财政部关于同意学校"985 工程"总体规划（2010—2020 年）和改革方案的批复》，同意有关单位（学校）报送的"985 工程"总体规划和改革方案，并对其实施提出了具体要求。

6 月 17 日

根据《关于学位管理与研究生教育司（国务院学位委员会办公室）相关处室调整的通知》（教人司〔2011〕155 号），教育部学位管理与研究生教育司（国务院学位委员会办公室）有关处室进行了更名和职能调整。原"文理医学科处"更名为"专业学位研究生教育处"，主要负责专业学位与研究生教育工作；"工农学科处"更名为"学术学位研究生教育处"，主要负责学术学位与研究生教育工作。

6 月 20 日

国务院学位委员会办公室下发通知，决定对在职人员攻读硕士专业学位工作开展检查。本次检查的范围是所有招收在职人员攻读硕士专业学位的研究生培养单位的管理情况、招生情况、培养情况、异地办学情况、收费情况和委托中介机构招生情况。

7月4日

国务院学位委员会办公室转发了金融等 34 个专业学位研究生教育指导委员会 2011 年工作要点。同日,因工作变动,中共中央党校副校长李书磊兼任国务院学位委员会委员。石泰峰同志不再兼任国务院学位委员会委员。

7月14日

国务院学位委员会办公室委托全国审计专业学位研究生教育指导委员会对 44 个学位授予单位申请新增审计硕士专业学位授权点申报材料进行核查并对新增审计硕士专业学位授权点是否具备基本条件提出建议报告。

国务院学位委员会办公室发文恢复了东南大学艺术硕士专业学位研究生的招生资格。

7月19日

国务院学位委员会发文确认上海政法学院为硕士学位授予单位,法学理论、宪法学与行政法学和刑法学为硕士学位授权学科;确认成都医学院为硕士学位授予单位,人体解剖与组织胚胎学、病理学与病理生理学为硕士学位授权学科。

7月21日

国务院学位委员会办公室公布了 2011 年同等学力人员申请硕士学位外国语水平和学科综合水平全国统一考试合格分数线。

国务院学位委员会办公室发文委托部分高等学校作为牵头单位承担《同等学力人员申请硕士学位学科综合水平全国统一考试大纲及指南》(以下简称"考试大纲及指南")的修订工作。其中北京大学牵头承担经济学和法学考试大纲及指南的修订工作,东北师范大学牵头承担教育学考试大纲及指南的修订工作,中国人民大学牵头承担新闻传播学考试大纲及指南的修订工作。

8月1日

国务院学位委员会办公室批复同意全国会计专业学位研究生教育指

导委员会成立全国会计专业学位研究生教育指导中心，以促进会计行业主管部门对会计专业学位研究生教育的监督、指导与协调，推动会计专业学位研究生教育有关政策制定、教育质量认证、与职业资格考试衔接等工作。

8月5日

国务院学位委员会公布了各学位授予单位按照《学位授予和人才培养学科目录（2011年）》对已有学位授权点进行对应调整的结果。

8月12日

国务院学位委员会下发通知，决定开展"服务国家特殊需求人才培养项目"中学士学位授予单位培养硕士专业学位研究生的试点工作和授予博士学位的"服务国家特殊需求人才培养项目"申报工作。试点工作的指导思想是"服务需求、突出特色、创新模式、严格标准"，着眼于国家行业发展的特殊需求。通知中还对试点单位应具备的具体条件、开展试点工作单位的评审与批准、试点工作的实施和管理进行了说明。

8月19日

国务院学位委员会公布了2011年新增审计硕士专业学位授权点名单，新增审计硕士专业学位授权点列入2012年全国研究生统一招生专业目录。本次新增的审计硕士专业学位授权点共有北京大学等32个。

8月30日

国务院学位委员会办公室下发通知，对授予具有研究生毕业同等学力人员硕士学位的有关规定做了进一步调整和完善。

9月9日

国务院学位委员会审核批准14所高等学校新增或继续开展建筑学学士、硕士专业学位授予工作，这14所高校是：清华大学、天津大学、沈阳建筑大学、同济大学、南京大学、东南大学、浙江大学、厦门大学、郑州大学、武汉理工大学、西安交通大学、天津城市建设学院、安徽建筑工业学院和烟台大学；新增11所高等学校开展城市规划硕士专业学位授予工作，这11所高校是：清华大学、天津大学、哈尔滨工业大学、同济大学、南京大学、东南大学、武汉大学、华南理工大学、重庆大学、西北大学和西安建筑科技大学。

9月21日

国务院学位委员会、教育部、人力资源和社会保障部联合发布《专业学位研究生教育指导委员会工作规程》，用以规范专业学位研究生教育指导委员会的工作。

9月22日

国务院学位委员会公布了 2010 年审核增列的部分马克思主义理论博士和硕士学位授权一级学科名单。北京交通大学、上海财经大学、江西师范大学和武汉理工大学获得马克思主义理论博士学位授权；北京工业大学等 55 所高校获得马克思主义理论硕士学位授权。

9月23日

中国科学技术协会、教育部联合发出通知，决定联合对研究生开展科学道德和学风建设宣讲教育。要求科学道德和学风建设宣讲教育要全覆盖、制度化、重实效，主要宣讲科学精神、科学道德、科学伦理和科学规范。自 2011 年开始，所有研究生培养单位每年都要对新入学研究生开展宣讲教育。有条件的单位应逐步把宣讲教育的对象扩大到高年级本科生和青年教师。

9月29日

中国 MBA 教育二十周年纪念大会在北京召开，国务委员、国务院秘书长、全国工商管理硕士（MBA）教育指导委员会主任委员马凯同志到会并发表重要讲话。

10月8日

中国科学技术协会、教育部联合发出通知，成立了全国科学道德和学风建设宣讲教育领导小组。宣讲教育领导小组办公室设在中国科协。

10月13日

首都高校"科学道德和学风建设宣讲教育活动"报告会在北京人民大会堂举行。全国人大常委会副委员长、中国科协主席韩启德同志出席报告会并致辞，师昌绪、袁隆平、杨乐三位著名科学家作宣讲报告，中国科协、教育部和北京市的有关领导出席了报告会，各省、自治区、直辖市科协、教育厅（教委）也派负责同志参加了报告会。

10 月 14 日

国务院学位委员会办公室批复同意在临床医学专业学位类别下增设全科医学和临床病理学领域，核查备案后的专业学位研究生培养单位，可于 2012 年开始全科医学领域的招生培养工作。

10 月 17 日

国务院学位委员会办公室委托北京理工大学作为牵头单位承担《同等学力人员申请硕士学位外国语水平全国统一考试大纲及指南》（以下简称"考试大纲及指南"）中英语和德语的修订工作，北京航空航天大学作为牵头单位承担考试大纲及指南中俄语的修订工作，北京外国语大学作为牵头单位承担考试大纲及指南中法语的修订工作，北京大学作为牵头单位承担考试大纲及指南中日语的修订工作。

国务院学位委员会公布了"服务国家特殊需求人才培养项目"学士学位授予单位开展培养硕士专业学位研究生试点工作单位及试点工作建设单位的名单。北京电子科技学院等 51 所学校获得授权开展培养硕士专业学位研究生试点工作。试点工作以 5 年为期，即从 2012 年 7 月到 2017 年 7 月，实行动态管理，国务院学位委员会办公室将组织专家对试点单位进行前期检查、中期考核和后期验收，根据人才需求变化和试点工作实施质量决定是否继续授权。中央司法警官学院等 12 所高校成为试点工作建设单位，在 2012 年 8 月前，接受国务院学位委员会办公室组织的专家组实地检查和评估。通过评估的高等学校将被列入学士学位授予单位开展培养硕士专业学位研究生试点工作的单位名单，并从 2013 年起开始有关专业学位研究生的招生、培养和学位授予工作。

国务院学位委员会批准南京审计学院增列为硕士专业学位授予单位，开展审计硕士专业学位研究生教育工作。

10 月 18 日

国务院学位委员会公布了工程博士专业学位授予单位的名单，北京大学、清华大学等 25 个学位授予单位获得授权开展工程博士专业学位授予工作。

11 月 3 日

教育部、国务院学位委员会发文批准 2011 年全国优秀博士学位论文名单，《"天会"与"吾党"：明末清初天主教徒群体之形成与交往研究（1580—1722）》等 97 篇学位论文为全国优秀博士学位论文；《现代中国"短篇小说"的兴起——以文类形构为视角》等 256 篇学位论文为全国优秀博士学位论文提名论文。

教育部、国务院学位委员会下发文件，批准北京大学张梧等 43 个研究生培养单位的 690 人为 2011 年度博士研究生学术新人奖获得者。

11 月 7 日

教育部学位管理与研究生教育司下发《关于做好科学道德和学风建设宣讲教育的通知》，要求部直属高校做好科学道德和学风建设宣讲教育工作。《通知》要求各直属高校要根据各校实际情况，采取有效措施，聘请品德高尚、造诣深厚、为人师表的知名专家，按照全覆盖、制度化、重实效的要求，对新入学的研究生进行科学精神、科学道德、科学伦理和科学规范宣讲教育。《通知》还指出，各高校研究生院（部、处）是宣讲教育的负责部门，要在制定研究生培养方案时，把宣讲教育纳入培养环节，形成制度，将宣讲教育长期开展下去。2011 年的宣讲教育应于 2011 年 12 月底前完成，确保所有新入学的研究生都接受宣讲教育。

11 月 28 日

国务院学位委员会办公室下发通知，决定对第二批尚未进行评估的 10 所公共管理硕士专业学位研究生培养单位近三年公共管理硕士专业学位研究生培养情况进行教学合格评估。这 10 个单位是：山西大学、南京农业大学、湘潭大学、中南大学、华南理工大学、四川大学、重庆大学、云南大学、新疆大学、中国社会科学院研究生院。

12 月 8 日

教育部学位管理与研究生教育司下发《关于做好 2011 年科学道德和

学风建设宣讲教育督促检查的通知》，请各省（自治区、直辖市）对本地区宣讲教育工作进行督促检查，要在监督检查的基础上，对本地区宣讲教育工作进行总结，撰写总结报告。

12 月 12 日

教育部发文批准中央美术学院美术学学科为一级学科国家重点学科。

12 月 26 日

国务院学位委员会办公室下发通知，批准天津职业技术师范大学等27 所高校开展同等学力人员申请硕士学位工作。

（资料来源：国务院学位委员会办公室。）

附录十

境外研究生教育基本数据

10—1　美国

10—1—1　研究生注册人数情况

单位：万人

年份	合计	男性	女性	全日制	非全日制
1970	121.2	79.4	41.8	53.6	67.6
1975	150.5	89.2	61.3	67.3	83.2
1980	162.2	87.4	74.8	73.6	88.6
1985	165.0	85.6	79.4	75.6	89.5
1990	186.0	90.4	95.5	84.5	101.5
1995	203.0	94.1	108.9	98.4	104.7
2000	215.7	94.4	121.3	108.7	107.0
2004	249.1	104.7	144.4	132.6	116.6
2005	252.4	104.7	147.6	135.1	117.3
2006	257.5	106.1	151.4	138.6	118.8
2007	264.4	108.8	155.6	142.9	121.5
2008	273.7	112.2	161.5	149.3	124.4
2009	286.2	117.4	168.8	157.9	128.3
2010	293.7	121.0	172.8	163.1	130.7

说明：这里的数据包括了未分类的研究生情况，并且进行了四舍五入。1995 年之前的数据针对高等教育机构，后来的数据则针对学位授予机构。学位授予机构授予副学位或者高等学位并且参加联邦资助计划。按照学位授予的分类与之前的高等教育学科分类是相似的，但包含了更多的两年制的大学并且剔除了不能授予学位的高等教育机构。一些项目相较先前出版的数字进行了修订。

资料来源：根据美国国家教育统计中心（NCES）网站提供的数据整理。

10—1—2　学位授予总况

单位：人

学年	副学士学位	学士学位[2]	硕士学位	博士学位[1]
1869—1870	—	9 371	0	1
1879—1880	—	12 896	879	54
1889—1890	—	15 539	1 015	149
1899—1900	—	27 410	1 583	382
1909—1910	—	37 199	2 113	443
1919—1920	—	48 622	4 279	615
1929—1930	—	122 484	14 969	2 299
1939—1940	—	186 500	26 731	3 290
1949—1950	—	432 058	58 183	6 420
1959—1960	—	392 440	74 435	9 829
1969—1970	206 023	792 316	213 589	59 486
1970—1971	252 311	839 730	235 564	64 998
1971—1972	292 014	887 273	257 201	71 206
1972—1973	316 174	922 362	268 654	79 512
1973—1974	343 924	945 776	282 074	82 591
1974—1975	360 171	922 933	297 545	84 904
1975—1976	391 454	925 746	317 477	91 007
1976—1977	406 377	919 549	323 025	91 730
1977—1978	412 246	921 204	317 987	92 345
1978—1979	402 702	921 390	307 686	94 971

续前表

学年	副学士学位	学士学位[2]	硕士学位	博士学位[1]
1979—1980	400 910	929 417	305 196	95 631
1980—1981	416 377	935 140	302 637	98 016
1981—1982	434 526	952 998	302 447	97 838
1982—1983	449 620	969 510	296 415	99 335
1983—1984	452 240	974 309	291 141	100 799
1984—1985	454 712	979 477	293 472	100 785
1985—1986	446 047	987 823	295 850	100 280
1986—1987	436 304	991 264	296 530	98 477
1987—1988	435 085	994 829	305 783	99 139
1988—1989	436 764	1 018 755	316 626	100 571
1989—1990	455 102	1 051 344	330 152	103 508
1990—1991	481 720	1 094 538	342 863	105 547
1991—1992	504 231	1 136 553	358 089	105 547
1992—1993	514 756	1 165 178	375 032	109 554
1993—1994	530 632	1 169 275	393 037	112 072
1994—1995	539 691	1 160 134	403 609	112 636
1995—1996	555 216	1 164 792	412 180	114 266
1996—1997	571 226	1 172 879	425 260	115 507
1997—1998	558 555	1 184 406	436 037	118 747
1998—1999[3]	564 984	1 202 239	446 038	118 735
1999—2000	564 933	1 237 875	463 185	116 700
2000—2001	578 865	1 244 171	473 502	118 736
2001—2002	595 133	1 291 900	487 313	119 585
2002—2003	634 016	1 348 811	518 699	119 663
2003—2004	665 301	1 399 542	564 272	121 579
2004—2005	696 660	1 439 264	580 151	126 087
2005—2006	713 066	1 485 242	599 731	134 387
2006—2007	728 114	1 524 092	610 597	138 056
2007—2008	750 164	1 563 069	630 666	144 690
2008—2009	787 325	1 601 368	662 079	149 378
2009—2010	849 452	1 650 014	693 025	154 425
2010—2011[4]	863 000	1 715 000	718 000	158 558
2011—2012	895 000	1 725 000	735 000	168 200
2012—2013	899 000	1 744 000	747 000	174 700
2013—2014	906 000	1 762 000	762 000	178 700
2014—2015	915 000	1 786 000	781 000	183 100
2015—2016	927 000	1 812 000	801 000	188 000
2016—2017	940 000	1 844 000	819 000	193 600
2017—2018	953 000	1 871 000	835 000	199 600
2018—2019	967 000	1 899 000	851 000	205 300
2019—2020	981 000	1 926 000	862 000	210 500
2020—2021	994 000	1 926 000	871 000	215 400
				219 900

说明：这里的数据包括了未分类的研究生情况。表中"—"代表数据缺失，如无特殊说明，附录十中其他各表中的"—"均作此解释。该表 1995 年之前的数据针对高等教育机构，后来的数据则针对学位授予机构。学位授予机构授予副学位或者高等学位并且参加联邦资助计划。按照学位授予的分类与之前的高等教育学科分类是相似的，但包含更多的两年制的大学并且剔除了不能授予学位的高等教育机构。一些项目相较先前出版的数字进行了修订。

1. 包含 Ph. D, Ed. D. 和其他博士水平的类似学位，包含了大部分被作为第一职业分类的学位，如 MD, DDS 和法学学位。

2. 1869—1969 年阶段的数据中包含一些后来被分作硕士或者博士的学位 。

3. 对先前的数据做出了修订。

4. 2010—2011 学年以后为预测数据。

资料来源：根据美国国家教育统计中心（NCES）网站提供的数据整理。

10—1—3 博士学位授予情况

单位：人

学科领域	1970—1971	1980—1981	1990—1991	1998—1999	1999—2000	2000—2001	2001—2002	2002—2003	2003—2004	2004—2005	2005—2006	2006—2007	2007—2008	2008—2009	2009—2010
农业与自然资源 Agriculture and natural resources	1 086	1 067	1 185	1 249	1 168	1 127	1 148	1 229	1 185	1 173	1 194	1 272	1 257	1 328	1 147
建筑学与相关服务 Architecture and related services	36	93	135	119	129	153	183	152	173	179	201	178	199	212	210
区域、种族、文化与群体研究 Area, ethnic, cultural, gender, and group studies	143	161	159	187	205	216	212	186	209	189	226	233	270	239	253
生物学与生物医学 Biological and biomedical sciences	3 603	3 640	4 152	5 250	5 463	5 225	5 104	5 268	5 538	5 935	6 162	6 764	7 400	7 499	7 666
商业 Business	774	808	1 185	1 216	1 194	1 180	1 156	1 252	1 481	1 498	1 711	2 029	2 084	2 123	2 245
通信、新闻及相关专业 Communication, journalism, and related programs	145	171	259	343	347	368	374	394	418	465	461	479	489	533	570
通信技术 Communications technologies	0	11	13	5	10	2	9	4	8	3	3	1	7	2	3

续前表

学科领域	1970—1971	1980—1981	1990—1991	1998—1999	1999—2000	2000—2001	2001—2002	2002—2003	2003—2004	2004—2005	2005—2006	2006—2007	2007—2008	2008—2009	2009—2010
计算机与信息科学 Computer and information sciences	128	252	676	806	779	768	752	816	909	1 119	1 416	1 595	1 698	1 580	1 599
教育 Education	6 041	7 279	6 189	6 471	6 409	6 284	6 549	6 832	7 088	7 681	7 584	8 261	8 491	9 028	9 233
工程 Engineering	3 687	2 598	5 316	5 384	5 336	5 485	5 123	5 195	5 801	6 413	7 243	7 867	7 922	7 742	7 704
工程技术 Engineering technologies	1	10	14	29	31	62	58	57	58	54	75	61	55	59	67
英语语言与文学 English language and literature/letters	1 554	1 040	1 056	1 412	1 470	1 330	1 291	1 246	1 207	1 212	1 254	1 178	1 262	1 271	1 332
家庭与消费科学/人类科学 Family and consumer sciences/human sciences	123	247	229	322	327	354	311	376	329	331	340	337	323	333	296
外国语言、文学和语言学 Foreign languages, literatures, and linguistics	1 084	931	889	1 049	1 086	1 078	1 003	1 042	1 031	1 027	1 074	1 059	1 078	1 111	1 091
卫生、健康及相关项目 Health professions and related programs	15 988	29 595	29 842	35 939	37 829	39 019	39 435	39 799	41 861	44 201	45 677	48 943	51 675	54 709	57 746

续前表

学科领域	1970—1971	1980—1981	1990—1991	1998—1999	1999—2000	2000—2001	2001—2002	2002—2003	2003—2004	2004—2005	2005—2006	2006—2007	2007—2008	2008—2009	2009—2010
本土安全、执法和消防 Homeland security, law enforcement, and fire-fighting	1	21	28	47	52	44	49	72	54	94	80	85	88	97	106
法律职业与研究 Legal professions and studies	17 441	36 391	38 035	38 355	38 226	38 190	39 060	39 172	40 328	43 521	43 569	43 629	43 880	44 304	44 626
博雅文理科、通识研究与人文学科 Liberal arts and sciences, general studies, and humanities	32	121	70	81	83	102	113	78	95	109	84	77	76	67	96
图书馆学 Library science	39	71	56	58	68	58	45	62	47	42	44	52	64	35	64
数学与统计学 Mathematics and statistics	1 199	728	978	1 107	1 075	997	923	1 007	1 060	1 176	1 293	1 351	1 360	1 535	1 592
跨学科研究 Multi/interdisciplinary studies	101	236	306	504	509	512	484	634	580	626	600	683	660	731	631
公园、娱乐、休闲与健身 Parks, recreation, leisure, and fitness studies	2	42	28	139	134	177	151	199	222	207	194	218	228	285	266
哲学与宗教研究 Philosophy and religious studies	555	411	464	578	598	600	610	662	595	586	578	637	635	686	667

续前表

学科领域	1970—1971	1980—1981	1990—1991	1998—1999	1999—2000	2000—2001	2001—2002	2002—2003	2003—2004	2004—2005	2005—2006	2006—2007	2007—2008	2008—2009	2009—2010
物理科学与技术 Physical sciences and science technologies	4 324	3 105	4 248	4 229	4 017	3 968	3 824	3 939	3 937	4 248	4 642	5 041	4 994	5 237	5 063
心理学 Psychology	2 144	3 576	3 932	4 678	4 731	5 091	4 759	4 835	4 827	5 106	4 921	5 153	5 296	5 477	5 540
公共管理与社会服务 Public administration and social services	174	362	430	534	537	574	571	599	649	673	704	726	760	812	838
社会科学与历史 Social sciences and history	3 660	3 122	3 012	3 873	4 095	3 930	3 902	3 850	3 811	3 819	3 844	3 914	4 059	4 234	4 238
神学与宗教研究 Theology and religious vocations	312	1 273	1 076	1 433	1 630	1 461	1 350	1 329	1 304	1 422	1 429	1 573	1 615	1 587	2 070
运输与物流 Transportation and materials moving	0	0	0	0	0	0	0	0	0	0	0	0	0	0	0
视觉与表演艺术 Visual and performing arts	621	654	838	1 117	1 127	1 167	1 114	1 293	1 282	1 278	1 383	1 364	1 453	1 569	1 599
未分类学科 Not classified by field of study	0	0	747	186	71	63	0	0	0	0	0	0	0	0	0

说明：1990—1991 学年前的数据针对高等教育机构，后来的数据则针对学位授予机构。学位授予机构可以授予副学位或者高等学位并且参加联邦计划。按照学位授予的分类与之前的高等教育学科分类是相似的，但包含了更多的两年制的大学并且剔除了不能授予学位的高等教育机构。新的指导专项目的分类在 2009—2010 学年施行，包含 Ph. D、Ed. D. 和其他博士水平的类似学位，包含了大部分被作为第一职业学位分类的学位，如 MD、DDS 和法学学位。早些年份的数据被重新分类并在必要的时候使之符合新的分类。为了便于进行趋势比较，这里做了一些聚合使之符合在 IPEDS "完成调查"中的专业分类。"农业与自然资源"包括农业，农业经营和农业相关的科学，自然资源和保护；"商业"包括商业、管理、市场和相关的支持服务以及私人服务；"工程技术"包括工程技术和工程相关的领域，建筑行业、机械和维修的技术等。

资料来源：根据美国国家教育统计中心（NCES）网站提供的数据整理。

311

10—1—4 硕士学位授予情况

单位：人

学科领域	1970—1971	1975—1976	1980—1981	1985—1986	1990—1991	1995—1996	1998—1999	1999—2000	2000—2001	2001—2002	2002—2003	2003—2004	2004—2005	2005—2006	2006—2007	2007—2008	2008—2009	2009—2010
农业与自然资源 Agriculture and natural resources	2 457	3 340	4 003	3 801	3 295	4 551	4 376	4 360	4 272	4 503	4 492	4 783	4 746	4 640	4 623	4 684	4 877	5 211
建筑学与相关服务 Architecture and related services	1 705	3 215	3 153	3 260	3 490	3 993	4 235	4 268	4 302	4 566	4 925	5 424	5 674	5 743	5 951	6 065	6 587	7 280
区域、种族、文化与群体研究 Area, ethnic, cultural, gender, and group studies	1 032	993	802	915	1 233	1 652	1 439	1 544	1 555	1 541	1 509	1 683	1 755	2 080	1 699	1 778	1 779	1 775
生物学与生物医学 Biological and biomedical sciences	5 625	6 457	5 766	5 064	4 834	6 593	6 966	6 850	7 017	7 011	7 050	7 732	8 284	8 781	8 898	9 689	10 017	10 725
商业 Business	26 490	42 592	57 888	66 676	78 255	93 554	106 830	111 532	115 602	119 725	127 685	139 347	142 617	146 406	150 211	155 637	168 375	177 684
通信、新闻及相关专业 Communication, journalism, and related programs	1 770	2 961	2 896	3 500	4 123	5 080	5 319	5 169	5 218	5 510	6 053	6 535	6 762	7 244	6 773	6 915	7 092	7 636
通信技术 Communications technologies	86	165	209	308	204	481	263	356	427	470	442	365	433	501	499	631	475	463
计算机与信息科学 Computer and information sciences	1 588	2 603	4 218	8 070	9 324	10 579	12 843	14 990	16 911	17 173	19 509	20 143	18 416	17 055	16 232	17 087	17 907	17 953

续前表

学科领域	1970—1971	1975—1976	1980—1981	1985—1986	1990—1991	1995—1996	1998—1999	1999—2000	2000—2001	2001—2002	2002—2003	2003—2004	2004—2005	2005—2006	2006—2007	2007—2008	2008—2009	2009—2010
教育 Education	87 666	126 061	96 713	74 816	87 352	104 936	118 226	123 045	127 829	135 189	147 883	162 345	167 490	174 620	176 572	175 880	178 564	182 139
工程 Engineering	16 813	16 472	16 893	21 529	24 454	26 789	24 682	24 772	25 174	24 838	28 251	32 554	32 488	30 848	29 299	31 557	34 546	35 088
工程技术 Engineering technologies	134	328	323	617	996	2 054	2 007	1 876	2 013	2 149	2 332	2 499	2 500	2 541	2 690	2 873	3 455	4 258
英语语言与文学 English language and literature/letters	10 441	8 599	5 742	5 335	6 784	7 657	7 326	7 022	6 763	7 097	7 428	7 956	8 468	8 845	8 742	9 161	9 261	9 201
家庭与消费科学/人类科学 Family and consumer sciences/human sciences	1 452	2 179	2 570	2 011	1 541	1 712	1 764	1 882	1 838	1 683	1 607	1 794	1 827	1 983	2 080	2 199	2 453	2 580
外国语言、文学和语言学 Foreign languages, literatures, and linguistics	5 480	4 432	2 934	2 690	3 049	3 443	3 109	3 037	3 035	3 075	3 049	3 124	3 407	3 539	3 443	3 565	3 592	3 755
卫生与健康及相关项目 Health professions and related programs	5 330	12 164	16 176	18 603	21 354	33 920	40 628	42 593	43 623	43 560	42 748	44 939	46 703	51 380	54 531	58 120	62 620	69 084
本土安全、执法与消防 Homeland security, law enforcement, and firefighting	194	1 197	1 538	1 074	1 108	1 812	2 248	2 609	2 514	2 935	2 956	3 717	3 991	4 277	4 906	5 760	6 128	6 714

续前表

学科领域	1970—1971	1975—1976	1980—1981	1985—1986	1990—1991	1995—1996	1998—1999	1999—2000	2000—2001	2001—2002	2002—2003	2003—2004	2004—2005	2005—2006	2006—2007	2007—2008	2008—2009	2009—2010
法律职业与研究 Legal professions and studies	955	1 442	1 832	1 924	2 057	2 751	3 291	3 750	3 829	4 053	4 141	4 243	4 170	4 453	4 486	4 815	5 150	5 734
博雅文理科、通识研究与人文学科 Liberal arts and sciences, general studies, and humanities	885	2 633	2 375	1 586	2 213	2 778	3 094	3 256	3 193	2 754	3 314	3 697	3 680	3 702	3 634	3 797	3 728	3 804
图书馆学 Library science	7 001	8 037	4 859	3 564	4 763	5 099	4 764	4 577	4 727	5 113	5 295	6 015	6 213	6 448	6 767	7 162	7 091	7 448
数学与统计学 Mathematics and statistics	5 191	3 857	2 567	3 131	3 549	3 651	3 304	3 208	3 209	3 350	3 620	4 191	4 477	4 730	4 884	4 980	5 211	5 634
军事技术与应用科学 Military technologies and applied sciences	2	0	43	83	0	136	0	0	0	0	0	0	0	0	202	0	3	0
跨学科研究 Multi/interdisciplinary studies	924	1 283	2 356	2 869	2 079	2 713	3 035	3 418	3 413	3 634	3 721	3 972	4 167	4 391	4 611	5 165	5 225	5 973
公园、娱乐、休闲与健身 Parks, recreation, leisure, and fitness studies	218	571	643	570	483	1 684	2 001	2 322	2 354	2 580	2 978	3 199	3 740	3 992	4 110	4 440	4 822	5 617
哲学与宗教研究 Philosophy and religious studies	1 326	1 358	1 231	1 193	1 471	1 363	1 351	1 376	1 386	1 371	1 578	1 578	1 647	1 739	1 716	1 879	1 859	2 043

续前表

学科领域	1970—1971	1975—1976	1980—1981	1985—1986	1990—1991	1995—1996	1998—1999	1999—2000	2000—2001	2001—2002	2002—2003	2003—2004	2004—2005	2005—2006	2006—2007	2007—2008	2008—2009	2009—2010
物理科学与技术 Physical sciences and science technologies	6 336	5 428	5 246	5 860	5 281	5 910	5 241	4 888	5 134	5 082	5 196	5 714	5 823	6 063	6 012	6 061	5 862	6 063
精细化生产 Precision production	0	0	0	0	0	8	7	5	2	2	3	13	6	9	5	3	10	10
心理学 Psychology	5 717	10 167	10 223	9 845	11 349	15 152	15 560	15 740	16 539	16 357	17 161	17 898	18 830	19 770	21 037	21 431	23 415	23 752
公共管理与社会服务 Public administration and social services	7 785	15 209	17 803	15 692	17 905	24 229	25 038	25 594	25 268	25 448	25 903	28 250	29 552	30 510	31 131	33 029	33 933	35 729
社会科学与历史 Social sciences and history	16 539	15 953	11 945	10 564	12 233	15 012	14 396	14 066	13 791	14 112	14 630	16 110	16 952	17 369	17 665	18 495	19 240	20 222
神学与宗教职业 Theology and religious vocations	7 747	8 964	11 061	11 826	10 498	10 909	10 203	11 663	9 876	10 104	10 493	10 818	11 348	11 758	12 436	12 578	12 836	12 824
运输与物流 Transportation and materials moving	0	0	0	454	406	919	713	697	756	709	765	728	802	784	985	982	1 048	1 074
视觉与表演艺术 Visual and performing arts	6 675	8 817	8 629	8 420	8 657	10 280	10 762	10 918	11 404	11 595	11 982	12 906	13 183	13 530	13 767	14 164	14 918	15 552
未分类学科 Not classified by field of study	0	0	0	0	8 523	780	1 017	1 802	528	24	0	0	0	0	0	84	0	0

说明：1990—1991学年的数据针对高等教育机构，后来的数据则针对学位授予机构。学位授予机构可以授予副学士或者高等学位并参加联邦资助计划。按照学位授予的分类与之前的高等教育学科分类是相似的，但包含了更多的大学并除了两年制的大学并且删除了不能授予学位的高等教育机构。新的指导项目的分类在2009—2010学年施行，包含Ph. D, Ed. D. 和其他水平博士的类似学位，包含了大部分授予第一职业分类的学位，如MD, DDS和法学学位。早些年份的数据被重新分类并在必要时候合符合新的分类。为了便于进行趋势比较，这里做了一些聚合之后使之符合在IPEDS "完成调查"中的专业领域。"农业与自然资源"包括农业、农业经营和保护、自然资源和保护；"商业"包括商业、管理、市场和相关的支持服务以及私人服务中的专业领域，"工程技术"包括技术和工程相关的领域、机械和维修业的技术等。

资料来源：根据美国国家教育统计中心（NCES）网站提供的数据整理。

315

10—1—5　FPD（First Professional Degree）授予情况

单位：人

年份	牙医 Dentistry	医学 Medicine	验光 Optometry	骨科 Osteopathic medicine	制药学 Pharmacy	足病医学 Podiatry or podiatric medicine	兽医 Veterinary medicine	脊骨神经医学 Chiropractic	法学 Law	神学 Theology	其他 Other
1985—1986	5 046	15 938	1 029	1 547	903	612	2 270	3 395	35 844	7 283	43
1990—1991	3 699	15 043	1 115	1 459	1 244	589	2 032	2 640	37 945	5 695	487
1995—1996	3 697	15 341	1 231	1 895	2 555	650	2 109	3 379	39 828	5 879	170
2000—2001	4 391	15 403	1 289	2 450	6 324	528	2 248	3 796	37 904	5 026	348
2001—2002	4 239	15 237	1 280	2 416	7 076	474	2 289	3 284	38 981	5 195	227
2002—2003	4 345	15 034	1 281	2 596	7 474	439	2 354	2 718	39 067	5 36C	229
2003—2004	4 335	15 442	1 275	2 722	8 221	382	2 228	2 730	40 209	5 332	165
2004—2005	4 454	15 461	1 252	2 762	8 885	343	2 354	2 560	43 423	5 533	262
2005—2006	4 389	15 455	1 198	2 718	9 292	347	2 370	2 564	43 440	5 666	216
2006—2007	4 596	15 730	1 311	2 992	10 439	331	2 443	2 525	43 486	5 990	221
2007—2008	4 795	15 646	1 304	3 232	10 932	555	2 504	2 639	43 769	5 751	182
2008—2009	4 918	15 987	1 338	3 665	11 291	431	2 377	2 512	44 045	5 362	78
2009—2010	5 062	16 356	1 335	3 890	11 873	491	2 478	2 601	44 345	5 672	0

说明：学位授予机构授予副学位或者高等学位并参加联邦资助项目，这里包含了那些需要完成至少六年的院校学习和工作（包括至少两年的职业训练）。

资料来源：根据美国国家教育统计中心（NCES）网站提供的数据整理。

10—1—6 研究生教育机构职工情况

单位：万人

年份	专职人员 Professional staff	其中：管理人员 Executive/administrative/managerial	其中：教学科研人员 Faculty (instruction/research/ public service)	其中：研究生助理 Graduate assistants	其中：其他专职人员 Other professional	非专职人员 Nonprofessional staff
1989	153	14	82	16	40	94
1991	160	14	83	20	43	95
1993	169	14	92	20	43	92
1995	174	15	93	22	45	92
1997	184	15	99	22	47	92
1999	195	16	103	24	52	93
2001	213	15	111	26	61	95
2003	227	18	117	29	62	92
2005	246	20	129	32	66	92
2007	263	22	137	33	71	93
2009	278	23	144	34	77	94

说明：表英文名为 "Employees in degree-granting institutions"。

资料来源：根据美国国家教育统计中心（NCES）网站提供的数据整理。

10—1—7　研究生教育师资情况

单位：万人

年份	教授 Professors	副教授 Associate professors	助理教授 Assistant professors	讲师 Instructors	助教 Lecturers	其他 Other faculty
1999	16	13	13	8	2	7
2001	16	13	15	9	2	7
2003	17	13	15	9	2	6
2005	17	14	16	10	3	8
2007	17	14	17	10	3	9
2009	18	15	17	10	3	9

说明：表英文名为"Full-time instructional faculty in degree-granting institutions"。

资料来源：根据美国国家教育统计中心（NCES）网站提供的数据整理。

10—2 英国

10—2—1 研究生入学情况

单位：人

学科领域	2003—2004	2004—2005	2005—2006	2006—2007	2007—2008	2008—2009	2009—2010	2010—2011
医学（含牙医） Medicine & dentistry	14 320	15 120	15 950	17 160	17 830	18 570	19 915	20 480
医学（其他） Subjects allied to medicine	35 890	40 425	43 305	43 770	46 855	50 300	53 450	54 790
生物科学 Biological sciences	24 035	24 455	25 135	26 315	26 590	29 095	31 810	32 230
兽医 Veterinary science	595	655	735	850	715	855	945	935
农学 Agriculture & related subjects	2 885	2 850	2 580	2 440	2 665	2 690	3 010	3 065
物理科学 Physical sciences	16 210	16 015	16 770	17 180	17 790	18 395	19 500	19 935
数学科学 Mathematical sciences	5 460	5 170	5 070	5 335	5 120	4 855	5 435	5 865
计算机科学 Computer science	22 835	21 640	20 240	20 110	19 945	21 900	23 885	22 480
工程与技术 Engineering & technology	33 315	34 260	33 330	34 660	35 675	38 975	43 620	44 955
建筑学 Architecture, building & planning	12 765	13 045	14 210	14 385	14 990	15 545	16 145	16 010
社会研究 Social studies	37 925	38 610	39 655	39 115	39 640	42 970	46 950	49 535

续前表

学科领域	2003—2004	2004—2005	2005—2006	2006—2007	2007—2008	2008—2009	2009—2010	2010—2011
法学 Law	22 165	21 945	22 020	22 015	21 680	21 650	22 240	21 535
工商管理 Business & administrative studies	93 150	92 890	94 360	95 790	98 530	106 805	117 845	116 715
传播学 Mass communications & documentation	8 650	8 500	9 005	9 225	9 190	9 580	108 70	11 365
语言学 Languages	14 940	14 430	14 750	15 005	15 045	16 190	17 120	17 395
历史与哲学研究 Historical & philosophical studies	15 590	14 980	15 270	15 595	16 045	16 465	16 910	17 385
创意艺术与设计 Creative arts & design	14 170	14 430	14 975	16 345	17 365	18 725	20 865	21 930
教育 Education	100 085	100 545	103 095	104 735	93 030	101 005	106 190	109 930
其他（交叉学科）Combined	2 510	2 380	2 165	2 710	2 435	2 245	1 995	2 185

资料来源：根据英国高等教育统计署（HESA）网站提供的数据整理，见http://www.hesa.ac.uk/index.php/content/view/1973/239/。

10—2—2 博士学位授予情况

单位：人

学科领域	1995	2000	2005	2006	2007	2008	2009	2010	2011
医学（含牙医） Medicine & dentistry	544	1 020	1 565	1 745	1 730	1 785	1 970	1 945	2 010
医学（其他） Subjects allied to medicine	350	590	930	905	955	1 005	965	1 080	1 130
生物科学 Biological sciences	1 114	1 750	2 505	2 510	2 635	2 510	2 625	2 940	3 050
兽医 Veterinary science	55	70	95	85	80	70	50	55	70
农学 Agriculture & related subjects	216	270	215	230	175	125	175	160	150
物理科学 Physical sciences	1 457	1 820	2 335	2 300	2 405	2 205	2 295	2 510	2 575
数学科学 Mathematical sciences	232	350	415	450	470	445	430	515	590
计算机科学 Computer science	222	310	545	715	720	720	795	845	870
工程与技术 Engineering & technology	1 372	1 710	2 015	2 205	2 395	2 140	2 385	2 530	2 590
建筑学 Architecture, building & planning	93	140	240	195	250	230	250	250	260
社会研究 Social studies	501	970	1 320	1 315	1 480	1 310	1 500	1 540	1 750
法学 Law	76	170	200	215	265	250	285	275	295

续前表

学科领域	1995	2000	2005	2006	2007	2008	2009	2010	2011
工商管理 Business & administrative studies	215	360	580	695	745	765	785	765	945
传播学 Mass communications & documentation	27	50	75	95	110	95	110	155	150
语言学 Languages	386	650	895	905	970	945	945	945	1080
历史与哲学研究 Historical & philosophical studies	389	630	925	985	1 030	975	1 075	1 065	1 245
创意艺术与设计 Creative arts & design	60	140	275	320	360	405	400	460	515
教育 Education	170	410	655	585	680	660	610	725	805
其他（交叉学科） Combined	125	130	5	60	95	10	5	0	0
（以下为2003年以后增补学科）									
心理学 Psychology	—	—	805	830	900	955	960	—	—
地理学 Geography	—	—	420	390	440	275	290	—	—
经济学与政治学 Economics & politics	—	—	615	650	690	605	680	—	—
英语（英语语言与文学） English	—	—	360	335	395	375	375	—	—

说明：(1) 2003 年开始，研究生学位授予增加了 4 个学科领域；(2) 2010 年和 2011 年公布的数据未提供增补学科学位授予情况数据。

资料来源：根据英国高等教育统计署（HESA）网站提供的数据整理。

10—2—3 硕士学位授予情况

单位：人

学科领域	1995	2000	2005	2006	2007	2008	2009	2010	2011
医学（含牙医） Medicine & dentistry	1 199	1 530	2 015	2 255	2 350	2 415	2 535	2 800	3 255
医学（其他） Subjects allied to medicine	1 413	2 220	4 100	4 430	4 930	5 830	6 340	6 515	7 540
生物科学 Biological sciences	1 031	2 350	4 940	5 565	5 690	5 770	6 305	6 885	7 915
兽医 Veterinary science	77	50	75	75	80	80	90	80	100
农学 Agriculture & related subjects	626	770	895	910	870	815	960	915	1 220
物理科学 Physical sciences	1 573	2 210	3 480	3 625	3 640	3 865	3 770	4 190	4 985
数学科学 Mathematical sciences	474	540	1 290	1 150	1 225	1 270	1 320	1 355	1 685
计算机科学 Computer science	1 890	3 590	6 865	6 545	6 240	6 655	6 060	7 670	9 225
工程与技术 Engineering & technology	4 385	5 300	9 125	9 455	9 335	9 995	10 030	12 345	15 105
建筑学 Architecture, building & planning	1 116	1 460	2 670	3 310	3 335	3 915	4 235	5 085	5 205
社会研究 Social studies	4 547	7 350	12 055	12 580	13 065	13 390	13 800	14 680	17 255
法学 Law	1 209	2 790	5 585	5 445	5 510	5 655	5 955	6 510	7 615

续前表

学科领域	1995	2000	2005	2006	2007	2008	2009	2010	2011
工商管理 Business & administrative studies	9 064	14 180	29 245	30 045	30 520	34 610	36 240	42 035	48 490
传播学 Mass communications & documentation	624	1 420	3 170	3 435	3 445	3 415	3 605	4 160	5 185
语言学 Languages	1 784	2 630	4 625	5 035	5 165	5 065	5 105	5 425	6 355
历史与哲学研究 Historical & philosophical studies	1 390	2 610	3 810	4 055	4 380	4 535	4 670	4 935	5 355
创意艺术与设计 Creative arts & design	1 555	2 950	4 755	5 540	6 015	6 565	7 100	8 015	9 205
教育 Education	2 913	3 300	4 950	5 045	5 010	5 025	5 130	5 695	6 800
其他（交叉学科）Combined	2 539	3 120	25	55	40	65	55	85	35

说明：（1）2003 年开始，研究生学位授予增加了 4 个学科领域；（2）2010 年和 2011 年公布的数据未提供增补学科学位授予情况数据。

资料来源：根据英国高等教育统计署（HESA）网站提供的数据整理。

10—2—4 教育类研究生培养情况

单位：人

学科领域	1995	2000	2005	2006	2007	2008	2009	2010	2011
医学（含牙医）Medicine & dentistry	0	0	0	0	0	0	0	0	0
医学（其他）Subjects allied to medicine	0	—	0	0	5	5	0	10	0
生物科学 Biological sciences	17	40	0	0	0	5	0	10	0
兽医 Veterinary science	0	0	0	0	0	0	0	0	0
农学 Agriculture & related subjects	0	0	0	0	5	5	0	5	0
物理科学 Physical sciences	59	0	5	0	0	0	0	15	0
数学科学 Mathematical sciences	33	0	0	0	0	0	0	0	0
计算机科学 Computer science	0	0	0	0	0	0	0	20	0
工程与技术 Engineering & technology	1	0	0	0	0	0	10	15	0
建筑学 Architecture, building & planning	0	0	0	10	0	0	0	30	0
社会研究 Social studies	2	—	0	0	5	0	0	15	0
法学 Law	0	0	0	0	0	0	0	15	0

续前表

学科领域	1995	2000	2005	2006	2007	2008	2009	2010	2011
工商管理 Business & administrative studies	0	0	0	0	5	35	0	90	0
传播学 Mass communications & documentation	0	0	0	0	0	0	0	0	0
语言学 Languages	55	—	15	5	10	10	15	5	0
历史与哲学研究 Historical & philosophical studies	7	0	0	0	0	5	10	5	0
创意艺术与设计 Creative arts & design	113	0	0	0	0	0	0	10	0
教育 Education	15 984	18 580	28 550	28 980	28 345	21 890	20 670	21 785	21 215
其他（交叉学科）Combined	2	0	0	0	0	0	0	0	0
（以下为2003年以后增补学科）									
心理学 Psychology	—	—	0	0	0	5	0	—	—
地理学 Geography	—	—	0	0	0	0	0	—	—
经济学与政治学 Economics & politics	—	—	0	0	0	0	0	—	—
英语（英语语言与文学）English	—	—	15	0	10	10	15	—	—

说明：（1）表名原文为"教育类研究生认证"（Postgraduate Certificate in Education）；（2）从2003年开始，研究生学位授予增加了4个学科领域；（3）2010年和2011年公布的数据未提供补充学科学位授予情况数据。

资料来源：根据英国高等教育统计署（HESA）网站提供的数据整理。

10—2—5 其他类研究生培养情况

单位: 人

学科领域	1995	2000	2005	2006	2007	2008	2009	2010	2011
医学（含牙医） Medicine & dentistry	520	490	945	1 160	1 450	1 950	1 765	2 000	2 055
医学（其他） Subjects allied to medicine	1 166	2 300	5 170	5 415	5 510	5 920	6 275	7 415	7 885
生物科学 Biological sciences	118	600	975	985	1 065	860	1 085	1 465	1 845
兽医 Veterinary science	11	10	40	25	35	40	55	25	35
农学 Agriculture & related subjects	133	60	95	145	175	120	105	155	210
物理科学 Physical sciences	153	290	355	340	355	355	705	440	575
数学科学 Mathematical sciences	65	120	165	120	165	150	130	135	185
计算机科学 Computer science	534	1 280	1 685	1 525	1 470	1 250	1 155	1 300	1 295
工程与技术 Engineering & technology	725	1 010	1 445	1 530	1 535	1 525	1 525	1 675	1 990
建筑学 Architecture, building & planning	1 863	1 710	2 185	2 085	2 175	1 950	1 900	2 235	2 150
社会研究 Social studies	1 916	1 880	2 955	2 820	2 850	2 695	2 690	3 165	3 425
法学 Law	3 655	4 260	6 290	6 745	6 315	5 785	5 320	5 020	4 180

327

中国学位与研究生教育发展年度报告 2012

学科领域	1995	2000	2005	2006	2007	2008	2009	2010	2011
工商管理 Business & administrative studies	7 527	7 250	10 305	10 350	9 570	8 965	9 005	9 255	8 880
传播学 Mass communications & documentation	805	950	1 190	1 205	1 100	950	870	650	685
语言学 Languages	323	250	455	450	470	360	315	340	400
历史与哲学研究 Historical & philosophical studies	183	220	470	420	510	395	410	525	535
创意艺术与设计 Creative arts & design	647	880	1 195	1 290	1 285	1 160	1 040	1 055	1 045
教育 Education	4 606	4 690	7 790	7 540	9 390	9 995	8 380	9 195	10 860
其他（文艺学科） Combined	2 138	3 720	90	55	30	65	170	110	90
（以下为 2003 年以后增补学科）									
心理学 Psychology	—	—	705	750	750	615	835	—	—
地理学 Geography	—	—	170	210	180	140	150	—	—
经济学与政治学 Economics & politics	—	—	485	525	415	385	355	—	—
英语（英语语言与文学） English	—	—	160	160	175	100	100	—	—

说明：（1）其他类研究生原文为 Other Postgraduate Quals；（2）2010 年和 2011 年公布的数据未提供补增补学科学位授予情况数据。

资料来源：根据英国高等教育统计署（HESA）网站提供的数据整理。

10—3 法国
10—3—1 博士学位授予情况

单位：人

年份	法律政治 Droit, sciences, politiques	经济、管理 Sciences, économiques	社会行政管理 AES	文学语言 Lettres	科学 Sciences	体育（运动物理学） Staps	医学与药学 Médecine, pharmacie
2004	859	487	3	2 530	5 611	84	563
2005	710	477	—	2 571	6 048	86	485
2006	682	561	—	2 883	6 582	83	630
2007	796	685	—	3 040	6 793	95	597
2008	889	619	3	3 091	7 082	84	588
2009	867	664	1	3 035	7 435	98	601
2010	921	746	4	3 084	7 511	101	516

说明：（1）原始数据来源于法国教育部发布的 Repères et références statistiques（2001—2012），其中，2012 年版数据更新至 2010 年；（2）自 Repères et références statistiques（2010）开始，学科领域中新增了"医学与药学"（Médecine, pharmacie），并对 2004 年度报告开始使用新的学科领域分类方式。本年度报告开始使用新的学科领域分类方式，并根据最新数据调整 2004 年以来的分学科领域数据。

资料来源：根据法国教育部网站提供的数据整理。

10—3—2 硕士学位授予情况（按类型）

单位：人

年份	法律政治 Droit, sciences, politiques	经济，管理 Sciences, économiques	社会行政管理 AES	文学语言 Lettres	科学 Sciences	体育（运动物理学）Staps	医学与药学 Médecine, pharmacie
硕士—专业型 Masters professionnels（始于 2004 年）							
2004	23	361	—	387	1 486	115	71
2005	7 218	12 314	739	8 229	10 081	591	689
2006	11 291	18 791	1 604	14 759	13 929	895	902
2007	11 637	20 722	1 891	15 565	13 853	843	815
2008	11 033	20 715	1 826	15 761	13 986	979	811
2009	11 040	21 427	1 205	15 304	12 075	987	728
2010	10 982	20 127	1 212	15 184	10 906	1 046	689
硕士—研究型 Masters recherche（始于 2004 年）							
2004	726	150	—	217	1 031	89	34
2005	2 449	1 177	118	4 645	7 608	144	457
2006	4 342	1 682	48	9 259	8 373	192	490
2007	4 150	1 456	60	9 660	7 282	199	411
2008	3 584	1 204	82	8 981	7 738	184	360
2009	3 420	1 048	50	8 245	7 368	154	384
2010	3 077	963	47	8 621	5 653	162	386
硕士 Masters indifferenciés（始于 2005 年）							
2005	186	35	—	51	299	10	66
2006	447	211	—	1 012	1 207	12	96
2007	487	373	—	1 267	2 708	23	162
2008	1 777	1 519	19	1 355	2 226	25	148
2009	2 337	2 982	303	2 978	3 930	142	182
2010	3 818	5 780	394	5 783	8 149	275	349

说明：（1）原始数据来源于法国教育部发布的 *Repères et références statistiques*（2001—2012）。其中，2012 年版数据更新至 2010 年；（2）自 *Repères et références statistiques*（2010）开始，学科领域中新增了"医学与药学"（Médecine, pharmacie），并对 2004 年之后的学科领域分类方式、本年度报告开始使用新的学科领域分类方式，并根据最新数据调整 2004 年以来的分学科领域数据。

资料来源：根据法国教育部网站提供的数据整理。

10—4 日本

10—4—1 博士研究生入学人数情况

单位：人

年份	人文科学 Humanities	社会科学 Social science	理学 Science	工学 Engineering	农学 Agriculture	卫生与健康 Health	商船 Mercantile marine	家政 Home economics	教育 Education	艺术 Arts	其他 Others
1991	930	642	1 021	1 715	675	3 206	—	16	160	28	112
1992	1 066	742	1 076	2 010	775	3 395	—	25	193	23	176
1993	1 047	813	1 317	2 410	844	3 660	—	37	207	32	314
1994	1 142	868	1 399	2 711	912	4 056	—	46	206	37	475
1995	1 266	997	1 614	3 082	1 017	4 184	—	50	231	61	569
1996	1 398	1 225	1 697	3 248	987	4 490	—	54	329	59	858
1997	1 503	1 333	1 686	3 238	1 110	4 482	—	64	338	63	866
1998	1 593	1 371	1 736	3 229	1 102	4 799	—	97	348	69	1 147
1999	1 602	1 514	1 786	3 310	1 143	5 189	—	78	347	71	1 236
2000	1 710	1 581	1 764	3 402	1 192	5 339	0	61	373	117	1 484
2001	1 663	1 562	1 608	3 399	1 160	5 395	—	75	377	128	1 761
2002	1 587	1 681	1 630	3 274	1 112	5 561	0	68	374	153	1 794
2003	1 648	1 700	1 650	3 571	1 092	6 001	—	88	429	183	1 870
2004	1 661	1 594	1 769	3 524	1 063	5 756	0	107	412	177	1 881
2005	1 621	1 571	1 621	3 359	1 057	5 696	0	94	410	183	1 941
2006	1 558	1 539	1 461	3 403	1 131	5 289	0	103	432	188	2 027
2007	1 555	1 503	1 322	3 264	1 006	5 672	0	93	453	204	1 854
2008	1 413	1 325	1 199	3 001	925	5 776	0	85	447	219	1 881
2009	1 371	1 346	1 259	2 954	900	5 538	0	62	487	183	1 801
2010	1 318	1 303	1 285	3 139	902	5 850	0	79	488	199	1 908
2011	1 190	1 269	1 285	2 800	874	5 770	0	65	480	175	1 778

资料来源：根据日本文部科学省 1992—2012 年《文部科学统计要览》整理。

10—4—2 硕士研究生入学人数情况

单位：人

年份	人文科学 Humanities	社会科学 Social science	理学 Science	工学 Engineering	农学 Agriculture	卫生与健康 Health	商船 Mercantile marine	家政 Home economics	教育 Education	艺术 Arts	其他 Others
1991	2 692	3 457	3 614	16 741	2 433	1 500	64	233	2 978	730	485
1992	3 046	3 849	3 935	18 471	2 701	1 742	71	255	3 173	765	701
1993	3 458	4 463	4 668	20 942	3 102	1 880	89	254	3 668	932	945
1994	3 828	5 505	5 274	23 463	3 332	2 073	24	351	4 170	1 054	1 778
1995	4 230	6 112	5 669	24 339	3 366	2 193	26	384	4 555	1 043	1 925
1996	4 414	6 466	6 014	25 454	3 502	2 426	19	396	4 780	1 076	2 020
1997	4 526	7 014	5 881	25 350	3 379	2 500	16	443	4 655	1 198	2 103
1998	4 716	8 068	5 971	26 095	3 491	2 728	18	443	4 741	1 284	2 686
1999	5 039	8 946	6 270	28 145	3 767	3 048	11	472	4 925	1 307	3 452
2000	5 251	10 039	6 285	30 031	3 938	3 424	15	486	5 212	1 437	4 218
2001	5 481	10 357	6 273	30 003	3 877	4 146	12	463	5 541	1 513	4 895
2002	5 320	9 726	6 675	30 352	3 980	4 566	18	477	5 395	1 669	5 458
2003	5 328	9 510	6 864	31 424	4 030	5 075	12	485	5 255	1 851	5 810
2004	5 674	8 686	6 791	32 054	4 086	5 353	16	522	5 277	1 938	6 352
2005	5 783	8 747	6 843	31 841	4 025	5 755	28	512	5 366	2 080	6 577
2006	5 582	8 616	6 802	31 531	4 374	5 741	27	553	5 537	2 098	6 990
2007	5 450	8 141	6 696	31 600	4 501	6 259	22	450	5 409	2 019	6 904
2008	5 503	8 000	6 628	31 730	4 403	6 626	23	504	4 903	2 039	7 037
2009	5 296	7 977	6 610	32 479	4 463	6 699	19	489	4 698	2 020	7 369
2010	5 633	8 341	6 974	36 501	4 746	5 132	30	519	4 865	2 136	7 433
2011	5 498	7 866	6 848	34 855	4 477	5 094	21	476	4 722	2 090	7 438

资料来源：根据日本文部科学省 1992—2012 年《文部科学统计要览》整理。

10—4—3 专业学位课程研究生入学人数情况

单位：人

年份	人文科学 Humanities	社会科学 Social science	理学 Science	工学 Engineering	农学 Agriculture	卫生与健康 Health	商船 Mercantile marine	家政 Home economics	教育 Education	艺术 Arts	其他 Others
2003	—	486	—	—	—	43	—	—	—	—	43
2004	—	6 959	—	—	—	72	—	—	—	—	200
2005	32	5 566	—	34	—	82	—	—	—	—	255
2006	29	8 284	—	90	—	85	—	—	37	—	374
2007	85	8 386	—	104	—	112	—	—	20	—	352
2008	77	8 118	—	147	—	112	—	—	686	—	328
2009	126	7 650	—	164	—	105	—	—	802	—	400
2010	126	7 224	—	182	—	109	—	—	878	—	412
2011	124	6 453	—	166	—	115	—	—	773	—	442

说明：（1）"专业学位课程"原文为：専門職学位課程（Professional Degree Course）；（2）表中数据根据日本文部科学省 2004—2011 年《文部科学统计要览》整理，其中本学位类型入学统计始于 2004 年报告，数据始于 2003 年，截至 2012 年，报告入学数据更新至 2011 年。

资料来源：根据日本文部科学省网站提供的数据整理。

10—4—4 博士研究生在读情况

单位：人

年份 Year	人文科学 Humanities	社会科学 Social science	理学 Science	工学 Engineering	农学 Agriculture	卫生与健康 Health		商船 Mercantile marine	家政 Home economics	教育 Education	艺术 Arts	其他 Others
						医学	其他					
1991	3 663	2 744	3 291	4 885	1 942	11 448	673	—	61	702	128	374
1992	3 861	2 897	3 544	5 611	2 212	11 892	758	—	69	730	120	460
1993	4 056	3 121	4 042	6 653	2 582	12 498	856	—	86	773	132	670
1994	4 321	3 355	4 438	7 764	2 881	13 386	943	—	117	842	141	1 115
1995	4 675	3 727	5 033	9 030	3 249	14 304	1 007	—	151	930	177	1 491
1996	5 145	4 234	5 533	10 155	3 439	15 232	1 163	—	168	1 068	211	2 100
1997	5 592	4 830	5 831	10 847	3 632	15 927	1 260	—	188	1 212	238	2 584
1998	6 019	5 217	6 123	11 170	3 823	16 690	1 401	—	237	1 388	281	3 297
1999	6 452	5 763	6 298	11 389	4 039	17 524	1 551	—	266	1 486	293	3 946
2000	6 871	6 195	6 410	11 818	4 204	18 236	1 815	0	215	1 537	347	4 833
2001	7 118	6 622	6 302	12 165	4 361	18 723	2 227	0	301	1 607	440	5 659
2002	7 294	7 053	6 189	12 499	4 390	19 272	2 599	0	303	1 698	519	6 429
2003	7 439	7 387	6 190	13 170	4 378	19 934	2 980	0	330	1 745	597	7 213
2004	7 600	7 478	6 344	13 584	4 354	20 103	3 388	0	363	1 824	639	7 769
2005	7 662	7 553	6 460	13 927	4 318	20 158	3 740	0	383	1 851	692	8 163
2006	7 697	7 519	6 278	13 971	4 385	19 923	3 991	0	411	1 917	724	8 549
2007	7 684	7 479	5 784	13 948	4 256	19 670	4 163	0	399	1 982	742	8 704
2008	7 508	7 315	5 313	13 755	4 113	19 825	4 309	0	391	2 021	788	8 893
2009	7 307	7 137	5 135	13 572	3 945	19 747	4 506	0	366	2 122	768	8 960
2010	7 057	7 024	5 120	13 822	3 900	20 289	4 750	0	354	2 138	759	9 219
2011	6 713	6 908	5 255	13 944	3 890	20 582	4 926	0	324	2 201	709	9 327

资料来源：根据日本文部科学省 1992—2012 年《文部科学统计要览》整理。

10—4—5 硕士研究生在读情况

单位：人

年份	人文科学 Humanities	社会科学 Social science	理学 Science	工学 Engineering	农学 Agriculture	卫生与健康 Health	商船 Mercantile marine	家政 Home economics	教育 Education	艺术 Arts	其他 Others
1991	6 344	7 310	7 031	31 680	4 534	2 886	119	452	6 036	1 555	792
1992	6 929	8 341	7 688	35 417	5 154	3 228	135	512	6 646	1 634	1 270
1993	7 832	9 468	8 788	39 736	5 849	3 626	161	534	7 379	1 812	1 706
1994	8 698	11 321	10 095	44 776	6 462	3 936	112	642	8 390	2 130	2 887
1995	9 707	13 161	11 153	48 256	6 725	4 241	67	794	9 348	2 257	3 940
1996	10 366	14 277	11 973	50 272	6 958	4 576	65	813	10 012	2 268	4 322
1997	10 729	15 380	12 109	51 277	6 943	4 909	55	869	10 142	2 440	4 553
1998	11 023	17 090	12 117	51 951	6 941	5 204	54	903	10 107	2 607	5 258
1999	11 610	19 313	12 557	54 778	7 335	5 763	46	941	10 382	2 741	6 652
2000	12 234	21 457	12 785	59 076	7 810	6 492	46	942	10 842	2 936	8 210
2001	12 751	23 383	12 897	60 913	7 946	7 542	43	963	11 439	3 099	9 821
2002	12 916	23 457	13 281	61 475	8 008	8 751	49	981	11 780	3 341	11 228
2003	12 918	22 738	13 833	63 211	8 251	9 797	60	992	11 653	3 680	12 348
2004	13 182	21 536	13 954	65 235	8 337	10 531	53	1 041	11 447	3 950	13 446
2005	13 452	20 586	14 049	65 588	8 371	11 326	57	1 064	11 564	4 226	14 267
2006	13 327	20 047	14 007	65 228	8 636	11 824	67	1 094	11 931	4 387	14 977
2007	12 876	19 219	13 866	65 027	9 074	12 380	63	1 035	11 981	4 321	15 377
2008	12 828	18 740	13 736	65 277	9 108	13 283	61	992	11 467	4 293	15 637
2009	12 588	18 687	13 690	66 492	9 152	13 894	61	1 030	10 802	4 277	16 370
2010	12 826	19 278	14 255	72 103	9 634	12 515	75	1 063	10 707	4 430	16 945
2011	12 907	19 376	14 617	74 702	9 701	11 101	79	1 049	10 806	4 501	17 141

资料来源：根据日本文部科学省 1992—2012 年《文部科学统计要览》整理。

335

10—4—6　专业学位课程研究生在读情况

单位：人

年份 Year	人文科学 Humanities	社会科学 Social science	理学 Science	工学 Engineering	农学 Agriculture	卫生与健康 Health		商船 Mercantile marine	家政 Home economics	教育 Education	艺术 Arts	其他 Others
						医学	其他					
2004	0	7 512	0	0	0	49	64	0	0	0	0	241
2005	32	14 354	0	34	0	56	99	0	0	0	0	448
2006	61	19 120	0	106	0	55	112	0	0	37	0	668
2007	116	20 727	0	176	0	121	98	0	0	57	0	801
2008	163	20 890	0	237	0	127	93	0	0	707	0	816
2009	203	20 310	0	305	0	121	98	0	0	1 380	0	964
2010	253	19 639	0	352	0	105	99	0	0	1 661	0	1 082
2011	252	18 132	0	355	0	109	102	0	0	1 675	0	1 182

说明：(1) "专业学位课程" 原文为：専門職学位課程（Professional Degree Course）；(2) 表中数据根据日本文部科学省 2004—2011 年《文部科学统计要览》整理，其中本学位类型入学统计始于 2004 年报告，数据始于 2003 年，截至 2012 年，报告入学数据更新至 2011 年。

资料来源：根据日本文部科学省省网网站提供的数据整理。

10—4—7 博士学位授予情况

单位：人

年份 Year	人文科学 Humanities	社会科学 Social science	理学 Science	工学 Engineering	农学 Agriculture	卫生与健康 Health	商船 Mercantile marine	家政 Home economics	教育 Education	艺术 Arts	其他 Others
1991	717	486	674	1 048	394	2 681	—	10	119	23	49
1992	701	494	730	1 141	465	2 684	—	12	142	32	83
1993	689	471	770	1 354	452	2 757	—	16	143	26	87
1994	757	546	863	1 150	548	2 858	—	9	136	30	69
1995	805	584	956	1 783	601	2 956	—	15	136	27	156
1996	874	641	1 016	2 127	676	3 153	—	31	196	33	221
1997	920	650	1 145	2 434	780	3 370	—	32	180	37	312
1998	988	802	1 301	2 767	865	3 559	—	40	199	39	414
1999	1 116	1 054	1 406	2 990	882	3 876	—	39	248	61	520
2000	1 086	973	1 456	2 903	990	3 977	—	56	285	65	584
2001	1 190	1 026	1 510	3 048	953	4 173	—	47	335	56	841
2002	1 174	1 026	1 607	3 073	1 042	4 310	0	52	288	74	996
2003	1 383	1 162	1 500	3 212	1 093	4 561	0	50	362	96	1 093
2004	1 283	1 254	1 558	3 355	1 129	4 728	0	63	337	96	1 357
2005	1 371	1 282	1 421	3 341	1 104	4 730	0	58	339	119	1 521
2006	1 289	1 302	1 522	3 679	1 056	4 920	0	58	334	140	1 664
2007	1 271	1 272	1 687	3 719	1 121	5 389	0	76	362	154	1 750
2008	1 358	1 238	1 610	3 636	1 065	5 074	0	59	356	150	1 735
2009	1 370	1 285	1 483	3 714	1 114	5 026	0	69	333	172	1 897
2010	1 393	1 225	1 350	3 569	1 073	4 743	0	74	375	172	1 868
2011	1 441	1 234	1 255	3 370	1 001	5 068	0	85	379	189	1 870

资料来源：根据日本文部科学省 1992—2012 年《文部科学统计要览》整理。

10—4—8 硕士学位授予情况

单位：人

年份 Year	人文科学 Humanities	社会科学 Social science	理学 Science	工学 Engineering	农学 Agriculture	卫生与健康 Health	商船 Mercantile marine	家政 Home economics	教育 Education	艺术 Arts	其他 Others
1991	2 098	2 429	2 913	13 141	1 753	1 290	44	177	2 123	623	224
1992	2 266	2 820	3 067	14 351	1 909	1 328	53	185	2 287	659	268
1993	2 310	3 200	3 327	16 234	2 252	1 436	62	218	2 621	716	471
1994	2 666	3 446	3 632	17 978	2 479	1 709	70	236	2 965	722	678
1995	2 933	4 109	4 264	20 197	2 819	1 815	76	252	3 379	869	968
1996	3 394	4 967	4 887	22 622	2 985	1 959	26	350	3 848	1 030	1 679
1997	3 723	5 611	5 267	23 337	3 056	2 033	88	358	4 167	986	1 860
1998	3 918	5 999	5 503	24 421	3 175	2 285	23	381	4 487	1 062	1 899
1999	3 947	6 227	5 251	24 242	3 016	2 321	26	365	4 366	1 115	1 974
2000	4 154	7 488	5 351	24 762	3 168	2 544	18	381	4 465	1 207	2 500
2001	4 404	8 082	5 633	26 957	3 362	2 815	21	398	4 591	1 271	3 101
2002	4 603	9 382	5 741	28 538	3 515	3 116	19	430	4 737	1 358	3 836
2003	4 836	9 830	5 722	28 498	3 471	3 733	12	444	5 036	1 431	4 399
2004	4 856	9 365	5 998	28 921	3 676	4 146	29	437	5 044	1 553	5 048
2005	4 955	9 280	6 194	30 145	3 678	4 629	25	458	4 915	1 666	5 495
2006	5 157	8 679	6 281	30 617	3 825	4 862	20	498	4 847	1 775	5 970
2007	5 337	8 714	6 367	30 995	3 797	5 191	32	474	5 001	1 980	6 105
2008	5 134	8 181	6 266	30 641	4 113	5 299	31	521	5 082	1 976	6 637
2009	5 048	7 891	6 224	30 710	4 185	5 680	28	415	5 024	1 959	6 647
2010	5 016	7 796	6 047	30 362	4 078	6 047	24	458	4 686	1 888	6 818
2011	4 953	7 842	6 115	31 456	4 179	6 197	33	445	4 366	1 930	7 164

资料来源：根据日本文部科学省 1992—2012 年《文部科学统计要览》整理。

10—4—9 专业学位课程情况

单位：人

年份	人文科学 Humanities	社会科学 Social science	理学 Science	工学 Engineering	农学 Agriculture	卫生与健康 Health	商船 Mercantile marine	家政 Home economics	教育 Education	艺术 Arts	其他 Others
2003	—	559	—	—	—	43	—	—	—	—	43
2004	—	90	—	—	—	—	—	—	—	—	—
2005	—	569	—	—	—	39	—	—	—	—	41
2006	—	3 298	—	15	—	73	—	—	—	—	138
2007	30	6 431	—	33	—	66	—	—	—	—	217
2008	30	7 484	—	77	—	92	—	—	37	—	314
2009	85	7 625	—	87	—	105	—	—	110	—	280
2010	74	7 461	—	119	—	118	—	—	571	—	326
2011	120	7 304	—	146	—	101	—	—	763	—	378

说明：(1) "专业学位课程" 原文为：専門職學位課程（Professional Degree Course）；(2) 表中数据根据日本文部科学省 2004—2011 年《文部科学统计要览》整理，其中本学位类型入学统计始于 2004 年报告，数据始于 2003 年，截至 2012 年报告，报告入学数据更新至 2011 年。

资料来源：根据日本文部科学省网站提供的数据整理。

10—5 澳大利亚
10—5—1 学位授予总况

单位：人

年份	博士学位	硕士学位
2000	3 864	51 705
2001	4 032	58 038
2002	4 415	64 465
2003	4 897	71 974
2004	5 134	76 105
2005	5 543	81 495
2006	5 851	84 042
2007	6 023	86 564
2008	6 086	93 677
2009	6 089	97 352
2010	6 398	104 422
2011	6 780	108 067

说明：表中的博士学位包括：Higher Doctorate，Doctorate，Doctorate by Research，Doctorate by Coursework；硕士学位包括：Master's by Research，Master's by Coursework，Postgrad. Qual/Prelim.，Grad.（Post）Dip.-new area，Grad.（Post）Dip.-ext area，Graduate Certificate。
资料来源：根据澳大利亚教育部网站提供的数据整理。

10—5—2　博士学位授予情况

单位：人

学科领域	2004	2005	2006	2007	2008	2009	2010	2011
自然与物理科学 Natural and physical sciences	1 190	1 277	1 300	1 376	1 379	1 395	1 398[a]	1 589[b]*
信息技术 Information technology	114	164	174	233	224	202	239[a]	243[b]
工程与技术 Engineering and related technologies	574	638	696	774	697	708	819[aa]	787[b]
建筑 Architecture and building	53	75	43	63	80	61	57	82
农业与环境研究 Agriculture, environmental and related studies	254	232	256	315	255	279	327[a]	334[b]
卫生 Health	748	749	804	766	872	872	922*	995
教育 Education	369	421	422	402	405	390	407[a]	381[b]*
管理与贸易 Management and commerce	441	475	571	550	577	548	509[a]	542
社会与文化 Society and culture	1 221	1 332	1 399	1 341	1 410	1 430	1 550[a]	1 583[b]
创新艺术 Creative arts	171	180	186	203	187	204	248[aa]	255[b]
餐饮、酒店及其他服务 Food, hospitality and personal services	0	0	0	0	0	0	0	0
交叉学科 Mixed field programmes	0	0	0	0	0	0	0	0

说明：(1) 表中的博士学位包括：Higher Doctorate, Doctorate, Doctorate by Research, Doctorate by Coursework。(2) 表中 2004 年的各学科领域数据之和为 5 135，此表 10—5—1 中多了 1 人，原因在于作为原始数据来源的官网给出了两个表格，一个是直接数据，另一个是分学科数据，二者差了 1 人。(3) 2010 年和 2011 年统计数据中，出现了 np (not published) 和 "<5"，"<10" 之类的区间数据，在此标注：a 表示该层次学位统计项目中有一项为 "<10"；b 表示该层次学位统计项目中有两项为 "<10"；aa 表示该层次学位统计项目中有一项为 "<5"；* 表示该层次学位统计项目中有一项为 "np"。(4) 区间数据处理规则：对于 np，本表格中未统计；对于 "<5"、"<10" 的数据，均按 5 或 10 来计算，总数会与表 10—5—1 有所出入。
资料来源：根据澳大利亚教育部网站提供的数据整理。

10—5—3 硕士学位授予情况

单位：人

学科领域	2004	2005	2006	2007	2008	2009	2010	2011
自然与物理科学 Natural and physical sciences	935	910	910	987	1 221	1 329	1 754	1 947
信息技术 Information technology	4 185	5 668	5 851	4 407	4 401	4 230	5 123	4 612
工程与技术 Engineering and related technologies	2 810	3 142	2 671	2 816	3 106	3 319	3 880	3 829*
建筑 Architecture and building	555	575	668	656	1 375	1 627	1 805	1 881*
农业与环境研究 Agriculture, environmental and related studies	644	676	626	563	663	731	848	886
卫生 Health	2 970	3 403	3 658	3 968	4 385	4 637	5 533	6 275
教育 Education	3 932	4 398	4 509	4 939	5 156	5 690	6 521	6 759
管理与贸易 Management and commerce	21 938	24 153	23 998	25 965	28 519	29 483	31 583	30 696*
社会与文化 Society and culture	6 577	6 624	7 590	7 368	8 120	8 153	8 888	9 467
创新艺术 Creative arts	1 722	1 789	1 588	1 857	1 943	2 007	2 296	2 418
餐饮、酒店及其他服务 Food, hospitality and personal services	0	0	0	0	0	0	0	0
交叉学科 Mixed field programmes	0	0	0	0	0	0	0	0

说明：（1）表中的硕士学位包括：Master's by Research，Master's by Coursework。（2）2011 年统计数据中，出现了 np（not published），*表示该层次学位统计项目中有一项为 "np"；对于 np，本表格中未统计，按 0 计算；其余各项数据也由于统计方法原因，总数会与表 10—5—1 有所出入。

资料来源：根据澳大利亚教育部网站提供的数据整理。

10—5—4　硕士研究生证书颁发情况

单位：人

学科领域	2004	2005	2006	2007	2008	2009	2010	2011
自然与物理科学 Natural and physical sciences	424	464	404	386	444	475	545*	563
信息技术 Information technology	1 235	1 125	786	712	647	555	606	532
工程与技术 Engineering and related technologies	244	327	359	361	396	442	493*	559
建筑 Architecture and building	257	333	306	258	311	246	191a*	180
农业与环境研究 Agriculture, environmental and related studies	221	212	201	169	175	209	197*	235b
卫生 Health	2 597	2 618	2 591	2 696	2 668	2 760	3 016	2 934b
教育 Education	5 457	5 778	6 859	6 730	6 425	6 569	6 686	6 722
管理与贸易 Management and commerce	3 282	3 285	3 037	3 004	3 345	2 968	3 079a	3 036b
社会与文化 Society and culture	3 796	4 149	4 668	4 903	5 899	6 473	5 235a	7 448*
创新艺术 Creative arts	845	872	780	719	690	741	751	810
餐饮、酒店及其他服务 Food, hospitality and personal services	3	0	0	0	0	0	10a	0
交叉学科 Mixed field programmes	0	0	0	0	0	0	0	0

说明：(1) 表中的硕士研究生证书包括：Postgrad. Qual/Prelim. , Grad. (Post) Dip. , Grad. (Post) Dip. -new area, Grad. (Post) Dip. -ext area; (2) 表中出现的 "*"、"a"、"b" 等参见表10—5—2中说明 (3)、(4)。

资料来源：根据澳大利亚教育部网站提供的数据整理。

10—5—5 硕士研究生文凭颁发情况

单位：人

学科领域	2004	2005	2006	2007	2008	2009	2010	2011
自然与物理科学 Natural and physical sciences	270	247	333	388	426	429	438	451
信息技术 Information technology	301	438	427	380	436	333	360	345
工程与技术 Engineering and related technologies	284	229	306	298	366	396	466	519
建筑 Architecture and building	154	155	116	144	129	138	193	180
农业与环境研究 Agriculture, environmental and related studies	278	150	139	181	179	193	223	223
卫生 Health	1 848	1 910	2 129	2 425	2 806	2 906	3 285	3 499
教育 Education	2 109	1 914	2 262	2 266	2 265	2 222	2 306	2 502
管理与贸易 Management and commerce	4 334	3 909	4 303	4 399	4 623	5 079	5 200	5 480
社会与文化 Society and culture	1 625	1 744	1 774	2 410	2 317	2 788	2 662	2 614
创新艺术 Creative arts	314	367	352	372	479	517	558	585
餐饮、酒店及其他服务 Food, hospitality and personal services	6	3	1	1	2	3	0	8
交叉学科 Mixed field programmes	0	0	0	0	0	0	0	0

说明："硕士研究生文凭" 英文原文为：Gradual Certificate。

资料来源：根据澳大利亚教育部网站提供的数据整理。

10—6 印度

10—6—1 2010 年研究生注册人数情况

单位：万人

学科领域	男	女	合计
艺术 Arts	38.66	36.65	75.31
商业 Commerce	11.49	9.27	20.76
科学 Science	24.00	19.98	43.98
工程、技术、建筑、设计 Engeering/technology/architecture/design	5.47	2.19	7.66
医学 Medicine	2.12	1.44	3.56
农学及相关学科 Agriculture & allied	0.89	0.29	1.18
管理、旅游管理 Management/hotel/travel/tourism management	14.49	6.31	20.80
教育 Education/ teacher training	1.22	1.47	2.69
法律 Law	1.07	0.58	1.65
其他 Others	3.38	2.41	5.79

说明：（1）表中数据根据 2011 年最新发布的 Statistics of Higher & Technical Education 2009—2010 整理；（2）根据公布的资料，表中不包括开放大学（opening universities）数据。

资料来源：根据印度人力资源开发高等教育分部网站提供的数据整理。

10—7 中国澳门

10—7—1 博士研究生在读情况

单位：人

专业类别	2005—2006	2006—2007	2007—2008	2008—2009	2009—2010	2010—2011
师范教育 Teacher training	—	—	—	—	—	—
教育科学 Education science	151	10	14	17	18	23
体育 Physical education	—	—	—	—	—	—
人文科学 Humanities	—	1	10	6	18	20
语言及文学 Languages and literature	11	13	11	19	11	28
翻译 Translation	—	—	—	—	—	—
设计及艺术 Design and arts						
宗教神学 Religion and theology	—	—	3	5	5	5
社会及行为科学 Social and behavior science	—	—	2	5	11	21
文化遗产 Cultural heritage	—	—	—	—	—	—

续前表

专业类别	2005—2006	2006—2007	2007—2008	2008—2009	2009—2010	2010—2011
新闻及信息传播 Journalism and communication	—	—	—	—	2	4
商务与管理 Business and managemen	359	411	421	392	360	315
博彩管理 Gaming management	—	—	—	—	—	—
公共行政 Public administration	3	6	—	12	13	15
法律 Law	51	51	52	55	53	61
数学科学 Mathematics	2	3	4	6	7	7
电脑及资讯 Computing and information technology	14	13	11	18	21	36
工程 Engineering	13	13	10	11	19	35
建筑及城市规划 Architecture and town planning	7	6	8	4	4	12
医学 Medicine	15	18	13	5	6	6
护理及卫生 Nursing and health	—	—	—	5	6	9

续前表

专业类别	2005—2006	2006—2007	2007—2008	2008—2009	2009—2010	2010—2011
药学 Pharmacy	5	6	6	19	26	43
社会服务 Social services	—	—	—	—	—	—
旅游及娱乐服务 Tourism and entertainment	—	—	—	1	3	8
物流及运输 Logistic and transportation	—	—	—	—	—	—
保安 Security	—	—	—	—	—	—

资料来源：根据澳门高等教育辅助办公室网站提供的数据整理。

10—7—2 硕士研究生在读情况

单位：人

专业类别	2005—2006	2006—2007	2007—2008	2008—2009	2009—2010	2010—2011
师范教育 Teacher training	—	—	—	—	—	—
教育科学 Education science	—	123	101	171	169	189
体育 Physical education	14	16	23	—	30	40
人文科学 Humanities	9	17	16	25	38	52
语言及文学 Languages and literature	139	155	126	118	116	132
翻译 Translation	—	—	20	37	61	73
设计及艺术 Design and arts	—	—	—	1	6	14
宗教神学 Religion and theology	—	12	16	23	16	15
社会及行为科学 Social and behavior science	84	82	84	107	192	267
文化遗产 Cultural heritage	—	—	—	—	—	—

续前表

专业类别	2005—2006	2006—2007	2007—2008	2008—2009	2009—2010	2010—2011
新闻及信息传播 Journalism and communication	41	43	29	34	47	40
商务与管理 Business and managemen	7 313	6 207	5 911	6 222	5 288	5 448
博彩管理 Gaming management	—	—	—	—	—	—
公共行政 Public administration	265	262	208	170	171	192
法律 Law	420	442	375	311	251	258
数学科学 Mathematics	18	15	18	23	27	22
电脑及资讯 Computing and information technology	129	109	135	116	108	111
工程 Engineering	87	80	101	99	107	133
建筑及城市规划 Architecture and town planning	52	48	50	50	46	57
医学 Medicine	27	28	28	30	30	32
护理及卫生 Nursing and health	—	—	—	25	38	55

续前表

专业类别	2005—2006	2006—2007	2007—2008	2008—2009	2009—2010	2010—2011
药学 Pharmacy	92	100	89	82	93	126
社会服务 Social services	—	—	—	—	1	9
旅游及娱乐服务 Tourism and entertainment	9	34	57	113	175	209
物流及运输 Logistic and transportation	—	—	—	—	—	—
保安 Security	—	—	—	—	—	—

资料来源：根据澳门高等教育辅助办公室网站提供的数据整理。

10—7—3 博士学位授予情况

单位：人

专业类别	2004—2005	2005—2006	2006—2007	2007—2008	2008—2009	2009—2010
师范教育 Teacher training	—	—	—	—	—	—
教育科学 Education science	—	—	—	2	—	1
体育 Physical education	—	—	—	—	—	—
人文科学 Humanities	—	—	—	—	—	2
语言及文学 Languages and literature	—	1	1	2	—	—
翻译 Translation	—	—	—	—	—	—
设计及艺术 Design and arts	—	—	—	—	—	—
宗教神学 Religion and theology	—	—	—	—	—	—
社会及行为科学 Social and behavior science	—	—	—	1	—	1
文化遗产 Cultural heritage	—	—	—	—	—	—
新闻及信息传播 Journalism and communication	—	—	—	—	—	—
商务与管理 Business and managemen	10	26	19	40	—	58

续前表

专业类别	2004—2005	2005—2006	2006—2007	2007—2008	2008—2009	2009—2010
博彩管理 Gaming management	—	—	—	—	42	—
公共行政 Public administration	—	—	1	—	—	1
法律 Law	7	—	2	19	1	4
数学科学 Mathematics	1	—	1	1	—	1
电脑及资讯 Computing and information technology	—	4	2	3	2	3
工程 Engineering	—	2	2	4	—	2
建筑及城市规划 Architecture and town planning	—	—	1	2	2	—
医学 Medicine	—	3	—	6	3	—
护理及卫生 Nursing and health	—	—	—	—	—	—
药学 Pharmacy	—	—	—	3	—	1
社会服务 Social services	—	—	—	—	—	—
旅游及娱乐服务 Tourism and entertainment	—	—	—	—	—	—
物流及运输 Logistic and transportation	—	—	—	—	—	—
保安 Security	—	—	—	—	—	—

资料来源：根据澳门高等教育辅助办公室网站提供的数据整理。

单位：人

10—7—4 硕士学位授予情况

专业类别	2004—2005	2005—2006	2006—2007	2007—2008	2008—2009	2009—2010
师范教育 Teacher training	—	—	—	—	—	—
教育科学 Education science	49	30	30	32	21	27
体育 Physical education	—	—	4	8	3	6
人文科学 Humanities	2	2	2	1	—	5
语言及文学 Languages and literature	21	18	34	27	28	27
翻译 Translation	—	—	—	—	12	3
设计及艺术 Design and arts	—	—	—	—	—	1
宗教神学 Religion and theology	—	—	—	4	2	1
社会及行为科学 Social and behavior science	5	3	11	14	13	20
文化遗产 Cultural heritage	—	—	—	—	—	—
新闻及信息传播 Journalism and communication	6	5	11	7	—	15
商务与管理 Business and managemen	3 205	2 414	3 199	2 527	7	2 007

续前表

专业类别	2004—2005	2005—2006	2006—2007	2007—2008	2008—2009	2009—2010
博彩管理 Gaming management	—	—	—	—	2 384	—
公共行政 Public administration	85	—	78	72	—	43
法律 Law	169	83	132	95	42	57
数学科学 Mathematics	3	8	4	4	4	12
电脑及资讯 Computing and information technology	57	32	18	18	34	23
工程 Engineering	12	13	9	20	5	21
建筑及城市规划 Architecture and town planning	5	2	7	7	16	13
医学 Medicine	—	7	8	8	6	7
护理及卫生 Nursing and health	—	—	—	—	—	—
药学 Pharmacy	20	28	28	33	30	34
社会服务 Social services	—	—	—	—	—	—
旅游及娱乐服务 Tourism and entertainment	—	4	3	1	9	16
物流及运输 Logistic and transportation	—	—	—	—	—	—
保安 Security	—	—	—	—	—	—

资料来源：根据澳门高等教育辅助办公室网站提供的数据整理。

10—8 中国香港

10—8—1 研究类研究生注册人数情况

单位：人

学年	医学 Med	牙医学 Dent	与医生及卫生相关的学科 Health	生物科学 Bio sci	自然科学 Phys sci	数学科学 Math sci	计算机科学及信息 Cmp/it	工程及科技 Eng/tec	建筑学及城市规划 Arch/tp	工商管理 Bus/man	社会科学 Soc sci	法学 Law	大众传播及传媒管理 Commu	语言及相关科目 Lang	人文学科 Hum	艺术、设计及演艺 Art&d	教育 Edu
1995/1996	110	7	19	142	201	71	103	366	32	100	127	8	17	96	51	22	34
1996/1997	116	7	40	161	244	79	109	383	27	95	116	5	18	99	43	21	38
1997/1998	130	3	29	122	205	80	133	401	28	96	131	6	16	112	45	19	47
1998/1999	117	7	30	172	192	89	114	483	36	121	127	7	15	74	62	18	44
1999/2000	122	9	28	165	213	79	128	459	42	105	142	9	19	103	56	18	45
2000/2001	112	7	27	196	228	83	119	433	26	113	161	7	15	92	69	19	33
2001/2002	146	6	34	196	221	83	136	466	29	114	176	7	20	107	73	26	40
2002/2003	136	6	26	176	218	96	116	496	36	83	167	12	14	94	55	25	43
2003/2004	169	9	37	194	230	83	146	492	40	86	194	7	19	97	74	21	38
2004/2005	196	12	32	185	222	88	122	415	47	93	188	12	15	104	74	20	40
2005/2006	200	9	36	177	235	97	107	473	48	86	186	18	29	108	72	30	57
2006/2007	239	16	37	184	261	114	120	489	37	99	223	16	22	111	81	26	57
2007/2008	226	12	43	191	235	109	109	550	49	82	213	20	23	110	87	36	62
2008/2009	209	15	55	146	240	92	115	483	44	93	214	25	20	92	87	27	56
2009/2010	279	14	57	161	278	106	159	606	45	100	218	22	18	87	87	31	52
2010/2011	220	20	58	168	267	101	122	543	38	124	228	16	18	95	81	30	52
2011/2012	225	11	54	155	261	91	130	561	32	111	206	17	17	94	79	38	72

说明：所得数据为香港大学教育资助委员会所资助的八所高校数据，包括香港城市大学（城大）、香港浸会大学（浸大）、岭南大学（岭大）、香港中文大学（中大）、香港教育学院（教院）、香港理工大学（理大）、香港科技大学（科大）及香港大学（港大），约占香港人数总人数的 90%。

资料来源：根据香港大学教育资助委员会网站提供的数据整理。

10—8—2 修课类研究生注册人数情况

单位：人

学年	医学 Med	牙医学 Dent	与医学及卫生相关的学科 Health	生物科学 Bio sci	自然科学 Phys sci	数学科学 Math sci	计算机科学及信息 Cmp/it	工程及科技 Eng/tec	建筑学及城市规划 Arch/tp	工商管理 Bus/man	社会科学 Soc sci	法学 Law	大众传播及文件管理 Commu	语言及相关科目 Lang	人文学科 Hum	艺术、设计及演艺 Art&d	教育 Edu
1995/1996	0	9	148	0	137	27	222	715	227	1 056	214	477	0	201	79	30	1 105
1996/1997	33	28	40	0	145	42	220	720	139	1 107	280	486	29	226	22	43	1 135
1997/1998	23	17	66	0	151	48	176	643	156	1 056	241	492	31	236	18	31	1 194
1998/1999	60	13	120	0	152	62	198	592	170	1 089	326	413	54	232	26	39	1 578
1999/2000	70	29	93	4	189	53	204	662	177	1 006	298	457	81	285	19	45	1 614
2000/2001	27	17	91	6	160	95	249	639	180	1 020	306	411	63	332	21	64	1 683
2001/2002	21	9	84	8	188	84	243	672	210	699	220	431	69	363	36	80	1 871
2002/2003	25	11	92	23	166	106	270	545	189	661	280	398	73	373	42	102	2 380
2003/2004	18	0	85	29	176	100	261	601	186	550	368	396	89	384	32	79	2 385
2004/2005	23	0	122	9	134	69	37	195	122	58	157	187	6	215	20	31	1 994
2005/2006	10	0	120	14	38	45	21	185	121	60	47	201	0	94	15	29	1 641
2006/2007	5	0	131	9	14	99	11	50	126	15	60	197	0	142	9	6	1 906
2007/2008	2	0	0	9	17	78	10	0	131	10	27	191	0	108	15	9	1 905
2008/2009	3	0	7	9	19	69	11	0	129	9	61	213	0	76	12	10	1 600
2009/2010	7	0	0	14	22	83	7	0	140	13	40	227	0	100	11	20	1 506
2010/2011	4	0	8	10	17	56	10	0	145	6	66	231	0	97	12	15	1 493
2011/2012	1	0	0	9	18	37	11	0	147	5	35	232	0	94	10	17	1 693

说明：所得数据为香港大学教育资助委员会所资助的八所高校数据，包括香港城市大学（城大）、香港浸会大学（浸大）、岭南大学（岭大）、香港中文大学（中大）、香港教育学院（教院）、香港理工大学（理大）、香港科技大学（科大）及香港大学（港大），约占香港入学总人数的 90%。

资料来源：根据香港大学教育资助委员会网站提供的数据整理。

10—8—3 研究类研究生毕业情况

单位：人

学年	医科、牙科和护理科 Medicine, dentistry and health	理学科 Sciences	工程材料和科技科 Engineering and technology	商科和管理科 Business and management	社会科学科 Social sciences	文科和人文学科 Arts and humanities	教育科 Education
1997/1998	113	410	259	79	80	96	24
1998/1999	158	485	341	67	130	140	32
1999/2000	132	497	375	80	130	171	22
2000/2001	141	523	432	76	134	144	36
2001/2002	141	546	433	80	156	172	39
2002/2003	139	557	454	73	155	152	32
2003/2004	173	583	464	84	210	184	39
2004/2005	201	599	445	67	178	164	28
2005/2006	204	584	458	82	186	192	38
2006/2007	200	613	538	83	200	197	36
2007/2008	272	617	510	97	199	195	36
2008/2009	288	609	510	74	236	188	49
2009/2010	302	575	490	129	206	190	38
2010/2011	289	624	519	103	240	217	60

说明：所得数据为香港大学教育资助委员会所资助的八所高校数据，包括香港城市大学（城大）、香港浸会大学（浸大）、岭南大学（岭大）、香港中文大学（中大）、香港教育学院（教院）、香港理工大学（理大）、香港科技大学（科大）及香港大学（港大），约占香港入学总人数的 90%。

资料来源：根据香港大学教育资助委员会网站提供的数据数据整理。

10—8—4 修课类研究生毕业情况

单位：人

学年	医科、牙科和护理科 Medicine, dentistry and health	理学科 Sciences	工程材料和科技科 Engineering and technology	商科和管理科 Business and management	社会科学科 Social sciences	文科和人文学科 Arts and humanities	教育科 Education
1997/1998	110	337	791	1 038	684	249	1 099
1998/1999	128	339	801	1 257	654	267	1 322
1999/2000	185	491	931	1 075	665	279	1 560
2000/2001	166	451	815	1 158	738	338	1 718
2001/2002	145	482	950	1 010	845	406	1 867
2002/2003	136	676	1 040	1 075	967	484	2 310
2003/2004	222	718	961	706	1 102	521	2 418
2004/2005	95	471	824	503	580	331	2 049
2005/2006	107	343	513	207	469	259	1 655
2006/2007	88	137	273	104	294	134	1 480
2007/2008	115	137	182	23	262	135	1 803
2008/2009	106	148	145	11	241	111	1 696
2009/2010	96	97	137	12	276	109	1 366
2010/2011	32	84	132	6	272	110	1 448

说明：所得数据为香港大学教育资助委员会所资助的八所高校数据，包括香港城市大学（城大）、香港浸会大学（浸大）、岭南大学（岭大）、香港中文大学（中大）、香港教育学院（教院）、香港理工大学（理大）、香港科技大学（科大）及香港大学（港大），约占香港入学总人数的 90%。

资料来源：根据香港大学教育资助委员会网站提供的数据整理。

中国学位与研究生教育发展年度报告 2012

10—9 中国台湾

10—9—1 博士研究生在读情况

单位：人

学科领域	2007—2008	2008—2009	2009—2010	2010—2011	2011—2012
教育学门 Education science	2 104	2 262	2 478	2 540	2 669
艺术学门 Arts	255	289	320	332	331
人文学门 Humanities	2 163	2 267	2 344	2 361	2 363
设计学门 Design	268	317	371	400	427
社会及行为科学学门 Social and behavioural science	1 683	1 779	1 788	1 837	1 792
传播学门 Journalism and information	95	99	97	98	99
商业及管理学门 Business and administration	2 814	2 873	2 888	2 896	2 896
法律学门 General law	237	251	239	260	270
生命科学学门 Life science	1 816	2 085	2 216	2 318	2 236
自然科学学门 Natural science	2 051	2 080	2 151	2 115	2 154
数学及统计学门 Mathematics and statistics	416	394	383	354	327
电算机门 Computing	589	599	600	581	554
工程学门 Engineering	12 728	12 981	13 079	12 931	12 398
建筑及都市规划学门 Architecture and building	287	297	291	299	296
农业科学学门 Agriculture forestry and fishery	855	892	878	897	857
兽医学门 Veterinary	148	164	166	171	164
医药卫生学门 Health	2 892	2 933	3 140	3 434	3 526
社会服务学门 Social services	95	92	95	97	93
民生学门 Personal services	38	51	47	78	82

续前表

学科领域	2007—2008	2008—2009	2009—2010	2010—2011	2011—2012
运输服务学门 Transport services	144	146	132	127	107
环境保护学门 Environmental protection	23	31	35	34	28
军警国防安全学门 Security service	—	—	—	—	—
其他学门 Unspecified	6	9	13	18	17

资料来源：根据台湾教育统计处网站提供的数据整理。

10—9—2　硕士研究生在读情况

单位：人

学科领域	2007—2008	2008—2009	2009—2010	2010—2011	2011—2012
教育学门 Education science	17 876	18 373	17 817	17 410	16 239
艺术学门 Arts	5 741	6 329	6 829	6 655	6 551
人文学门 Humanities	13 249	13 657	13 939	13 455	13 453
设计学门 Design	2 651	3 056	3 336	3 535	3 690
社会及行为科学学门 Social and behavioural science	13 677	14 040	14 080	14 058	13 512
传播学门 Journalism and information	2 665	2 802	2 830	2 918	2 922
商业及管理学门 Business and administration	26 894	28 179	28 822	29 434	29 993
法律学门 General law	4 654	5 067	5 215	5 544	5 607
生命科学学门 Life science	4 307	4 822	4 924	4 929	4 875
自然科学学门 Natural science	4 977	5 175	5 208	5 110	5 322
数学及统计学门 Mathematics and statistics	2 265	2 294	2 209	2 242	2 285
电算机门 Computing	5 316	5 804	6 104	6 166	6 304
工程学门 Engineering	47 454	49 266	49 828	50 237	50 400

学科领域	2007—2008	2008—2009	2009—2010	2010—2011	2011—2012
建筑及都市规划学门 Architecture and building	2 972	2 989	2 675	2 842	2 871
农业科学学门 Agriculture forestry and fishery	3 395	3 631	3 764	3 805	3 758
兽医学门 Veterinary	352	374	396	387	390
医药卫生学门 Health	6 926	6 964	7 090	7 361	7 285
社会服务学门 Social services	1 611	1 870	1 985	1 971	1 934
民生学门 Personal services	3 634	4 167	4 353	4 764	4 846
运输服务学门 Transport services	998	1 022	1 039	1 059	958
环境保护学门 Environmental protection	778	796	799	948	739
军警国防安全学门 Security service	—	—	15	27	31
其他学门 Unspecified	126	132	144	143	148

资料来源：根据台湾教育统计处网站提供的数据整理。

10—9—3 博士学位授予情况

单位：人

学科领域	2006—2007	2007—2008	2008—2009	2009—2010	2010—2011
教育学门 Education science	191	210	224	223	262
艺术学门 Arts	6	8	15	20	36
人文学门 Humanities	162	199	240	237	235
设计学门 Design	5	14	14	14	18
社会及行为科学学门 Social and behavioural science	157	165	172	165	148
传播学门 Journalism and information	6	9	10	9	11
商业及管理学门 Business and administration	256	348	387	314	324

续前表

学科领域	2006—2007	2007—2008	2008—2009	2009—2010	2010—2011
法律学门 General law	15	22	21	14	16
生命科学学门 Life science	140	159	185	201	250
自然科学学门 Natural science	231	254	284	306	270
数学及统计学门 Mathematics and statistics	42	56	53	60	48
电算机门 Computing	45	52	62	74	76
工程学门 Engineering	1 219	1 242	1 435	1 608	1 601
建筑及都市规划学门 Architecture and building	23	24	25	20	27
农业科学学门 Agriculture forestry and fishery	72	77	104	95	79
兽医学门 Veterinary	10	12	17	13	14
医药卫生学门 Health	248	266	307	309	399
社会服务学门 Social services	8	6	9	8	7
民生学门 Personal services	1	2	5	3	4
运输服务学门 Transport services	13	15	19	11	17
环境保护学门 Environmental protection	—	—	1	1	1
军警国防安全学门 Security service	—	—	—	—	—
其他学门 Unspecified	—	—	—	—	3

资料来源：根据台湾教育统计处网站提供的数据整理。

10—9—4 硕士学位授予情况

单位：人

学科领域	2006—2007	2007—2008	2008—2009	2009—2010	2010—2011
教育学门 Education science	4 475	5 098	5 071	5 111	5 103
艺术学门 Arts	1 263	1 306	1 470	1 532	1 598

学科领域	2006—2007	2007—2008	2008—2009	2009—2010	2010—2011
人文学门 Humanities	2 125	2 488	2 757	2 843	2 784
设计学门 Design	608	658	819	897	900
社会及行为科学学门 Social and behavioural science	3 307	3 711	3 864	3 990	3 971
传播学门 Journalism and information	520	603	631	768	802
商业及管理学门 Business and administration	9 022	10 208	10 972	11 276	11 437
法律学门 General law	640	734	839	901	890
生命科学学门 Life science	1 440	1 470	1 571	1 729	1 752
自然科学学门 Natural science	1 806	1 802	1 878	1 954	1 977
数学及统计学门 Mathematics and statistics	767	846	862	860	857
电算机门 Computing	1 861	1 906	2 150	2 271	2 195
工程学门 Engineering	16 292	17 290	17 873	18 671	18 604
建筑及都市规划学门 Architecture and building	663	819	814	674	750
农业科学学门 Agriculture forestry and fishery	1 103	1 098	1 220	1 245	1 333
兽医学门 Veterinary	115	112	130	130	152
医药卫生学门 Health	2 214	2 227	2 402	2 294	2 329
社会服务学门 Social services	301	299	383	435	449
民生学门 Personal services	846	1 082	1 288	1 304	1 430
运输服务学门 Transport services	363	394	420	358	413
环境保护学门 Environmental protection	220	203	222	222	259
军警国防安全学门 Security service	—	—	—	—	10
其他学门 Unspecified	25	33	38	27	29

资料来源：根据台湾教育统计处网站提供的数据整理。

附录十一

《中国学位与研究生教育
发展年度报告（2012）》
课题组成员名单

顾　　问

王恩哥　北京大学校长、院士

袁　卫　中国人民大学教授

印　杰　上海市教育委员会副主任、上海交通大学教授

组　　长

李　军　教育部学位与研究生教育发展中心主任

　　　　全国学位与研究生教育数据中心主任

谢维和　清华大学副校长、教授

执行组长

袁本涛　清华大学教育研究院副院长、教授

赵　瑜　教育部学位与研究生教育发展中心主任助理

成　　员

高　虹　清华大学研究生院副院长、教授

李锋亮　清华大学教育研究院副教授

文　雯　清华大学教育研究院讲师

赵　琳　清华大学教育研究院讲师

王顶明　清华大学教育研究院博士研究生

许　甜　清华大学教育研究院博士研究生

陈洪捷　北京大学教育学院教授

沈文钦　北京大学教育学院副教授

金勇进　中国人民大学统计学院教授

李立国　中国人民大学教育学院副院长、教授

孙　婕　中国人民大学统计学院博士研究生

黄海军　中国教育科学研究院助理研究员

赵世奎　北京航空航天大学高等教育研究所副研究员

喻　恺　上海交通大学高等教育研究院院长助理、
　　　　副研究员

谢爱磊　上海交通大学高等教育研究院讲师

廖湘阳　湘潭大学商学院教授

曹红波　教育部学位与研究生教育发展中心综合处
　　　　副处长

周学军　教育部学位与研究生教育发展中心信息处
　　　　副处长

参考文献

[1] 胡锦涛．在庆祝清华大学建校 100 周年大会上的讲话．北京：人民出版社，2011.

[2] 刘延东．在纪念《中华人民共和国学位条例》实施三十周年纪念大会上的讲话．中国教育报，2011－02－12.

[3] 刘延东．坚定信心　乘势而上　奋力开创教育改革发展新局面——在 2012 年全国教育工作会议上的讲话．中国教育报，2012－01－06.

[4] 袁贵仁．全面落实教育规划纲要　深入推进教育事业科学发展——在 2011 年全国教育工作会议上的讲话．教育部网站，2011－01－24.

[5] 国家统计局．中国统计年鉴（2012）．北京：中国统计出版社，2012.

[6] 教育部发展规划司．中国教育统计年鉴（2011）．北京：人民教育出版社，2011.

[7] 国家统计局，科技部．中国科技统计年鉴（2011）．北京：中国统计出版社，2011.

[8] 教育部科学技术司．2011 年高等学校科技统计资料汇编．北京：高等教育出版社，2012.

[9] 教育部国际合作与交流司．2011 年来华留学生简明统计．

[10] 中国学位与研究生教育发展年度报告课题组．中国学位与研究生教育发展年度报告（2009）．北京：中国人民大学出版社，2010.

[11] 中国学位与研究生教育发展年度报告课题组．中国学位与研究生教育发展年度报告（2011）．北京：中国人民大学出版社，2011.

[12] 中国学位与研究生教育现状课题调研组．中国学位与研究生教育发展报告（2011）．北京：清华大学出版社，2012.

[13] 谢维和，王孙禺，袁本涛．学位与研究生教育：战略与规划．北京：教育科学出版社，2011.

[14] 国务院学位委员会办公室．中国学位三十年（1981—2011）——《中华人民共和国学位条例》实施三十周年纪念画册．北京：高等教育出版社，2011.

[15]"985 工程"建设报告编研组."985 工程"建设报告．北京：高等教育出版社，2011.

[16] 吴镇柔等主编．中华人民共和国研究生教育和学位制度史．北京：北京理工大学出版社，2001.

[17] 周洪宇主编．学位与研究生教育史．北京：高等教育出版社，2004.

后
记

自 2010 年、2011 年相继编辑出版《中国学位与研究生教育发展年度报告（2009)》、《中国学位与研究生教育发展年度报告（2011)》以来，以课题立项的方式编写出版《中国学位与研究生教育发展年度报告》已成为国务院学位委员会办公室的一项常规性、持续性工作。该年度报告旨在系统公布我国学位与研究生教育统计数据，介绍我国学位与研究生教育年度发展情况，解读学位与研究生教育相关政策，阐述我国学位与研究生教育发展趋势。

受国务院学位委员会办公室委托，教育部学位与研究生教育发展中心（以下简称"学位中心"）从 2012 年起承担《中国学位与研究生教育发展年度报告》的组织编研工作。为此，学位中心组织成立了由学位中心和清华大学牵头，北京大学、中国人民大学、北京航空航天大学、上海交通大学、湘潭大学等高校有关专家组成的课题组，完成了《中国学位与研究生教育发展年度报告（2012)》。

《中国学位与研究生教育发展年度报告（2012)》共分五章。第一章"总论"，系统分析了 2011 年我国学位与研究生教育发展所面临的国际国内环境、形势与任务，总结归纳了 2011 年我国学位与研究生教育事业取得的主要成绩、存在的问题与不足，并针对研究生教育所面临的挑战提出了发展与改革建议；第二章"规模与结构"，从学位授权、研究生招生、在校生、学位授予等方面分析了 2011 年我国学位与研究生教育的总体规模与结构状况；第三章"条件与支撑"，主要从师资条件、经费投入、平台建设和交流合作等方面分析了 2011 年我国研究生培养过程的支撑条件情况；第四章"质量与保障"，主要阐述了 2011 年我国学位与研究生教育质量保障体系、研究生培养质量与发展质量；第五章"政策与研究"，介绍了 2011 年我国学位与研究生教育方面的重要讲话与政策，综述了 2011 年国内研究生教育领域的相关研究成果，分析了国际研究生教育发展趋势。

《中国学位与研究生教育发展年度报告（2012)》的编研工作得到了国务院学位委员会办公室和教育部学位管理与研究生教育司的具体指导，同时也得到了教育部发展规划司、高校学生司、科学技术司、社会科学司、财务司、国际合作与交流司、国家留学基金管理委员会等部门的大力支持，报告中还大量引用了各种研究文献和统计数据，在此，谨向上述单位及研究文献的作者和统计数据的提供者致以诚挚的敬意和衷心的感谢！

袁本涛、赵瑜等协助李军、谢维和同志组织了《中国学位与研究生教育发展年度报告（2012）》的编写与讨论，具体编写分工如下：袁本涛、高虹、廖湘阳、王顶明、许甜负责第一章，李立国、金勇进、孙婕、黄海军负责第二章，赵世奎负责第三章，陈洪捷、沈文钦负责第四章，喻恺、谢爱磊、刘莉、孙晓凤负责第五章，王顶明、赵世奎、刘莉、孙婕、黄海军负责附录。数据统计及文稿校对工作得到曹红波、周学军、高怀雁、高玉建、高建平等同志的大力帮助。本报告由清华大学课题组负责统稿，李军、谢维和审读并定稿。

限于编者的能力与水平，加之时间仓促，报告中一定会有不少纰漏或者错误之处，恳请读者提出宝贵的批评与建议。

中国学位与研究生教育发展年度报告课题组
2012 年 12 月

图书在版编目（CIP）数据

中国学位与研究生教育发展年度报告.2012/中国学位与研究生教育发展年度报告课题组
全国学位与研究生教育数据中心编. —北京：中国人民大学出版社，2013.3
ISBN 978-7-300-16774-9

Ⅰ.①中… Ⅱ.①中… Ⅲ.①学位-工作-研究报告-中国- 2012 ②研究生教育-研究报告-
中国- 2012 Ⅳ.①G643

中国版本图书馆 CIP 数据核字（2013）第 047330 号

中国学位与研究生教育发展年度报告（2012）
中国学位与研究生教育发展年度报告课题组
全 国 学 位 与 研 究 生 教 育 数 据 中 心
Zhongguo Xuewei yu Yanjiusheng Jiaoyu Fazhan Niandu Baogao（2012）

出版发行	中国人民大学出版社	
社　　址	北京中关村大街 31 号	**邮政编码**　100080
电　　话	010 - 62511242（总编室）	010 - 62511398（质管部）
	010 - 82501766（邮购部）	010 - 62514148（门市部）
	010 - 62515195（发行公司）	010 - 62515275（盗版举报）
网　　址	http://www.crup.com.cn	
	http://www.ttrnet.com（人大教研网）	
经　　销	新华书店	
印　　刷	涿州市星河印刷有限公司	
规　　格	215 mm×275 mm　16 开本	**版　　次**　2013 年 4 月第 1 版
印　　张	24 插页 1	**印　　次**　2013 年 4 月第 1 次印刷
字　　数	340 000	**定　　价**　98.00 元

版权所有　侵权必究　印装差错　负责调换